普通高等教育"十一五"国家级规划教材

国家级精品课程教材

·新闻与传播系列教材·

传播学总论

（第二版）

胡正荣 段鹏 张磊 著

清华大学出版社
北京

版权所有，侵权必究。举报：010-62782989，beiqinquan@tup.tsinghua.edu.cn。

图书在版编目(CIP)数据

传播学总论/胡正荣，段鹏，张磊著. —2版. —北京：清华大学出版社，2008.10（2023.4重印）
（新闻与传播系列教材）
ISBN 978-7-302-18291-7

Ⅰ．传… Ⅱ．①胡… ②段… ③张… Ⅲ．传播学－教材 Ⅳ．G206

中国版本图书馆CIP数据核字（2008）第114647号

责任编辑：纪海虹
封面设计：傅瑞学
责任校对：宋玉莲
责任印制：杨　艳

出版发行：清华大学出版社		地　　址：北京清华大学学研大厦A座	
	http://www.tup.com.cn	邮　　编：100084	
社　总　机：010-83470000		邮　　购：010-62786544	
投稿与读者服务：010-62776969，c-service@tup.tsinghua.edu.cn			
质　量　反　馈：010-62772015，zhiliang@tup.tsinghua.edu.cn			
印　装　者：三河市天利华印刷装订有限公司			
经　　销：全国新华书店			
开　　本：185×235	印　张：21.5	字　　数：426千字	
版　　次：2008年10月第2版		印　　次：2023年4月第24次印刷	
定　　价：45.00元			

产品编号：020866-03

序言 第二版

《传播学总论》自1997年出版以来,获得了广泛关注,曾获得北京市第五届哲学社会科学成果二等奖。对于著者来说,更令人欣慰的是,这本教科书在学生和教师中广泛使用,并获得大量好评。

传播学作为一门新兴学科,其发展日新月异,20世纪的教科书显然已不能体现新的学科状况,也不能满足新的教学需求。在长期的教学中,学生和教师们的反馈向我提供了有益的建议,同时也提出了新的要求。在北美和欧洲访学期间,我检阅了传播学发达国家的流行教科书,获益匪浅。而近些年来,国外同类教材大量译介,国内同类教材不断出版,其中不乏优秀之作,更是提供了促使我改进的动力。因此,自2004年起,我便开始着手修订此书,力图容纳新的理论,也试验新的教材呈现方式。以国内的教学经验,特别是国外研究讲学的所得为基础,重新设计了整个修订版的框架和内容。历经四年,《传播学总论》(第二版)终于面世,一番心血,盼能为中国传播学的基础教育略尽绵薄之力。

第二版继承了初版的一些特色,即以经典的"五W"模式作为主要框架,注重教科书的要求,力求体系完整、清晰,内容丰富、翔实,行文准确、规范。同时,从内容到文字上都进行了全面修订。修订后的版本结合国外最新的研究成果,纳入近期涌现的重要理论,同时重新考察传播学早期研究中被忽视的一些理论和派别,而减少或删除一些重要程度较低的内容。文字上虽未能尽善尽美,但力求准确、流畅、明了。

中国传媒大学的两位青年教师段鹏、张磊参与了修订工作,其中段鹏负责第一、二、三、六、十、十一、十二章,张磊负责第四、五、七、八、九章。两位合作者贡献了他们在教学实践中的所思所得,使得本书面貌焕然一新。

清华大学出版社的编辑为这本书费心良多,她的不断催促和用心校订是本书顺利出版的重要因素。

正是在这本书的基础上,经过众多教师的共同努力,"传播学总论"于2007年被评为国家级精品课程。本书还制作了相应的网络课件。它利用了新的技术手段,呈现了更丰富的教学内容,可以说是这本教材的姊妹篇。张庆为网站进行了精心的设计,姬德强、刘新传等整理了相关内容,在此一并致谢。

更要感谢的是阅读和使用这本书的教师、学生和其他读者们,正是你们提供的反馈意见帮助此书不断改善。如有任何建议,仍期待读者们随时提出。

胡正荣
2008年5月7日于中国传媒大学

目录

第一章　传播学的兴起与发展 …………………… 1

第一节　传播学的兴起 …………………………… 2
一、传播学兴起前的传播研究 ………………… 2
二、传播学兴起的背景 ………………………… 2

第二节　传播学的发展 …………………………… 9
一、国外传播学研究的发展 …………………… 10
二、我国传播学研究的发展 …………………… 15

第三节　传播学的奠基人及创立者 …………… 17
一、政治学家哈罗德·拉斯韦尔 ……………… 18
二、社会心理学家库尔特·卢因 ……………… 19
三、社会学家保罗·拉扎斯菲尔德 …………… 20
四、实验心理学家卡尔·霍夫兰 ……………… 22
五、传播学家威尔伯·施拉姆 ………………… 23

小结 …………………………………………………… 25

第二章　传播学研究的对象与方法 …………… 27

第一节　传播学的研究对象 …………………… 28

一、对传播学及其研究对象已有的认识 …………………… 28
　　　二、传播学的研究对象 …………………………………………… 32
　　第二节　传播学研究方法 …………………………………………… 37
　　　一、传播学研究方法的特点 ……………………………………… 37
　　　二、传播学研究方法的层次性 …………………………………… 37
　　　三、传播学研究方法体系 ………………………………………… 38
　　小结 ……………………………………………………………………… 47

第三章　传播 ……………………………………………………………… 49
　　第一节　传播 ………………………………………………………… 50
　　　一、传播的含义 …………………………………………………… 50
　　　二、传播的类型 …………………………………………………… 53
　　第二节　人类传播的演进 …………………………………………… 54
　　　一、人类传播演进的过程 ………………………………………… 54
　　　二、人类传播演进的规律 ………………………………………… 62
　　小结 ……………………………………………………………………… 66

第四章　信息、符号与讯息 ……………………………………………… 67
　　第一节　信息 ………………………………………………………… 68
　　　一、信息的定义及其实质 ………………………………………… 68
　　　二、信息的特征与功能 …………………………………………… 75
　　　三、信息社会 ……………………………………………………… 78
　　第二节　符号 ………………………………………………………… 79
　　　一、符号的定义及其实质 ………………………………………… 80
　　　二、符号的特征 …………………………………………………… 84
　　　三、符号的类型 …………………………………………………… 86
　　　四、讯息 …………………………………………………………… 89
　　小结 ……………………………………………………………………… 89

第五章　传播类型 ………………………………………………………… 91
　　第一节　内向传播 …………………………………………………… 93

一、内向传播的实质 …………………………………… 93
　　二、内向传播的形式 …………………………………… 94
第二节　人际传播 ………………………………………… 95
　　一、人际传播的实质与特点 …………………………… 95
　　二、人际传播的社会理论 ……………………………… 96
第三节　群体传播与组织传播 …………………………… 102
　　一、群体传播 …………………………………………… 102
　　二、组织传播 …………………………………………… 104
第四节　大众传播 ………………………………………… 108
　　一、大众传播的实质 …………………………………… 109
　　二、大众传播的功能 …………………………………… 112
小结 ………………………………………………………… 118

第六章　传播过程 …………………………………………… 121

第一节　传播过程 ………………………………………… 122
　　一、传播过程及其特征 ………………………………… 122
　　二、传播模式 …………………………………………… 123
第二节　线性传播过程 …………………………………… 125
　　一、线性传播过程模式 ………………………………… 125
　　二、线性传播过程模式的缺陷 ………………………… 127
第三节　控制论传播过程 ………………………………… 127
　　一、控制论关照下的传播过程 ………………………… 127
　　二、控制论传播过程模式 ……………………………… 129
第四节　系统传播过程 …………………………………… 131
　　一、传播过程的宏观系统认知 ………………………… 131
　　二、系统传播过程模式 ………………………………… 132
　　三、大众传播系统过程 ………………………………… 136
小结 ………………………………………………………… 141

第七章　传播者 ……………………………………………… 143

第一节　传播者的制度环境 ……………………………… 144

一、社会制度与四种传播体制 …………………………… 144
　　二、传播体制的新认识 …………………………………… 150
第二节　传播者与把关 ……………………………………… 152
　　一、把关人和把关 ………………………………………… 152
　　二、影响传播者把关的因素 ……………………………… 153
第三节　媒介专业主义 ……………………………………… 156
　　一、媒介专业主义的内涵 ………………………………… 156
　　二、反思媒介专业主义 …………………………………… 158
小结 …………………………………………………………… 159

第八章　传播内容 …………………………………………… 161

第一节　大众传播内容 ……………………………………… 162
　　一、大众传播内容的特征 ………………………………… 162
　　二、西方大众传播内容 …………………………………… 163
第二节　大众传播内容研究 ………………………………… 165
　　一、易读性测量 …………………………………………… 165
　　二、内容分析 ……………………………………………… 168
　　三、文本分析 ……………………………………………… 170
第三节　大众文化 …………………………………………… 173
小结 …………………………………………………………… 176

第九章　传播媒介 …………………………………………… 177

第一节　传播媒介 …………………………………………… 178
　　一、界定传播媒介 ………………………………………… 178
　　二、认识传播媒介的意义 ………………………………… 180
　　三、认识传播媒介的原则 ………………………………… 181
第二节　传播媒介的本体特征 ……………………………… 185
　　一、报纸 …………………………………………………… 185
　　二、广播 …………………………………………………… 188
　　三、电视 …………………………………………………… 190
　　四、互联网 ………………………………………………… 192

　　　　五、媒介的选择 ································· 194
　　第三节　技术与媒介 ································· 195
　　第四节　媒介机构与媒介产业 ························· 199
　　小结 ··· 202

第十章　受众 ··· 203

　　第一节　受众 ······································· 204
　　　　一、受众的界定和类型 ··························· 204
　　　　二、受众的特征 ································· 206
　　　　三、受众的变迁 ································· 206
　　第二节　受众主体 ··································· 209
　　　　一、受众行为的动机和目的 ······················· 209
　　　　二、传受关系 ··································· 210
　　　　三、受众的选择行为及其影响因素 ················· 212
　　　　四、受众权利 ··································· 216
　　第三节　受众研究 ··································· 218
　　　　一、国内外对受众价值的认识 ····················· 218
　　　　二、受众理论 ··································· 221
　　小结 ··· 226

第十一章　传播效果(上) ······························· 227

　　第一节　传播效果的认识历程 ························· 228
　　　　一、传播效果的早期认识 ························· 229
　　　　二、传播效果的现当代认识 ······················· 234
　　第二节　传播效果研究的未来走向 ····················· 243
　　小结 ··· 244

第十二章　传播效果(下) ······························· 245

　　第一节　传播效果的内涵 ····························· 246
　　第二节　传播效果的理论 ····························· 249
　　　　一、个人效果 ··································· 249

二、群体效果 ……………………………………………… 261
　　三、社会效果 ……………………………………………… 264
　　四、文化效果 ……………………………………………… 291
　第三节　传播效果的普遍取向 ………………………………… 308
　　一、当前的媒介效果观发展 ……………………………… 308
　　二、批判者眼中的媒介效果 ……………………………… 319
　　三、当前媒介效果研究取向的主要特征 ………………… 321
　　四、效果研究的未来趋势 ………………………………… 323
　小结 ……………………………………………………………… 324

参考文献 ………………………………………………………… 325

第一章
传播学的兴起与发展

第一节　传播学的兴起

一、传播学兴起前的传播研究
二、传播学兴起的背景

第二节　传播学的发展

一、国外传播学研究的发展
二、我国传播学研究的发展

第三节　传播学的奠基人及创立者

一、政治学家哈罗德·拉斯韦尔
二、社会心理学家库尔特·卢因
三、社会学家保罗·拉扎斯菲尔德
四、实验心理学家卡尔·霍夫兰
五、传播学家威尔伯·施拉姆

作为一门学科,传播学孕育于20世纪10年代至20年代,诞生于40年代至50年代。从此以后,传播学在学术界和理论界的地位日益提高,同时其在实践领域的影响也在不断扩大。

第一节 传播学的兴起

虽然我们将20世纪40年代至50年代视为传播学的诞生期,但是人类社会对信息传播的关注和重视却是古已有之,这些关注有的逐渐演化成对信息传播活动的研究。

一、传播学兴起前的传播研究

传播学是传播研究进入到成熟阶段,能够利用自己的学术范畴、研究方法进行全面、系统而深入的科学研究的结果。考察传播学产生之前的传播研究活动,将对我们认识传播学的起源和发展及其学术传统大有裨益。

人类的传播活动与人类的历史一样古老,人类社会便是建立在人们利用符号进行互动的基础上的。自从人类有了传播活动,对传播现象的关注和思考便没有停止。

最早的传播研究可以追溯到西方的古希腊时期和我国的春秋战国时期,在各种古代文献中,如古希腊亚里士多德的《修辞学》和我国的《国语》、《论语》、《战国策》等,都有相当多的对传播现象的研究和探索,其中也不乏精辟的论断。

进入近现代以来,西方许多学者都在各自的研究领域涉足过传播现象,如哲学家卢梭、孟德斯鸠等人。我国学者也在长期的实践中总结出许多有关传播活动的认识。

虽然早期的传播研究提出了不少值得后人珍视的观点,但是它们都不可能实现从传播研究向传播学的转化。这种转化实际上是一种飞跃,即学术研究的独立性、学术范畴的完整性、研究方法的科学性、研究成果的系统性的形成和确立。

真正认识到传播活动的本质,利用自己的学科范畴研究传播活动,从而认识传播规律,进而产生传播学,是在20世纪初。那时人类的认识能力、研究能力在学科爆炸的背景下大大提高;人类的传播活动及其外界环境的影响也日益扩大,形成了独立的传播行业,而且日益壮大。

二、传播学兴起的背景

如前所述,传播学孕育于20世纪10年代至20年代,诞生于40年代至50年代。它是在美国诞生的。传播学的形成有其基本前提条件,之所以在美国出现,也有其特定的历史背景。

任何一门学科的兴起与形成,必然要有其社会基础、社会需要以及学科基础和需要。传播学的兴起与形成也是如此。首先,20世纪初是资本主义从自由竞争走向垄断的时代。工业化大生产使资本主义的生产活动和范围大大延伸。企业从国内市场走向国际市场,走向跨国经营,因而对信息的要求就更高。其次,19世纪已经形成的报业,加上新兴的电影、广播、电视等新媒介,逐步形成资本主义社会一个独立的产业——传播业,这给社会产生了强烈的冲击。因此,社会急需关注和思考传播带给人们的一切。另外,传播学的形成还必须有科学发展作基础。到20世纪初,资本主义社会已经经历了两次科学革命,实则经历了两次思想革命。人类对物质和精神世界的认识能力有了大幅度的提高,认识广度和认识深度有了大幅度的扩展。研究方法日益科学化,学说日益多样化,因此人们能够科学而全面地研究影响日益扩大的传播活动。

传播学的最初提出和形成是在美国。作为当时资本主义阵营中最为发达的美国之所以能成为传播学诞生的摇篮,除了具备上述的基本社会、学科前提条件以外,还有其具体而独特的社会、学科条件。

具体而言,传播学产生于美国,有其政治、经济、社会、学科四个方面的背景。

(一) 政治背景

在政治上,美国的政治家无论是在日常的政治活动中,还是在四年一次的竞选中,都比较重视利用传播媒介宣传自己的政治主张、树立形象、争取支持。另外在战争时期,政治家对传播媒介的依附更凸显出来。

美国传播学的产生是与两次世界大战密不可分的。第一次世界大战是有史以来的第一次世界规模的战争,同盟国(德国、奥地利和意大利等)与协约国(英国、法国、俄国等)在战场展开厮杀的同时,在另一领域也展开了较量,即"宣传战"。美国1917年正式参战后,威尔逊总统就下令成立了一个机构,即"公共信息委员会"(Committee on Public Information,CPI),专门负责美国的战时宣传。它为了宣传美国参战的意义,向社会倾泻了大量有关战争的广告、宣传小册子、新闻电影等,还组织演讲进行宣传。协约国之间为了协调战时宣传,还组建了协约国联合宣传委员会,定期召开宣传工作联系会议。

一战结束之后,人们对宣传在现代战争中的作用以及宣传对社会生活的巨大影响,有了相当的认识。英、法、德、美等国的学者从各自的研究领域出发研究一战中的宣传。较有影响的研究著作有:坎珀尔·史图尔特的《克尔之家的秘密》(英国)、施杰林·鲁贝尔特的《宣传是政治武器》(德国)、伊·普策克《德国宣传:关于宣传是实用社会科学学说》[①]。

---

① 裘正义.世界宣传简史.福州:福建人民出版社,1993,271~272

美国对宣传的研究起步较晚,但是对后来的影响最大。其中,被称为传播学奠基人之一的哈罗德·拉斯韦尔(Harold Lasswell)的研究影响最大。1927年,拉斯韦尔出版了他的博士论文《世界大战中的宣传技巧》(Propaganda Technique In The World War),这是第一部系统而深入地研究宣传问题的著作,成为宣传研究的经典。其后,拉斯韦尔与他人合作又编著了《宣传与推行》(1935)、《世界革命的宣传》(1935)、《世界历史中的宣传与传播》(1979)等著作。

一战后的宣传研究中,美国成立的"宣传分析研究所"(Institute for Propaganda Analysis)引人注目,它是第一个研究宣传的学术机构,由社会心理学家哈德利·坎特里尔任所长,创建于1937年。该所学者很关注德国宣传对美国的影响。该所最有名的研究成果是由艾尔费雷德·李(Alfred McClung Lee)与伊丽莎白·李(Elizabeth Briant Lee)编辑的《宣传的艺术》(The Fine Art of Propaganda)(1939)。书中归纳整理了七种常用的宣传手法,流传甚广。这些宣传手法"可以被看作为对态度改变的初期理论探讨"[①]。

一战结束到二战爆发间的这二十余年的宣传分析与研究,虽然不直接是传播学研究,但是大大推进了人们对传播在战争中作用的认识。正如美国传播学家沃纳·塞弗林(Werner J. Severin)和小詹姆斯·坦卡特(James W. Tankard)所言:

"在两次大战之间,出了不少以宣传为题的书。在当前对宣传的分析中,包括有我们关于大众传播效果理论的某些初步探索。我们今天回溯起来,其中固然有许多相当粗糙,然而,至少有两个传播理论的重要领域,已在当时的宣传理论中奠定了基础。其一是'态度改变',这是传播理论研究的一个传统的重要课题:要改变人们的态度,有哪些最有效的方法?对宣传的研究可以为这个问题提供某些尝试性的答案。第二个方面就是对大众传播的一般效果的理论探讨:大众传播对于个人和社会有何影响?这些影响是如何发生的?早期关于宣传的研究也对这些问题提供了一般性结论。"[②]

由于在第一次世界大战中宣传起了重大的作用,又经过战后各国宣传研究学者的总结与分析,到了第二次世界大战,参战各国普遍有意识地重视战时的宣传工作。美国于1942年6月成立了军事情报局,监督国内宣传并负责对国外的官方宣传。同年陆军部新闻与教育署聘请了一些社会学家和心理学家,专门研究部队为士兵精心制作的四部电影是否能够影响士兵对战争的认识,鼓舞士兵参战的士气。传播学的另一奠基人卡尔·霍夫兰(Karl Hovland)受军方委派,担任该研究的负责人。他带领一些心理学家重点针对传播技巧、传播与态度改变等展开了大规模的研究。"这个集中了(美国)心理学界最出色人选的班子所从事的大型研究项目被认为是现代态度改变研究的开端,而且是大众传播

---

① [美]塞弗林,坦卡特.传播学的起源,研究与应用.陈韵昭译.福州:福建人民出版社,1985,114
② 同上,102

理论若干重大贡献的渊源。"①

第二次世界大战期间,美国军队空前广泛地利用电影和其他大众传播媒介,客观上推动了传播研究的深入,为传播学的研究奠定了相当坚实的基础。

从对历史的分析中可以看出:两次世界大战中的传播活动和实践直接地催化了传播学的形成。

虽然传播研究在两次大战中有了长足发展,但是战争毕竟是一种特殊的政治状态。到了和平时期,美国的政治界是否需要传播及传播研究呢?答案是肯定的。

战争中传播的威力已有目共睹,传播研究提出的观点和成果为实践所应用,并产生了相当的作用,也被世人,特别是政治家们所共知。

和平时期,美国政治家们除了日常的施政宣传、形象工程外,最重要的便是四年一次的总统竞选及各种各类的竞选。在竞选中,为了赢得选民的好感,争取选民的投票率,所有候选人都求助于传播媒介,大张旗鼓地利用一切宣传手段,包括广告、公关、新闻、演讲活动等,在所有的媒介上展开攻势。会不会利用传播媒介塑造形象,宣传施政主张已经成为衡量美国政治家的一个相当重要的标志。

在美国的历史上,传播媒介一直在政治生活中扮演着重要的角色。这一传统使得美国的各级政治家都非常重视传播,进而重视对传播的研究。这便推动了传播研究在美国的开展。

(二) 经济背景

在经济上,美国是资本主义阵营中惟一在两次世界大战中加强了经济实力的国家。战争使整个资本主义世界生产能力的三分之二都集中在美国手中。经济的发展使得美国的自由市场竞争更加激烈。

传播学的兴起与大众传播在美国经济活动中的地位和作用密切相关。

一方面,在美国自由市场经济条件下,经济发展需要垄断资本家向国内、国际市场扩展,生产扩大,产品增多,随之而来的市场拓展和营销行为就前所未有地增加了。因此,美国在20世纪20年代应运而生了大量的广告公司、公关公司、调查公司等机构,并且形成一种新兴的产业。这正是市场经济不可或缺的。二战后这一行业有了空前发展。1945年到1950年的五年间,美国广告营业额从29亿美元增长到357亿美元。② 为了判断传播媒介对消费者购买行为、购买需要和心理的影响,广告商、公关专家、民意调查人员、新闻工作者和学者等在垄断财团和企业的资助下不断对广告、公关、消费者以及媒介的经营与

---

① [美]塞弗林,坦卡特.传播学的起源,研究与应用.陈韵昭译.福州:福建人民出版社,1985,158
② Stephen Fox. The Mirror Makers: A History of American Advertising and Its Creators. New York: William Morrow and Company,Inc,1984,172.

竞争进行研究。其研究成果对于工商企业来说,价值甚大。因此,企业普遍较关注营销环节中的各种传播问题。

另一方面,美国的大众传播业在两次世界大战前后日益壮大,成为一个个相对独立而完善的经济实体,形成了一个独立的产业——大众传播业。美国大众传播业的私营产业特征,使其将对市场的研究视为生存和发展的根本。随着各媒介的竞争日趋激烈,得到受众的青睐,拥有更高的发行量、收听(视)率也越来越成为所有媒介追求的目标。因为只有这样才可以从广告客户手中拉来广告,以维持生存和继续发展。这种客观的竞争压力变成了大众传播业者关心和思考传播技巧、传播效果、受众等问题的动力。大众传播业客观上和主观上都需要进一步研究传播规律,改进传播行为,扩大传播效果。

美国自由市场经济及生存于其中的大众传播业为传播学的兴起提供了丰厚的经济土壤,从而使美国的传播学研究从第一天起便带有较为浓厚的商业色彩和实用气息。

(三) 社会背景

在社会上,美国的大众传播与社会生活的关系日益密切。互动中媒体给社会生活带来的负面作用也显示出来。

美国在第二次世界大战之后,挟本土未卷入战争而经济却大发战争财之优势,其科学技术有了空前发展,出现了科技革命。新的传播技术推动了传播业的大发展。原有的报纸、书籍、杂志等印刷业持续发展,而广播、电影,特别是电视业的发展最引人注目。新媒介出现带来了一系列新的问题:一方面受众可以从更多的渠道获取信息,促进社会繁荣;另一方面,媒介中的暴力、色情等内容对受众特别是少年儿童产生了严重影响。因此,美国的社会学家、心理学家等纷纷关注和研究传播业提出的新问题,如:媒介与受众和社会的关系;媒介如何影响青少年的观念与行为等等,发表了众多研究成果。

从上面的分析可以看到传播学是在美国特定的政治、经济和社会条件下兴起发展的。更重要的是可以看到传播学研究的对象均为现实的传播实践。关注实践,研究实践才是传播学兴起的根本。

(四) 学科背景

传播学作为一门研究人类信息传播活动及其规律的科学,是在借鉴、吸收其他学科研究成果的基础上形成的。因此,传播学具有多学科综合而成的特点,这种多学科交叉性使传播学成为边缘学科。它既属社会科学,又被视为人文科学,而且带有明显的自然科学的痕迹;它既有传播学自己的理论范畴、学术话语,又更多地借用了其他学科的理论范畴。因此不同学科的学者都可以从自己的角度研究传播学,从而使传播学的研究成果异彩纷呈,各成体系。

具体而言,传播学的学科基础主要是新闻学、社会学、心理学、"三论"(信息论、控制论、系统论)、政治学、语言学、文化研究、统计学、符号学等等。随着传播学的兴起及研究的深化,许多学科都与传播学建立了联系、交叉,出现了许多新兴的研究领域。

在大众传播学产生之前,新闻学是惟一专门研究大众传播现象和活动的学科,因此,可以说,新闻学是传播学的基础和前身。新闻学起源于19世纪的德国,到19世纪末,在美国兴盛起来。随着新闻实践的逐步深化,新闻媒介种类不断增多,新闻学原有的研究范围已经无法涵盖日益发展的新闻业。新闻事业逐步扩大至大众传播媒介业,"新闻"概念也逐步让位于"大众传播"概念。这时便出现了大众传播学。它以人类社会的所有大众传播行为为研究对象。大众传播学研究进一步深化的结果便是传播学,即从个别的传播规律——大众传播,再深入研究,上升到普遍的传播规律,即人类的传播活动过程及其规律。因此,可以看出,传播学的基本发展轨迹是:新闻学→大众传播学→传播学。三者既相互关联,又有明显的区别:

表1-1 新闻学、大众传播学、传播学的区别

	新 闻 学	大众传播学	传 播 学
研究对象	新闻及社团活动	大众传播活动及过程	人类传播活动及过程
研究方法	经验研究	经验研究、定量技术、定性研究	定量技术、定性研究
研究取向	实务导向	理论化	本质研究、核心理论

新闻学是"研究人类社会新闻活动规律的一门科学。新闻学研究的中心课题便是:人类社会的各要素对人类新闻活动的决定和影响以及新闻活动的自身发展、新闻活动对社会的反作用"①。大众传播学则是一门边缘科学,它借鉴了心理学、社会学和政治学等学科的假设、理论和方法,聚焦于大众媒介及相关的人的活动,以期得到关于大众传播过程和效果的可靠知识。而传播学就是要"解释人类传播过程的基本性质,从诸如语义学、文化人类学、社会学和社会心理学这样一些领域里得出许多很有研究价值的线索。需要把它们结合起来,充分描述整个的人类传播,然后方可以估量出使用复杂媒介的大众传播的地位"②。

新闻学经历了一个多世纪的变迁、发展,自己也出现了某种程度上的变革。施拉姆(Wilbur Schramm)分析整理了1937年到1956年《新闻学》季刊的内容,指出了新闻学发展的四个趋势:

第一,从定质分析到定量分析。一般而言,定量分析较具客观性,因为它能以精确数

---

① 胡正荣.新闻理论教程.北京:中国广播电视出版社,1995,2
② [美]梅尔文·德弗勒等.大众传播学诸论.杜力平译.北京:新华出版社,1990,30

字辨明一个普通的现象或事实。而定质分析则失之主观。

第二,从人文学方法到行为科学方法。传统报学是以哲学、文学为基础,而大众传播学亦属行为科学之一支,它是以社会学、心理学、统计学为基础,走向实验的阶段。

第三,从伟人研究到过程与结构。传统新闻学只以文学方法对报业经营者作传记性描述,而大众传播受牵制的因素变化多端,以致形成环境相连、交错复杂的因果关系。

第四,从区域性角度到国际性角度。由于国际传播的发展,新闻学的研究范围已不能局限于一国或一个区域,它必须伸展至国际范围。

实际上,传播学的许多研究成果、概念、范畴和方法等也被近年来的新闻学研究所应用。德国新闻学教授格弗里德·维申伯格(Siegfried Weischenberg)在其著作中就提出了许多全新的新闻学理论观点。它在传播学的基础上,对现实的新闻活动进行分析,其中引入了大量的大众传播学概念和观点。维申伯格教授提出了一个新闻业关系——新闻学研究对象图(如图1-1)。

作者指出,新闻学研究对象,包括以下四个方面:

1. 媒介制度(规范关系)

(1) 社会背景环境

(2) 历史基础和法律基础

(3) 传播政策

(4) 专业标准和道德标准

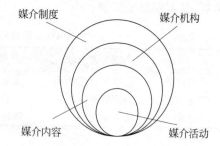

图 1-1 新闻业关系——新闻学研究对象

2. 媒介机构(机构关系)

(1) 经济要求

(2) 政治要求

(3) 组织要求

(4) 技术要求

3. 媒介内容(功能关系)

(1) 信息源和推荐群体

(2) 报道样式和播出形式

(3) 真实性的建立

(4) "作用"与"负作用"

4. 媒介活动(角色关系)

(1) 人口统计特征

(2) 社会态度和政治态度

(3) 角色自我理解和公众形象

（4）专业化和社会化[1]

我们从中可以看出新闻学研究与传播学研究的交融。

传播学的产生可以说是派生于新闻学,但是传播学的理论基础却是许多相关学科共同奠定的。其中,尤为重要的学科有社会学、心理学和"三论"(信息论、控制论和系统论)。

社会学对传播学的贡献表现在两个方面:

一方面,传播学借用许多社会学研究范例,其中借鉴较多的有:孔德(Auguste Comte,1760—1825)的集体有机体观念;斯宾塞(Herbert Spencer,1820—1903)的有机体及社会进化范例;腾尼斯(Ferdinand Tonnies,1855—1936)的社会契约理论;大众社会、社会分化范例;社会化范例;库利(Charles Horton Cooley,1864—1929)、乔治·米德(George Herbert Mead,1863—1931)的符号互动论(Symbolic Interaction Theory);帕森斯(Talcott Parsons,1902—1979)等人的结构功能论(Structural Functionalism)范例;达伦多夫(Ralf Dahrendorf)等人的冲突论(Conflict Theory)范例。

另一方面,传播学利用社会学方法进行研究,如早期传播研究中对舆论的研究、对宣传的分析、对股票行为的研究等。传播学所用的研究方法大部分来自于社会学。

心理学对传播学的贡献也表现在两个方面:

一方面,传播学借用了许多心理学研究范例,如:心理学中的学习理论和模仿理论、社会心理学中的群体动力论范例、社会心理学中的实验图式范例、社会心理学中的知行不和谐范例、实验社会心理学中的态度改变范例等。

另一方面,传播学从心理学中借鉴了实验法等研究方法。

20世纪40年代兴起的信息论、控制论和系统论都属于技术科学,但是它们在哲学和方法论层面给众多的社会科学、人文科学研究提供了新的价值和意义。我们将在"信息"一节中详细论述。

除社会学、心理学、"三论"之外,对传播学影响大的还有统计学、数学、政治学、符号学、语言学等。正是这些学科的研究成果为传播学提供了丰富的理论、方法。这些学科的学者也都在各自领域涉猎过传播现象的研究。

第二节 传播学的发展

传播学在社会环境的催生之下,经过社会学、心理学、政治学、新闻学等学者的努力,经历了20世纪20年代至30年代的传播研究,到40年代已经基本形成,并初具规模。

---

[1] Siegfried Weischenberg. Journalistik: Medienkommunikation: Theorie und Praxis. Opladen: Westdeutscher Verlag,1992,68

一、国外传播学研究的发展

现代传播研究兴起于美国,传播学诞生于美国,因而国外传播学的发展主要以美国为代表。我们可以从下列著作的发表看出传播学走上历史舞台的轨迹:

1922年,李普曼(Walter Lippman)的《舆论学》出版。

1927年,拉斯韦尔的《世界大战中的宣传技巧》出版,较系统地研究了一战中的宣传。

1944年,拉扎斯菲尔德的《人民的选择》出版,系统研究大众传播与投票行为的关系,并且提出著名的"两级传播"理论。

1945年,联合国教科文组织(UNESCO)发布的宪章第1条,在国际范围内首次使用"大众传播"概念。

1946年,拉斯韦尔等人编著、出版了《宣传·传播·舆论》一书,首次明确使用了"大众传播学"的概念。

1948年,拉斯韦尔发表了传播学的经典性论文《传播在社会中的结构与功能》,首次完整地提出传播的"五W模式",确定了传播学的基本研究范围。

1949年,霍夫兰发表了《大众传播实验报告》。

1949年,施拉姆编辑出版了《大众传播学》,第一次提出大众传播学的框架,汇集了前人有关大众传播的研究成果,是最早的大众传播学著作。

可以说,到此为止,传播学作为一门独立的学科已基本形成,并且确定了初步的研究范围、内容、方向和方法。

三个阶段

国外传播学研究经历了早、中、当代三个阶段。

(一)早期的传播学研究:

第一阶段(20世纪20年代至30年代):人们将传播研究的对象放在传播效果上,产生了最早的传播学理论,即效果研究中的"枪弹论"。这是受当时行为主义"刺激—反应"理论的影响。

第二阶段(20世纪40年代至50年代):这时的传播学研究开始兴盛。一方面形成了传播学,研究者众多,并且纷纷提出自己的传播模式,"50年代证明是模式建立的鼎盛时期"[①]。另一方面,经过学者们深入的研究,提出了许多新的理论,动摇了早先的"枪弹论",从而出现了传播的"有限效果论"。甚至有学者由此而断言,传播学的研究都没有必

---

① [英]丹·麦奎尔.大众传播模式论.祝建华,武伟译.上海:上海译文出版社,1987,8

要再进行下去了。

（二）中期的传播学研究（20世纪60年代至70年代）：

这个时期是传播学研究突破传统局限，拓展范围，深化内容的时期。一方面这时的传播学研究已从早期的传播效果研究拓展到传播过程的各个方面。"传播研究及有关模式建立的兴起焦点，已从寻求对整个大众传播过程的一般理解逐渐转向研究这个过程的各个具体方面：长期的社会、文化和意识形态效果；媒介组织及其同社会和受众的关系，受众之选择和反应的社会基础和心理基础；特有的内容形式（尤其是新闻和'现实'信息）的构造等等。"[①]另一方面，传播学研究在多个地区开始进行并出现不同的派别。发达国家如英、法、德、日等国家的传播学大幅度发展。第三世界国家也从早期照搬和模仿以美国为代表的西方传播学研究中意识到，它们必须解决自身在传播领域中面临的问题。

这一时期是传播学研究空前繁荣的时期，各种理论纷呈，研究中的问题也暴露不少。

（三）当代的传播学研究（20世纪80年代以来）：

这一时期的传播学研究继承了70年代传播学研究领域扩大的传统，将传播学研究扩展到了政治、经济、文化等各个领域，因为"大众传播与其他信息处理方式和传递系统（尤其是以电话和［或］电脑为基础的系统）的界限正在日益变得不那么分明"，"传播流动的总'图'可能随着新的传播功能和期望的出现而改变"[②]。因此，传播学的范围也就不那么明显了。与此同时，传播学研究中派别分流日益明显。在60年代至70年代开始出现的欧洲传播学派以其对社会文化的批判性备受人们的关注，被称为"批判学派"，与注重实证分析，强调传播实践的美国传播学派相并峙，人们称后者为"经验学派"。

传播学中的批判学派萌芽于20世纪60年代，70年代开始兴盛，及至80年代已经成为传播学研究中的主流之一。批判学派的传播学研究起源于欧洲，植根于欧洲悠久的历史和文化的传统之中，但是其影响和发展已波及世界许多国家和地区。美国、加拿大等注重经验学派的国度中也有一些卓有建树的批判学派的学者。

批判学派的理论基础主要有两个："法兰克福学派"与"西方马克思主义"。其主要的流派是政治经济学派和文化研究学派。

理论方法

正如奥利弗·博伊德-巴雷特（Oliver Boyd-Barrett）所说，"人们是不能用一种方法来叙述和解释媒介研究历史的"。（Boyd-Barrett & Newbold,1995）因此，博伊德-巴雷特和纽博尔德（Chris Newbold）在《媒介研究的方法》（Approaches to Media）一书中，按照大

---

① ［英］丹·麦奎尔.大众传播模式论.祝建华,武伟译.上海：上海译文出版社,1987,11
② 同上,14

致的时间顺序辨别和阐明了大众传播学研究历史上的九种主要理论和方法,分别是:

1. 大众社会,功能主义,多元主义(Mass Society,Functionalism,Pluralism)

这是早期媒介研究的三种方法,它们尤其在二战前夕到20世纪70年代中期近40年的时间里发生着影响,其研究的焦点集中于媒介如何服务于整个社会系统。它们由两种根本不同的社会观点所组成。一种观点是(大众社会论题)现代社会已经成形于工业化和都市化。工业理性主义的原则就是应用于文化产品的生产中,包括媒介,以及在文化标准化的过程中为这些产品结果调整公众口味。另一种观点是看到了媒介作为许多不同社会群体的反映,一个民主的和庞杂社会的利益和文化,以及因此而作为一种社会凝聚和稳定性的力量。①

2. 媒介效果(Media Effects)

对媒介效果的研究是隐藏于大众传播研究发展史中的原动力。事实上,正如麦奎尔等理论家所指出的:"全部大众传播研究建基于对媒介具有强大效果的推测上"。②

3. 政治经济学(Political Economy)

莫斯可(Mosco 1995)对政治经济学作了如下的定义:"政治经济学研究社会关系,特别是权力关系,这些关系相互作用构成了资源(包括传播资源)的生产、分配和消费。"政治经济学对传播的最大贡献在于对媒介制度及其背景的分析。③

4. 公共领域(The Public Sphere)

"公共领域"这个概念出自尤尔根·哈贝马斯(Jurgen Habermas)1962年的著作。麦肯纳(Mckenna)对此做了最简要的定义,认为公共领域就是一个"公众传播的论坛:对于大家普遍关心的问题,个体公民能够集合在一起并自由交换意见的论坛"。关于这种方法的研究都尝试去辨别媒介在培养或阻止这种公众传播的发展、运作和生存中的作用,同时也研究一些情况,这些情况有助于说明为什么有些公共领域能显示出产生了效果,而其他的则不能。④

5. 媒介职业和职业人员(Media Occupations and Professionals)

拉斯韦尔于1948年在其传播模式中提出了"谁向谁说什么"的问题,社会学家对媒介职业和其职业工作者的兴趣主要是由这个问题所引发的。关于这个方法的研究包括了对

---

① Newbold,Boyed-Barrett. The Media Book. London:Hodder Arnold Publication,2002,21
② [英]奥利弗·博伊德-巴雷特,克里斯·纽博尔德. 媒介研究的进路——经典文献读本. 汪凯,刘晓红译. 北京:新华出版社,2004,143
③ 同上,227~228
④ Newbold,Boyed-Barrett. The Media Book. London:Hodder Arnold Publication,2002,22

"把关人"的回访研究,媒介内容所遵循的基本原则(rationale)以及"新闻网"、专业记者等多种不同理论观点的研究。①

6. 文化霸权(Cultural Hegemony)

霸权是媒体与文化研究的一个中心概念,提供了解某一特定历史时刻,主控的社会族群如何能成功地掌管与统治我们的经济、社会与文化。② 文化霸权考虑到不同文化之间的斗争、对立以及冲突的维度,在那里,意识形态不仅仅占统治地位,而且争夺霸权,且争夺霸权最终不得不通过协商才能取胜。③

7. 女权主义(Feminism)

女权主义一直是媒介文本研究的主要关注之一,它涉及更广泛的有关妇女在媒介工业中的地位的研究、女性受众以及女性的思想及其对自身在媒介中的地位的理解。④

8. 活动图像(Moving Image)

这里所说的活动图像,指的是电影业、电视业和音像产业制造的产品。样式(genre)研究和叙事(narrative)研究是活动图像理论中最常见的两个领域。⑤

9. 新受众研究(New Audience Research)

新受众研究重新估量了文本的研究方法。不同读者对文本有不同的解读,这是新受众研究最重要的洞察。新受众研究更强调文本,更好地把握了解释的过程,并把这些过程置于更充分的社会学语境中。⑥

机遇与挑战

传播学自从20世纪40年代至50年代形成于美国以来,在世界上的许多国家和地区都有较大的发展。英、法、德等国的传播学从50年代起步,步伐较大,现基本形成各自的学派,并且成为传播学研究的另一重要基地。日本的大众传播学研究起步于40年代末,它的理论体系基本遵循美国的经验学派。

---

① [英]奥利弗·博伊德-巴雷特,克里斯·纽博尔德.媒介研究的进路—经典文献读本.汪凯,刘晓红译.北京:新华出版社,2004,333~399
② [英]Lisa Taylor,Andrew Willis.媒介研究:文本、机构与受众.简妙如等译.台北:韦伯文化事业出版社,63
③ [英]奥利弗·博伊德-巴雷特,克里斯·纽博尔德.媒介研究的进路—经典文献读本.汪凯,刘晓红译.北京:新华出版社,2004,404
④ 同上,477
⑤ 同上,547
⑥ 同上,617

60年代以后,发展中国家的传播学研究也纷纷开始。亚洲的印度、马来西亚、韩国、泰国;拉丁美洲的巴西、秘鲁、墨西哥等都逐步扩大了在传播学领域中的影响和地位。发展中国家的传播学研究除了集中于基础理论的研究外,更关注大众传播与国家和社会发展的研究。实际上,大众传播与国家发展的研究首先是由西方学者提出的,如丹尼尔·勒纳(Daniel Lerner)在其《传统社会的消逝——中东的现代化》(1958),施拉姆在其《大众传播与国家发展——信息对发展中国家的作用》(1964)中,都提出了基本的理论观点。发展中国家曾一度引用并将他们的观点列为本国制定传播与发展政策的依据。但是经过实践,发展中国家发现了这些西方学者提出的理论的局限性。他们开始自主研究本国的实践,对内提出适应本国现实的理论成果,对外提出了建立"国际传播和信息新秩序"的主张。发展中国家的这些研究丰富、发展了传播学,并促成了发展传播学的成熟。

进入90年代以后,传播学研究又面临了新形势的挑战。当今社会发展正朝着信息化、全球化、生态化的方向发展。传播学如何适应社会形态的转变,传播形态的进化,调整自己,进一步发展,已成为全球传播学学者共同关心的话题。①

传播学的未来发展首先要解决的问题就是如何使传播学成为真正的独立学科。美国学者提出:要想使传播学真正独立成体系,那么传播理论就应该越来越重视整体传播现象,发展核心传播理论,也就是说传播学的走势应该是朝理论化的方向前进。传播理论的未来将会更重视传播本质的探讨,领域是越来越开阔而不是收敛。②

其次要解决的问题便是如何开阔视野。1929年,日本东京帝国大学(即现东京大学)成立了新闻研究室,1949年升格为新闻研究所,后于1992年将这个历史悠久的新闻研究所改名为社会情报研究所(Institute of Socio-Information and Communication Studies)。这次所名更改意味着研究范围的拓展。社会情报研究所的目的就是通过对社会情报的生产、流通、处理、蓄积、利用的综合研究,对人类社会从情报角度出发进行社会科学分析,从学术上探讨情报的社会现象。

我们从下表中可以看出东京大学社会情报研究所的研究领域:

表1-2 东京大学社会情报研究所部门之变迁

1949年	1952年	1953年	1957年	1958年	1974年	1980年——
有关新闻理论的研究	大众传播理论	基础部门:大众传播理论研究	基础部门:大众传播理论研究	基础部门:大众传播理论研究	基础部门:大众传播理论研究	基础部门:大众传播理论研究

---

① "新传播教育"专题.见:新闻学研究.台北:台湾政治大学新闻研究所,1996(53)
② Littlejohn, W. S. Theories of Human Communication (4th ed.). Belmont, CA: Wadsworth Publishing Company,1992

续表

1949 年	1952 年	1953 年	1957 年	1958 年	1974 年	1980 年——
有关报道的研究	有关新闻理论的研究	历史部门：新闻史	历史部门：大众传播史	历史部门：大众传播史	历史部门：大众传播史	历史部门：大众传播史
有关社论的研究	有关社论的研究	特殊部门Ⅰ：传播过程研究	特殊部门Ⅰ：传播过程研究	特殊部门Ⅰ：传播过程研究	特殊部门Ⅰ：传播过程研究	特殊部门Ⅰ：传播过程研究
		有关报道的研究	特殊部门Ⅱ：报纸与杂志的研究	特殊部门Ⅱ：报纸与杂志的研究	特殊部门Ⅱ：报纸与杂志的研究	特殊部门Ⅱ：报纸与杂志的研究	特殊部门Ⅱ：报纸与杂志的研究
			特殊部门Ⅲ：舆论与宣传	特殊部门Ⅲ：舆论与宣传	特殊部门Ⅲ：舆论与宣传	特殊部门Ⅲ：舆论与宣传
				放送(即广播)	放送(即广播)	放送(即广播)
					情报社会	情报社会
						社会情报系统

资料来源：东京大学新闻研究所，《新闻研究所40年——其轨迹及将来展望1949—1989年》，28页，1989。

它一开始是以报纸为研究的中心对象，然后将范围扩大到大众传播，再后来便是传播学，如今则将研究范围进一步扩大到"社会情报"。

虽然东京大学社会情报所研究范围的变化并不一定代表传播学发展的未来走向，但是至少可以给我们提供未来的一个走向。

二、我国传播学研究的发展

我国的传播学研究是从台湾开始的。1954年台湾政治大学新闻研究所设立，开始新闻学研究。九年后的1963年，台湾开始了传播学研究。施拉姆的学生朱谦博士到该研究所任教，并进行了"电视与儿童"的研究，这是在台湾第一次进行的传播学研究，他给台湾的传播学研究带来了第一个研究范例。他还进行了台湾传播学中的第一个定量研究——电视效果的研究。另外他在木栅等地进行了台湾第一个大规模的传播学调查研究，主要研究传播与个人的现代性。他将所调查对象的名单留存下来，问卷页保留下来，在十四年后又对调查对象进行回访，原有的317人找到了185人，他的这项固定样本研究是台湾传播学历史上里程碑式的研究。另一个里程碑式的研究是杨孝溁所做的对传播效果的统计研究，后成书《传播统计学》。

进入20世纪70年代以后，台湾传播学渐渐从单一的研究逐步走向多样化，经验学派和批判学派都获得了长足发展。研究领域涉及政治传播、宣传、教育传播、健康传播、受众研究等等。有一些著作奠定了台湾传播学的基础,如徐佳士教授的《大众传播理论》、阎沁恒教授的《大众传播研究方法》等。

到目前为止,台湾的传播学研究基本上集中在近30所大学的有关系、所中,主要是在美国经验学派和部分批判学派研究的影响下进行的。现在面临的一个问题就是传播学研究的中国化。

香港的传播学研究起步较迟。1965年,香港中文大学新闻系成立。自60年代末,该系研究者开始研究香港的传播现象并发表报告。这是香港早期传播学研究的开始。在香港,较为严谨和系统化的传播学研究约始于70年代中后期。这一时期,美国传播学泰斗施拉姆到香港任访问教授并为香港中文大学创办了传播学硕士课程,开展了亚洲新闻的研究,言传身教地培养了新一代的香港研究生。80年代后,更多留学海外的本土学者回港,强化了传播学研究阵容与成果。到了90年代,香港大专界的新闻及传播学系均有所扩充,来自本土、大陆及海外的教研人员怀着不同的研究兴趣,汇集香港,研究题材广泛多元,令香港传播学逐渐成为中西交汇之地。①

我国大陆的传播学研究起步较晚。

1956年,复旦大学新闻系主编的《新闻学译丛》将"Communication"译成"群众思想交通",这是我国大陆最早接触"Communication"(传播)一词。1978年以后,复旦大学、中国人民大学、中国社会科学院新闻研究所、北京广播学院的新闻学者开始大量地翻译、评价西方传播学论文、著作,比较准确地介绍了传播学的主要学说、概念、范畴和方法。

1982年传播学创始人威尔伯·施拉姆来华访问,向中国大陆介绍传播学理论,再一次推进了中国大陆对传播学的了解。1983年出版了中国社会科学院新闻研究所编辑的《传播学(简介)》一书,1984年9月出版了施拉姆的代表作《传播学概论》中文版,这些著作成了中国大陆传播学研究的奠基之作。

1982年11月,中国社会科学院新闻研究所主持召开了第一次全国性的传播学座谈会,对传播学产生的历史背景、社会条件,传播学研究的对象、内容、方法进行了初步探讨,确定了中国大陆新闻学界对传播学的态度,并提出对待西方传播学的16字方针:系统了解,认真研究,批判吸收,自主创造。

1986年全国第二次传播学研讨会召开,这次会议"最大的成果就是着手讨论了如何建立具有中国特点的'新闻传播学'。"②此后,传播学的实证研究开始在我国展开。

1993年全国第三次传播学研讨会召开,会议论文涉及传播学本土化、传播学基本理论、传播实证分析、跨文化传播等许多方面。

---

① 苏钥机.传播学之我见.见:传播学在中国——传播学者访谈.北京:北京广播学院出版社,1999.357~358
② 吴文虎.对中国大陆传播研究的思考.见:陈世敏主编.中国大陆新闻传播研究.台北:台湾政治大学新闻系,1995.82

1995年全国第四次传播学研讨会以其论文最多、与会学者最多、成果多样化而成为历届会议中引人注目的一次。我国的传播学研究到此次会议时已取得了相当的成果。会议讨论了传播学自身建设(特别是本土化)问题、传播学前沿问题、传播学基本理论问题、国际传播问题、传播与发展问题以及应用传播、传媒管理、传播与文化、传播实证等许多问题。

1997年4月,全国第五次传播学研讨会在杭州召开,共有来自大陆各地以及香港、台湾地区的学者60多人参加,因而是第一次名副其实的全国性传播学研讨会。会议的主题是"传播与经济发展",参加者中正式提交学术论文的共计46人,而当年10月由大陆、台湾和香港共计28位传播学者通力合作撰写的《华夏传播论》亦正式出版,这标志着中国传播学本土化研究的开端。

1999年11月,全国第六次传播学研讨会在上海复旦大学召开。这次会议首次尝试采用与国际接轨的较规范的国际会议的操作方式,规模、议题、质量方面都有了相当的拓展,成为世纪之交名副其实的传播学盛会。

2001年10月,全国第七次传播学研讨会在南京大学召开,主题是:"新世纪的中国传播学研究:创新与发展。"此次研讨会所发表的研究成果,可以代表当前国内传播学研究的最新趋向,具有议题中的文化取向突出、对科技含量的关注增加、多学科交融的特点,显示出新世纪中国传播学研究与时俱进的鲜明特征。

从传播学在我国的发展可以看出,我们已经开始引进和介绍国外的传播学经典著作和成果,这项工作还将持续并进一步加强。与此同时,我们也进行了一些自主的传播学研究,这些研究项目多是利用量化方法对我国传播实践进行的实证研究。研究所用的范畴、范例、方法等均引自于西方的传播学,而且基本上是传统学派。

近年来,我国传播学研究在进一步准确引进国外最新研究成果的同时,也开始进行传播学本土化的研究。建立自己的理论范式,关注本土的传播实践,这才是我国传播学进一步发展的根本动力和方向。

第三节 传播学的奠基人及创立者

欲了解传播学研究的历史,自然离不开对这门学科的奠基人们的认识。施拉姆将传播学比作"沙漠中的绿洲",他说,许多"过路客"如社会科学家与自然科学家出于某种需要,在绿洲上停留一会儿,然后又继续他们的行程,各自向前走去。

1980年,施拉姆在《美国传播研究的开端》一文中,高度评价了美国传播学的四位先行者,即政治学家哈罗德·拉斯韦尔、社会心理学家库尔特·卢因、社会学家保罗·拉扎斯菲尔德和实验心理学家卡尔·霍夫兰。他们自20世纪20年代便开始从自己研究的学科角度对传播进行了深入的研究。他们的研究内容和方法为后来的传播学奠定了一个基础。

一、政治学家哈罗德·拉斯韦尔

哈罗德·拉斯韦尔（Harold Lasswell,1902—1977）是美国著名的政治学家。他一生致力于运用心理学理论和方法去探讨政治学，试图用一系列自然科学理论建立政治学体系。他的政治学著作受到政治学家们的重视，他自己也曾在政府部门担任过顾问。

1902年2月13日，拉斯韦尔出生于美国伊利诺伊州唐尼尔逊的一个牧师家庭。父亲是长老会的牧师，母亲是中学教师。家中藏书甚丰，常与著名学者来往。拉斯韦尔1918年入芝加哥大学学习，成绩优秀，表现突出。1922年获芝加哥大学哲学学士学位。随后的三年中，拉斯韦尔在伦敦大学、日内瓦大学、巴黎大学和柏林大学攻读研究生课程。1926年获得政治学博士学位。同年，回芝加哥大学任教，历任政治系助教、讲师、助理教授、副教授。1938年辞职，转而担任耶鲁大学的客座讲师，1947年成为该大学的法学教授。他先后在美国的锡拉丘兹大学、西部保留地大学、加利福尼亚大学；中国的燕京大学；日本的东京大学；印度的巴特那大学等学校作为客座教授讲过学。

1939年拉斯韦尔被任命为新成立的美国国会图书馆战时通讯委员会第一任主任。这个机构受洛克菲勒基金会资助，对报纸、杂志、书籍、广播、电影和其他通信手段的内容，进行了大规模的分类调查。之后他还先后担任许多公共和私人机构的顾问等职。

他对传播学研究作出了以下突出贡献：

1. 拉斯韦尔是美国系统研究政治传播的第一人，是分析研究宣传的权威。1927年，他的博士论文《世界大战中的宣传技巧》刊行于世，成为宣传学的经典之作。1935年，他又与布卢门斯通合著出版了《世界革命的宣传》，进一步发展了对宣传进行分析的基本方法。1979年，在拉斯韦尔去世后的第二年，他和勒纳、史皮尔三人合作编写的三卷巨著《世界历史中的宣传与传播》，成为宣传学研究的又一里程碑。"他关于政治宣传和战时宣传的研究代表着一种重要的早期传播学类型。""宣传分析已被纳入传播研究的一般体系之中。"[①]

2. 拉斯韦尔开创了内容分析方法，一种重要的传播研究工具。在对第一次世界大战的宣传研究中，他就运用了内容分析的方法。这"实际上发明了定性和定量测度传播信息

[①] [美]罗杰斯.传播学史：一种传记式的方法.殷晓蓉译.上海：上海译文出版社,2005,243

(例如,宣传信息和报纸社论)的方法论"①。

3. 拉斯韦尔在进行宣传研究的同时,其研究领域也逐步扩大至大众传播。1946年,拉斯韦尔与史密斯合著的《宣传、传播与舆论》出版,书中第一次提出了大众传播的基本传播过程,即:谁传播？传播什么？通过什么渠道传播？向谁传播？传播的效果怎样？他的这一模式成了传播学中经典的传播过程模式。后来,他又在1948年发表的《传播在社会中的结构与功能》一文中,对此传播过程、结构及功能作了一个较全面的论述,成为早期传播研究的经典成果之一。

4. 在其《传播在社会中的结构与功能》一文中,拉斯韦尔还从外部功能上分析了传播活动的作用。他指出传播的三大作用或三大功能,即监视环境、联系社会、传承文明。这一观点经过后来学者的发展,也得到了丰富。

总之,拉斯韦尔在宣传分析领域的成就是巨大的,同样,他在对传播的内部结构和外部功能分析方面,影响也是深远的。他的这些开创性的研究奠定了传播学研究的基本范围和层面。拉斯韦尔一生著述众多,达六百多万字,除了上述的有关宣传、传播的著作外,还有许多政治学著作。

二、社会心理学家库尔特·卢因

库尔特·卢因(又译库尔特·勒温,Kurt Lewin,1890—1949)是美籍德国社会心理学家,一生致力于人类行为的动力和控制的研究,是心理学中"场论"和"群体动力论"的最先提出者。

1890年9月9日,卢因出生于德国,曾就读于德国的弗赖堡大学、慕尼黑大学。1914年毕业于柏林大学,获哲学博士学位。一战期间,曾到前线打仗。战后,1921年回到柏林大学任教,同完形心理学派(Gestal Psychology,又称格式塔心理学派)的创始人惠太海默(Max Wertheimer)、苛勒(Wolfgang Koler)等建立了关系,成为积极倡导该学派的著名心理学家。1933年辞职移居美国,先后在斯坦福大学、康奈尔大学、艾奥瓦州立大学等学校任教,进行研究。1944年到麻省理工学院,创立了群体动力研究中心并担任主任,直至去世。

他的学术成就主要体现在他最早创造性地提出了心理学中的"场论"和"群体动力论",这些理论成果对传播学的研究影响较大。

卢因在自己的心理学研究中倾向于完形心理学,但是又超出了完形心理学的范围和领域。他借用物理学中的"场论"这一理论,与心理活动进行类比。物理学场论的基本观

---

① [美]罗杰斯.传播学史:一种传记式的方法.殷晓蓉译.上海:上海译文出版社,2005,243

点是,一个场就是一个整体性的存在,其中每一部分的性质和变化都由场的整体特征所决定,而这种整体特征并不等于场内各部分特征的总和或相加。换言之,场一旦形成便成为一种新的结构实体,而不再是形成场的那些个体元素的机械结合。

卢因将自己的场论应用于社会心理学的研究中,形成了群体动力论。这是他对社会心理学的最重要的贡献。群体动力论主要研究群体与个体之间的关系,特别关注群体规范对个体行为的制约和影响。他认为,一个群体就是一个场,必须将群体视为一个整体,而不是成员个体的简单相加。在群体与个体的关系中起决定作用的是群体而不是个体,一个群体中最重要的便是凝聚力。所谓凝聚力就是群体成员相互利益的延伸。由于人们都关心自己的利益,因此他也就自然地倾向于维护群体的凝聚力这种自身利益的延伸。

从卢因的群体动力论可以看出:个体与群体的关系是如此地紧密,以至于群体的规范可以直接制约和影响个人的行为。传播者要想通过传播改变一个人的态度、认识和观念,不仅要考虑他的个人因素,更要考虑他所属的群体因素。

卢因将自己的群体动力应用到传播研究中。第二次世界大战期间,他和学生运用这一理论对军队士气问题进行研究,从中证实了群体可以影响到士兵个体的观念、动机、愿望、行为和倾向。二战期间,卢因还进行了劝说人们改变饮食习惯的研究,这项研究也是在群体动力论的指导思想下进行的,研究结果也说明群体规范可以改变个体的饮食习惯,使之与所属群体相适应。

此外,卢因在有关改变食品习惯的实验中还发现:家庭主妇是家庭消费新食品的把关人。"把关"概念可以适用于范围广泛的各种传播环境。1947年,在卢因去世前的最后一篇文章《群体生活渠道》中,他对传播体系中的把关过程作了理论说明,这对于后来的研究来说,是一个有着广阔前景方向的贡献。

卢因的群体动力论及"把关"概念对美国传播学的建立起了一定的推动作用,也为传播学研究提供了一个新的层面和方法。

三、社会学家保罗·拉扎斯菲尔德

保罗·拉扎斯菲尔德(Paul Lazarsfeld,1901—1976)是美籍奥地利社会学家。他在社会学,特别是应用社会学领域的影响相当深远。

1901年2月13日,拉扎斯菲尔德出生于奥地利维也纳。1925年毕业于维也纳大学,获哲学博士学位。后来,又在美国的芝加哥大学、哥伦比亚大学、耶什瓦大学获得人文学和法学博士学位。早年主修数学,后来受奥地利心理学家弗洛伊德等人的影响,对心理学产生了浓厚的兴趣。1935年在美国洛克菲勒基金会的资助下,前往美国学习社会心理学,他运用在欧洲已掌握的调查研究的方法,写成《马里兰城里失业的人》一书。

拉扎斯菲尔德到美国后,在洛克菲勒基金会的资助下,在普林斯顿大学建立了一个广播研究中心。1940年移居纽约,得到哥伦比亚广播公司的资助,在哥伦比亚大学建立一个应用社会学研究中心。在他的主持下,一些社会学家开展了失业、大众传播、竞选与政治活动、教育与心理、社会研究方法与程序、市场研究等方面的应用研究。

虽然传播研究只是拉扎斯菲尔德研究领域中的一个部分,但是他在其中的研究对早期传播学的形成起了极大的推动作用,其主要贡献有:

1. "他开创了媒体效果研究的传统,这一传统成为美国大众传播研究中占有统治地位的范式。"[①]他及其助手、合作者从社会学原理出发,将传播媒介置于完整的社会环境中去考察。他们认为受众不是彼此隔绝的抽象的个体,而是在现实生活中与其他人共同生活,互相影响的。1930年至1931年,他对广播听众的研究更侧重研究广播在社会中的影响力。

他继续将他对传播媒介社会影响的研究扩展到美国的政治生活中。1940年5月至11月的半年间,他们以总统选举为课题,进行了大规模的连续性调查,主要研究大选期间影响选民投票意向的因素。该项研究的结果显示:大多数人早在竞选之初就已经作出了怎样投票的决定,投票意向受传播媒介影响的人不到百分之五,即使是这不到百分之五的人,也主要受他们周围的人(领导、同事、家庭成员)的影响。由此可以得出进一步的结论:决定人们投票意向的,主要不是传播媒介的影响力,而是人际传播的影响力。1948年,该项研究的成果汇集出版,即《人民的选择》。

拉扎斯菲尔德及其助手在进一步的研究中还提出了"舆论领袖"和"两级传播"的概念。由此,拉扎斯菲尔德提出了两级传播理论,即讯息和影响先由大众传播媒介传播给舆论领袖,然后,再由舆论领袖扩散给社会大众;传播媒介的作用是间接的,并且会受到社会基层舆论领袖的影响而削弱。该理论一方面使研究者深入认识到传播环节中的众多因素;另一方面,也推动了传播学的研究,特别是传播过程的研究。后来的学者在此基础上建立了新的"多级传播理论"。

2. 拉扎斯菲尔德试图将定性方法和定量方法、参与性观察和深度访谈、内容分析和个人传记、专题小组研究和焦点访谈结合起来。许多方法论的创新都是由拉扎斯菲尔德及其合作者所开创的。例如,拉扎斯菲尔德引入了异常情况(deviant case)的分析,在此,个体案例得到分析,而这不适合于一般的统计模式。这种研究方法被用来对某些个人——他们的行为与研究中体现其他大部分人之特征的关系不相一致——进行较深层次的探讨。拉扎斯菲尔德还是三角测量法——即采用测量、收集资料和资料分析的多重方法,以获得对研究对象的多侧面了解——的一个早期提倡者。

---

① [美]罗杰斯.传播学史:一种传记式的方法.殷晓蓉译.上海:上海译文出版社,2005,325

3. 拉扎斯菲尔德还创造了以大学为基础的研究机构的原型。其位于哥伦比亚大学的应用社会学研究中心便发挥着其他许多大学的研究机构模式的作用。与大学的各系相比,研究机构更加灵活,更有侧重点,也不大容易因采纳了创新方向而受到批评。拉扎斯菲尔德创造并通过某种组织形式,使传播学首次被引入几所大学。他创造了作为美国研究型大学的一个重要组成部分的研究机构。在这个过程中,拉扎斯菲尔德促使传播理论具有了行政研究的特色,更广泛地说,他使许多社会科学研究具有了这种特色。①

总之,拉扎斯菲尔德因其对传播学的这三个贡献而成为著名的学者,尤其是1940年的总统选举研究,被称为大众传播学研究历史上的里程碑之一。"《人民的选择》中的广阔范围,先进方法和给人以深刻印象的发现使这次研究成为媒介研究中的一个重要里程碑。""《人民的选择》在关于大众媒介的思想领域开辟了一个新时代。"拉扎斯菲尔德的研究"似乎完全否定了所谓媒介无比强大的旧思想,而支持一个新假设,即媒介效果甚微,它只是许多种影响中的一种"②。实际上,正是拉扎斯菲尔德的竞选研究及其发现结束了"枪弹论"理论统治传播学研究的时代,此后,传播学效果研究可以说进入到了"有限效果论"年代。

四、实验心理学家卡尔·霍夫兰

卡尔·霍夫兰(Karl Hovland,1912—1961)是美国实验心理学家,毕生研究人的心理对人的行为的影响,具体而言就是研究说服与态度的关系、态度的形成与转变、说服的方式、技巧与能力等。

1912年6月12日,霍夫兰出生于美国芝加哥,先后获得文学学士学位、硕士学位。1936年获耶鲁大学哲学博士学位,之后担任耶鲁大学心理学系讲师、助理教授、教授、主任。

卡尔·霍夫兰的学术成就集中在用实验方法研究人的态度与说服之间的关系。他的研究生涯可以分为两个阶段:第一阶段,第二次世界大战期间;第二阶段,第二次世界大战结束直到去世。

第一阶段:第二次世界大战期间,美国军方计划实施美军的思想训练计划,于是召集了一批心理学专家,组成专门的研究小组,由霍夫兰负责指导和研究美军这个项目。他们主要研究陆军部拍摄的军事教育影片对军人的影响,用严格实验的方法,试图找出

---

① [美]罗杰斯.传播学史:一种传记式的方法.殷晓蓉译.上海:上海译文出版社,2005,299、326
② [美]德弗勒,丹尼斯.大众传播通论.颜建军等译.北京:华夏出版社,1989,311~312

影响说服效果的因素。他们研究发现军事教育影片确实使观众发生了变化,但变化有限。①

第二阶段:第二次世界大战结束后,霍夫兰及一些心理学家继续进行二战期间开始的态度与说服的研究,从多层面、更广泛的方向研究传播者的信誉、信息组织、群体适应效果、态度和观点变化的持续等问题,并将研究成果结集出版了关于态度问题的耶鲁丛书,如卡尔·霍夫兰等人的《传播与说服》(1953)、《耶鲁大学关于态度和传播的研究丛书》(五卷本)等。

霍夫兰及其合作者没有研究现实社会生活中的媒介运动和大众传播。另外,他们使用实验法进行研究,研究对象多为学生和实验性对象,范围有限。虽然他在后期也发现了许多实验过程中没有发现的众多影响因素,但是"这项研究的结果对现实生活有无实用价值却不清楚"②。

以上是对传播学四大奠基人的生平、学术成就及与传播研究的关系进行的简要介绍。我们从中可以看到早期传播研究的学术基础和领域大多是社会学、心理学、政治学等,这些学科和这些学者对传播学的最终形成贡献很大,但只是奠基作用而已,真正将传播研究系统化为传播学的人却是威尔伯·施拉姆。

五、传播学家威尔伯·施拉姆

威尔伯·施拉姆(Wilbur Schram,1907—1987)是人类历史上第一位传播学家,正是他创立了传播学这一新兴学科,人们称他为"传播学鼻祖"、"传播学之父"。他将传播学作为一门单独的学科提出来,并力图使之系统化、正规化、完善化。

1907年8月5日,施拉姆出生于美国俄亥俄州。1928年,获文学学士学位。1930年,获哈佛大学硕士学位。1932年,获衣阿华大学哲学博士学位。毕业后,他从事新闻工作,曾在《波士顿先驱报》做过记者和编辑,后当过美联社记者。后来从事教育和研究工作,历任衣阿华大学助理教授、副教授、教授、新闻学院院长;伊利诺伊大学传播研究所主任、研究部教授;斯坦福大学新闻传播系教授、传播研究所主任;夏威夷东西方研究中心传播研究所主任等。他还在美国的许多学会、团体、政府机构等任过职。

他在传播学领域的地位来自于他对传播学的巨大贡献。

首先,他把美国的新闻学与社会学、心理学、政治学等其他学科综合起来进行研究,在前人传播研究的基础上,归纳、总结、修正并使之系统化、结构化,从而创立了一门新学

---

① [美]塞弗林,坦卡特.传播学的起源、研究与应用.陈韵昭译.福州:福建人民出版社,1985,158
② [美]德弗勒,丹尼斯.大众传播通论.颜建军等译.北京:华夏出版社,1987,308

科——传播学。这是他最大的功绩。自此以后,才有了学科意义上的传播研究,而且这门学科日益扩大、完善、成形。

他创立传播学的标志便是1949年由他编纂的第一本权威性的传播学著作——《大众传播学》的出版。这本书收录了政治学家、心理学家、社会学家、语言学家以及许多其他学科的专家关于传播的研究成果。施拉姆当时主要还仅限于挖掘前人和他人的传播研究成果,并加以整理,使之系统化。

其次,施拉姆不断著书立说,推进传播学的壮大。施拉姆一生共写有三十多部传播学论著,约有五百多万字。他的著作基本可以分成两大类:一类是理论性著作,一类是应用性著作。他的代表性著作主要有:①

《大众传播学》(1949)

《大众传播的过程与效果》(1954)

《报刊的四种理论》(1956)

《大众传播媒介与国家发展》(1964)

《新媒介》(1967)

《传播与变化》(1967)

《传播学手册》(1973)

《人、讯息与媒介:人类传播概览》(1973)

《男人、女人、讯息和媒介:人类传播概论》(1982)

再次,施拉姆大力推进传播学教育,扩大传播学在教育及学术界的影响。他先后亲自创建过四个传播研究机构:衣阿华民意调查中心(1934年)、伊利诺伊大学传播学研究所(1948年)、斯坦福大学传播学研究所(1955年)、夏威夷东西方研究中心传播研究所(1973年)。通过这些教育、科研机构,施拉姆培养了一大批传播学研究生,造就了许多后起之秀。当今美国传播学者中许多知名者都是他的学生,形成了"施拉姆学派"。

施拉姆曾周游世界,推广美国的传播学。1982年,他到中国访问期间,曾对传播学的发展作了大胆的预测。他指出:"在未来的一百年中,分门别类的社会科学——心理学、政治学、人类学等等——都会成为综合之后的一门科学。在这门科学里面,传播的研究会成为所有这些学科里面的基础。讲话、编写、广播等技术都同传播的过程密不可分。因为要牵涉到这些基本的技术问题,所以综合之后的社会科学会非常看重对传播的研究,它将成为综合之后的新的科学的一个基本学科。"②

需要说明的是施拉姆自己有关传播学的理论、观点、开拓和革新对传播学的贡献很

---

① 中国社会科学院新闻研究所世界新闻研究室编.传播学(简介).北京:人民日报出版社,1983,124.
② [美]施拉姆,波特.传播学概论.陈亮译.北京:新华出版社,1984.

大，但是它的最大成就在于熔前人和他人有关传播的研究及相关学科的成果于一炉，提炼、整合，最终创立了传播学。

小结

传播学是研究人类社会传播活动及其规律的一门学科，它具有交叉性、边缘性、综合性等特点。人类社会的早期，就已有人开始关注传播现象，但是直到20世纪，传播研究才形成气候，到40年代至50年代逐步形成为一门相对独立的学科。传播学的形成是在众多奠基人成果的基础上，由传播学的创立者和集大成者威尔伯·施拉姆完成的。

第二章
传播学研究的对象与方法

第一节　传播学的研究对象

一、对传播学及其研究对象已有的认识
二、传播学的研究对象

第二节　传播学研究方法

一、传播学研究方法的特点
二、传播学研究方法的层次性
三、传播学研究方法体系

第一节 传播学的研究对象

传播学经历了半个多世纪的发展,涉及的领域越来越宽泛,似乎给人一种错觉,即传播学可以研究一切问题。这种研究对象的不确定乃至泛化使得传播学研究至今都难有一个明确的研究范围和一套核心概念。这便使得传播学至今也没有建立起一个核心的理论框架。

造成这一状况有其客观原因,即传播学是边缘学科,它的研究对象、概念、范畴、方法等与其他学科有相当的重叠之处,难以从中理清一套属于自己的体系。

最早为传播学确定研究对象的可以说是拉斯韦尔。他在1948年出版的《思想传播》一书中,发表了传播学的经典论文《传播在社会中的结构与功能》。在这篇文章中,他第一次明确提出"传播"概念的范围,提出了传播研究就是研究传播行为过程,进而研究传播行为过程的五个要素:谁传播?传播什么?通过什么渠道传播?向谁传播?传播的效果怎样?他指出:我们在对传播过程进行科学的研究时,一般都集中在研究其中的一个问题,相对应上述五个要素的研究,称:控制分析、内容分析、媒介分析、对象分析、效果分析。人们为了方便,简称之为"传播的五个W"。这也就成了后人研究传播学的基本对象范围。

尽管如此,摆在我们面前的头等大事便是解决这样几个问题:什么是传播学?传播学的研究对象究竟是什么?

一、对传播学及其研究对象已有的认识

关于传播学及其研究对象的认识,由于研究的角度、方法、领域不同,有许多不同的观点和表述方式。我们要获得对这个问题的认识,有必要了解前人的成果。

美国传播学者威尔伯·施拉姆在《传播学概论》中提出:"人类传播是人做的某种事",是两个人或两个以上的人"试图共享某种信息",传播学就是"研究人——研究人与人的关系以及他们所属的集团,组织和社会的关系;研究他们怎样相互影响,受影响;告知他人和被他人告知;教别人和受别人教;娱乐别人和受别人娱乐。要了解人类传播,我们必须了解人是怎样相互建立起联系的"。① 施拉姆观点的核心就是人所具有的社会关系及在此关系之上共享信息的活动是传播学研究的基本对象。

美国传播学者梅尔文·德弗勒认为:传播学就是要"解释人类传播过程的基本性

---

① [美]威尔伯·施拉姆等.传播学概论.陈亮等译.北京:新华出版社,1984,4

质。从诸如语义学、文化人类学、社会学和社会心理学这样一些领域里可以得出许多很有价值的线索。需要他们结合起来,充分描述整个的人类传播,然后方可估量出使用复杂媒介的大众传播的地位"①。在此基础上,他进一步指出了大众传播学研究的三个关键问题:

第一,一个社会是怎样影响其大众媒介的?是什么政治、经济和文化条件导致大众媒介以目前的形式运作?

第二,大众传播是如何发生的?它是在原理上还是仅仅在细节上不同于直接的人际传播?

第三,接触大众媒介对人们有何好处?这种接触是怎样在心理上、社会上和文化上影响人们的?②

简言之,德弗勒认为传播学的研究对象主要集中在社会与传播的关系、传播过程的基本性质以及传播效果上。

美国传播学家斯蒂文·小约翰(Littlejohn, S. W.)在其《传播理论》一书中,用理论的范式来研究和阐明传播及其过程,提出核心传播理论——其探讨"集中在对各种传播都适用的一般概念和过程上","有助于我们对传播的一般意义的理解"。他认为核心传播理论主要探讨五个方面的问题,即:信息的发展、阐释和意义的生成、信息结构、相互作用动力学以及机构和社会动力学。③ 他对传播学核心理论中应当涵盖的几种类型的因素进行了阐释:

首先,核心理论阐明了信息的形成和发展。我们如何创制信息,并以书面或口头的方式传递给他人?其中包含了那些思维过程?在与他人进行交流的过程中,我们在多大的范围内、以何种方式创制了信息?信息发展的过程在不同的文化背景下有何不同?在信息发展的过程中,是哪些文化机制在起作用?

其次,核心理论探讨的是意义的生成和解读。人类如何解释信息?意义是如何在我们与他人的互动过程中产生的?大脑是如何处理信息、解读体验?意义和理解在多大的范围内、以何种方式成为文化的产物?

再次,核心理论探讨的是信息的结构。信息由书面、口头和非言语性的元素所构成。信息如何被组合在一起的?它们是怎样被组织起来的?信息的组织以何种方式生成了意义?对话过程中传播者的信息是如何组织的?参加者是如何将谈话融为一体的?

然后,核心理论探讨的第四个元素是交互的动因。它包括传播者之间的关系和相互依赖性,以及他们对话语和意义生成所起的共同作用。它所关注的是交流过程中的各方

---

① [美]梅尔文·德弗勒等.大众传播学诸论.杜力平译.北京:新华出版社,1990,30
② 同上,32
③ 斯蒂文·小约翰.传播理论(中译本).陈德民,叶晓辉译.北京:中国社会科学出版社,1999,28~29

是个人还是群体,以及他们是如何进行信息的给予和获取、生产和接受的。

最后,核心理论有助于我们理解社会和机构的动因——即权力和资源是如何在社会中分配的、文化是如何生产的、社会各部门之间是如何进行互动的。

换句话说,小约翰认为传播学主要研究传播的本质和传播过程,即考察人们处理信息含义的过程。人们如何组织、翻译和理解信息,如何在不同的环境中,例如人际间、团体、组织、大众等等,相互交换、产生与接收信息,成为传播学的主要研究对象。从这个意义上说,传播关注的范围是广泛的,传播过程是多样的和相互联系的。

英国传播学家丹尼斯·麦奎尔将传播学的研究要素分成四种:社会的政治、经济、法律、教育、家族、文化因素;媒介;媒介内容和受众。这四个要素构成了传播过程。因此对这四个要素及其相互作用进行研究,便构成了传播学研究的理论体系(如图2-1)。①

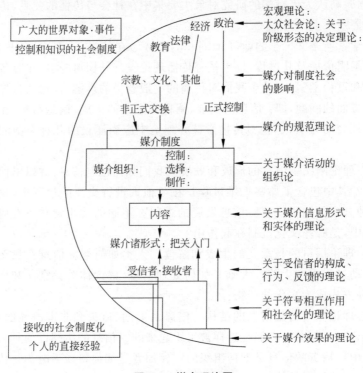

图 2-1　媒介理论图

从上图中可以看出,传播媒介是联系广大的世界对象和个人直接经验的桥梁。传播媒介自身内部的各要素(如媒介制度、媒介组织、内容、媒介诸形式等)之间也存在着互动

---

① 沙莲香.传播学——以人为主体的图象世界之谜.北京:中国人民大学出版社,1990,44

的关系。

我国传播学者对传播学及其研究对象、理论体系也有自己的看法。

有的学者认为：传播学"是研究人与人，人与他们所属的群体,组织和社会怎样借助符号（语言、非语言、类语言等），直接和间接地进行信息、思想和感情的传递、接收、反应和反馈，并在此基础上形成人际关系和人群关系的学问"。它的理论体系包括"传播学方法论、传播学一般理论、传播学的分支理论"。它的研究领域包括：各种信息对人的影响和影响方式，这些信息赖以发出与接收的机制——人、集体（组织）及途径、传播在社会中的地位、作用及其同政治、经济、文化、科学诸领域的关系、传播的社会结构和社会制约、传播者、受传播者、媒介和信息反馈、传播的社会功能和社会效果、传播与宣传、传播与舆论、传播与新闻的关系、传播学的研究方法。① 有的学者认为："传播学是研究人们同生活环境之间的信息传递过程及其机理和作用。"传播学要研究"更广意义上的传播过程，既能包括大众传播和人际传播，又能包括在人内部所展开的信息传递，以及计算机、人工智能、机器人领域的信息传播过程。信息传播神通广大，它的作用也就成了传播学研究的重要内容之一"②。

还有学者认为"传播学是研究人类传播活动及其规律的科学。大致来说，它的研究范围包括人际传播与大众传播两个方面，其中尤以大众传播方面的研究为主"③。

从传播学的早期研究到新近成果，从国外学者的观点到国内学者的认识，都有其合理的部分。但是长期以来传播学研究的实践使我们认识到急迫需要对"传播学究竟研究什么问题？""传播学的研究对象是什么？"等课题进行研究。因为这关系到传播学能否形成自己的理论体系、创制自己的研究方法。

研究对象、科学理论和科学方法之间存在着密切的联系。德国学者克劳斯从控制论的角度讨论了三者的关系，并作图示如下：

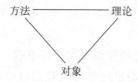

他提出，由于研究对象的不同，会出现不同的理论，而不同的理论就派生出以之为根据的方法。更重要的是，对开创性的工作来说，针对新的研究对象，有时必须提出开创性

---

① 戴元光.传播学原理与应用.兰州：兰州大学出版社,1988,4~7
② 沙莲香.传播学——以人为主体的图象世界之谜.北京：中国人民大学出版社,1990,6~9
③ 李彬.传播学引论.北京：新华出版社,1993,6

的新的方法进行探索。①

实际上,传播过程本体研究是一个开放的、系统的研究。我们将这种本体分为两个层面,也只是为了更加明确传播活动过程的多层性和多面性。在实际的研究活动中,大量的研究都同时具有微观和宏观特征。

长期以来,由于"传播研究者的探索更多地是由普遍兴趣支配,而不是理论意义引导"②,因此,传播学研究过多地集中于微观层面,特别是效果、受众等单一非关联的研究。传播学批判学派的研究之所以丰富了传播学的理论体系,主要是因为它在宏观层面对传播过程进行了开创性的深入探讨。

对传播活动过程进行研究,探讨传播的本质,将整体传播现象作为理论研究的基本对象,探索本体特征,发展核心传播理论,这是我们界定传播研究对象的根本目的,也是我们进行传播学研究的目标。

二、传播学的研究对象

根据对国内外学者的观点的分析,我们看到,对"传播学究竟是什么?"这一问题的理解和看法差别不大。学者们普遍认为:传播学是研究人类社会信息传播活动的科学。这是对传播学研究对象的基本而科学的概括。

具体而言,传播学的研究对象可以分为三个部分:

第一,人类传播的发生与发展。简言之,就是要研究人类传播的历史。人类从蛮荒年月进化到高科技时代,其传播活动的产生、演化、进步对我们的社会进程和文明积累是不可或缺的。这是传播学研究的中心议题之一。梅尔文·德弗勒在其《大众传播学诸论》(1989)中,首先指出"本书的中心任务是:寻求理解(1)大众传播是如何发生的;以及(2)它对个人和社会秩序产生何种后果"。而且他进一步指出:这个问题虽然意义重大,但没有引起很多研究专家和学者的注意。

对人类传播发生、发展的历史研究涉及的范围非常广泛,其中重要的包括传播思想的发展、传播实践的发展、传播技术的发展等等。我们可以对整个人类传播的各组成要素进行这种历史研究和文化分析。

第二,人类传播的形态。我们所说的传播形态是指人类传播活动的不同类型。由于社会发展的历史阶段和社会形态不同,产生了不同的传播形态。在同一个社会中,因社会所需功能的不同也存在着众多的传播形态。因此,传播学必须研究这些传播形态的结构、

---

① [东德]克劳斯.从哲学看控制论.梁志学译.北京:中国社会科学出版社,1981,162
② [美]梅尔文·德弗勒等.大众传播学诸论.杜力平译.北京:新华出版社,1990,32

功能及运动机理等。这是对传播学进行的细化研究。到目前为止,已有相当多的学者对各种传播形态进行过研究。例如:传播四种形态的研究(即人们的自我传播、人际传播、组织传播、大众传播)、跨文化传播、发展传播以及新闻、舆论、宣传、广告、公关、营销等方面的研究。

第三,人类传播的过程与结构。所有人类传播活动都可以视为一个动态的过程或静态的结构。从普遍意义上,对人类传播活动的过程进行研究,是传播学的深化研究,它深刻地揭示了传播活动的本体运动规律。

传播活动是一个自组织和他组织相结合的系统。因而我们既要研究自组织特征,又要研究他组织原理。简而言之,对人类传播过程的研究可以从至少两个层面进行。首先是宏观层面。任何传播过程都是发生在宏观的系统中的,即都具有他组织性。因而我们就需要研究传播活动过程与社会、政治、经济、文化等系统的互动关系。正如美国学者德弗勒所言,传播学研究集中在三个问题上的第一个问题,便是"一个社会是怎样影响其大众媒介的?"大众传播如此,一般意义上的传播也是如此。因为归根到底,传播乃一种社会机制(social institution)。这个问题意义重大,但是许多学者对此并未产生足够的重视。其次是微观层面。人类传播活动过程有其运动的自身轨迹,具有自组织特征。因此我们可以细分传播活动过程,按拉斯韦尔所言,人类传播过程基本包括:控制分析、内容分析、媒介分析、受众分析和效果分析。拉氏的论点确实有其简单明确之处,但是他的"五W"公式,忽略了三大问题:"第一,它全然不顾社会制度如何铸造、影响媒介。媒介的存在被视为当然。第二,"五W"里头独漏 Why,或 With What Intention,或 For What。传播行为的动机又可细为两个层次:一是受众的心理动机,即他们为什么使用传播媒介,企图满足什么需求;二是传播组织的社会文化动机,即发明、创造、把持先进传播科技的社会团体(如政党、财团)究竟想用它作何用途。第三,拉氏的定义也不包含回馈(Feedback)或'谁说话'(Who Tells Back)的问题,传播成为单方向而非双方向的行为。尽管以后有学者将'回馈'安插还原到公式里,似乎也只聊备一格,缺乏认真的研究。严格地说,'谁能回话'和'谁回话'更能击中问题的要害。社会上各团体的权力与利益本不应该等质齐观,强势的团体比弱势的团体更能动员并运用传播媒介,以资'回话',争取公众的视听,进而巩固团体的地位。"[①]

实际上,传播过程本体研究是一个开放的、系统的研究。大量的研究都具有多层性和多面性,目前流行的传播理论间存在很多的相似性和重叠之处,很难进行严格的划分。但为了大家更好地理解,下面根据目前社会科学的划分以及由此而形成对传播本身的分析视角,分五个层面来谈谈传播学的研究对象。

---

① 李金铨.大众传播理论——社会·媒介·人.台北:三民书局,1982,19

（一）结构和功能主义观点

尽管结构主义和功能主义这些名称的意义并不很准确，但它们通常代表了一种观点，即社会结构是真实的而且以可观察到的方式发挥着功能。

从结构和功能理论出发的传播学研究对象通常享有某些共同点，主要有以下特点：

第一，二者都强调时间的稳定性，即共时性，而不是以变化及历时性为基础的。

第二，是对无意图的行为后果而不是有目的的结果的重视。结构主义者对诸如"主观性"和"意识"一类概念表示怀疑，转而寻找人的控制和意识之外的因素。

第三，这类理论都认为有一种独立的现实，认为知识可以通过谨慎的观察而发现。

第四，该理论倾向于把语言和符号同用符号代表的思想和物体分离开来，它指示出两个有区别的部分——物体和符号。

第五，真理的符合论的使用。符合论提出，语言必须与现实相对应；符号必须准确地代表事物。

尽管结构主义和功能主义理论大多被认为是相联系的，但还是各有其侧重点。结构主义源于语言学，强调语言和社会系统的组织。功能主义产生于生物学，强调有组织的系统维持自己的运转方式。系统由变量组成，后者在功能网络中与其他变量产生因果关系。一个变量的变化引起其他变量的改变。把这两种理论结合在一起便形成了一个有着功能联系的因素结构的系统。

运用该观点的传播理论家把传播视为一种过程，在这个过程中个人用语言把意思传达给他人。传播使用的语言和符号系统脱离把它们作为工具使用的人而拥有自己的生命。因此可以说，结构论者把准确清除判断视为良好传播的标准，而且把传播能力视为对语言和其他符号的准确、恰当和熟练的使用。该观点在传播领域具有极大影响，而且决定了今天美国的许多学者对传播的看法。[1]

但该观点在解释个别事件和具体的人类经验的色调方面是较为薄弱的。[2]

（二）认知和行为主义观点

和结构功能主义理论一样，认知和行为主义理论也支持关于知识的普遍观点，这两大理论的主要差别在于其研究重点和历史上。结构和功能主义理论通常把研究重点放在社会和文化结构上，而认知和行为主义理论则把重点放在个人身上。

心理学是认知和行为理论的主要来源。传统上，心理行为主义研究的是刺激和行为

---

[1] 斯蒂芬·小约翰著.传播理论.陈德民等译.北京：中国社会科学出版社，1999，21
[2] 同上，25

反应之间的关系,例如奖励和学习。认知理论承认刺激和反应之间的关系,但是它更进一步,强调二者之间的信息处理过程。认知研究以"变量分析"为中心,它把主要的变量归类,并显示它们之间相互关联的方式。认知论者感兴趣的是信息和认知变量引起某些行为结果的方式,因此,在认知理论中,传播被理解为个人的思想。

大约到20世纪60年代中期,行为主义在学术研究领域一直占据上风,但今天,大多数持这一理论的心理学家和传播学者都声称自己是认知论者。①

虽然该观点对思维的一般方式作了描述和解释,告诉了我们许多关于个人心理的知识,但是它们很少涉及社会群体的动态变化。②

(三)相互作用观点

相互作用论者一般把传播看作社会的粘合剂。社会没有它就不能生存,诸如组织、群体、家庭和社会团体等结构不能先于它而存在;它们是通过相互作用而形成并存在下去的。这类理论是传播理论的一个重要部分,因为它使得传播成为社会生活的重要力量。

相互作用论者认为,社会结构是相互作用的,而不是简单的因果关系。社会结构不能使传播发生,相反,是传播使社会结构得以存在。结构主义把结构置于相互作用之前,但相互作用理论则颠倒了这一次序。结构理论认为有组织的客观的结构发挥作用产生结果;相互作用理论则认为这些结构是相互作用中语言符号运用的结果。因此,相互作用导致并强化共享的意义,建立诸如规则、角色和常模等的常规,它们又进一步推动了相互作用的发生。

由于意义和行为随着环境而变化,相互作用论者的知识比起结构论和认知论的知识来更依赖于环境。相互作用理论多把意义和行为放在特定的社会群体和文化中进行描述,它们不会做出超越环境的概括。这类理论可以用来追踪随着一代一代人的更替和新的故事和仪式的产生而引起的组织文化的变化。符号相互作用理论、某些规则运用理论、社会现实建构理论以及某些文化理论都反映了这一观点流派,今天这些理论对关于传播的思考有很大的影响。③

相互作用理论的长处是对人际的动态变化和关系作了描述和解释,明确揭示了任何群体怎样随时间和环境的改变而改变,但是未能很好地揭示存在于各种环境中的人类生活的结构。④

---

① 斯蒂芬·小约翰著.传播理论.陈德民等译.北京:中国社会科学出版社,1999,25
② 同上
③ 同上,24
④ 同上,26

(四)阐释的观点

阐释理论和相互作用理论有密切的联系,因为它们对语言、意义有共同的兴趣,并且都使用了阐释方法。阐释理论赞成主观主义或者说个人体验的重要性,对个人对事件的理解赋予极大的重视。阐释理论一般揭示头脑中各种各样体验的意义的过程,强调语言是体验意义的中心。有时这些包含对文化的阐释,有时是对各种各样的文本机制造物的解释。这些理论多避免对观察到的现象作出规定性的判断,阐释往往使用相对的、不很明确的词语表述。有几种传播理论都是从阐释论观点的角度出发进行研究的,其中包括文化阐释论、组织文化论和文本阐释论。[1]

(五)批判的观点

批判理论由一些松散的对传播和人类生命质量拥有兴趣的思想观点组成,它们尤其关注不平等和压迫现象。多数批判理论关注社会中利益的冲突以及传播使得一个群体长久控制另一个群体的方式。许多批判理论以马克思主义为基础,但其中大多数又都远远超越了马克思原来的思想。

批判理论借用了其他流派的许多观点。尽管它们倾向于拒绝功能主义和认知论,但许多批判理论在寻找影响社会中阶级和性别关系的基本社会结构时,多少以结构主义为方向。这一流派也借用了相互作用理论,承认文化和物质变化及日常行为再现、有时甚至改变文化的方式的重要性。批判理论的三个重要分支是法兰克福学派、文化研究和女权主义研究。这些理论也大大借用了阐释方法。

批判理论的重要贡献之一就是对传播决定文化的认识。[2]

阐释理论在解释个人体验、文本和社会结构的意义方面是很有力的。批判理论则强调价值观和利益在判断事件、情景和制度方面的作用。这些理论可以成为促动变革的强大因素,这点是其他理论流派做不到的,但同时,阐释和批判理论也不适宜于对制约人类活动的法则做出科学的解释。[3]

以上五种传播学研究的主要观点,每种都各有其长处和局限性,但每一流派的理论都使得研究者能从事某些方面的研究,因此,每个流派中的各种思想学说及每一个具体的理论都各有其利弊。

---

[1] 斯蒂芬·小约翰著.传播理论.陈德民等译.北京:中国社会科学出版社,1999,24
[2] 同上,25
[3] 同上,26

第二节 传播学研究方法

"在一定意义上,科学方法是由一定的科学研究对象所决定的。研究对象的不同,往往要采用的方法也不同。""研究对象是客观存在的,但它们成为一门科学的研究对象,却必须经过一定方法的提炼和抽象,才表现为一种理论框架,成为人们思维和研究的直接对象。"[①]研究方法对于把握研究对象、建构理论体系至关重要。

一、传播学研究方法的特点

传播学作为一门相对独立的学科,它的研究方法多种多样。与其他学科相比,传播学在研究方法上有自己的一些特点。

第一,方法论基础的多元化。传播学兴起于美国,但是后来在许多国家都得到发展壮大,不同的国家拥有不同的认识原则和方法。在不同指导思想的导引下,其方法论基础也有较大的差异,如美国进行社会科学和人文科学研究时更强调行为主义、实证主义和经验主义的方法论基础。

第二,方法的综合性。传播学的具体研究方法呈现出多种多样的特征。一方面是由于传播学的边缘性,它是在综合吸收许多学科研究成果的基础上形成的,因此用来进行传播学研究的具体方法也是从其他学科借用来的。可以进一步说,传播学尚无诞生于本学科的研究方法。另一方面由于传播学研究的开拓和深化,又有大量的具体研究方法综合进传播研究方法体系中,如,在传播学研究具体方法多为调查研究、内容分析等定量方法的基础上,又逐渐引进了符号学、文化研究等许多定性方法。

二、传播学研究方法的层次性

科学研究方法基本包括两个层面的含义:一是科学研究的方法论体系;二是科学研究的方法体系。前者为方法体系的指导、方向与范围;后者是方法论体系的具体化、实践化与成果化。可以更简单而具体的说:方法论体系是思想,方法体系是工具。

传播学研究方法论体系是传播学研究中所应用的方法论基础。"方法论与方法不同。方法论是关于方法的理论学说和科学。我们通常在三种意义上讨论有关方法论的问题:

---

① 王雨田.控制论、信息论、系统科学与哲学.北京:中国人民大学出版社,1988.281

第一,方法论作为完整的理论体系。这种理论体系是具有某种逻辑结构并经过一定实践检验的概念系统,从中已产生一系列既定结论,如应用于传播学研究的信息论、控制论、结构主义、唯物主义和辩证法等;第二,方法论作为成分构成体系,即方法论由哪些基本问题组成,一般来说,其基本问题是:什么是可以研究的问题?怎样设计一个回答问题的研究计划?用什么方法搜集和分析资料?怎样从资料中提出对问题的解释?怎样阐明自己的发现并把它表述给其他研究者和大众社会等;第三,方法论作为方法类型体系。这个体系将说明各种方法如思辨方法、实证方法等的特征、作用及理论研究的可能贡献。"[①]研究传播学研究方法论问题可以使我们了解作为工具的方法的思想基础及其特征,具体方法的作用与使用等。

传播学研究方法体系是进行传播学研究所使用的具体操作方法。传播学的研究方法可以分为两大类型:定性研究方法和定量研究方法。有人又称前者为质化研究法、思辨方法等,称后者为量化研究方法、实证方法等。

三、传播学研究方法体系

传播学研究方法基本分为定性和定量两类。这两类研究方法体系是建筑在传播学两大基础学科之上的。传播学研究受现代社会科学和人文科学的影响至深。社会科学所采用的研究方法多为定量研究方法,亦称实证研究方法、量化研究方法。而人文科学采用的研究方法多为定性研究方法,亦称思辨研究方法、质化研究方法。

因而,传播学研究就形成了两个方法系统,两种方法系统有着一定的差异。定性研究方法和定量研究方法的最大差别在于定性方法操作的是概念体系,而定量方法操作的是量化事实体系。

可以说,这两种方法的分野通常可以在以下四个分析层次上体现出来:

第一,分析客体——厘清研究脉络及目的,进而找寻分析客体,并赋予特征。

第二,分析及其方法——具体操作研究步骤,包括资料的搜集、验证和归类。

第三,方法学——研究过程的整体设计。在所使用的理论参考架构下,设计资料搜集和分析方法,证明资料选择的正确,并进行资料的诠释。

第四,理论架构——理论概念的组成,点出其他层次的知识论成分,赋予方法学在分析客体层面的解释力。[②]

然而,我们必须看到,尽管两个系统有着较大的差异,但是仍然难以将这两种方法截

[①] 卜卫.传播学实证研究的方法论问题,载新闻与传播研究,第一卷第2期(1994年第2期):8~9

[②] [丹麦]K. B. Jensen,[荷兰]N. W. Jankowski.大众传播研究方法——质化取向.唐维敏译.台北:五南图书出版公司,1996,7

然分开。事实上,在实际的传播学研究活动中,两种方法的互通性也很明显的存在。因此,我们进行传播学研究之前,还要认清这样的事实。

"首先,在本质上,我们必须了解,任何分析客体都无法被划分、归类为'量化'或'质化'的分析客体,而这种划分主要是由研究者使用的分析机器所中介决定的。针对这个已经公开了的论点,有人表示量化分析的中介体是数字以及数字之间的相对关系;而质化分析的中介体,则是以人类语言表达出每日经验的概念,将人们带到一个更细致的脉络中。而每个分析方法的中介体是否恰当,则完全以探索的目的和区域为依归。

其次,狭义来说,在理论架构的层次方面,质化和量化的分野并不是很重要。基本上,质化和量化传统只是强调重点不同的理论形态。不过,在本质层次上,所有理论都属于质化的,不管它是否再现出相关概念如何组合的形态。换句话说,在理论层面上,地质学、统计学和艺术理论,都属于质化研究的范畴,只是,大部分的理论都还是引用形式化、数据化、图像化的再现方式。的确,也许所有洞见都必须依靠质化分析的程序,才能连接不同的分析层次。"①

实际上,定性与定量的划分多半存在于方法论层次上,"代表不同的结构化研究程序和工具,而大众传播的经验现象更可以作为这种分野的引述与诠释"②。

(一)定性研究方法系统(Qualitative Methods)

定性研究就是建立一套概念体系,借助理论范式,进行逻辑推演,据此解释或解构假设的命题,最后得出理论性结论。

将定性研究(质化研究)方法应用于社会与文化过程的分析,成为近年来国际学术界的一个趋势,即转向定性研究。这种转向现象在传播研究中尤为明显。

之所以如此,是因为一方面科学研究内部出现了激荡。人们越来越认识到一味以量化形式测量成果,回答提出假设/演绎模型的问题,并没有完全解释许多重要的问题。另外人文科学、人类学、文化研究等研究传统也纷纷提出不同的、互补的分析模型,以区别于大量的量化分析。另一方面,社会发展变化也使得科学研究要适应这种变化。人类正在进入"后工业社会"、"信息社会",传统社会形态逐步消亡,新社会形态的变动要求研究者立即寻找新的理论和方法,关注社会和文化的多端变化。

定性研究方法可以补充传统定量研究方法的不足,也可以修正传统研究中的理性角度。不过,需要指出的是,尽管传播学研究中定性研究逐渐增多,但是定性研究的方法论仍处在萌芽阶段,在整个传播学研究中仍然相当微小。然而,这种定性研究的取向呈现出

---

① [丹麦]K. B. Jensen,[荷兰]N. W. Jankowski.大众传播研究方法——质化取向.唐维敏译.台北:五南图书出版公司,1996,8

② 同上,10

了很强的发展前景和理论价值。

定性研究方法的历史相当久远。它不仅应用于人文科学领域,而且也应用于社会科学领域。

1. 人文科学的定性研究方法

若按当代的角度看,人类历史上人文科学始终研究的正是人际传播和大众传播中的文本(text)。过去在人文科学对文学作品和其他主要文化形式的研究中,大部分只对文本中所包含的文化传统、意境、时代精神和意识形态提出解读和注释,而没有从文化角度对文本中出现的概念、词汇进行分析,而这些概念和词汇本身的变化具有相当丰富的意义。

包括文学历史研究、符号学和文化研究在内的人文科学传统视传播为意义的社会生产。所谓意义的生产,从人文科学的角度来看,就是内容,而内容既是特定主体性与美学的"表现"(expression),也是对特定语境的"再现"(representation)。这种意义的生产与三个基本传播过程要素密切相关,这三个基本要素便是社会科学术语中的讯息、传播者及其再现的社会结构。如果用人文科学的术语来说,这三个基本要素便是话语、主体性和语境。

"话语"概念是从西方哲学、神学和其他人文科学研究中对文本进行的研究中诞生出来的。提出"知识话语理论"的法国思想家米歇尔·福柯认为:话语实践是指严肃语言行为。这种行为产生的言语,称为"陈述"。严肃言语是权威性主体以某种被人们接受的方式所说的话(包括写作、绘画等等)。这些话要求人们承认其真理性。换言之,陈述是专家们以专家身份说的话,是一种有价值的东西。其实,除了福柯的话语论述外,话语还有一些特点值得说明:

"首先,话语是知识的载体和工具。话语的原意是指进行理性思维的能力,又是指交流这种思想的手段,前者是形成思想的条件,后者是表达思想的媒介。这两者所依赖的语言既不是思想者、说话者的个人所属物,又不是与主体无关的客观差异体系。其次,话语的真理性不仅在于它说什么,而且还在于它怎么说,换言之,话语是被接受为真理,不仅与它的内容有关,而且还与话语使用者的意向有关。再次,话语与权力(不是狭义的'政权',而是广义的支配力和控制力)之间存在着复杂多样的关系,所谓说话,归根结底即是说话的权力,意义也就是具有自称为意义的权力。""话语的作用就是使人实际上不能在话语之外进行思想。"[①]

话语的基本材料便是语言及其他符号。因此"话语"概念的基本观点就是:语言是人与真实交换过程的主要媒介。在当代人文理论家的研究中,"话语"已经包含所有日常生

---

① 徐贲.走向后现代与后殖民.北京:中国社会科学出版社,1996,127~130

活的互动和意识层次,因此,"话语"成为社会真实建构的媒介。通过语言,真实才得以进入社会。同样地,也只有通过语言,真实才可以进入主体范围之内,并且可以经过分析,得到解释。由此,语言和其他符号系统就成了人文科学重要的分析客体和分析工具。

"主体性"是指不同于传统哲学对主体的认识而提出的一个概念。传统哲学认为:主体是相对对立的一方,可以做出道德和美学的判断。然而,新近的人文科学研究认为:"人生活在世界上并认识世界,这并不是一种主观与客观的封闭性双向关系,人在认识过程中随时受到现存的各种思想体制的制约和束缚。人的主体是一个受到各种限制的,早已由一系列对世界的代表系统所决定了的'屈从体'(Subject:既是'主体',又是'屈从'的意思)","已经被安置在意识形态结构为我事先排定的位置上。"[1]这个位置也是由语言来决定的。语言就是"世界的代表系统"。

"语境"是指我们在分析文本时所必须考虑的某种情境和历史过程。正是语境使得文本成其为文本。因此,我们从人文科学角度研究传播时,实际上,也将传播视为某种"语境"。传播是历史变化过程的结果。因此,我们的分析焦点要转到受既定社会或文化主导的文本的深层结构。

可以说,话语是人文科学进行研究时共同面对的客体。构成话语和文本的语言,则成了多年来人文科学研究的核心。从早期的结构主义、符号学到后来的文化研究、后结构主义与解构主义等,都重视对文本的诠释和解读。

在众多的、复杂的研究方法中较为基础的方法便是语言话语分析。它包括三个分析层次:

第一,话语的最基本元素是不同形态的发音和陈述。通过语言,人们可以展现许多日常行为。而这些发音和陈述实际上就是完成了一种社会结合的动作。维特根斯坦认为:语言的意义正是在于使用。

第二,语言可以在传播者之间建立一种"互动"模型。双方都处在沟通状态,引入并发展某些主题,同时关闭某些话语空间。可对这种互动形式进行语言分析。

第三,在"话语"的层面上,各种语言范畴都可以被看作是一个连贯的结构,是一个带着讯息、可被诠释的文本。对这个文本,可以进行多层次的分析,以此指出并说明某种隐于其中的社会特性。

值得注意的是,尽管人文科学的定性研究已对语言、文字传播进行了大量的说明和研究,但是对其他视觉传播的研究还相当薄弱。

总之,在人文科学定性研究的视野中,大众传播既是社会现象,又是话语现象。符号是人类与真实互动的主要模型,它进入到一个连续的意义生产过程后,便将社会真实建构

---

[1] 徐贲.走向后现代与后殖民.北京:中国社会科学出版社,1996,99~103

成政治、经济和文化活动等方面。因此需要建立如何描述符号的社会使用情况的研究结构——社会符号学。①

2. 社会科学的定性研究方法

社会科学的定性研究方法是以长期的、第一手观察的形式,从近距离观察社会及文化层面的现象的过程。这个过程实际上是对"意义"的理解(verstehen)过程。"意义"是由人们赋予自己的社会情境和活动。社会科学的定性研究方法由来已久,从19世纪末到20世纪30年代,社会科学中的社会学家结合人类学的成果,采用参与观察法,对获得的第一手的观察资料进行研究,强调定性研究。30年代后期直到60年代,社会学研究采用了自然科学家使用的方法,进行量化和实证研究。60年代以后,社会科学领域又重新出现质疑量化研究的倾向,许多学者再次将定性研究方法作为社会研究的方法。

定性研究的诸多方法中,诠释取向的研究方法引人注目。其中较有代表性的有符号互动论、民族志和小组座谈、投影技法等方法。

符号互动论是社会学中的一种理论,在20世纪60年代至70年代,这种理论影响很大。这种理论认为,人们展现行为的基础是他们赋予物体和情景的意义。意义是人们在互动中衍生出来的,而且这个意义在互动的诠释过程中会进一步得到强化。

民族志学方法源于人类学。这种研究方法有三个原则:第一,广义来说,民族志学研究应该关注所有的文化形式,包括日常生活、宗教或艺术;第二,由于研究者本身就是最基本的研究工具,有必要从事长期的参与观察;第三,必须采用多重资料收集法,以核对观察中发现的资料。

小组座谈法(focus group)一般由一个经过训练的主持人,组织、引导6～12人的一个小组针对某个主题互相自由地讨论。"作为一种研究技巧,小组座谈会方法曾在二战时期用于研究宣传的效果。然而,在很长一段实践内,它都用来作市场研究。传播学(和其他社会科学)学者都瞧不起这种方法。直到20世纪80年代至90年代,大众传播学开始关注意义的生成和媒介内容与技术的阐明,这种方法才得以在传播学领域中复兴。"②"群体动力"所提供的互动作用是小组座谈会成功的关键。

投影技法是一种间接的(隐蔽性的)定性研究方法,其主要特点有:(1)有隐蔽的调查目的。(2)用无结构的、非直接的询问形式。(3)可以鼓励被调查者将他们对所关心问题的潜在动机、信仰、态度或感情投射出来。(4)不要求被访者描述自己的行为。(5)在解释他人的行为时,将自己的动机、信仰、态度或感情投射到了有关情景之中。(6)类似心理咨

---

① [丹麦]K. B. Jensen,[荷兰]N. W. Jankowski. 大众传播研究方法——质化取向. 唐维敏译. 台北:五南图书出版公司,1996,5～34

② Newbold,Boyd-Barret. The Media Book. London:Hodder Avnold Publication,2002,69

询分析患者的心理,分析被访者所投影的态度。投影技法主要包括联想技法、完成技法、结构技法和表现技法四种类型。

不论何种定性研究的方法,利用它们进行研究一般都要遵循下列程序:

(1) 资料收集:收集资料时,可以采用各种方法,如深度访谈、文献分析和观察等等。

(2) 分析定性资料:

——辅助分析:主要是实地调查或访谈;对资料进行选择、筛选;用矩阵、图形或表格等形式,重新安排资料等。

——分析程序:包括分析归纳法和理论建立法(Grounded Theory)两项程序。前者有基本的以下步骤:首先,将所研究的现象,进行一个一般性描述;其次,针对研究者原先假定的最为重要的特征,进行微观的检验与探索;然后,以某个案例的检验结果,来验证这些假设是否成立。一个程序可以一直不断重复,一直到所有案例分析完毕。后者便是在经验资料的基础之上,发展出新的理论体系。

(3) 定性研究报告:这种定性研究报告,可以有三种形式:单纯的描述;分析讨论;以研究中产生的概念为主;实质说明,以对理论有所贡献。这种研究报告应该贴近资料,真实、准确、可信,应该从现有的研究资料中提出引述和描述素材,应该详细说明资料分析程序。①

简言之,传播学研究方法中的定性研究已经成为60年代以来传播学研究中的相当重要的方法。许多学者都在应用这种方法系统开拓传播学研究的新领域。

(二) 定量研究方法系统(Quantitative Methods)

定量研究方法又称量化研究方法和实证研究方法。它是在占用大量量化事实的基础上,描述、解释和预测研究对象,通过逻辑推论和相关分析,提出理论观点。

传播学的定量方法源自于社会学、心理学等行为科学。常用的方法有实地调查法、内容分析法、实验法与个案研究法。所有这些方法都以数理统计为工具并利用日益发达起来的计算机,进行资料量化数据的精确统计,从对这些数据的分析中验证某些理论假设或提出某些观点。所有这些研究方法都遵循一套严格周密的操作程序,即:

(1) 确立研究假设

(2) 确定研究方法

(3) 收集各种数据

(4) 整理、分析数据

---

① [丹麦]K.B.Jensen,[荷兰]N.W.Jankowski.大众传播研究方法——质化取向.唐维敏译.台北:五南图书出版公司,1996,47~100

(5) 提出研究结论，以验证最初的假设

传播学定量研究方法有：

1. 实地调查法

这种方法最早起源于19世纪后期的欧洲。到20世纪初，数理统计学科的成熟使得实地调查法更加准确和科学。实地调查法是美国传播学研究中的传统方法。乔治·盖洛普在20世纪30年代就利用这种方法进行民意测验。传播学的奠基人之一保罗·拉扎斯菲尔德是将这种方法引入传播学研究的最早的学者。他在1940年总统大选期间，对选民进行调查，分析他们投票意向与接触大众传播媒介之间的关系。这已经成为传播学定量研究中的经典。

实地调查法的研究步骤包括：

第一，提出研究假设：即根据现有的基本理论，对某一传播现象提出一项有待证实说明的理论命题。这个假设可以是正命题，也可以是反命题，还可以包含正反相对的两个命题。

第二，按照研究假设的需要，确定本项实地调查的总体范围和样本数。一般来说，实地调查分为全面普查与抽样调查两种。前者由于要对符合假设要求的总体范围内所有成员进行普遍调查，虽然这可以准确地反映总体情况，但是成本过大，所以传播学研究者常常采用的是后者，即抽样调查法。这种方法既可以以很小的误差准确地反映出总体的情况，又可以节省成本和时间消耗。

第三，确定抽样方案：抽样方法一般有两种：随机抽样和非随机抽样。随机抽样就是严格按随机原则，使总体的每个成员都有可能被选中作样本。非随机抽样就是按照调查者的意图抽样。这种方法主观色彩浓厚。传播学一般采用抽样中的随机抽样。随机抽样还有不同的方式，如单纯随机抽样、机械随机抽样、分层随机抽样和整群随机抽样。传播学多采用后两种之一或两者结合。样本要达到一定的数量，才可保证样本具有代表性和典型性。一般原则，样本数应占总体的千分之一到万分之一。

第四，设计调查问卷：实地调查主要是通过记录现场的观察和谈话，或请调查对象填答问卷等方式进行资料收集。因此，问卷的结构设计，将直接影响到资料的收集，其作用至关重要。问卷一般包括两部分内容：一是调查对象的特征指标；二是调查对象的意见、态度、行为倾向等。前者在日后的分析处理中，一般被视为自变量；后者一般被视为因变量。问卷中的问题分三种类型：开放式问题、封闭式问题和混合式问题。问卷设计中多为封闭式问题。问卷设计完成后，先在一定范围内试行填答进行测试，这是为了发现问卷中不合理的、含糊不清的指标以进行修正。最后将修正完的问卷通过面谈、邮寄、电话等方式进行实际调查。

第五，统计分析调查结果：将收回的问卷整理分组，进行统计运算，然后对结果进行分析,看统计的结果能否验证研究开始时提出的假设。这种分析分为三种:描述性分析,即对统计结果进行初步归纳、描述;推断性分析,即分析各结果之间的关系;结果性分析(或结论性分析),即提出最后的研究结论,可以证实还是证伪先前提出的假设。

实地调查法强调实地的考察,基本不受人为控制因素的影响,比较客观、准确和全面,但是它对实际对象中的复杂的相关性,特别是其主要作用的因果相关的概括仍显得不尽如人意。

2. 内容分析法

内容分析法就是用系统的方法分析传播的讯息内容。美国传播学家伯纳德·贝雷尔森认为,内容分析就是"对传播内容进行客观、系统和定量的分析与描述的一种方法"。

早期的内容分析主要用于对印刷媒介内容的分析。到了20世纪20年代,传播学的奠基人之一哈罗德·拉斯韦尔使用精确和系统的内容分析法进行第一次世界大战时期宣传技巧的研究。继而在二战期间,拉斯韦尔又与其他学者共同对战时军事宣传品进行内容分析。

内容分析适用于一切传播的讯息内容。内容分析一般分两个层次,即"说什么"(传播内容)和"怎么说"(传播形式)。一般情况下,对这两个层次都要进行分析。

内容分析法的实施程序与其他方法近似。

首先,提出研究假设,并根据这个假设确定研究范围。可以根据时期、媒介种类、传播的讯息等指标确定要分析的范围。如果确定的范围中研究对象过多时,也可以采用随机抽样方法,抽取其中一部分进行研究。

其次,制定分类表。目的是将分类表作为观察和测量讯息内容的同意标准尺度。一般分类表要包括两个层次:一是将研究内容分成若干大类;二是在各大类之下,再确定若干个"分析单元"。所谓"分析单元"是进行内容分析的最小单位,一般以特定的单词、词组、句子、任务、事件名称等作为分析单元。分类表中必须对所使用的分类标准进行明确而严格的界定。分类表的制定一定要仔细、周密,并进行必要的测试与校正,方可使用。

第三,将讯息内容按分类表的分类方式编码归类,然后计算出各种类别所占的比例,各种分析单元出现的频数。最后,用相应的统计方法进行分析。

第四,验证先前的假设,提出结论。

内容分析法可以科学检验假设、描述传播内容的倾向、说明信息来源的特征、检查传播中不符合标准的内容、分析说服的方法、分析文本、说明读者对信息的意见、描述传播的模式(霍尔蒂斯1969)。

内容分析也有其不足之处,一是如果研究者的判断失误,他所选择的材料不能如实地反映问题的真实情况,那么在其后来的研究中,无论其研究步骤和方法如何精确,也不能得出与事实相符的结果。简言之,内容材料(即分析的对象)必须能代表总体,能反映总体的真实情况。因此,要对所有分析的内容材料进行事先的审核。二是研究者主观因素影响了分类表的严密与科学。这将影响到分析结果客观和准确。因此,要对分类表进行事先的单独评价。

3. 实验法

实验法源自于实验心理学。实验法分为两种:控制实验法(室内实验法)和自然实验法(室外实验法)。

控制实验法实指研究在室内进行,而且在研究进行时对某些实验因素加以人为的控制。这种方法适用于微观的、探究因果关系的研究。因此它们的实验对象人数不多,常为几十人。在实验中,"试验者控制并操纵着某一变数,并通过客观、系统的方法观察和测量其结果","实验设计是研究因果关系的最佳方法"。[1]

传播学的奠基人库尔特·卢因和卡尔·霍夫兰最早在传播研究中使用实验法。霍夫兰在第二次世界大战及战后的研究中,就是利用控制实验法对说服与态度进行研究的,此项研究成为传播学研究中的经典之一。

实验法中的控制实验需要在一个特殊设计的实验室中进行。这个实验室内装有实验研究所需的必要设备和仪器,如阅读机、录音机、放映机、记录和测量研究对象反应的仪器,有时还对室内的装修有专门的要求。

实验研究第一步仍是提出假设。

第二步,简化众多的影响因素,选择具有重要影响的因素,确立其中一对为自变量和因变量。

第三步,控制、实验,将选择出来的研究对象分为"控制组"和"实验组",两组人数相同,特征相似。给实验组提供经过简化并确定的自变量,给控制组提供的则是普通的、非研究所用的自变量。

第四步,统计、分析,将实验所得的大量的变量数据进行记录、统计。从中得出某些结论,以此结论对假设进行检验。

控制实验法的优势在于研究者可以主动控制实验因素,而且实验本身具有严密的逻辑性。但是,这些实验都是人为地制造出来的,实验情景被简单化了,其发现还要经人演绎,因此,现实生活中复杂多变的众多因素都被忽略了,其结论必然带有误差。

为了弥补控制实验法过于"纯粹"、人为的缺陷,后来的传播学研究中又出现了将实验放置在社会环境中自然进行的趋势。这种方法就是"自然实验法"。这种方法相对控制实验法而言,真实可靠,客观准确,但是在社会真实背景中进行实验,难于控制。进行自然实验,可以用"分别进行"的方法,用两种方式、途径或媒介将讯息发送出去,随后通过电话访

---

[1] [美]塞弗林,坦卡特.传播学的起源、研究与应用.陈韵昭译.福州:福建人民出版社,1985,19

问、上门询问等方法测定实验的结果;也可以事先设计好一个研究方案与程序,然后等候一个合适的时机,当事件一旦发生,研究者便进入,对调查对象进行研究。这种结果就非常可靠。

4. 个案研究法

个案研究法是心理学所用的一种研究方法。传播学中个案研究法使用的不是很多。所谓个案研究就是检验某一对象的多方面特征。一般是研究某一特定对象或案例在一定时期内的全面情况。而前面的实地调查法、内容分析法、实验法都只对总体的某几种特征进行研究描述。

1950年,怀特首次用个案研究法对"把关人"进行实际研究。

个案研究只涉及某一个别事例,它不能像抽样调查那样,可以据此作出合乎逻辑的科学的推论。因此,个案研究一般没有事先的研究假设,其结果都是从案例研究中得出的,也不证实什么假设。这种方法的价值在于它详细、深入、全面地占有研究对象的资料,可以提供许多材料、观点、见解,可以作为其他研究的基础,经过后续的其他类型的研究得出一般性结论。

除了上述四种定量研究方法以外,传播学在自己的发展过程中仍在不断与其他学科相互渗透和吸收。近年来,又发展出了新的定量研究方法,如"传播网络分析法"、"多元坐标定比法"等。

需要强调的是传播学的研究方法是一个系统,我们到目前为止,还没有办法将定性与定量方法截然分开。在现实的传播学研究实践中,人们也是将定性方法与定量方法综合使用的。

小结

研究对象、研究方法与理论体系构成了传播学学科建设的三根基柱。学者们对传播学的研究对象进行了细致的讨论。基本上,传播学的研究对象包括:人类传播的发生与发展;人类传播的类型;人类传播的过程与结构。

传播学的方法具有多元性和综合化的特点。从方法体系上来说,主要包括定性的和定量的两大类。其中定性的方法来自于人文学科与社会学科;定量的方法来自社会学、心理学等,包括实地调查法、内容分析法、实验法和个案研究法。

第三章　传　播

第一节　传播
　　一、传播的含义
　　二、传播的类型
第二节　人类传播的演进
　　一、人类传播演进的过程
　　二、人类传播演进的规律

传播学是研究人类社会传播活动及其规律的科学。简言之,就是研究传播的科学。传播到底是什么?传播活动是如何产生和发展的?这些问题就成了我们首先要探讨的问题。

第一节 传播

传播是人类的一种社会行为。传播活动无时无刻不发生在我们每个人身上。我们研究传播活动首先就得阐明"传播"的含义。

一、传播的含义

古今中外对"传播"一词有各种各样的解释。

(一)"传播"与"Communication"

汉语中的"传播"最早是分开使用的,即"传"、"播",它们都是古代汉语中的单音词。

"传"是"傳"的简写,周代金文中就已有这个字。按《说文解字》的解释,"傳"的左边原义为"人",右边义为"六寸簿也",其上半部分与"牵"同义。因此,"传"字与"人、六寸簿、牵马"有关。

按照周礼,"行夫"(即人)掌管国家的信息传递。这些传递者"以车驾马",手持六寸长的竹简(汉代改为五寸)。这样的"传"意义非常广泛,可以是指上对下的信息传递,如"传宣"、"传法"、"传道"、"传经",也可指下对上或平级间的信息传通,如"传檄"、"传字鸽";可以指小范围的信息流通,如"传宣",也可指大范围的信息流通,如"传布"。

"播"在金文中也已存在,原意是"播种",表示人手将种子撒到田里。它的含义在历史上也曾有多种,如"撒也"、"扬也"、"布也"、"放也"、"弃也"、"迁也"等等。谷种的"播"是在广大的田地上进行的,信息的"播"也应该是在大范围内实施的。[1]

"传播"一词是近义并列构造的词。据考证,"传播"一词在我国出现于1400年前,即可能始见于《北史·突厥传》中的"传播中外,咸使知闻"一语。[2] 元代史也见使用,《宋史·贺铸传》中有"所为词章,往往传播在人口"。我国古代,使用"传播"一词并不广泛。大量使用"传播"是近现代的事。

---

[1] 赵心树.从语源、语义论"宣传"、"传播"、"新闻"的异同.载新闻与传播研究,第二卷第1期(1995.1),26~33
[2] 方汉奇.中国近代思想的演变.载新闻与传播研究,第一卷第1期(1994.1),79

当代的日常生活中,"传播"一词使用甚广。基本含义是表达某种事物的传递和散播。

英语中的"Communication"(Communicate 的名词形式)源自拉丁语的 Communicatus 和 Communis,其原义为"分享"、"共有",该词的印欧语词源是 Kom—moini,其中 Kom 意为"共同",Moini 源自 Mei,意为"交易、交换"。由"共同交换"、"共享"引申到信息传递领域,就成了"交流"。

从 Communication 的语源中可以看出该词的语义较汉语中的"传播"一词要丰富,英语的"Communication"包括"传达"、"传布"以及"交流、交通、交往"等含义。它在词义上要强调"交互"、"双向"的含义,它更强调传者与受者的同等地位和相互作用。

在传播学意义上,我们使用"传播"一词对等于"Communication"。虽然英语中 Communication 的原义要比汉语中的"传播"丰富得多,但是我们使用的是这两个词的最基本的内涵性含义,即:信息的流动。

(二)传播学中"传播"的含义

"传播"是传播学的最基本概念,所以每个传播学研究者都必须从对"传播"的认识、界定登堂入室,走进传播学的学术领域。然而,不同的传播学家,对"传播"都有各自的解释,每一种解释与界定都代表了学者们不同的认识视角和学科领域。

我国学者经过近 20 年的研究,对"传播"的界定有许多认识是相同的,但也有一定的差异。较具代表的主要有如下几种:

"事实上传播是信息在时间或空间中的移动和变化。"(戴元光、邵培仁、龚炜,1988)。

"从最一般的意义说,传播是社会信息的传递;传播表现为传播者,传播渠道,受者之间的一系列传播关系;传播是由传播关系组成的动态的有结构的信息传递过程;传播是社会性行动,传播关系反映社会关系的特点。"(沙莲香,1990)

"传播就是人们进行信息交流的一种活动。"(徐耀魁,1990)

"传播是信息的双向流通过程,包括人际传播与大众传播两大类型。"(李彬,1993)

"传播,即:传受信息的行为(或过程)。"(张国良,1995)

我国学者对"传播"的定义有两点是共同的:第一,认为传播是一种行为、一种活动,即认为传播是动态的;第二,认为信息是交互流动的,即比较强调信息流动的双向性。

与我国学者情况不同,西方传播学家对"传播"的理解和界定差异非常大。1970 年美国威斯康星大学的丹斯教授就曾列出学者们给传播下的 98 种不同定义。

对西方学者的定义进行分析,可以看出其基本立足点仍然是信息的流动,但是强调之处有所差异。我们列出以下的定义及其强调之处,供比较分析。

1. 强调"共享"

"我们在传播的时候,是努力想同谁确立'共同'的东西,即我们努力想'共享'的信息、

思想或态度。"(W. 施拉姆,1949)

"传播就是变独有为共有的过程。"(A. 戈德,1959)

"传播是我们了解别人并进而使自己被别人了解的过程。"(M. P. 安德森,1959)

2. 强调"互动、关系"

"所谓传播是人际关系借以成立的基础,又是它得以发展的机理。就是说它是精神现象转换为符号并在一定的距离得到搬运,经过一定的时间得到保存的手段。"(C. 库利,1909)

"传播可以定义为通过讯息进行的社会的相互作用。"(G. 格伯纳,1967)

"互动,甚至在生物的层次上,也是一种传播;不然,共同行动就无法产生。"(G. H. 米德,1963)

3. 强调"符号"

"传播就是用言语交流思想。"(J. B. 霍本,1954)

"运用符号——词语、画片、数字、图表等传递信息、思想、感情、技术等。这种传递的行动或过程通常称作传播。"(贝雷尔森和塞纳,1964)

4. 强调"目的"、"影响"、"反应"

传播就是"某个人(传播者)传递刺激(通常是语言的)以影响另一些人(接受者)行为的过程"。(C. 霍夫兰等,1953)

传播就是"在大部分情况下,传者向受者传递信息旨在改变后者的行为"。(G. 米勒,1966)

"所有传播行为都旨在从特定人物(或一群人)引出特定的反应。"(D. 伯洛,1960)

除以上较有代表性的解释以外,还有其他大同小异的定义。

我们从上面列举的西方有关"传播"的定义中可以发现,每个定义都其优缺点。这是因为每个学者的理解都从不同的学术领域出发,更多地关注本学科研究对象的传播活动、范围和方式等,而没有从更多普遍意义上和层面上对"传播"进行界定。

从以上中外对"传播"的认识可以看出,最普遍意义上的传播必然包含以下两个要素:信息(传播的材料)、流动(传播的方式)。

由此,我们认为,所谓传播,就是信息的流动过程。

我们首先必须界定最普遍意义上的"传播",因为,这个广义的"传播"概念不仅能包括人类社会的信息流动,而且能涵盖非人类社会的信息流动,如自然界中的信息流动。更进一步讲,因为信息是事物运动的存在或表述形式,信息无时无处不存在,只要有信息存在,便有信息的流动,便有了传播。这是对传播的科学认识。

在认识了最普遍意义上的"传播"之后,我们可以再进一步认识人类社会的传播。人类社会的传播便是人的信息的流动过程。这是我们传播学所研究的传播。

二、传播的类型

我们知道,传播是信息的流动过程。这是对传播现象的一般概括。实际上,由于信息的类型、流动的范围及状态等的不同,传播也可以有多种类型、多种形态。

我们面对的客观世界可以分成自然界和人类社会,因此我们可以在最普遍意义上将传播分成自然界的传播和人类社会的传播,前者由于不是发生在人类社会,因此也可以称作非人类社会传播,具体表现如彩霞、闪电、鸟语、花粉传授、基因遗传等。这种类型的传播均是自然界中信息的流动。人类社会的传播是指发生在人类社会中的信息流动,具体表现如:聊天、听广播、看电视以及人的内省思索等。

传播学要研究的不是非人类传播,而是人类传播。然而,人类的信息流动也千差万别,由于其流动的范围、方式等不同,又可以分成多种。

需要说明的是,对人类传播包括哪些类型没有绝对一致的看法。不同的研究者由于其分类方法的不同,把人类传播分成了不同的类型体系,比如:

"二分法",即将人类传播分成亲身传播与大众传播。分类标准是传播的手段。亲身传播指以人体为媒介(主要以语言和身体非语言符号为手段)的信息流动方式。大众传播指以机械、电子化的大众媒介(以系统化、规范化的符号系统为手段)进行的信息流动方式,这种分类略显笼统。

"四分法"即将人类传播分成人的自我传播、人际传播、组织传播和大众传播四种类型。分类标准是传播的范围及规模。

人的自我传播是个体对信息的加工过程,即个体自我进行的思维活动。思考、内心冲突、自言自语以及发泄、陶醉等均是自我传播。基本可以说人所有的心理活动都属于自我传播的范围,因此,自我传播属于心理学的研究领域。

人际传播是两个以上的个体之间进行的传播。基本要求是两个人及两个人以上,不在组织内外进行的,非组织目的的传播。但是即便如此,人际传播也是难以截然与组织传播区分开来。聊天、关怀、体贴、流言、时尚传布等均为人际传播。

组织传播是指组织内部及内部与外部的信息交流。其内部的传播是为了协调关系,提高内部运行的效率;其外部的信息交流是为了适应环境,满足社会对其的需要,实现组织的目的。组织传播的规模大于人际传播,它与后者的明显区别在于前者的传播活动都是有组织目的的。

大众传播是指通过大众传播媒介进行的信息传播活动。这种传播中传播者职业化,讯息大量、快速复制,传播媒介也是机械和电子设备系统,受众非个性化。大众传播是社会化的传播。

除了上述的"四分法"外,有的学者还将传播分成五种,即内向传播、人际传播、群体传播、组织传播、大众传播。增加的"群体传播"是指非组织化的群体内部的,以及群体与群体之间的信息活动。这种分类实际上是对"四分法"的补充和细化。

传播的分类有多种,但是普遍受到认可的就是传播的"四分法"。

实际上,人的自我传播是其他传播类型的基础。从自我传播到人际传播、组织传播,再到大众传播,传播活动介入的人越来越多,而讯息的个性则越来越淡化,更强调讯息的普遍适用性,传受双方的空间及心理距离越来越远,所使用的传播技术和传播的结构则越来越复杂。

从上述的情况可以看出,传播因其规模及性质不同可以分出不同传播类型,但它们都属于人类传播这一大类。从普遍的意义上讲,传播可分为如下类型体系:

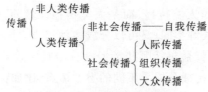

图 3-1 传播类型体系图

正是这些规模不等、性质不同、层次有别的传播类型构成了整个传播的结构体系。这种结构是由客观物质世界的形态与结构决定的。传播学要研究的当然不是传播结构体系中的全部,而是人类传播中的社会传播部分,即人际传播、组织传播和大众传播。

第二节 人类传播的演进

人类传播经历了漫长的历史过程。传播的每一次进步,都是人类进步的前提条件之一。传播是与人类文明的进步相对应的。一部人类传播史,反映出的则是社会文明史。按历史学家、传播学家从人的行为发展、环境、传播能力、符号体系、传播媒介以及社会文化的角度分析,人类传播的演进基本上可以分为六个阶段,即符号和信号时代、说话和语言时代、文字时代、印刷时代、大众传播时代和网络传播时代。

一、人类传播演进的过程

自从有了生命体,就有了传播。当然,这种传播纯粹是为了生物体的需要。随着进化,传播也在不断地发展。原始的化学信号让位于更加复杂的行为举止。大约在 3.5 亿年前,生物的进化迈出了重要的一步——爬行动物大脑形成,这种大脑可以对外部世界作出反应。

大约7000万年以前,我们人类的先祖进化成灵长类动物。它们大脑和躯干的比例略大于同代的多数动物。大脑容积与学习能力是相适应的。大脑的进化是人类进步的关键。大约在1400万年前到500万年前间,腊玛古猿的出现标志着类人动物的出现。随后出现的非洲南方猿已经起立行走,穴居,以家庭为生活单位。它们存在于大约550万年前到100万年前间。它们的传播方式,我们现在无从考察。

大约200万年前,猿人出现。他们与其他物种的一个重要区别在于:他们开始制造工具了。随后,距今50万年前,尼安德特人出现。之后,在距今9万年前到4万年前间,出现了克罗马农人,他们都有了大量的劳动活动,如狩猎、搭建屋棚、制造工具等。

1.8万年前左右的我国山顶洞人又掌握了火。人类的这些早期发明,如粗糙的石器和火的使用,标志着人类的创造物——文化的出现。从这以后,人类文明终于起步了。

早期的类人猿及人类在进步的过程中,他们的传播能力也在不断地进化。为了生存,他们不断改进传播、记录、交流信息的能力。"人类文明在过去的4万年里所取得的日新月异的进展,对掌握传播系统的依赖程度要更大于对制造工具和材料的依赖程度","正是人们完整准确传播信息的能力不断增长,结果复杂技术不断向高级发展,并有了神话、传说、解释、逻辑、习俗以及复杂的行为规范,从而使文明得以产生。"[①]

(一) 符号和信号时代

这个时代开始于早期类人灵长类到早期猿人的进化时期。这一时代的早期,人类的传播更多地是在遗传的或本能的反应基础上进行的。后期,人脑容量的增大,能够有一定程度的社会学习能力,因而可以进行一些传播,主要是利用有限的声音和体语符号,如喊叫、尖叫、手势信号、面部表情、身体动作、姿势等。这些声音和体语符号与信号成为早期人类祖先进行沟通的基本手段。人脑的成熟,使他们学习并理解这些符号、信号的意义和解释及使用规则。人们在这种共通的意义和规则基础上才可进行交流,并将其发展成为越来越复杂并相当有效的传播方式。

由于早期人类祖先可以使用的有声和无声的符号和信号十分有限,因而他们能够相互传播的讯息的复杂程度也就十分有限,传播的速度也就十分缓慢。

造成这种状况的原因主要在于早期人类的生理局限。这主要表现在:一是早期人类的生理条件无法使他们说话,他们的唇、喉、舌等不具备发出人语的结构;二是早期人类的大脑条件无法使他们进行复杂思维,这是最重要的制约因素。他们的智力水平限制在

---

① [美]梅尔文·德弗勒等.大众传播学诸论.杜力平译.北京:新华出版社,1990,8~9

基于符号和信号系统的初级概念化层次,人们只能进行短期记忆,不可能形成后来人们进行思维所用的概念,从而进行分类、综合、抽象等思维活动。

符号和信号时代有着千百万年的漫长历史,但是其文化发展和进化却极其缓慢,规模相当微小,这是早期人类在生理方面的局限性导致的。

(二) 说话和语言时代

这个时代大约开始于9万年前到4万年前间。这时的克罗马农人已经开始说话了。这是人类生理成熟、实践丰富的结果。距今35000年前语言也基本形成。这时的语言很简单。但是随着人类语言能力的成熟以及实践的需要,简单的语言无法传递日渐复杂的意义,无法进行复杂的思维,人类创造出了更多表现的方式和更完善的语言程式,而且人类的智力也能够使用这些更进步、更复杂的符号。

说话和语言传播方式的到来,对人类传播的发展乃至社会的发展来说,具有非常深远的意义。

首先,人类使用语言这种符号系统进行传播,使得人类可以用语言概念进行思维,从而大大提高人们认识世界、适应世界、改造世界的能力。人类使用的语言有其基本的词语及规则,人们利用它可以进行分类、抽象、分析、综合及推测。语言可以记忆、传送、接收、理解的讯息,在其复杂性、精确性及容量上远远超出符号和信号所能达到的程度。

其次,人类使用语言这种符号系统进行传播,也推动了人类社会的进步。一方面,人类使用语言之后,可以更有效地观察自己的生存环境并进行分类,在实践中获取信息进行决策。人们能够计划和构思自己的行为,组织自己的社会互动并将自己的经验传播给他人。另一方面,语言出现之后,人类文化积累和发展的速度加快。旧的语言在更新,新的语言在发展。

(三) 文字时代

人类学会将声音与其所指对象分离开,便产生了语言。之后,人们又学会了将声音同发出声音的人也分离开,从而使它们更便于携带,这便产生了文字。

实际上,人类祖先早在说话和语言时代就尝试用壁画、雕刻等方式将信息贮存下来。在法国、西班牙、中国都发现了原始人创作的岩洞壁画,这些可以看作是文字的前身。

用图画传递信息过于复杂化和非规则化,因而人们"感到有必要把图像抽象化以及使语词符号比别人能听到的转瞬即逝的几秒钟持续更长时间"[①],便产生了文字。

大约5000年前,世界若干地方开始出现文字发明,如两河流域、埃及、中国等地。文

---

① [美]威尔伯·施拉姆等.传播学概论.陈亮等译.北京:新华出版社,1984,11

字发明的第一步便是将已有的图画符号的意义标准化、抽象化和规范化。这样便可以进行沟通。

公元前 4000 年,古代两河流域和埃及出现了将图画象形化、表形化的文字,即最早的象形文字。在象形文字系统中,每一个字代表一个观点、事物和概念。要进行复杂的传播,文字的书写者和接收者都必须掌握大量的这样的象形符号(如图 3-2)。

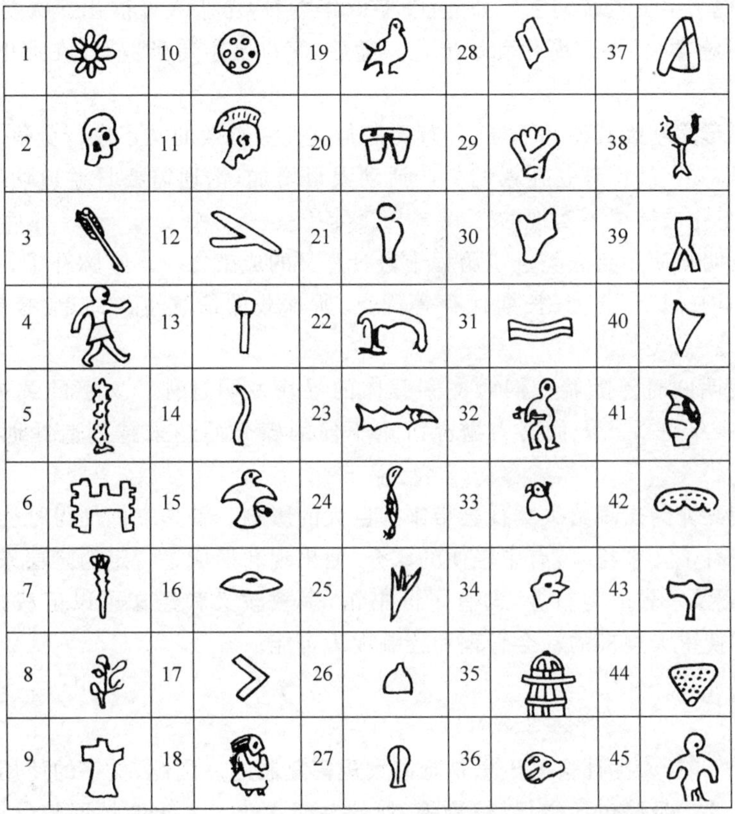

图 3-2 克里特岛居民使用的 45 个图形符号(约公元前 3500 年)[①]

大约在 3500 年前,我国古代的殷王朝出现了甲骨文。在殷墟出土的甲骨文片,有十万多片,单字近 5000 个。当时,它已是有着严格规范的文字,有象形、形声、假借的区别。其内容主要记录当时农业、畜牧业的状况。

---

① K. Merten, S. J. Schmidt, S. Weischenberg. Die Wirklichdeit der Medien: Eine Einfuhrung in die Kommunikations wisssenschaft. Opladen: Westdeutscher Verlag, 1994, 147

公元前1700年,居住在波斯湾以北的苏美尔人发明了楔形文字,即用每个符号代表一个具体的声音,而不是一个观点、事物和概念。这种文字的优点在于不需要成千上万个单独符号去对应地代表事物和观念,而只需少量的符号代表组成音节的声音。这是文字从表形走向表音的进步。这是人类传播发展中的重大突破。人们只需记住代表不同音节的符号(约100个),从而极大地便利了人们识字。

后来,出现了字母表音文字。公元前1200年左右,希腊人发展出了人类第一套完整的字母文字系统,并且使之简化和标准化。随后,字母文字传到罗马,在那里得到进一步改进。

埃及的象形文字因其使用不便,一直无法与其他更有效的文字进行竞争。

由此可见,文字的出现是在人们生产活动大量增加,沟通需要日益迫切,同时又能将图画简化、规范化的情况下实现的。

文字的发明与使用是人类进步历程中最具意义的成就之一。它弥补了口头语言时空障碍的缺陷,具有规范、便携、长期保存等优点,所承载的信息也由简单、容易变得复杂、繁多。

文字的发明同时伴随着人们对文字载体的寻找发明过程。文字的载体有泥盘、石头、羊皮和莎草纸等等。人们努力抛弃沉重不便的媒介而越来越创造性地使用轻便的媒介。

文字及其媒介的出现给人类社会带来了巨大的影响。首先它们使得社会结构产生了重大的变革。有了文字符号,有了轻便的媒介,便出现和形成了特定的阶层来使用文字及媒介,文化积累及宗教成为行业,即有了图书馆,宗教教义和经文可以记载,文化得以积累。其次它们使得大规模的社会管理和控制成为可能。

(四) 印刷时代

印刷术产生前,人类社会的讯息是难以大规模复制的。因此,文字的使用是特定阶层的事情。这个特定阶层包括僧侣、权贵等,他们垄断文化。文化的扩展与传播、保存大大得益于造纸术和印刷术。

公元105年以后,我国东汉宦官蔡伦用树皮、麻、鱼网等混合造纸,是当时最先进的造纸方法,它使纸张取代了竹简和帛等书写工具。纸的发明在文化上的价值是无限的。公元5世纪中国已经较普遍地用纸了。中国的造纸术在公元8世纪时传入阿拉伯,公元12世纪时传入欧洲,公元14世纪时欧洲各国才普遍用纸。

公元450年(南北朝宋文帝时),我国就发明了雕版印刷。公元868年,唐朝印刷的《金刚经》是世界上现存最早的雕版印刷书籍。宋庆历年间(公元1041—1048年),毕昇发明了活字印刷,给人类的传播行为注入新命脉。之后,活字印刷由蒙古人传到欧洲,公元

1456年,德国的谷腾堡摸索出金属活字印刷法,印刷了几百本《圣经》,这标志着人类大规模印刷时代的开始。

活字印刷机也在社会日益增长的需要中渐渐成熟。从16世纪开始,印刷机的速度大幅度提高,可以印出成千上万册书籍。

在资本主义萌芽的欧洲,报纸也开始出现。16、17世纪西欧出现了新闻小册子和经常出版的印刷报纸。1609年德国的《报道与新闻报》是世界上现存最早的印刷报纸,它是一份周报。17世纪上半叶,欧洲各国几乎都有新闻周报。1660年德国莱比锡出版的周刊《莱比锡新闻》改为日刊,这是世界上最早的印刷日报。

17世纪中叶到19世纪初,欧美许多国家进行了资产阶级革命。此阶段的报纸宣传色彩浓厚,再加上运输、通讯、印刷、纸张等成本较高,价格不菲,因而难以普及。到19世纪30年代中期,美国纽约出现了第一种真正的大众媒介——便士报。这种报纸商业色彩突出,它追求利润,降低成本,因而价格便宜(一个便士),广大普通市民均有能力购买。这是"快速印刷技术和报纸的基本概念相结合,形成了第一种真正的大众传播媒介"[1]。

表 3-1 印刷技术的发展[2]

年 份	排字速度(每小时)	印刷速度(每小时)	时间消耗(每张报纸)
1440年	手工排字(铅字)(1500个字符)	手工印刷(35个双面印张)	—
1886年	机器排字(铅字)(6000个字符)	高速轮转印刷(72000份双面报纸)	约5小时
1932年	电传铸排机(TTS)(9000个字符)	高速轮转	约3小时
1954年	电传铸排机,计算机辅助造字(3万个字符)	高速轮转	约1小时
1963年	照相(500万个字符)和激光(3千万个字符)屏幕排字	高速/胶印轮转	约1分钟或更短

印刷技术的进步使报纸、书籍、杂志在社会上迅速普及开来。这些印刷媒介比其他媒介发挥着更大的作用。美国社会学家查尔斯·库利在1909年指出,这些新媒介在四个方面比早期的媒介更有效:

表达性:它们能传送范围广阔的思想和感情

记录永久性:可以超越时间

迅速性:可以跨越空间

---

[1] [美]梅尔文·德弗勒等.大众传播学诸论.杜力平译.北京:新华出版社,1990,26

[2] Weischenberg S. Journalistik: Medienkommunikation: Theorie and Praxis(Band 2). Oplanden: Westdeutscher Verlag,1995.24

分布性:可以达到所有阶层的人们

库利说:"新的大众传播体现了生活方面的变革,包括商业、政治、教育以至单纯社交行为和闲谈……"①

印刷及报刊、书籍在相当程度上促进了知识的普及,推动了生产力的发展,并且使资产阶级革命得以顺利进行。这是人类社会划时代的一种力量。

(五)大众传播时代

19世纪开始了一个新的时代的曙光,真正的大众传播时代是从20世纪初电影、广播、电视的发明和普及开始的。

资本主义凭借15世纪以来启蒙运动和资产阶级革命的成果,于19世纪进入了第一次工业革命,大众化报业形成、教育普及、科学进步,导致传播史上新时代——电子时代的萌生。

1840年,美国人S.摩尔斯发明有线电报,开电讯传播信息之端。

1876年,美国人A.G.贝尔发明了电话,人类的口头传播伸向了从未跨越到的无限的空间。

1877年,美国人爱迪生发明留声机,从而使人类第一次将声音记录下来,使声音突破了时间的障碍。

1895年,意大利人G.马可尼完成了无线电试验。1902年,无线电横跨大西洋。

1906年,美国第一个无线电节目试验播出。1910年,无线电广播初次试验完成。

1920年,世界上第一个电台KDKA在美国的匹兹堡正式开播,同年播出了总统竞选的讯息,反响强烈,刺激了广播业的发展并带动了广告业和收音机制造业的蓬勃。

1936年,英国建立了世界上第一座正规的电视台,标志着新生媒介的诞生和媒介结构的重组。20世纪50年代之后,电视在世界上迅速普及。同在50年代,彩色电视节目播出。

1962年,美国首次发射了"电星1号"卫星,专门用于传播电视节目,开始了电视进入太空的新时代。

20世纪70年代后,有线电视迅速普及。其他新媒介,如录音机、录像机等大量出现。

大众传播时代的到来意味着人类的传播能力与需要有了空前的提高和壮大。我们可以从大众传播媒介的产生、发展过程看到社会生产力的进步。工业革命带来的知识、信息的急剧增加,城市化进程加快等都对大众传播产生着影响,可以说,大众传播媒介本身就是工业化、城市化进程的产物。同时大众传播及媒介又推动了社会生产力、知识和信息的进步与拓展。

---

① [美]梅尔文·德弗勒等.大众传播学诸论.杜力平译.北京:新华出版社,1990,27

（六）网络传播时代

大众传播时代的辉煌还未过去的时候,网络传播时代已经在向我们招手了。

进入20世纪80年代以来,社会形态、经济结构的巨大变化使得整个人类社会出现全球化、信息化等趋势。这一过程到90年代以后,日益突出地被人们直接感受到。

所谓网络传播时代是指利用先进的网络技术进行信息传播的新时代。它突破了大众传播时代大众化、非目标性、单向、区域传播的障碍,使得传播走向个人化、目标性、双向和全球网络传播。如上所述,这是社会走向全球化、信息化的产物,也是信息社会传播的基本形态。

仅有社会的需要和可能,网络传播时代仍然是不会到来的,必须要有坚实的技术基础。简言之,支持网络传播时代的技术主要有:有线电视(光缆)、卫星通信、计算机和数字技术等。

有线电视技术早在20世纪50年代就出现于美国,1950年就有了社区天线电视系统,即用一座大天线接收电视节目,通过电缆接到每个订户的家中,70年代以后,有线电视在欧、美、日等国盛行。80年代以后发展更加迅速,现在美国的用户已达七千万户,有线电视节目就达百余套。有线电视的优点在于,一是它不受地形和高层建筑的影响,因而图像清晰,信号稳定。二是容量大,可传输几十套,乃至百余套电视节目和广播调频立体声节目。三是功能多,可与计算机网络联网,用于交互式电视、图文传真、可视电话、电子购物、金融交易等。近年来,用光纤电缆代替金属同轴电缆的有线电视已在发达国家应用,光缆的容量更大,质量更高,发展前景可观。

卫星通信技术也已在60年代出现。到90年代,卫星已被普遍应用于大众传播之中。卫星作为中介将电视节目转发给地面的各个有线网,也可以直接将节目信号传给个体用户,即卫星直播电视广播(DBS)。卫星电视的普遍使用,标志着电视进入了一个崭新的发展时期。

计算机技术及计算机网络技术渗透到大众传播之中,必将引起大众传播形态、结构的巨大变化。"一个更有可能的前景,是计算机将与各种现代电缆电视结合而发展出新的大众媒介。"[1]从一定意义上说,多媒体乃是即将在网络传播时代普及的新媒介形态。

多媒体是在有线网和电脑基础上,将有声语言、图像、文字、声音、传真通信、娱乐性服务等结合起来。它将深刻地影响我们所熟悉的传播方式。这种一体化不仅意味着传播所提供的信息不断大量增加,而且同时导致产生完全新型的提供方式和利用方式。

多媒体是建立在必要的技术基础之上的,首先的技术基础便是数字化和数字压缩技术。数字化是用一系列0和1这两个数字的形式传输电子信号,这种数字技术可以摆脱

---

[1] [美]梅尔文·德弗勒等.大众传播学诸论.杜力平译.北京:新华出版社,1990,376

干扰，提高了音视频信号的质量。另外还可以使不重要的信号能够得到删除。数字压缩便以这种方式工作，这将大大增加电子服务和提供更多的节目。其次是利用可靠和高效的传输通路，如陆地上的窄带或宽带光缆传输，或数字卫星传输。第三，多媒体还需要一台解码器。第四，还需要有相应的媒体终端，即集电脑、电视接收机、收音机、对答机及传真机等于一体的设备。推动多媒体发展的主力是美国。美国于90年代初提出建设"国家信息基础结构(NII)"，即指联系家庭和公共机构的覆盖广袤面积的信息传播网络，通过这些网络的建立为社会提供无所不包的信息的基础。为此，美国已经于1996年制订了新的电信法，从法律上鼓励、协调信息网络的建设。欧洲联盟也于1994年提出了旨在发展高新信息技术和充分发挥其经济潜能的倡议。

多媒体构造了各种信息和通信技术的汇合。它可以有许多应用形式，有的已经投入实际使用，有的即将投入应用。其应用主要体现在：(1)国际互联网络(Internet)，Internet发端于20世纪60年代至70年代，到80年代得到广泛应用，90年代后出现的高新性能的软件使多媒体更便利而舒适地使用这一网络。(2)商业性联机服务(或称在线服务)，指通过电话线路、调制解调器在个人电脑上向用户提供各种类型的有偿信息。这里的信息便于利用。1979年美国的CompuServe开始提供世界范围的联机信息服务。(3)远程工作，即在远处所从事的工作，工作人员通过利用一个通信系统如一个电信网络或某个卫星来达到此目的。(4)网上购物，即通过屏幕直接购物，观众通过电话，电脑订购网上提供信息的产品。(5)远距离学习和利用多媒体学习。(6)居家汇兑。(7)交互式电视，即电视观众自己决定收视的程度越来越高。这种交互性实际上具有极为宽泛的内容，如按频道付费、按节目付费是一种交互；交叉时间视频点播、随意视频也是一种交互；导演功能(即观众能在多种可能情节中作出选择，也能对多种摄影角度作出选择)和信息传输以及虚拟现实还是一种交互。当然这些交互的实际应用还有待时日。

由于受到网络等新技术和新形态的冲击，原有的报刊、广播、电影、电视等也在网络化、数字化。上网的报纸和电子出版物日益增多，数字音频广播已处于试验阶段，电视中使用虚拟演播厅，电影、照相也大量应用数字技术。

网络传播时代的到来将给人类社会带来众多方面的冲击。社会形态将愈加信息化、全球化，经济结构发生变化，信息业成为主体，劳动市场等随之变化；由网络而来的法律问题也大量增加；给人们的生活方式、消费方式等带来影响。

总之，网络时代引起的结构性变化将出现在各个领域。

二、人类传播演进的规律

我们研究和认识传播演进的过程是为了更清楚地认识传播发展的规律，认识传播在社会背景中的互动关系。

通过上述对传播发展历史的考察,我们可以看出,传播在以下方面呈现出演进的特征及规律。

第一,传播手段与传播媒介的进步贯穿整个人类存在过程,而且其发展进步呈加速度发展趋势。"人类传播的历史是传播系统的复加过程,而不是简单地从一种系统转向另一种系统。"①

人类在学习和积累前人创造的基础上不断创造出更多、更新的传播手段、传播媒介。这实际上是人类认识客观世界能力的提高,从而使生产力水平提高的结果。(见图 3-3)

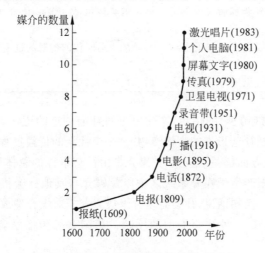

图 3-3　传播媒介的进化

原始人百万年前才发明语言;之后的几万年,人类创造了文字;再过几千年人类又发明了造纸术、印刷术;后来,经过几百年,人类就创造出了电子媒介;从电子媒介到如今的网络年代,还不到 100 年。新手段、新媒介的出现间隔越来越短,而其集合程度却日益提高,从而使得传播方式越来越多,传播对象日益广泛,传播速度日益加快,传播信息日益增多。

第二,传播与人类社会文化的积累和发展密切相关。传播本身正是人类文化创造和积累的产物。文化发展速度越快,规模越大,对传播的速度和规模也就要求越高,传播的过程与结构也就变得更加复杂。特别是到了大众传播时代,人类社会因为大众媒介的影响日益扩大,从而形成了独有的新的文化形态——媒介文化。加外,媒介也直接参加到每个时期的文化创造和积累之中,直接推进了文化的多样化和文化交流。传播媒介参与启蒙大众,提高了大众的文化水平。

德国传播学者 A. 阿斯曼和 J. 阿斯曼(1994)认为:社会记忆有多种形式,传播作为一

---

① [美]梅尔文·德弗勒等. 大众传播学诸论. 杜力平译. 北京:新华出版社,1990,11

种记忆形式是短期的,而文化作为一种记忆则是长期的。这两者的区别如下表:①

表 3-2 传播记忆与文化记忆的区别

	传 播 记 忆	文 化 记 忆
内容	在个体生命一生范围内的历史经验	神秘史前史,绝对过去的重大事件
形式	非正式的,较少塑造的,质朴的,通过互动而产生的,日常的	创立的,高度塑造的,仪式化的传播,节日的
符号存贮	有机体记忆,经验和听说中的活生生的回忆	永久的具体化,传统的用语言、图画、舞蹈等符号编码/演出
时间结构	80～100 年,以当前基点的三四代人	神秘的史前时代的绝对的过去
载体	非特定的,时代见证人	特殊的传统载体

传播是对社会财富(精神)的传承,文化更是对社会创造的记忆。

第三,传播是经济及社会形态的直接产物。"一个社会的传播过程的性质实际上与该社会人们日常生活的每个方面都关系重大","媒介是由社会事件的总体形成的,它们深受冲突的辩证过程影响,冲突则产生于媒介系统之中以及媒介与其他社会机构之间相互对抗的力量、概念和发展过程中。换句话说,社会有多种渗透方式来对媒介造成深远影响。"②

一种传播类型必定是一种社会类型的反映。德国著名传播学者 K. 梅尔腾指出两者的对应关系。

表 3-3 传播类型与社会类型③

条　件	传播类型	社会类型
语言	人际传播	史前社会
语言、文字	人际与非人际传播	高度文明社会
语言、文字及其他技术手段	人际传播 非人际非组织化传播 非人际组织化传播	全球社会

传播的形态更是与社会结构的排列关系密切,美国的传播学者洛力蒙(Lorimer)就较为完整地阐释了这一关联:

---

① K. Merten, S. J. Schmidt, S. Weischenberg. Die Wirklichdeit der Medien: Eine Einfurung in die Kommunikations wisssenschaft. Opladen: Westdeutscher Verlag 1994,120
② [美]梅尔文·德弗勒等. 大众传播学诸论. 杜力平译. 北京:新华出版社,1990,11,137
③ K. Merten, S. J. Schmidt, S. Weischenberg. Die Wirklichkeit der Medien: Eine Einfurung in die Kommunikations wissenschaft. Opladen: Westdeutscher Verlag,1994,150

表 3-4

传 播 形 态	传播背景/支配技术	结 构 分 析	社会哲学体系/信仰系统
口头传播（Oral）	• 面对面 • 多面的，如声音、手势	• 阐明目的 • 性格与行为的一致性	• 人格化的环境常量 • 兼职的
文字传播（Literate）	• 间接社会 • 关于文本的个体间的相互作用 • 文本可以独立使用	• 合理的 • 线性的 • 概念化的 • 结构主义的 • 科学方法	• 分等级的 • 概念常量的发展 • 单一概念至上 • 科学的
电子口头传播 （Electronic oral）	• 以广播、电话为媒介	• 以记忆为基础 • 印象主义者 • 以目的和性质为导向	• 捕捉时代精神
电子视听传播（Electronic audio-visual）	• 电视 • 图像的 • 戏剧性的 • 在全社会中生产	• 印象主义者 • 多重解释的 • 后现代的	• 兼职的 • 以多样性、特性、新鲜性而显著
电子文本—数字传播 （Electronic textural-numeric）	• 计算机/无线电通讯 • 文本导向和机械导向	• 分析倾向 • 推论性统计学 • 专业性知识及其观点	• 最大可能的通向精英主义 • 具有潜能的分布广泛的系统，如免费网络

传播同样是在经济形态的制约下发展的，同样传播又在为经济形态的进化推波助澜。

表 3-5　三种经济社会结构与传播的关系①

经济社会形态	主要问题	解决问题	生 产	销 售	传 播
农业社会	原料的流通	修建道路网	手工，行业内分工，本地性	市场 面对面 自然交换	面对面 图片
工业社会	能源的流通	建立能源网	工厂 功能分化 区域性	市场 分公司/办事处 钱	面对面 报刊 电影
后工业社会	信息的流通	信息与传播网络化	集团 功能分化 国际性	预定市场 寄送/发送部/目录 汇款	面对面 报刊 电子媒介 公共关系

---

① K. Merten, S. J. Schmidt, S. Weischenberg. Die Wirklichkeit der Medien：Eine Einfuhrung in die Kommunikationswissenschaft. Opladen：Westdeutscher Verlag,1994,190

小结

　　总之,通过对人类传播演进过程的考察,可以看到,人类传播在行为方式、手段、技能、媒介、过程等方面经历了重大的进化飞跃。千百万年前的类人猿靠着简单的符号与信号进行交流、沟通,虽然极不完善但已标志着人类与动物区别的开始。随着人类生理及社会实践的成熟,创造出了语言,使他们能够利用概念进行思维并传播复杂信息,真正超越了一般动物。不久后创造了文字和载体,大大跨出了人类文化在时间、空间上的一步。印刷术使人类知识、艺术、科学大量积累并复制,从而进一步导致了社会的开化和进步。电子媒介的出现和普及使人们进入一个大众共享信息的时代,然而我们正处在又一个时代的门槛,这就是网络时代。

　　传播及其演变是传播学研究和认识的起点,因此要有历史发展观,看到历史长河中传播及其与社会关系的变动走向,这正是我们的目的所在。

第四章 信息、符号与讯息

第一节 信息

一、信息的定义及其实质

二、信息的特征与功能

三、信息社会

第二节 符号

一、符号的定义及其实质

二、符号的特征

三、符号的类型

四、讯息

传播本质上就是信息的流动，因此，信息就是构成传播的基本材料。信息普遍存在，无时无刻不在流动；然而信息又是无形的，它必须借助一定的载体才能够进行传播。这种载体就是符号。我们人类社会进行的传播活动，须借助各种形态的符号才能得以完成。由此可见，信息及其载体——符号，是构成传播的最基本的材料和要素。

第一节 信息

"信息"不仅是当代自然科学和社会科学中的一个核心概念，同时也成为当代社会中出现频率最高的词汇之一。"信息技术"、"信息革命"、"信息社会"等都已成为当今时代最常用和最热门的词汇。从这种词语上的变化已经可以感受到"信息"这一概念给我们在认识世界等方面带来的冲击。对于传播学来说，信息概念的引入，不仅在认识论上形成了深刻的切入点，而且在本体论上为传播模式和传播理论的建立提供了坚实的根基。

那么，到底什么是信息？它的实质和特征是什么？它的辞典意义、传播学意义与社会语词意义有什么差别？这个抽象概念与丰富而复杂的人类社会形态的关系又究竟如何呢？

一、信息的定义及其实质

从一个例子谈起。我们先来看一段文字：

某位科学家经过长期的实验室工作，发明了一种仪器，可以精确解读和记录生物体内DNA中隐藏的基因信息。他打电话告诉自己的一位记者朋友，但一开始讲便出现了电话线路故障，噪音很大，信息传递很不通畅。这位记者干脆赶到科学家的实验室进行了采访，写出了一篇信息量很大的新闻报道，发表后引起了广泛的社会反响。

在这段文字中，出现了三个"信息"，它可以代表我们当前对信息的三种主要理解方式（如表4-1）。

表4-1 信息的三种理解

例　子	种　类	研　究　领　域
"DNA中隐藏的基因信息"	生物信息	生物学
"电话线路传递的信息"	物理信息	通信科学
"新闻报道中的信息"	社会信息	传播学

在日常生活中,信息通常指的是消息、指令、密码、数据、知识等等。在信息论等信息科学没有形成以前,人们较少使用"信息"这个概念,即使使用,一般也当作消息、知识、情报等的同义语,是指人们关于某种事物的认识,没有赋予它科学的定义。如一些辞典对这个词的总结:

《牛津字典》:"信息就是谈论的事情、新闻和知识。"

《韦氏字典》:"信息就是在观察或研究过程中获得的数据、新闻和知识。"

日语《广辞苑》:"信息就是所观察事物的知识。"

这些都是对"信息"的社会语词意义的总结。直到当代信息通信科学诞生之后,信息才从模糊的感知上升为理性的认识。关于如何认识信息,《企鹅信息辞典》(*The penguin Dictionary of Information Technology*)[①]进行了较完整的概括:

第一,用最准确的话来说,信息所处的位置,介于原始事实(可指数据)和知识之间。数据一旦被置于情境脉络之中,与某一个特定问题和决定结合起来,便成为了信息。在这个基础上,信息可以被界定为"被赋予了某种意义的事实"。这种意义只能被人类所赋予,只能被一种认知的意识所赋予。换句话说,信息是不能转送他人的,它只能自我接收,因为在被以如此意义认知和接收之前,信息从未产生。

第二,有的信息学家认为,信息从它本身来说,可以被看作一种客观存在。它就像物质与能量一样,是一种客观存在;虽然它不像那两者一样"客观"。这些学者们指出,所有有组织的结构都包含信息,并且可能传递信息。例如,有机物世界中的DNA,或者无机物世界中的硅片。

第三,这个词被广泛应用于"信息技术"与"信息处理"的领域,指包括所有在电脑系统中反映事实、事件和概念的不同方式。它的这个含义比上面两种的应用要普遍得多。在此处,它的形式包括数据(例如数字和结构文本)、文本(例如文件)、图片和影像。

《企鹅信息辞典》的定义分为三个层面。这三个层面恰好可以与我们前述例子中的三个"信息"一一对应。第一个层面源自人类原初的模糊认知,加以近代科学的理性改造,也正是传播学意义上的信息,"新闻报道中的信息"属于此义。第二个层面是较为广义的认识,更加强调信息在客观世界构成中的地位,带有一定的哲学意味,如"DNA中的信息"。第三个层面则是相对的窄义,源自于通信科学,应用于当代的信息技术领域,是热门词汇之一,从"电话线路传递的信息",到如今电脑储存和传递的信息,属于此类。

---

① Tony Gunton. 企鹅信息辞典. 北京:外文出版社,1996,147

如今，对信息的定义和认识五花八门，但大体都可归入这三种层面中去。不论是哪一个层面，我们都可以看出近代信息通信科学对这个概念的强力改造。因此，我们首先探讨近代信息通信科学中的"信息"及其他相关概念。

（一）三论中的信息

近代信息通信科学是由"三论"组成的。所谓"三论"，指的是三门现代信息技术的基础性理论学科，即信息论、控制论和系统论。

信息论是产生于20世纪40年代末的一门新兴学科。1948年，美国贝尔电话公司的申农发表了著名的论文《通信的数学理论》，1949年又发表了《在噪声中的通信》一文，这两篇著作奠定了现代信息理论的基础，而申农也被认为是信息论的奠基人。他将用于物理学中的数学统计方法和概率论移植到通信领域，研究信息处理和信息传递，从而提出了信息的概念，从量的方面描述信息的传输和提取问题，并提出了信息量的数学公式，还提出了通信系统模型和编码定理等相关理论问题。

申农曾经从美国数学家维纳的著作中受益良多，反过来，他的信息论也影响了维纳的控制论研究。1948年，维纳发表了专著《控制论，或关于在动物和机器中控制和通讯的科学》，成为控制论的奠基之作，标志着控制论的诞生。它认为生物系统能够不断根据周围环境的变动而决定和调整自己的运作，这个过程也就是信息的通讯过程。控制论的基本任务就是要在理论上找到技术系统与生物系统之间在某些功能上的相似性与统一性，以便在技术上研制出模拟智能的技术装置，即自动机或控制论机器。同信息论一样，控制论也属于一门技术科学。

在信息论、控制论形成的同时，系统论也逐步形成。20世纪20年代初，奥地利生物学家贝塔朗菲提出了一般系统论的基本思想。1937年，他首次提出了一般系统论的原理。1945年他发表了论文《关于一般系统论》，1968年发表了专著《一般系统论：基础、发展与应用》，成为系统论的代表作。系统论的核心观点是认为世界上一切事物、现象、过程皆是有机整体，并使用数学模型来分析整体及其组成部分的功能和属性，探讨系统、要素、环境之间的作用及系统的优化方式。

"三论"的诞生虽然先后有别，但大体同时，它们在当时科技进步和人类思维进步的大潮流下达成了一定的默契。"三论"的学者们经常使用"信息"这个词，并对之做出了一些阐释。如：

20世纪20年代，哈特莱在探讨信息传输问题时，提出了信息与消息在概念上的差异，指出：信息是包含在消息中的抽象量，消息是具体的，其中载荷着信息。

申农（1949）："信息是两次不确定性之差。"

韦弗(1949)："信息与你说的是什么没多大关系,而与你能说什么有关。"

维纳(1950)："信息这个名称的内容,就是我们对外界进行调节并使我们的调节为外界所了解时,与外界交换来的东西。"

我们可以从三个层面来理解"三论"中的信息概念。

1. 信息,是构成客观世界的一个基本要素

客观世界由三种基本要素构成,即物质、能量和信息。如果在客观世界中,有一个东西,既不是物质,也不是能量,那么它就是信息。

物质可以认为是由原子构成的,而原子是由原子核(质子和中子)以及围绕在它外面的电子构成的。这些最基本的微粒按照不同的方式排列组合,就形成了我们现在千姿百态的物质世界。同时,微粒之间的相互作用产生了能量的源泉。在物质和能量变化的同时,我们也发现,还有另外一种客观东西的存在,它使得物质和能量的变化拥有了秩序,也使得这种变化可以传递和表达。这种东西就是信息。

正因如此,虽然一切生物的 DNA 都是由同样的物质微粒构成,但是它的数量和排列顺序的不同,就造成了生物种类的千差万别。这种数量和排列顺序就是遗传信息。再举个例子,当一个原始人在岩洞的石壁上画下一幅画的时候,岩石的物质面貌发生了变化,作画的过程也涉及到能量的变动。但是,无论是对于作画的原始人,还是后来观看这幅画的人来说,物质和能量的变化是不重要的,最重要的是,这种人类活动在传递一种东西,那就是信息。

2. 信息,是两次不确定性之差

施拉姆举了一个例子说明这个概念。他说,我们会玩一种游戏,叫做"二十个问题"。A 先想好一个物品,B 要问二十个问题,通过这二十个问题猜出答案是什么。[①]

例如,B 第一个问题问:"动物,植物,还是矿物?"A 回答:"动物。"

B 继续问:"是不是人?"A 回答:"是人。"

B 再问:"是一个特定的人,还是一种人?"A 回答:"一个特定的人。"

如此这般,一问一答,B 要尽量在二十个问题中得到最后的答案。

实际上,一开始,这个答案对于 B 来说可能是自然界的任何物质实体,换句话说,B 对于这个实体的了解等于零,这个实体的不确定性是无穷大的。随着每一个问题的推进,B 得到了一些东西,能够逐步消除他的不确定性。他所得到的东西,就是信息。

从这个意义上讲,信息就是两次不确定性之差,也就是能减少或者消除不确定性的任何东西。

---

① [美]施拉姆,波特.传播学概论.陈亮等译.北京:新华出版社,1984,41

3. 信息,是事物运动、变化、联系、差异的产物

如果要讨论信息的起源,大概跟讨论物质、能量的起源一样困难。但是,我们也可以大致发现,在当前的自然界和人类社会的变动中,总会产生大量的信息。事物的运动、变化、联系、差异产生了不确定性,为了与外部环境进行协调,它必然要进行表达,以减少这种不确定性。它与外部环境交换的东西,就是信息。

所以,信息是事物运动、变化、联系、差异的产物,也是这种变化的表达。它是可以流通、传递和繁殖的,这对于人类来说尤为重要。正因如此,它搭建了人类主观世界与客观世界之间的桥梁。

以上是信息论、控制论、系统论中对"信息"的认识。随着"三论"影响的扩大,信息概念也广泛渗透到许多科学领域,这些领域都将其作为一个重要的概念乃至范畴进行研究。由于每门学科的研究领域、研究方法等的差异,也就导致了对信息的解释有不同的侧面和观点。到目前为止,对于信息,还没有一个较为公认的普遍适用的定义。

(二)传播学中的信息

虽然施拉姆认为,在传播学中"使用这个词(信息)时所指的意思,与申农和维纳在他们撰写有关信息理论和控制论的文章时使用这个词所指的含义没有多大的不同"①。但我们仍会发现,传播学作为一个社会科学研究领域,与"三论"中的信息概念还是有相当大的差异的。

信息论、控制论、系统论中的"信息"偏重物理意义。而正如德国学者克劳斯(1961年)在《从哲学看控制论》一书中所指出的:"什么是信息?纯粹从物理学方面看,信息就是按一定方式排列起来的信号序列。但光说这一点还不足以构成一个定义。毋宁说,信息必须有一定的意义,必须是意义的载体。……由此可见,信息是由物理载体与语义构成的统一整体。"②

对于传播学来说,"信息"更重要的层面恰恰不是物理层面,而是"意义"层面。回顾前面的例子,我们发现"DNA 中隐藏的基因信息"和"电话线路传递的信息"都不是我们研究的对象,而"新闻报道中的信息"等包含社会意义的信息才是这个研究领域关注的焦点。

对于信息的分类,不同领域的学者也做出了不同的尝试。如下列对广义信息的分类:③

---

① [美]施拉姆,波特.传播学概论.陈亮等译.北京:新华出版社,1984,41
② [东德]克劳斯.从哲学看控制论.梁志学译.北京:中国社会科学出版社,1981,68~69
③ 黎鸣.信息哲学论.西安:陕西科学技术出版社,1992,25

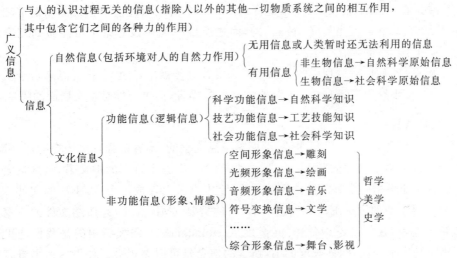

图 4-1　信息分类图

从上图中可以看出,信息的种类相当丰富。作为传播学,研究的是人类社会的信息活动,因此,传播学中研究的信息就是人类社会的信息活动,或称社会信息、文化信息。

至此,我们可以从传播学角度给"信息"概念做个界定:

信息,是在一种情况下能够减少或消除不确定性的任何事物,它是人类的精神创造物。这种创造物是人大脑收集、加工、处理的结果,它可以是内储形态的人的精神创造物,也可以是外化形态的人的精神创造物。具体而言,它既包括人内向自我传播所用的材料,也包括外化出来的、用符号形态流通的消息、新闻、文献、资料、数据等。

(三) 与信息相关的概念

虽然传播学的信息概念有自己的侧重,但它总归是建立在"三论"所提供的基本认识之上的。正如袁路阳所说:"传播学在理论上的最大贡献是借用系统论、信息论和控制论的理论模式,把系统、信息和反馈的概念引入对传播活动的研究,试图建立起关于人类传播规律的理论体系。"[①]

也就在引入信息概念的同时,"三论"中的其他概念也进入了传播学研究领域。以下我们就来分析这些相关概念对于人类社会传播的研究有什么意义。

1. 噪音

在申农看来,"通讯的基本问题是通信的一端精确地或近似地复现另一端所挑选的消

---

① 转引自李彬.传播学引论.北京:新华出版社,1993,16

息"①。因此,他把通讯(传播)的基本过程概括为一个信息通过信道在信源和信宿之间传递的过程,最完美的通讯当然是"精确"的,而之所以绝大多数通讯不可能做到完全的精确,正是因为"噪音"的存在。

所谓噪音,就是传播过程中的干扰。在人类社会传播中,这种干扰可能来自于机械本身,也可能来自于周围环境;它可能是物质层面的噪音,但更可能是意义层面的噪音。

2. 冗余信息

所谓冗余信息,即信息中包含的、不影响信息完整的、不容信源自由选择的那一部分。吴军曾经谈过语言编码中的"冗余"问题。他说:"一本五十万字的中文书,信息量大约是250万比特。如果用一个好的算法压缩一下,整本书可以存成一个320KB的文件。如果我们直接用两字节的国标编码存储这本书,大约需要1MB大小,是压缩文件的三倍。这两个数量的差距,在信息论中称作'冗余度'(redundancy)。需要指出的是我们这里讲的250万比特是个平均数,同样长度的书,所含的信息量可以差很多。如果一本书重复的内容很多,它的信息量就小,冗余度就大。"②

换句话说,人们在进行传播的时候,所发出的信号不是彻底精炼的,它所包含的东西除了能够消除不确定性的那部分之外,还有重复的(因此也是不能消除不确定性的)但可以使整个讯息更完整、更适于传播的那部分,这就是冗余信息。

3. 反馈

控制论的核心概念是"反馈"。所谓反馈,就是将输出再回输到系统中去。系统通过反馈建立起输入(原因)和输出(结果)的联系,使控制器可以根据输入与输出的实际情况来决定控制策略,以便达到预定的系统功能。反馈可以分为正反馈和负反馈。前者是指反馈回的信息输入后,系统得到肯定,逐渐扩大现有的运行规模;后者指的是反馈回的信息使系统检出偏差,进行纠正,从而实现系统目标。

在人类传播中,反馈"指接受者对于传播者发出的讯息的反应。传播者可以根据反馈检验传播的效果,并据此采取进一步的行动"③。报纸的读者来信、广播电视通过电话等收集的听众意见、互联网上即时的网民评论,都可以看作是对某些传播内容的反馈。现在也有专门的受众调查公司负责进行大规模的受众反馈的收集。

4. 前馈

仅有反馈是不够的。在一些控制系统,尤其是比较巨大和复杂的系统中,还需要有前

---

① 转引自罗杰斯.传播学史.上海:上海译文出版社,2002,449
② 吴军.数学之美系列4——怎样度量信息?.http://www.goodechincblog.com/2006/04/4.html
③ [美]施拉姆,波特.传播学概论.陈亮等译.北京:新华出版社,1984,8

馈。反馈可以检出并纠正偏差,但其滞后性难以避免。因此,有必要在系统发生偏差之前,尽可能根据预测的信息,采取相应的措施,这就是前馈。这种"前馈-反馈"结合的系统能达到较好的控制效果。

大众传播中的前馈,"指的是在经济和社会发展中使用大众媒介时,事先通过调查研究等方式了解传播对象的需要,以改进传播节目的制作,增强传播效果"①。当前大部分受众调查都不仅仅是搜集反馈信息,而多半同时在搜集大量的前馈信息,以便于大众媒介工作的开展和改进。

5. 系统

贝塔朗菲认为:"系统的定义可以确定为处于一定的相互关系中并与环境发生关系的各组成部分(要素)的总和。"②这个定义强调,系统是由部分构成的整体,而整体大于部分之和;系统内部存在着有机关联,同时,系统又不断与环境发生信息的交换,处于有机变动之中。

如果我们把传播活动看作一个系统,它的各个组成部分是在大环境的制约之下起作用的。如果我们把人类社会看作一个系统,那么它内部和外部的信息交换,正是通过传播活动才能进行。

二、信息的特征与功能

(一) 客观世界中的信息的特征

客观世界中,信息是一切事物的普遍属性。它具有一系列基本特征,使其与物质、能量这两个基本构成要素区分开来。

1. 客观性

信息是物质运动、变化、联系、差异的产物。既然物质是客观的,物质运动也是客观的,一切事物在不断的运动变化中表现出的不同特征和差异也是客观存在的,因此,信息也是客观存在的。

2. 普遍性

事物的运动普遍存在,信息也就具有了普遍性。世界上任何运动着的事物无时无刻不在生成信息,只要有事物存在,只要有事物在运动,就存在着信息。信息无处不在,无时不在。信息是无限的。

---

① [美]施拉姆,波特.传播学概论.陈亮等译.北京:新华出版社,1984,9
② [奥]贝塔朗菲.普通系统论的历史与现状.见:中外社会科学.北京;1978(2),315

3. 表达性

信息是事物运动及存在状态的反映。它一方面表达了物质运动的状态,表达了运动变化的方向性,表达了物质系统的组织程度、有序化程度以及系统朝着有序或无序方向发展的状况;另一方面表达了物质系统的差异性。没有差异就没有信息,而信息也是事物差异的表达。

通过信息的表达,我们可以区分开客观事物,也可以把握事物运动的状态和方向。这正是信息对于人类的价值所在。

4. 流动性

事物运动会带来物质与能量的传递和交换,同时,也伴随着信息的流动。事物运动所产生的信息,必然会向周围环境流动。这种信息的流动过程,就是信息的获取、传递、变换、存贮的过程。人类之所以能够获取信息,正是由于信息具有流动性。正是由于信息可以流动、可以传递,人们才有可能认识和理解外部世界。信息扮演了主观世界和客观世界的桥梁作用。

除了以上的四大基本特征之外,信息还有一些其他性质。如有的学者认为,信息的特征包括:内容表述性、可传递性、可分享性、可选择性、新颖性、效用性、信息与载体的不可分性、片断性、可存贮和可积累性及衰减性等。其中有两个性质值得我们思考。

1. 载体性

信息不同于物质和能量,它是看不见摸不着的。为了得以进行传递和交换,它必须依附在某种物质载体之上。它是不能独立存在的,也是不能与其附着的物质载体完全分割的。

这种物质载体就是符号。

2. 分享性

信息的变化不是守恒的。如果 A、B 两人手中各有一个苹果,交换之后,两个人还是只拥有一个苹果。然而,如果 A、B 两人各有一个单位的信息,交换之后,两个人都获知了两个单位的信息。换句话说,信息可以在不减少持有的情况下传递给另外的人,它具有分享性。

(二)人类社会中的信息的特点

客观世界中产生的信息进入人类社会及人的主观世界,就具有了一些不同的特点。

1. 客观性与主观性

人类社会的信息也具有物质属性,也是物质系统(自然、社会)运动过程的表现。既然社会信息的来源一部分来自于自然环境，这一部分无疑具有物质的属性。另一部分来自于人类社会本身，其中有的来自社会物质生产过程，来自一定的生产方式，而有的则来自于人类的精神活动与生产，如政治、法律、伦理、宗教等等，但是它们也是社会生产方式的反映。因此，人类社会的信息也具有了物质的属性。

然而，在人类社会中，不论信息是来自自然界还是人类社会本身，只要为人们所获取、利用，就必然经过人大脑的加工。客观外界的信息经过人脑的选择、加工、处理，已经不是客观物质世界的信息的原型，而是经过人脑加工、在人脑中形成的、对客观现实信息的反映的信息。客观物质世界的信息是第一性的，人脑中反映的信息是第二性的，是观念形态的，属于意识范畴。

举例来说，一个人（A）向对面的人伸出手去。B从这个动作中得到的信息是："他想跟我握手。"而C却进行了不同的解读："他想要什么东西？"

为什么同一个动作，却被分别认为是"示好"或者"索要"？原因就在于，当客观物质世界的运动过程产生的信息进入人的主观世界之时，必然具有了主观色彩。如果我们把运动过程所产生的客观信息记为N，那么N具有无可争议的客观性，它所反映的只是"手的运动"这个过程本身。这个客观信息（N）进入B的主观世界，变成了N+a；进入C的主观世界的时候，变成了N+b。在这个客观信息向主观信息转化的过程中，信息得到了选择、加工、处理，发生了增殖。正是由于这个过程的存在，人们才可能理解客观世界，也才会对客观世界形成丰富多彩的认识。

2. 多样性与复杂性

比较起客观世界中具有某种单纯化色彩的信息来说，人类社会的信息要更加丰富和复杂，它的接受、理解、使用过程具有多样性和复杂性。这主要是因为人类社会的社会形态、经济形态、文化体制、科技水平等等存在差异，同时，同一社会中，人们的群体、个体差异也非常巨大。因此，社会及人们接受、理解、使用信息时存在着相当大的差异。这涉及对信息主观性、客观性的认识，涉及到人的主观因素问题。

（三）信息的功能

信息在我们人类社会中扮演着日益重要的角色。它发挥着不可替代的、重要的功能。

1. 认识功能

我们对客观物质世界的认识，无不依赖于我们对客观物质运动及存在的信息的收集、加工、处理和传播、交流。客观世界充满信息，人类的感觉器官对外界信息进行接收，通过思维器官将收集到的信息进行选择、归纳、提炼、存贮而形成不同层次的感性认识和理性认识。在这一认识过程中，人是认识的主体，客观世界及其信息是认识的客体。

2. 社会功能

这表现在资源功能、启迪功能、教育功能、方法论功能、娱乐功能以及舆论功能等。①

三、信息社会

人类社会的基本形态自20世纪中叶之后发生了重大的演变,包括社会生产形态、劳动分工、生活方式等。未来学家、研究者和大众媒体普遍将之称为"信息社会的来临"。

美国社会学家丹尼尔·贝尔在其"后工业社会三部曲",即《意识形态的终结》(1960)、《后工业社会的来临》(1973)和《资本主义文化矛盾》(1976)中提出了"后工业化社会"的概念。他指出,继农业社会、工业社会之后人类进入了第三种社会形态,在经济方式、阶级结构和政治体制等方面都有了崭新的面貌。美国未来学家阿尔温·托夫勒在1980年出版的《第三次浪潮》中阐述了社会面临"第三次浪潮"的深刻变化,与丹尼尔·贝尔的思路一脉相承。1982年,约翰·奈斯比特在《大趋势——改变我们生活的十个新方向》中进一步指出:世界在从"工业社会"转变为"信息社会"。他说:"我们仍然认为自己是生活在工业社会里,但是事实上我们已经迈入了一个以创造和分配信息为主的经济社会。"他认为这个转折点发生在1956年至1957年,主要标志有二:1956年,美国历史上第一次出现从事技术、管理事务的"白领工人"人数超过从事体力劳动的"蓝领工人"人数;1957年,苏联发射了第一颗人造卫星,开辟了全球卫星通信时代,使地球缩小成一个"村庄"。

这些论述,既是一种思想观念的更新,也是对自20世纪50年代"信息革命"之后当代人类社会现实的总结。

信息社会的发展起源于技术的创新,包括计算机技术、通信技术、传感技术等在内的新兴科技促使生产方式发生了巨大变化。这种"信息革命"不仅仅是技术范畴的事情,而是涉及整个社会方方面面的大事。它带来了经济增长方式的变化、经济结构的变化,还直接影响了社会与文化形态的发展方向。它首先在高度工业化的西方发达资本主义国家得到普及,随后延伸到全世界各国的发展进程中,并促成了全球经济和文化的互动。它的影响主要体现在:

首先,带来了产业结构的巨大变化。主要变化为:一是在现代信息技术基础上产生了一大批以往产业革命时期所没有的新兴产业,如计算机软件、硬件、电子产品及电子元器件、通信设备与器材、工业自动化等。二是传统产业体系步入衰退,利用信息技术对其进行改造成为传统产业获得新生的出路。三是服务业的发展使其在国民经济中占据越来

---

① 倪波,霍丹.信息传播原理.北京:书目文献出版社,1996,5~7

越重要的主导地位。

其次,带来了生产要素结构与管理形式的变化。现代社会中,生产要素结构中的知识与技术的作用大大增强,已经成为"第一生产力",而物质资料的作用以及资本的作用相对减弱。资本家控制隐形化、劳动者操作知识化、间接化,以及置身于直接生产过程之外,由此导致生产组织与管理形式发生变化,走向网络管理。

再次,加速经济全球化的进程。这一方面表现在现代信息技术本身发展的国际化,如信息技术的标准统一化;国际间技术交流与合作增多;信息技术已成为各国激烈竞争的领域。另一方面,也表现在现代信息技术对整个经济全球化的推动,如信息技术改进了国际间信息传递方式,传递速度加快,空间距离缩小,整体性增强;国际间经济活动交往方式发生变化;跨国经营与发展更加便利等。

最后,导致社会结构的变化。生产结构的变化必然导致社会结构的变化。这体现在城市化的分散趋向;家庭社会职能的强化;职业结构中知识与高技术化职业的增多;工作方式与生活方式的变化等。

就其根本而言,所谓信息社会与之前的农业社会、工业社会的差异可见表4-2。

表4-2 农业社会、工业社会、信息社会差异表

	核心产品	核心资源
农业社会	农业产品	土地
工业社会	工业产品	资本
信息社会(后工业社会)	信息产品	知识与创意

正如奈斯比特所言,在信息社会里,"知识生产力已经成为生产力、竞争力和经济成就的关键因素。知识已经成为最主要的工业,这个工业提供经济社会生产所需的重要资源"。[1] 在信息社会里,价值不随劳动而增加,是随知识而增加的。

第二节 符号

信息既具有流动性,又具有载体性,换言之,信息要想从传播者流动到受众处,必须借助指代信息的中介,即符号,才可能进行。

---

[1] 转引自洪黎明.从工业社会到信息社会.见北京电子.北京:2007(3),19~21

一、符号的定义及其实质

(一) 对符号的理解和研究

符号在我们生活中普遍存在,我们天天使用它与外界进行信息交流。什么是符号呢?古罗马时期的基督教思想家奥古斯丁认为:"符号是这样一种东西,它使我们想到这个东西加诸感觉的印象之外的某种东西。"

奥古斯丁正确地指出:符号对于人类来说重要的不是它本身,而且它之外的某种东西。但是,奥古斯丁的界定将符号与征兆或信号相混淆了。

所谓符号,并非简单地就是能使人想起这个东西加诸感觉的印象之外的东西。例如,"乌云密布,闷雷滚滚",这些现象会让人想起"下雨"。它们是下雨的征兆,而不是符号。征兆只是一个事物在发展变化过程中同质的合理延伸。如同征兆一样,信号也是如此,它是表示某物、某事、某条件存在与否的一种信息,它本身受时间、地点或其他条件的限制。例如,无线电波传递的信号是一种可以察觉和计算的物理量,它不是符号。或者,我们说:"嘴唇开裂是人体内缺乏维生素 B 和维生素 C 的信号",这也是事物状况的同质延伸,不是符号。

那么,什么是符号呢?符号最重要的特性就在于它连接着一个与自己不同质的事物,使人们看到它就想起这个事物。而这种连接不是必然的,是人们约定俗成的。

除了奥古斯丁之外,古代的学者如柏拉图、亚里士多德等人以及斯多葛派登均论述过符号。随后,英国哲学家洛克在认识符号问题上做出了很大贡献。1690 年,他发表了《人类理解论》,指出符号就是"达到和传递知识的途径","我们如果想互相传达思想,并且把它们记载下来为自己利用,则必须为观念造一些符号","因为人心所考察的各种事物既然都不在理解中(除了它自己),因此它必须有别的一些东西,来作为它考察的那些事物的符号和表象才行"。符号学就是"考察人心为了理解事物、传达知识于他人时所用的符号的本性"。[①] 洛克的贡献在于指出了语言、文字作为符号在思维过程中的替代作用,并且把这种替代作用看成是传递知识的基本途径。他的这一观念对后代学者影响很大。

进入 20 世纪,作为人类交流中介的符号日益引起人们的重视。其中对传播学研究影响至深的有哲学领域的符号学(符号和语言哲学),以及社会学领域的符号互动论。

1. 现代符号学理论

现代符号学理论源自于瑞士语言学家索绪尔和美国哲学家皮尔士。他们分别开创了

---

① [英]洛克.人类理解论(下册).关文运译.北京:商务印书馆,1987,721

不同的符号学传统,以至于学科名称都不一样:始自索绪尔的欧洲符号学被称为"Semiology",重视结构主义分析;而延续自皮尔士的美国符号学被冠以"Semiotics"的名称,侧重逻辑,带有浓厚的科学主义和实证主义色彩。此外,德国哲学家卡西尔则开创了符号学美学的重要传统。

(1) 索绪尔与结构主义符号学

1894 年,索绪尔最早提出了符号学概念。他于 1906 年至 1911 年在日内瓦大学授课,其课程笔记由学生整理,在他去世后以《普通语言学教程》为名出版。在这本书中,索绪尔曾说:"我们可以设想有一种研究社会生活中符号生命的科学,它将构成社会心理学的一部分,因而也是普通心理学的一部分,我们管它叫符号学(Semiologie,来自希腊语 Semeion'符号')。它将告诉我们,符号是由什么构成的,受什么规律支配。因为这门科学还不存在,我们说不出它将会是什么样子,但是它有存在的权利,它的地位是预先确定了的。"[①]

索绪尔指出了语言和言语的差别。他说,语言是一种抽象系统,存在于集体心智之中,成为每个社会成员别无选择的社会惯例;而言语是社会成员运用语言能力创造的具体产物。

索绪尔的另一个重要贡献是剖析了符号的结构,将它分为"能指(Signifier)"和"所指(Signified)"。能指是符号的外形,可能是某种声音、形象等等。所指是符号背后指代的事物,可能是某种抽象的概念或意义。例如,"人"这个字的外形构成(一撇一捺)以及它的读音,就是这个符号的能指;它背后所指代的形形色色的人们,就是它的所指。

沿着索绪尔的足迹,叶尔姆斯列夫、雅各布森以及语言学的布拉格学派对语言等符号体系做了更进一步的研究,同时,他们的理论与结构主义思潮相结合,对人文社会科学诸领域都产生了广泛的影响,包括英国的伯明翰学派。这对于传播研究而言意义重大。

(2) 皮尔士与逻辑符号学

皮尔士并没有留下一部完整的著作。但是,他在大量的论文中对符号进行了深入的剖析,给"符号"概念下了确切的定义。所谓符号,"是某种对某人来说在某一方面或以某种能力代表某一事物的东西"。他指出,任何事物只要它独立存在,并和另一事物有联系,而且可以被"解释",那么它的功能就是符号。

皮尔士认为,人类所有的经验都组织在三个水平上,可以分别称为第一性、第二性和第三性。第一性指的是可以独立的、不需涉及他者而存在的实项;第二性指的是依靠同他者相互作用而获得存在的实项;而第三性指通过连接其他实项而获得存在的实项。打个比方来说,男人、女人是第一性的,夫妇是第二性的,而婚姻登记处则是第三性的。在关

---

① [瑞士]索绪尔.普通语言学教程.高名凯译.北京:商务印书馆,1980,37~38

于意识和经验的理论中,这三种水平分别对应感觉性、活动经验,以及符号。

符号就是依靠连接其他实项而获得存在的东西。它是三位一体的,包括依次发生的三重关系:①使联系过程开始的东西;②其对象;③符号所产生的效果(解释)。例如:"人"这个字的外形就是使联系过程开始的东西,它的对象包括形形色色各具特征的人类,而人脑海中会产生相应的解释。从广义上讲,解释便是符号的意义;从狭义上说,解释也常常是一个符号,它又有它的解释,如此往复,以至无穷。任何一个符号都可以将本身译为另一个符号,从而使自身得到更充分的展开。

皮尔士还从三个层面上划分了符号的三大类别和66个种属。随后,美国符号学家莫里斯等人对他的理论进行了系统化。

(3) 卡西尔与美学符号学

卡西尔写有三卷本巨著《符号形式哲学》,在这部书中,他试图建立一个与传统的形而上学不同的符号哲学体系。

在他的著作《人论》中有一个著名的论断:人是符号的动物。卡西尔认为,人类只有通过符号活动才创造出使自身区别于动物的文化实体。这些符号活动包括语言交际、神话思维和科学认识等。人之所以与动物有异,原因就在于人具有符号化能力,即能够使用语言等符号对客观世界进行概念化。这正如马克思的名言:"蜜蜂建筑蜂房的本领使得许多人间的建筑师也感到自叹弗如,但最蹩脚的建筑师从一开始就比最灵巧的蜜蜂高明的地方,是他在用'蜂蜡'建筑'蜂房'以前,已经在自己的头脑中把它建成了。"①换句话说,人比动物高明的地方,就在于能够使用符号,在自己的脑海中实现概念化的过程。

人类精神文化所有的具体形式,包括语言、神话、宗教、艺术、科学、历史、哲学等,无一不是符号活动的产物。卡西尔思想的最大贡献在于,他提出了这些精神文化活动的符号性质,分析了艺术符号与日常符号的差别,并且指出:"美必然地,而且本质上是一种符号",它不是事物的直接属性,而是"人类经验的组成部分"。②

在卡西尔之后,美国哲学家苏珊·朗格在《情感与形式》等著作中也用符号原理来分析艺术和审美,对相关的美学问题做了更深入的研究。

2. 符号互动论

符号互动论是由社会学领域中的一个理论流派——芝加哥学派——所提出的。芝加哥学派以20世纪20年代至30年代的美国芝加哥大学社会学系为中心,以斯莫尔、托马斯、杜威、库利、米德、帕克和伯吉斯等为主要代表人物,以当时美国城市环境中的移民、贫困、流浪、犯罪、卖淫等社会问题为关注对象进行经验研究,借鉴西梅尔等欧洲学者的社会

---

① [德]马克思.资本论.第一卷.第2版.郭大力,王亚南译.北京:人民出版社,1963,172
② [德]卡西尔.人论.甘阳译.上海:上海译文出版社,1985,175

学理论和哲学思想,树立了一系列关于社群与民主、人类传播与交往、城市生态等议题的学术典范,不仅占据了当时美国社会学研究的主流,而且对传播学的早期发展提供了大量洞见。

其中,库利和米德研究语言等符号在社会的发展和维持中以及在形成个人精神活动等方面所起的关键作用,强调个人精神活动与社会传播过程之间的关系,他们的理论被称为"符号互动论"。后来经过许多学者的补充和发展,符号互动论的观点进一步完善。[①]

它的核心观点包括:

第一,社会是一个意义系统。对个人来说,介入与语言符号相关联的共认意义是人际活动,从中产生出引导行为使之遵循可预期格式的稳定而又共同理解的各种期待。

第二,从行为学的观点看,社会现实和物质现实都是标明的意义构成,由于人们单独和集体地介入符号互动,他们对现实的解释既社会常规化,也个人内在化。

第三,符号是结合人们的纽带,人们对其他人的看法以及他们对自己的信念,是从符号互动中产生出的个人意义构成。因此,人们对彼此和自身的主观信念是社会生活中最有意义的事实。

第四,在一特定行动情况中,个人行为是受人们与那种情况相联系的看法和意义支配的。行为不是对外部来源的刺激的自动反应,而是对自己、他人及所处情况的社会要求所得到的主观构想的产物。[②]

简言之,符号互动论强调的是:人类之所以认识自我,形成群体,构成社会,都是通过符号交流而进行的。罗杰斯指出:"芝加哥学派的学者构成了一个以人类传播为中心的人格社会化的理论概念体系……即后来被称为符号交互论的观点。"[③]这对于传播研究来说是非常重要的。

(二) 符号的定义

符号究竟在传播中扮演着什么样的角色?如果要给符号下一个定义的话,它究竟是什么?

美国社会学家伦德贝格说:"传播可以定义为通过符号的中介而传达意义(的过程)。"

波兰哲学家 A.沙夫认为:"人类传播过程,虽然在它的进程和作用方面是复杂的,却是一个显而易见的事实:人们是在行动中,即在合作中(因为所有的行动都是社会的行

[①] [美]库利.人类本性与社会秩序.包凡一、王源译.北京:华夏出版社,1999;[美]米德.心灵、自我与社会.霍桂桓译.北京:华夏出版社,1999
[②] [美]德弗勒.大众传播学诸论.杜力平译.北京:新华出版社,1990,40~42
[③] [美]罗杰斯.传播学史:一种传记式的方法.殷晓蓉译.上海:上海译文出版社,2005,119

动),经过符号的中介传播明确的意义而进行传播的。"

这两种说法都强调说,符号是传播过程当中的中介。

美国哲学家莫里斯对符号的定义是:一个符号代表它以外的某个事物。

所有这些解释都指出了符号的基本特征:指代性。符号总是代表某一事物,它承载着一定的内容(概念、意义),是传播活动的基本要素。

通过对上述定义的认识,我们认为:符号就是用来指称或代表其他事物的象征物。

符号可以表示某物、某事等具体存在,也可以表示精神抽象的概念。因此,它是有意义的。它是一种有意义的象征物。它是传播者和受众间的中介物,单独存在于其间,承载着交流双方向对方发出的信息。

人类使用的语言文字是最典型的符号,它也是人类创造出来最具系统性的符号。例如汉语,据说是黄帝的史官仓颉所造,按许慎《说文解字·叙》:"黄帝之史仓颉见鸟兽之迹,知分理之可相别异也,初造书契,百工以乂,万品以察。"意思是,仓颉看到地上残留鸟爪痕迹和野兽脚印,想到这些脚印可以让人分辨出不同野兽,因此创造了文字,以代表世界上不同的事物和意义。如果说,"鸟兽之迹"是一种信号,是事物同质的延伸;那么,仓颉造出的汉字,就是典型的符号,它是被创造出来指代某种事物的东西。

最早的汉字是象形字,如山、川、日、月、人、手等等。后来又有了会意字、指事字、假借字、象形字等。这些字的笔画、读音构成了它的物质形态(能指),同时,它们又指向某种具体的事物或抽象的意义(所指)。汉字是最古老的文字之一,同样古老的还有古埃及的圣书字、两河流域的楔形文字等。后两种文字逐渐湮灭,却发展出了另一套文字符号体系,即字母文字。语言文字是典型的符号,它与其他人类创造出来的符号系统一起,承担着人类传播中介的重要角色。

二、符号的特征

从一般意义而言,符号是人类社会独有的,它具有以下基本属性。

(一) 指代性

符号指向某种事物或意义,但并不是这种事物本身或其同质延伸。换句话说,符号与其所指代的事物之间没有必然联系。符号只是指称和代表某个事物,它只有与这个事物建立联系后才获得了它存在的地位,但这种联系却不是必然存在的。

举例而言,汉语中的"人"和英语中的"human"都是一个符号,指代人这种高等动物。但是,既然同一个事物可能有两个符号,说明这种符号与其指代事物之间的联系并非惟一。关于仓颉造字,现代的语言学家曾经杜撰过一个有意思的故事,恰好能说明符号及其指称对象之间的关系并非必需的。

据说,仓颉造字后,受到黄帝的称赞和人民的景仰,因此逐渐狂妄自大起来。一个老人为了教训他,就前往他的住所去,问他:"仓颉,你造的字,有几个我不明白,特来请教一下。你造的'牛'这个字,为什么只有一条尾巴,而没有四只腿?而'鱼(魚)'这个字,反倒有四条腿?"仓颉一听,心里有点发慌。原来当初"牛"这个字是用来指代水中的游鱼,而"鱼"这个字是用来指代田里的耕牛,却由于自己的马虎,张冠李戴了。老人又问:"你造的'重'这个字,是'千里',应该是出门之意;而'出'这个字,两山相叠,明明是形容物之重,这两个字怎么也弄反了呢?"仓颉更加汗流浃背,从此造字的时候更加兢兢业业,不敢出半点差错。

这个故事,当然是杜撰,但却恰好告诉我们符号的指代性不是惟一的、必然的,如果最初我们使用了另外一个样子的符号,现在的语言可能就是完全不同的情况了。所以,符号与其指称对象的关系,是人们在长期的经验中约定俗成的,是"来自公众对用什么符号代表某一意思的一致意见"(施拉姆语)。人们通过将符号指代某种事物而赋予了符号一定的意义,这种意义不是符号所固有的,而是人赋予的。

(二) 社会共有性

一种符号都是在特定的社会中经过历史的积累而创造、发展与丰富的,因此,符号具有社会性,是一定社会成员所共有的。正因为如此,一个社会中的所有成员可以利用共有的符号系统进行信息交流,从而协调行为,建立关系,进行互动。

虽然符号是社会共有的,但是并非所有方面都是社会共有的。符号包括符号形式(能指)和符号意义(所指)两个方面。符号形式是指人们感官可以感知的部分,如文字的字形与读音,如绘画图形、汽笛鸣叫、人体动作等。符号意义是指符号所包含的内容和概念。具体而言,社会中人们共有的是符号的形式、符号的指说对象和符号的部分意义,而非全部意义。

社会成员所感知的符号形式都是共同的,其所指代的目标对象也是人们知晓的,并达成一致的。然而,在符号的意义方面,社会成员的认识和理解却有相当大的差异。

符号意义可以分为表示性意义(或称辞典意义)和内涵性意义(或称引申意义)。前者指在符号与指说对象首次联系中产生的意义,适用于所有使用符号的社会成员。人们在这个层面上,可以有一致的看法,其意义是大家共通的。这是社会中信息传播活动的基础,否则人们无法进行基本的交流。后者指在符号与指说对象二次联系中产生的意义,它可适用于一个或几个人,也可能适用于社会中的部分成员,这是社会成员的个体经验的产物。这种意义不能做到所有人共通,不过,在一定范围内,它为一部分人所共有。各种俚语、隐语、行话、切口、黑话,以至如今的网络语言,都可以表明符号的这种复杂的社会共有性。

由此可见，一方面，一个符号引起的个人反应是不同的，它是个人根据长期积累的全部经验作出的，所以对每个人来说都是独特的，从这个意义上说，意义是个人性的，绝不可能全部表达出来或同其他人的完全一样；另一方面，社会又必须要有一定的共同的表示性意义作基础，这样，社会成员才能在一起沟通。同时要有一定程度上的共同的内涵意义，这样社会才能和谐融洽地生活。

（三）发展性

人类传播所使用的符号是发展的。一方面，人们每天都在创造着新的符号，以适应日益丰富的生产及生活实践。这些新的符号一旦进入社会传播领域，就会成为新的中介或象征物而被广泛使用。甚至，还可能形成具有独立性的一套新的符号体系。另一方面，人们旧有的符号也在不断地被淘汰、改造和更新。有的保持原有的符号形式，但是被赋予了新生的意义；有的包含了原有的意义，却更换了新的符号形式。

人们创造出的新符号不断涌现，但是主要出现在语言符号领域。人们依靠不断创新的语言，对层出不穷的新事物进行描绘，目的主要还是为了相互区别，即命名行为；同时也不断增加对新的社会现象的认识，从而发展人类的知识与文化。例如，"互联网"这个词，在50年前是不存在的，它是随着这一新兴事物的发展壮大而为人们所创造并熟知的，现在已经成为人类生活中使用频率极高的词汇。同时，在互联网交流中，一些新的词汇诞生了，而一些旧的词汇被赋予了新的意义，例如"灌水"这个词，就专指在网络论坛中发无意义帖子的一种传播行为。

在其他符号领域，人们也在不断进行创造和更新。在19世纪末期电影诞生之后，人们开始用具象的活动画面和声音来讲述事件、传播观念，逐渐形成了专门的视听语言，它成为具有独立性的一套新的符号体系。这均说明，人类传播使用的符号是在不断发展的过程之中的。

三、符号的类型

符号现象是人类社会的普遍现象。为了更清楚而深入地认识符号，我们需要对符号进行分类，分别研究不同类型符号的差异。

索绪尔是近代最早对符号进行分类的学者。他将符号分为语言符号和非语言符号，后者包括文字、聋哑人的语言、象征仪式、礼节仪式、军用信号、习惯等等。他认为，语言是人类符号系统中最重要的。

皮尔士的分类则更加详细。他从三个层面对符号进行分类，共计三大类别，66个种属。如果按照符号本身分类，可分成性质符号、实事符号、通用符号等；按符号同其对象的关系来分类，可分为图像符号、指引符号、象征符号等；按在解释活动中符号的状态来划分，可分为词类符号、命题符号、论辩符号等。

尽管对符号的分类有许多不同的方法和观点，但是基本的共识是，符号可以划分为基本的两大类：语言符号和非语言符号。传播学研究符号也是从这两个层面进行的。

（一）语言符号

人类社会中最重要的符号系统就是语言，它是人们进行交流、沟通的最主要的工具。语言是伴随着人类社会的产生而形成的，是人们在长期的社会交往中约定俗成的。它以语音和字形为物质外壳，以词汇为建筑材料，以语法为结构规律。

语言、意义、思想三者之间的关系是如此的不可分割。语言是思维的手段，是思想的直接现实，语言将人的思维活动和认识活动的结果用词、语、句记录、固定下来。总之，思想与语言是不可分的，传播与语言也是不可分的。因此，对于传播学来说，"理解语言原理是这一学科的核心"。

由于构成人类语言实体的是物质化的语音和字形，因此语言这一符号系统又可分为两个子系统：有声语言和无声语言。

（二）非语言符号

非语言符号是指不以人工创制的自然语言为语言符号，而是以其他视觉、听觉等符号为信息载体的符号系统。

虽然语言是人类最重要的符号系统，但是非语言符号同样在日常传播活动中扮演着不可或缺的角色。美国学者 L. 伯德惠斯特尔估计，在两个人传播的场合中，有 65% 的社会含义是通过非语言符号传递的。专门研究非语言符号的艾伯特·梅热比也提出了一个公式，说明非语言符号的重要作用。

沟通双方相互理解 = 语调（38%）+ 表情（55%）+ 语言（7%）

公式中的"语调"与"表情"均为非语言符号，这个公式表明了人际传播中非语言符号所能传递的信息远远大于语言。但是，它也说明：语言可以传递任何信息，而非语言符号传播意义的范围就有限。传播主题越抽象，不用语言就越难表达。

非语言符号可以分为基本的两大类：视觉性非语言符号和听觉性非语言符号。

1. 视觉性非语言符号

包括动态的视觉性非语言符号和静态的视觉性非语言符号。

（1）动态的视觉性非语言符号

包括体语（以及舞蹈语言）、运动画面、人际距离等。

体语是以人的身体动作表示意义的符号系统。体语一般包括手势、运动体态、面部表情、触摸、眼神等等。体语在实际的传播活动中可以发挥替代、辅助、表露、调节、适应等功能。

运动画面主要是指电影、电视等大众媒介中使用的一种符号系统。在这个二维空间中,运动画面利用其光影、色彩、构图以及画面的组接和转换等元素来传递信息。

人际距离的符号性是由美国人类学家E.霍尔提出的。他认为人际距离与人互动的结果,即人际关系,有很大联系。一般而言,关系越密切,距离就越近;距离越远,表明关系越松弛。他研究了不同文化背景下的人际距离,提出"空间也会说话"[①]。他继而提出人际距离可以据此划分为四个区域:亲密区、熟人区、社交区、演讲区。不同的人际距离对传播情境和传播内容起到了制约和补充的作用。

（2）静态的视觉性非语言符号

包括静止体态、象征符号、实义符号乃至衣着、摆设、环境、雕塑、绘画、图片等等。

人际互动过程中,静止体态不仅能沟通双方的思想和感情,而且它的不同样式还反映出双方社会地位和审美的区别（戈夫曼语）。

象征符号代表某个抽象的意义,它往往是特定文化的结晶,如五角星、镰刀斧头等标志和徽记。

实义符号表达某个确定的意义,特征为简洁、形象、直观、易记,如狼烟、烽火、路标、信号旗等。

2. 听觉性非语言符号

包括类语言和其他声音符号。

（1）类语言

类语言是人类发出的没有固定意义的声音,它是一种类似语言的符号,但是又不像语言一样有明确的字形和读音,也不像语言一样有固定的语法规律可循。类语言包括辅助语言和功能性发声。

辅助语言是指辅助人类口头语言的声音要素系统,主要包括音调、音量、音速和音质。当声音要素系统中的诸要素在口头语言的传播过程中发生变化时,就会导致口头语言意义的变化。通俗地说,说话时的抑扬顿挫会使同一句话产生不同的意思。

功能性发声是指人发出的哭、笑、哼、叹息、呻吟、口头语等声音。它们不具有固定意义,往往在不同的情境中表达不同的意义。

简言之,类语言是口语的附加或补充部分。

（2）其他声音符号

如鼓声、口哨、汽笛、乐声等。在特定的传播情境下,某种单一的声音符号也可能担当

---

① ［美］爱德华·霍尔.无声的语言.侯勇译.北京:中国对外翻译出版公司,1995,145

起传播信息的重任。

总之,语言符号和非语言符号都是人类传播的重要材料。它们无所谓孰优孰劣,而是互相补充、互相渗透。我们可以考虑这两类符号的特性,以便更好地使用它们。

表 4-3　语言与非语言符号比较表

语言符号	非语言符号
分离	连续
单通道	多通道
可控性强	可控性弱
抽象、逻辑	形象、直觉
作用于人脑左半球	作用于人脑右半球

人类传播活动是在利用符号的基础上进行的。我们不仅在使用各种各样的符号,也在不同的层面上使用符号,换句话说,有时一种符号会指向另一种符号,最终才指向某个具体事物。这就要求我们对符号的特性和作用机制有更深刻的了解,才能更深入地理解人类传播。

四、讯息

人类传播的材料是信息,它的流通必须经过物质外壳的处理,即符号化,才能得以进行。符号是人类传播的中介性要素。

信息经过符号化之后,就构成了一组讯息。讯息的原意为消息、音讯、文电、文告等。在传播学中,讯息是指传达一个具体内容的一组符号化信息。在传播过程中,传播者发出讯息,接收者对这个信息进行处理,并作出反应。

信息、符号与讯息是有区别的,其形态、范围各不相同。

小结

总之,人类传播的基本材料是信息,它是不确定性的减少与消除。传播学中研究的信息,是人的一种精神创造物。信息论、控制论和系统论科学带动了信息技术的进步,引发了人类社会的信息化进程。

符号是承载信息的象征物。它是人类社会的创造物。它主要包括语言符号和非语言符号两大基本类型。

第五章 传播类型

第一节 内向传播

一、内向传播的实质
二、内向传播的形式

第二节 人际传播

一、人际传播的实质与特点
二、人际传播的社会理论

第三节 群体传播与组织传播

一、群体传播
二、组织传播

第四节 大众传播

一、大众传播的实质
二、大众传播的功能

传播作为一种社会现象，几乎在人类社会形成的同时便已经产生。作为社会个体的人每天都处于不断的信息交换的过程中，而人与人之间的任何信息交换都属于传播的范畴。据调查，人们日常生活中百分之八十以上的行为与传播有关，传播是人类基本的社会行为之一。

作为人类基本的社会行为，传播活动的形态非常丰富多样。施拉姆认为，每个人大致有如下的传播联系：①

(1) 大量的内部交流——同自己谈话、思索、回忆、决定、臆想
(2) 同亲近的人交流——家属、朋友、邻居
(3) 在工作单位内部的交流
(4) 为自己的生活方式和社会环境所需的"维持性交流"——同商业和服务业人员；同大夫、牙科医生、律师；同理发师、加油站工人、出租汽车司机；同政府职员，例如税收人员、汽车管理部门、警察和消防队（幸而很难得）
(5) 同业务上和社会上只有一面之交的人交流
(6) 同主要是通过书籍和大众媒介了解到的人物交流（在大部分情况下是向他们了解情况）
(7) 最后还有从大众媒介中的没有出处的消息、参考书籍以及人们日常接触到的文化的各种暗示中获得的大量知识

施拉姆的传播联系图由近及远地勾勒出了每个人基本的传播活动种类。为了清晰地理解人类传播活动，传播学者们从更科学的角度划分了传播类型。一般而言，较为通行的划分方法是四分法，即内向传播、人际传播、组织传播（群体传播）和大众传播。

我们先来看四个例子。

一位乒乓球运动员在比赛中比分落后，他在心里对自己说："不要着急，打好每一个球，一定会赢下来！"

一个男孩子看到心爱的女孩走过来，他涨红了脸，一句话也说不出。女孩子冲他微微一笑，说："你好。"

一位部门主管向下属员工群发电子邮件布置工作。

一位记者赶到了某个火灾现场，进行了采访、拍摄，随后进行了编辑和撰稿工作。这条新闻在当地电视台的晚间新闻中播出。

这四个例子分别属于以上我们提到的四种人类传播的基本类型。在四个例子中，参与传播活动的人由少到多，传播的社会范围也由窄到广，它们共同构成了个人与环境之间的信息交换网络。

---

① [美]施拉姆，波特. 传播学概论. 陈亮等译. 北京：新华出版社，1984，105

第一节 内向传播

内向传播又称为自我传播、自身传播,是发生在一个人体内的一种信息交流活动,是在主我(I)和客我(me)之间进行的。

一、内向传播的实质

作为个体的人是人类社会的有机组成部分,处于不断的人际互动之中,但这种互动不是毫不停顿的。很多时候,人需要有一个独立的精神空间,也就是有些人所讲的要有一方自己的天空。人"需要思考、需要自言自语、需要自我发泄、需要自我陶醉、需要有自己独特的、神圣的'小天地',需要在这个小天地里耕耘、劳作和创造",人通过这些自我的交流来实现一种心灵的升华。"I 和 me 在个人的'小天地'里可谓形影不离,融为一体",[1]人的这种交流是出于生理和心理两方面需求的一种社会性需要。人的这种内向的交流是人类最基本的传播活动,也是人类一切传播活动的前提和基础。

传播,是信息的流动过程。那么,在人的内向传播过程中,信息流动的起点和终点分别在什么地方呢?在这一传播过程中,传播信息的主体和接受信息的客体是同一个人,我们分别记为主我(I)和客我(me)。"信息传送方,即我们的感觉——外界信息通过各种感知渠道进入大脑,这些信息以生物波的方式经过大脑的处理以后又反馈回来。"[2]

一切发生于人体内部的信息交流,如:感觉、理解、思维、意识、情绪等都是人的内向交流。在这种交流过程中,I 和 me 进行自由沟通以达到自我的内部平衡和调节,通过这种思维活动进行正常的信息编码,以保证人类其他传播活动的正常进行。平常我们说某个人"眉头一皱,计上心来"就是一种典型的内向传播活动。人的内向传播一般表现为自言自语、自问自答、自我反省、自我陶醉、自我发泄、自我安慰和自我消遣等多种形式。

人需要有一个属于自己的"神圣小天地",这个"小天地"其实就是人脑信息库。人脑中大量的内储信息是 I 和 me 进行交流必不可少的材料,人脑信息库内储信息的多少在很大程度上决定着人的内向交流的活跃程度。我们看到一个人思维活跃、思想丰富、富于想象,其实就是这个人内向交流活跃的结果。

既然人是社会的一个分子,就必然不可能独立于他人和社会而单独存在。人对自然

---

[1] 居延安.信息·沟通·传播.上海:上海人民出版社,1986,32
[2] 吕斌.人际信息交流原理与技能.南京:南京大学出版社,1994,36

和社会都需要有一个渐进的认识过程,这一过程中要有不断的思考和摸索。当个人与群体、个人与社会发生冲突时,就需要进行思考和反省。人在社会化的过程中了解他人和自己,并不断发展和完善自我。因此,人离不开内向传播这种形式。

二、内向传播的形式

实际上,人的内向传播与人的心理活动是基本上重叠在一起的。到目前为止,对内向传播的大量研究工作是由心理学家来完成的。心理学家有关人的感觉、知觉、思维、情感、意志等的大量研究成果对于我们研究人的内向传播大有裨益。我们借鉴心理学家的观点,从信息传播的角度分析人类的心理活动。[①]

1. 感觉和知觉

客观世界运动变化所产生的各种信息(以电磁波、声波、细胞变化等刺激形式存在)通过人全身的各种感受器(如眼、耳、皮肤等),经过传导通路,进入大脑皮层中枢而形成一种主观印象。这就是人的感觉。

知觉则是在感觉的基础上产生的,是人通过主观参与,对客观事物的各种刺激信息进行综合和解释之后形成的。

从信息传播的角度看,我们可以把感知行为理解为人向自己解释客观世界存在状况的一种过程,它涉及到对外界信息的接收,也涉及到发生在人体内部对各种各样信息进行的选择、加工和处理。

2. 记忆

人对过去经验的反映叫做记忆。人对过去经验的反映表现在他曾经感知过的、做过的、发生过感情的或思考过的东西的识记、保持和以后的再现中。依照信息加工的观点,记忆就是对信息进行输入、编码、贮存和提取的过程。

3. 思维

思维是大脑对周围世界的高级反映形式,是人对周围世界的间接的和概括的认识(反映)过程。思维是人对客观世界的内在属性和事物规律的认识,这一结果形成了许多现有的科学规律、法则、定律、定义和规则等。

4. 想象

想象是人在过去从来没有感知过的对象和现象的映象的创造。想象是人体第一信号

---

① 参见克鲁捷茨基.心理学.北京:人民教育出版社,1985,121~219;崔丽娟等.心理学是什么.北京:北京大学出版社,2002

系统和第二信号系统合作的结果,它是对人头脑中旧有表象进行加工改造后形成的新形象,而不是一种脱离实际的主观臆造。

5. 情绪和感情

有些人认为,情绪和感情作为一种心理过程,也属于内向交流的正常形式。它是人对所认识的东西或所做的事情、对其他人和自己本身的态度和体验。个人对客观世界的认识不可避免地带有主观情绪和感情,在回忆、想象和思维活动中的表现更为明显。

第二节 人际传播

人际传播是在两人或两人以上之间面对面的或凭借简单媒介如电话、书信等非大众传播媒介进行的信息交流活动。

一、人际传播的实质与特点

(一)人际传播的实质

所谓人际传播有广义和狭义两种解释。广义的人际传播是指除大众传播以外的其他人类传播类型,狭义的则有多种角度的定义。

美国传播学者麦克劳斯基、里奇蒙和斯图尔特在《一对一:人际传播基础》一书中确立了人际传播是人与人的意义交流的观点,并将其定义为"一个人适用语言或非语言讯息在另一个人心中引发意义的过程"[①]。

特伦霍姆、米勒和威尔莫特等人则强调了人际传播的直接性(immediacy)。罗斯格兰特、桑普莱斯也指出"把人际沟通定义为参与者拥有一对一关系的沟通",人际沟通"包括整个人类的沟通",其本质特征是"参与者在一对一基础上的直接沟通"[②]。

英国学者哈特利则认为:"(1)人际传播是一个个体向另一个个体的传播。(2)传播是面对面的。(3)传播的方式与内容反映个体的个性特征,而且,反映他们的社会角色及其关系。"[③]

美国学者约翰·斯图尔特在其畅销著作《桥,不是墙》中提出:"人际传播是两个或更多的人愿意并能够作为人相遇,发挥他们那些独一无二的、不可测量的特性、选择、反思和

[①] James C. McCroskey, Virginia D. Richmond, Robert A. Stewart. One on One, The Foundation of Interpersonal Communication. New Jersey: Prentice Hall Inc,1986,2

[②] [美]泰勒等. 人际传播新论. 朱进东等译. 南京:南京大学出版社,1992,16

[③] 同上,14

言语的能力,同时,意识到其他的在者,并与人发生共鸣时所出现的那种交往样式、交往类型和交往质量。"①

我们可以发现,这些定义强调了一些共通的东西。首先,人际传播的传受双方是一对一的,或者是近似于一对一的较简单的传播关系。其次,人际传播多是通过面对面的语言传播或其他传播方式进行的,当然随着人类传播的演进,也有更多越来越先进的传播工具介入到这个过程之中。

(二) 人际传播的特点

人际传播具有如下特点:

1. 直接性

无论是面对面的传播,还是非面对面的;无论是语言传播,还是非语言传播,人际传播都具有一种直接性。虽然我们可以使用书信、电话、电报、无线电、互联网等媒介物来进行人际传播,但传播内容只是经过物理转换,而不像大众传播一样,经过了他人带有主观性的加工和处理。

2. 随意性

传播过程中,传者和受者的位置在交流过程中可随时互换,传播的内容和方式也可以根据现实情境做随时的调整和改变。同时,人际传播的速度可以控制,反馈也是迅速及时的,从而使得人际传播更适于进行沟通和说服。

3. 私密性

由于人际传播是一种直接交流,除非传受双方中一方或双方公开交流内容,否则对外界而言信息不具有公开性。

以上可以看作是人际传播的优点。但是,事物总有两面,人际传播的覆盖面窄、易走形、信息不易储存等则成为其不足之处。人际传播是人类最基本的传播活动,同时,在具有某种意图的大规模传播活动中,它也成为大众传播和组织传播的有益补充。

二、人际传播的社会理论

(一) 人际传播的动机

人是具有社会性的,人在世界上不可能脱离人际间的信息流通而存在;人需要进行不断的信息交流,以实现人际间的一种信息沟通和情感交流,从而促成良好人际关系的形成。

---

① John Steward. Bridges, Not Walls: A Book about Interpersonal Communication. New York: McGraw-Hill Inc, 1995.4

研究人际传播，必须要研究导致这一传播活动的关键因素——动机，也就是那些直接推动个人或团体参加人际交流以达到某些目的的内在驱动力。我们可以借鉴心理学家和社会学家的理论来探讨这个话题。

1. 马斯洛的需要层次理论

美国心理学家马斯洛指出，人有五种基本的需要，即生理需要、安全需要、归属和爱的需要、尊重需要、自我实现需要。后来，他又在尊重需要和自我实现需要之间加入了认知需要和审美需要。①

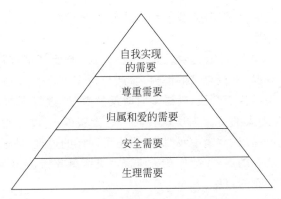

图 5-1 马斯洛的需要层次理论

我们可以发现，人际传播在这个需要阶梯的较高层次扮演着重要角色。人们的生理需要和安全需要，借由劳动和其他活动获取食物、衣物、住房等，便可以得到满足。其中不免有人际传播的介入，但这并非是满足这两种需要的必要条件。但是，如果人想要满足自己更高的需求，例如与人交往，获得爱情、友情、亲情等，或者得到自尊以及他人的尊重，更甚至于发挥自己的全部潜能达到自我满足，都是离不开人际传播活动的。

马斯洛还提出，心理健康的人，尤其是那些能够达到自我实现的人，都会经历一种异常的心理体验，即"高峰体验"。如阿基米德在浴缸中发现浮力定律之后的那种狂喜，就是高峰体验的典型表现。这种最高级别的心理需要的满足，虽然看上去来自人的内部，但它也常常伴随着他人的激发、协助、认可和分享，其中人际传播也是不可或缺的。

2. 罗洛夫的人际传播社会交换论

美国学者罗洛夫在《人际传播社会交换论》中提出，人际传播是社会交换活动当中的一种。人在进行社会交换时，主要交换的是六种资源：物品、金钱、服务、信息、地位和

---

① 参见成明.编译.马斯洛人本哲学.北京：九州出版社,2003

爱。① 其中,物品、金钱、服务的交换满足的是较低层次的生理需要,至于交换信息、地位和爱,则不可避免要进行人际传播。

由此可见,人进行一切活动的动机,无不源于人作为自然人和社会人所具有的需求。对于自然需求,人际传播虽然并非必需,但也成为一种重要的辅助性活动;而对于社会需求,人际传播则成为不可或缺的行为。换句话说,人际传播源于人的社会需求,是人的基本社会活动。没有人际传播,人就不是一个社会化的人;同样,人类社会也就不复存在。

3. 普遍认识

对于人际传播动机的具体理解,我们可以从四个方面来认识。

(1) 认识自我的需要

中国有句古话:"人贵有自知之明。"人应该对自己有所了解和认识,唯有如此,我们才能了解自己的身心状况,发掘自己的潜力,协调与他人的交往,寻找在社会中的位置,满足个人的发展目标。为了认识自我,就必须时时反省自身,进行内向传播;同时也要积极进行人际传播,通过与他人的交流来反观自我。唐太宗说:"以人为鉴,可以知得失。"这与芝加哥学派的库利所提出的"镜中我"概念指出了同样的道理,即通过他人眼中的印象,可以更明确地认识自己。随后,才能如孔子所言"见贤思齐焉,见不贤而内自省也",从而达到完善自我和发展自我的目标。

(2) 与他人建立和谐关系的需要

人生活在各种人群的组合中间,不可避免地有一种与他人交往、沟通、建立并维持和谐人际关系的愿望。只有建立了这种关系,人才可能成为一个真正的社会人,才可能获得归属感和爱。而为了建立这种关系,进行人际间的信息交流是前提条件。人的合群需要在促使人通过与他人的共处和交流来减轻自己的焦虑感、不安感和恐惧感。

(3) 控制周围环境的需要

人不能独立存在,必须与周围的自然环境和社会环境发生互动,要在不断的信息交流中寻找与环境相适应的最佳应对策略。然而,个人的感觉系统毕竟有限,为了能够获取自己耳闻目睹之外的信息,人们经常会借助人际传播,通过他人的帮助来获取环境变动的信息并进行应变。人还有支配他人或者被他人支配的欲望,与控制环境的需要互相补充,而这种支配关系的达成也是依赖大量的人际传播的。

(4) 情感沟通的需要

人是有感情的,在人际交往中有着爱和关怀的需要。人际传播可以满足这种需要。不同状态下人们的交流内容不同,表达的感情也不同,如久别重逢时的诉说、高考成功时的喜悦、恋爱受挫时的发泄等等。不同年龄层次的人通过交流表达的感情也不同,老人、

---

① 参见罗洛夫.人际传播社会交换论.上海:上海译文出版社,1997

青年、孩子,都有属于自己的情感需要诉说。人们通过各种感情的交流,调节了情绪状态,营造了积极向上的心理氛围。

(二)人际传播的基础

1. 自我表露

人际传播活动从自我意识与自我表露开始。人与人之间的相互了解是建立健康的人际关系和人际传播活动的基础,这在很大程度上取决于人们的自我表露。

当一个个体将自己的情况、状态、能力、愿望等信息传送给他人的时候,便形成了自我表露。自我表露是人际传播中的一项重要技能,是一种自觉不自觉进行的自愿和真实的行为。这是人际传播的重要基础。

对于自我表露,一般从以下五个方面来评价:

(1) 表露的量

即个体向其他人展现的个人信息的量之多寡。一般来说,人们相互间表露的信息量成正比,你对我表露的信息多,我自然也会对你表露更多的信息。

(2) 表露的积极或消极性质

即自我表露的主动程度。如朋友之间在酒过三巡之后的肺腑之言,与犯罪嫌疑人在被审讯时所做的交待,在主动程度上是有天壤之别的。

(3) 表露的深度

即所表露个人信息属于可公开的个人信息,还是较具隐私性的信息,还是深层情感,这是因人、因时、因事、因环境而异的。

(4) 表露的时间选择

即某种信息在人际传播双方交流过程中被表露的时机。人们会选择在人际交往的不同时段,表露自己的不同信息。从量上来说,自我表露量呈现"U"字形;从深度上来说,往往是由浅及深的。

(5) 表露的对象

所有人际传播的对象,都是个体的自我表露对象。人们最愿意向之表露的对象,除了不再见面的陌生人之外,多半是挚爱亲朋。

2. 约哈里之窗

美国心理学家约瑟夫·勒夫特和哈林顿·英翰姆提出了一个模式,有助于我们理解自我表露。这个模式画成一个窗格,以两位提出者的名字命名,称为"约哈里之窗"。[1]

---

[1] Joseph Luft. Group Processes: An Introduction to Group Dynamics, Palo Alto, Calif.: National Press, 1963, 10~15

	自己了解	自己不了解
他人了解	开放区域 个人资料,如名字、相貌、身份、职业等	盲目区域 缺乏自知之明的那一部分
他人不了解	秘密区域 隐私,或者尚未公之于众的东西	未知区域 潜质、潜能

图 5-2 约哈里之窗

这个窗格将人们进行自我表露的内容分成四个部分,按照自己或对方是否了解分为开放区域、盲目区域、秘密区域和未知区域。由于人们相互交往过程中自我表露的情况不同,各个区域的大小也不同,而且受时间、地点、交往对象等制约。一般而言,扩大对他人的自我开放区域可以提高人际互动的效率,自我表露是扩大这一区域的最为有效的办法。故此,扩大人际间的信息交流互动可以扩大开放区域、缩小未知区域。可以说,自我表露的过程实际上就是未知区域向开放区域过渡的过程。这一过程不仅向对方展现了自身、沟通了信息,也促进了个人对自身的了解,进一步使人认识和实现自身,并建立和谐的人际关系。

(三) 人际传播的过程

1. 芝加哥学派的符号互动论

社会学领域中,芝加哥学派提出的"符号互动论"对于传播学研究而言有着相当重要的影响,至今仍是传播学中最重要的理论之一。这一理论由乔治·赫伯特·米德和查尔斯·霍顿·库利最初阐发,建立在"镜中我"、"主我—客我"的观念基础之上,后经米德的学生赫伯特·布鲁默总结提出。

他们认为:"'符号互动'一词当然是指人们之间发生的相互作用的独特特征。这种特征寓于这一事实之中,即人们不仅对彼此的行动作出反应,还理解或'确定'彼此的行动。他们不是对别人的行动直接作出反应,而是根据他们赋予这些行动的意义作出反应。因此,人的互动是以使用符号,通过理解或确定彼此行动的意义来作为媒介的。这种媒介等于在人类行动的刺激与反应之间插入了一个解释过程。"[1]

依符号互动论观点来看,人类生存的世界不仅仅是一个自然的物质世界,而且是一个人造的符号世界。这个世界的创造和维系依赖于人类通过符号进行传播的能力。他们认为,根本"不存在没有符号系统的传播"。

---

[1] [美]罗伯逊.社会学(上).黄育馥译.北京:商务印书馆,1990,138~147

米德在研究中指出,符号互动中刺激所引出的反应具有不确定性,这种反应要视参加符号互动的人对符号意义的共同理解而定。这意味着人类的传播行为具有主观性、选择性、不确定性和不可预知性。符号互动论影响了大量的传播学研究,从格伯纳的传播总模式到纽科姆的"ABX 认知一致模式"都或多或少可以看到它的印记。

具体到人际传播中,我们也可以这样思考:人际传播,就是直接使用传播符号(而不是将具体行为理解为符号)进行的互动过程。两个人之间的对话,是一种典型的使用语言符号进行的人际传播。传播者 A 说出一句话,是用语言符号传递了某些信息,而接收者 B 对这种符号进行解读,并作出自己的反应,即回以另一句话。实际的人际传播过程中还伴以表情、体语、人际距离等其他非语言符号。这就是一种符号互动的过程。

2. 认知一致性理论

心理学家们则从社会认知的角度,对人际传播的基本规律进行了总结。"认知一致性理论"的代表人物包括海德、纽科姆、奥斯古德和费斯廷格等,其基本观点是,人具有一种保持心理平衡的需要,而认知矛盾往往会打破心理上的平衡,使个体出现不愉快的心理状态。这种心理状态又会促使个体作出一定的行为,以重新恢复心理上的平衡。费斯廷格详细探讨了认知不和谐的各种因素和解决方式,而纽科姆在 1953 年提出的均衡式传播模式提出了从人际传播的角度恢复心理平衡的规律。①

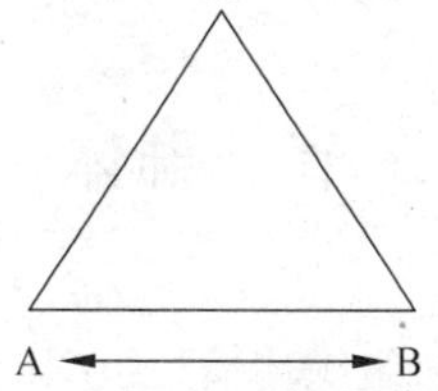

其中,A 和 B 是进行人际传播的双方,他们在交换关于 X 这件事物的信息。这个过程中有四个可能:

(1) A 与 B 关系良好,对 X 看法相同,那么关系是均衡的;

(2) A 与 B 关系不好,对 X 看法不同,那么关系是均衡的;

图 5-3 纽科姆的均衡传播模式

(3) A 与 B 关系不好,对 X 看法相同,那么关系是不均衡的;

(4) A 与 B 关系良好,对 X 看法不同,那么关系是不均衡的。

当 A、B 处于不均衡状态,X 为 A、B 所关注,并对其中一方有意义时,强烈倾向于 X 的一方会促使另一方改变态度,尽力使得双方趋于一致。

例如,当两个好朋友对于"姚明是否是伟大的篮球球员"这一命题产生分歧的时候,双方会对这个问题进行热烈的讨论,尽量说服对方,以达到一种平衡的关系。

由此可见,人际传播的过程是双方关系逐步协调的过程,伴随而来的是和谐稳定的人际关系的建立。

---

① [美]塞弗林,坦卡德.传播理论:起源、方法与应用.郭镇之等译.北京:华夏出版社,2000,155~171

3. 施拉姆的循环模式

在认知心理学家奥斯古德的理论和信息论学者申农－韦弗的模式基础之上，施拉姆提出了一个高度循环的传播模式，可以清晰地表示人际传播的基本行为。在他的模式中，人际传播的双方承担着编码、释码和解码的三种功能，他们就像两位互相抛接皮球的杂技演员一样，不断向对方发送讯息，也不断接受对方给予的信息，即进行符号互动。这个模式对于理解反馈频繁的人际传播过程，是非常适用的。①

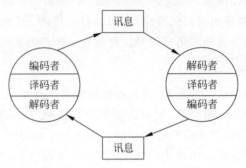

图 5-4　奥斯古德—施拉姆模式

第三节　群体传播与组织传播

组织传播是组织内部成员间、组织与组织之间、组织与外部环境之间交流信息的活动。

群体传播是在群体内部进行信息交流的活动。从广义上讲，组织是一种有固定目标和形式的群体，组织传播是群体传播的一种。从狭义上讲，群体传播特指在非组织化的群体中进行的传播活动。例如，在英国海德公园进行的站在箱子上的演讲，听众是随机聚集的、非组织化的，这种传播活动就属于群体传播，而不是组织传播。

一、群体传播

（一）群体传播的实质

如荀子所言："人之生也，不能无群。"正所谓物以类聚，人以群分，社会化的人总是属于群体的。这种群体可能是范围较窄的家庭、朋友、工作伙伴、邻居、同学等，也可能是范

---

① ［英］麦奎尔，［瑞典］温德尔.大众传播模式论.祝建华，武伟译.上海：上海译文出版社，1997，22

围更广的社会性群体,如性别、种族、同龄人、同业者、大型政党成员等。

库利认为,人总是首先属于自己的"初级群体",或称"首属群体"。他将之定义为"以亲密的、面对面的结合和合作为特征的群体"。它的特征包括:规模小,成员紧密结合;面对面的互动;成员之间的关系是非常个人化的;成员互动在时间上的相对持久性和稳定性;强烈的群体认同和成员认同感,即有一种强烈的"我们"意识;对其成员发展有深刻的影响。首属群体包括个人所属的家庭、邻里、亲密朋友等,个人与这些群体的成员来往最密切、互动最频繁、受其影响最深刻。从首属群体概念上生发出来的次属群体概念,则囊括了其他种人立足其中的社群,它们构成了层层叠叠的社会网络。

另一种重要的群体形式是"参考群体",它指的是那些提供了参考标准的群体。即使个人不属于这个群体,但为了向他们靠拢,也会调整自己的价值观、自我评价和行为取向。正如辛格所言,参考群体就是"个人不管其实际资格如何,而按照它来确定位置的群体"。举例而言,有的学生会模仿城市白领群体的观念和行为,虽然自己还明显不属于他们。这时,白领就成了这位学生的参考群体。

最后一个需要提到的群体形式是"偶然群体"。顾名思义,这是人们临时组成的群体,在聚集起来之前,这些人是彼此不认识的,他们的聚集也没有必然性。前面提到的海德公园演讲的听众就是偶然群体。[1]

在这些群体当中,人不可能不交流。交流的形式和范围是相差很大的。同属一个群体的两个人在交流的时候,可能进行的是人际传播;大型群体的信息交流往往需要借助大众媒介来进行。因此,传播学者经常提到的"群体传播",多指小群体进行的信息交往,排除了人际传播和大众传播。有的研究汲取社会心理学的理论养料,侧重小群体之中的决策和互动;有的研究从演讲和修辞学的讨论中获益良多,偏向传播效果的讨论。基本的研究角度有两种:一是行为主义视角,研究群体中信息的"输入—过程—输出";二是结构主义视角,研究群体行为的结构性要素和动力。[2]

无论如何,群体传播研究形成了一个焦点,它提醒我们:人的心理和行为往往受到与自己相关或不相关的其他人的影响,其中人际传播扮演着重要角色。

(二) 群体传播与群体动力论

卢因提出的"场论"和"群体动力论",对于群体传播研究而言意义重大。

"场"在卢因的理论中是一个核心观念,它指的是"被察觉到的作为相互依存的协同存在的事实的总体"。换言之,"场"就是某个整体的各种组成因素的总和。应用到人类社会

---

[1] [美]塞弗林,坦卡德.传播理论:起源、方法与应用.郭镇之等译.北京:华夏出版社,2000,213
[2] [美]小约翰.传播理论.陈德明,叶辉译.北京:中国社会科学出版社,1999,505~574

中,一个群体就形成了一个场,处于这个群体中的个体,其行为往往不是个人控制,而是受到群体的深刻影响。这个观念也影响了传播研究。

在二战期间,卢因受邀加入了一项美国农业部组织的研究计划,目的是在战时物资匮乏的情况下通过传播改变人们的某些食物习惯。例如,美国的家庭主妇通常不用动物的内脏做菜,而在战时,政府希望她们改变这种习惯,以节省物资,支持作战。卢因和他的同事设计了一种实验,来寻找好的说服方案。他将参与实验的家庭主妇分成六个组,其中三个组参加演讲会,另外三个组参加群体座谈会。在演讲会中,专家将向家庭主妇们介绍内脏食品的营养价值、经济价值以及烹调方法,并向她们散发油印食谱。而在群体座谈会中,家庭主妇们只获得了基本的信息,然后开始讨论自己应该如何面对这类问题。当讨论比较深入的时候,组织者也向她们散发了食谱和烹调指南。最终的结果显示,参加演讲会的家庭主妇只有百分之三采用了某种内脏做菜,而参加群体座谈会的家庭主妇却有百分之三十二试着改变自己的食物习惯。①

这个实验以及一些后续实验,证明了群体共识对于人们决策和行为的影响是极大的,原因多半在于人们希望与自己所属或希望从属的群体保持一致。这个结论不仅影响了各种说服活动,如政治宣传、健康传播、广告传播等利用群体来作为改变的工具,也影响了当代社会的管理观念和管理行为。

二、组织传播

(一) 组织传播的实质

1. 组织

近代人类社会的重大变化之一就是组织化。如威廉·怀特在1956年《组织的人》一书中,将社会上大部分人称为"组织的人"。

1964年,厄佐尼在《现代组织》中写道:"我们的社会是一个组织的社会。我们出生在组织中,受教育于组织中,而且,我们中的大多数耗去大量的生命为组织工作。即使是在许多闲暇的时间里,我们也在组织中娱乐,在组织中祈祷。我们中的大多数将死在组织中,并在葬礼到来的时候,还须得到最大的组织——政府——所赐予的官方许可。"②

当代中国人对这一点心领神会。很长一段时间里,我们都必须属于我们的"单位"(机关、企业、事业),并且依靠它来从事大部分的社会活动。随着高度集中的计划经济体制和行政管理体制的改革,社会网络正逐渐从固定化的"单位"形式向松散型的"社群"形式转

---

① [美]塞弗林,坦卡德. 传播理论:起源、方法与应用. 郭镇之等译. 北京:华夏出版社,2000,217-218
② 参见周晓明. 人际交流与传播. 上海:上海文艺出版社,1990

化,但个人从属于某种组织,仍然是社会关系的重要表现形式。

组织有正式组织和非正式组织两种。一般我们指的是正式组织,即"为了达到特定目标而建立明确程序和发生协调行动的群体"①。也就是说,组织是一群人为了某些共同目的而形成的;通过某些政策、规范、程序等控制和协调内部成员的行为,并由分工合作来完成工作;具有目的性;具有正式化的层级;是一个经常互动的开放的系统。

它通常具有以下三个特点:②
(1) 专业化的部门分工
(2) 职务分工和岗位责任制
(3) 组织系统的阶层制或等级制

2. 组织传播

组织在我们的个人生活和社会生活中作用重大,组织传播也同样。

美国学者卡尔·韦克在《组织的社会心理学》中指出,组织形成的过程实际上就是传播的过程。组织成员通过适当而有效的信息交流来维系组织的稳定和发展。

被称为系统组织理论之父的美国学者巴纳德在《组织与管理》中也认为,传播是组织的轴心。在讨论组织理论时,免不了要涉及到传播的概念。

卡茨和肯恩强调:"……传播——信息交流及意义的传达——是社会系统及组织的基本要素。"

罗杰斯等人更干脆表示:没有传播就没有组织。③

因此,有关组织传播的研究在 20 世纪 30 年代至 40 年代开始兴盛,并在 60 年代形成了专门的领域。标志之一是,60 年代末期国际传播学会设立了"组织传播"小组,结合传播及相关学科的学者对有关组织传播的问题进行系统研究。

就其实质而言,组织传播就是组织内部成员间、组织与组织之间、组织与外部环境之间进行信息交流的活动。如美国学者戈德哈伯所说:组织传播,即由各种相互依赖关系结成的网络,为应付环境的不确定性而创造和交流信息的过程。④

组织传播的基本要素包括:
(1) 信息。在信息社会中,组织的生存和发展都依赖于信息,有效的组织传播首先要有充足的信息。
(2) 相互依赖。组织中的部分不可能脱离系统和环境而独立存在,需要进行互动,这种互动涉及到了传播活动。

---

① 宋林飞.现代社会学.上海:上海人民出版社,1987,286
② 郭庆光.传播学教程.北京:中国人民大学出版社,1999,100
③ 郑瑞城.组织传播.台北:三民书局,1983,4
④ 转引自居延安.信息·沟通·传播.上海:上海人民出版社,1986

(3) 网络。组织是各种关系组成的网络,组织传播要遵循这个网络中的规则,根据在组织中担任角色的不同而采用不同的信息传递方式。

(4) 过程。组织传播是一刻不停的信息互动。

(5) 环境。组织要受环境制约,与环境交换信息。

(二) 组织传播的形式

组织是一个复杂开放的系统,组织传播通过各种错综复杂的渠道进行信息的流动。一般有正规的组织传播和非正规的组织传播两类。

1. 正规的组织传播

所谓正规的组织传播,就是发生在组织内部的具有组织目的、遵循组织规范进行的传播活动。传播的参与者与其在组织中的正式地位、角色和网络相联系,严格按照组织正规的权力关系、职能结构、等级系统和交流渠道等进行信息传播。它对于组织的生存发展有着重要的作用,是传播学者们研究的重点。一个组织召开全体会议或部门会议,一位领导向下属布置工作,一位下属与同事交流信息、合作完成任务等,都属于正规的组织传播。

正规的组织传播经常采用的形式包括：会议；文件的传递；通过电话、传真等工具进行的信息传递；面对面的交流等。大型组织甚至设有专门的内部大众媒体,如内部报刊、内部广播电台、有线电视系统等。随着计算机技术的发展,组织内部的局域网成为越来越重要的组织内部传播工具。

2. 非正规的组织传播

发生于组织内部的非正规的传播活动,是一种没有与组织的正规结构等级和交流网络相对应的信息交流。非正规的组织传播有任务指向性和情感指向性两种交流形式。在实际工作中,这种传播主要以联络感情的满足性交流为目的,单从传播效率来看,它的传播效率更高。可以说,这类组织传播"是组织关系的黏合剂"、"组织功能的润滑油"。[①] 当两位同事在休息时间闲聊,交换对于部门主管的某些评价,就是典型的非正规组织传播。

非正规组织传播的一个主要功能是传送小道消息。美国学者用"葡萄藤(Grapevine)"来作为小道消息(包括谣言)传播的代名词。他们发现,"葡萄藤"传播具有速度快、精度高、信息量大、反馈广等特点。这种传播常采用小群体交叉传播的形式,由于多向性和交叉性,它的传播速度和覆盖面以几何级数增长,消息很容易"不胫而走"。小道消息的负熵值较高,人们出于多种心态,留心于保存原样,使得它准确度和信息量都很高。戈德哈伯曾指出,"葡萄藤"传播的消息,准确度高达百分之八十以上。

---

① 居延安.信息·沟通·传播.上海：上海人民出版社,1986,135

与小道消息类似的一种非正规的组织传播是谣言。小道消息一般具有真实性,而谣言基本上是捏造事实、无中生有。

阿尔波特和波斯特曼对谣言传播的经典研究发现,谣言也具有传播范围广和传播速度快的特点,并且会因消息本身的"重要性"和"歧义性"程度的增加而增大。

一些学者认为,减少组织内部谣言产生和扩散的重要办法之一,就是尽可能详细地向组织内部成员提供其关心问题的相关信息,通过扩大信息流通量的办法来防止歧义产生,反击无中生有的言论,消除组织成员对相关问题的神秘感,防止谣言进一步扩散而给社会和组织本身造成危害。换句话说,"谣言止于公开"。

(三)组织传播的方向

组织传播的方向,一般指正规组织传播的方向,可以分为纵向传播与横向传播两类。纵向传播包括自上而下的传播和自下而上的传播,横向传播包括组织内部的横向传播和组织与外部的横向传播。

1. 自上而下的传播

这是在大多数组织中占据主导地位的传播方向,指的是信息由高一级向低一级流动。所谓组织的规范、传统及领导人的权威等都依此维持和发展,它对确保一个组织的统一、完整和组织管理职能的正常发挥起到了关键作用。这种传播通常以上级领导及领导部门向下属及下级部门布置工作、传达指令、召开会议等形式进行。但由于依赖于逐层向下传播,互动较少,传播的信息量小、冗余信息多、精确度降低等问题也随之而生。

2. 自下而上的传播

即信息由系统低层级向高层级的流动,包括下级或下级部门向上级领导汇报工作、反映问题、提出建议等,是上级领导及领导部门获取反馈的重要途径,也是一个组织内部不可或缺的传播活动。它有利于提高组织的工作效率、完善组织管理和加强决策的民主化、科学化。如果是逐层自下而上传播,那么传播过程中也会出现信息散失、精确度降低等问题。

任何组织部门,要加强管理、提高工作效率,都离不开以上两种纵向的信息交流。正如我们常说,既要保证上情下达,又要保证下情上传。只有两个方向的信息传送都能畅通无阻,才能保证组织内部合理高效的信息交流,促进组织管理向健康方向迈进。

3. 组织内部的横向传播,或称水平传播

这是在组织内部具有相近或相似权力和地位的成员之间进行的一种信息交流,是沿着组织内部层级的水平方向进行的。由于参加者在权力、地位等方面大致平等,双方均无思想负担和精神压力,一般来说可以开诚布公、坦诚相见,但也容易导致意见冲突。内

部的横向交流与纵向交流在组织传播的过程中互为补充。"它往往是使各种纵向消息'抵达'终极目标的手段,担负着具体处理——即'消化'来自纵向渠道的信息的任务。更重要的是,它往往具有产生出新的消息的重要功能,要使这些新信息进入组织内部的大循环,还须经过纵向交流的渠道。"①

4. 组织与外部的横向传播

这是组织从外部环境搜集和输入信息,并将信息输出到外部的信息交流活动。除了组织内部进行信息流动之外,与外界交换信息对于一个组织完成其目标来说也是必不可少的。企业需要及时了解市场需求的变化和竞争对手的行动,政治组织需要了解外部世界的种种变动,所以现代组织常常设有调查和研究部门,应用信息科技处理系统,以搜集和整理外界的信息。同时,组织也希望将自身需要公开的信息向外界输出,以便扩大自身的影响,实现组织的发展目标,如进行公关活动和广告宣传等。

(四)组织传播的功能

组织传播的功能大致有两种:手段性的和满足性的。前者以交流为手段,达到某种事务性的目的,多半由正规的组织传播活动来完成,在绝大多数组织中占有首要地位。后者则以社会-情感需求的满足为主要目的,多半由非正规的组织传播活动来承担,也是组织运转必不可少的要素。

总体而言,组织传播的功能包括:

第一,确保组织内部协调活动的发生,即建立起组织内部成员的联系协作,以实现组织目标。

第二,确保组织与外部环境建立起联系,来完成正常的信息输入输出的交换活动,使组织活动与外部环境相适应。

第三,通过组织内部情感交流,加强相互间的了解,增强内部成员的凝聚力和向心力。

第四,通过组织内部多层次、多角度的信息交流满足其成员的社会心理需求,激励士气。

第四节 大众传播

大众传播是一个大规模的信息传送过程。在这个过程中,职业化和组织化的传播者出于各种目的,利用媒介系统广泛、迅速、连续不断地发出讯息,传递给人数众多、成分复杂的受众。

---

① 周晓明.人类交流与沟通.上海:上海文艺出版社,1990,309

一、大众传播的实质

(一) 大众传播的定义及其发展

随着近代报纸的诞生,人类所传播的信息开始采用大规模复制技术,扩大了个人分享信息的能力,人类也随之进入了大众传播的新时代。进入20世纪后,广播、电视等电子媒介相继出现,使传播业得到了一次新的飞跃。人造地球卫星的发射成功,互联网的不断拓展,使得信息传送无远弗届,而地球终于成为了一个小小的村落。通过大众媒介这些"了不起的信息增殖者"输送信息,人类社会的工作、生活、态度、观念、习俗等方方面面都被改变了。各种大众传播媒体向人类传送着形形色色的信息,形成了一个覆盖社会的大众传播网络。

"大众传播"概念首次正式出现于1945年11月在伦敦发表的联合国教科文组织(UNESCO)宪章中。

杰诺维茨在1968年提出了一个定义,被西方学者广泛引用。他认为:大众传播由一些机构和技术所构成,专业化群体凭借这些机构和技术,通过技术手段(如报刊、广播、电影等等)向为数众多、各不相同而分布广泛的受众传播符号内容。①

这个定义揭示了如下内容:

第一,大众传播中的"发送者"始终是一个有组织的群体的一部分,也常常是一个除传播以外还有其他多种功能的机构的成员。

第二,"接受者"始终是某些人,但经常被发送组织看作是一个具有某种普遍特性的群体或集体。

第三,传递渠道不再是由社会关系、表达工具和感觉器官所组成,而是包括大规模的、以先进技术为基础的分发设备和分发系统。这些系统仍然含有社会性因素,因为它们依赖于法规、习俗和期望。

第四,大众传播中的讯息并不是一个独特和短暂的现象,而是一种可以大量生产并不断复制、常常是十分复杂的符号结构产物。

德弗勒提出的定义与此大同小异,强调了另外一些侧面。他认为:大众传播是一个过程。在这个过程中,职业传播者利用机械媒介广泛、迅速、连续不断地发出讯息,目的是使人数众多、成分复杂的受众分享传播者所要表达的含义,并试图以各种方式影响他们。②

---

① [英]麦奎尔,[瑞典]温德尔.大众传播模式论.祝建华,武伟译.上海:上海译文出版社,1997,7
② [美]德弗勒,丹尼斯.大众传播通论.颜建军等译.北京:华夏出版社,1989,12

德弗勒和丹尼斯认为,大众传播包含了五个明显的阶段:

第一,职业传播者为了各种目的编制不同内容的东西,最终都是为了把它们呈现给公众中的各个部分的成员。

第二,这些讯息通过机械媒介(如印刷物、电影和广播)比较迅速、源源不断地传播出去。

第三,信息的接受者是人数众多、成分复杂的受众。他们有选择地接受媒介的讯息。

第四,每个接受者都根据各自体会的含义来解释所选择的讯息,而这种含义基本上与传播者所要表达的含义是一致的。

第五,这种体会的结果是,接受者以某种形式受到影响,即传播产生某种作用。

德弗勒等人的定义不仅分析了大众传播的四个结构性要素,即传播者、传播内容、传播媒介和接受者,这也是杰诺维茨定义中所提到的;同时,还格外强调了一个非结构性要素,即传播效果。可以看出,这个定义与拉斯韦尔的五W模式是一脉相承的,反映了前期传播学研究关注效果问题的传统。

正如德弗勒所说,大众传播的"实质在于使受众领会的含义和传播者的本意基本一致,也就是说,传播者与接受者共同感受其含义"。

然而随着传播学研究的深入,传播效果研究已经不再是大众传播学的突出焦点,这个研究领域本身也在反思基本的认识论和方法论。同时,实践也在进步,机械媒介已经不再是大众传播的特点,新型的设备和技术都在不断涌现;传播者个人在大众传播过程中的角色在削弱,而传播组织的力量更显强大等等。德弗勒的定义亟须更新。

综上,我们认为:大众传播是一个大规模的信息传送过程,在这个过程中,职业化和组织化的传播者出于各种目的,利用媒介系统广泛、迅速、连续不断地发出讯息,传递给人数众多、成分复杂的受众。

(二)大众传播的特征

从德弗勒的定义出发,我们可以结合五W模式,分析大众传播相较于内向传播、人际传播、群体/组织传播不同的五个特征。

第一,大众传播的传播者是职业传播者,是一个传播组织(如报社、电台、电视台、杂志社等)整体或个人。这些人大多受过专门的职业教育,以传播为职业。他们收集、管理和传送各种类型的信息,借助于专门的机械媒介来向社会公众传播新闻、娱乐、教育性的信息。这些被组织化了的个人在传播媒体组织中扮演着不同角色,承担着不同任务。

第二,讯息的传送是广泛、快速、连续、公开的。几百年前,复制一份文稿还是一件需要很长时间的事。现在,经过激光照排高速印刷,成千上万册书都可以很快地赶印发行,数量少的文本复制采用复印机只要几秒钟就可以完成。利用电脑和互联网进行信息的复制和传送更是方便。电子媒介更使得在讯息发出的同时乃至事件发生的同时,受众就可以接收到大量超越时空的信息。

现代大众媒介还连续不断地向外发出讯息。报纸和杂志定期出版、广播电视节目按照节目表每日播出,二十四小时全天候的广播电视节目和全球性广播电视频道都已经出现,互联网更是永不停歇地在复制和传递信息。这些讯息对于社会上的每一个人来讲,都可能是公开的。

第三,大众传播媒介为机械化和电子化的媒介。依靠这些"用来远距离传送或长期保存信息的装置",传播者大量复制信息,并进行迅速及时、连续不断的传送。这些以精密技术为基础的媒介包括:印刷媒介,如书、报、杂志等;电子媒介,如广播、电视、电影等;网络媒介,如互联网等。这些媒介各有优势,互为补充。

第四,受众广泛、成分复杂。大众传播的受众有四个特点:多,即大众媒介覆盖范围广,信息影响面广,受众人数多,其规模数量不可控制;杂,即成分复杂,年龄层次不同、文化程度不同、兴趣爱好不同、风俗习惯不同、人种民族不同;散,即受众分散在地理条件相异的不同地区,在社会上扮演着不同角色,难以控制;匿,即传者在明处,受者在暗处,不利于传播者及时全面地了解受众的态度和需要。

此外,受众既是一个具有普遍共性的整体,又是一个个具有个性的独立个体,他们会有选择地接受媒体所提供的信息。

第五,反馈间接、零散、迟缓、具有积聚性,使得传播效果的测量需要付出专门的努力。大众传播也有反馈,但这种反馈是间接的。由于信息通过媒介传送,传者和受者并不直接见面或对话,就不可能及时直接收到反馈信息。这种反馈也是零散的。虽然读者来信为报刊提供了部分反馈,广播电视节目也可以通过热线电话、短信、网络投票等了解受众的信息,但这毕竟不是所有受众的反映,不一定具有代表性。这种反馈还是迟缓的,常常需要一定时间间隔才能获得。最后,这种反馈还具有积聚性,决定了大众媒介只能在相当长的一段时间内尽可能多地收集各种渠道的反映,从这些积聚起来的反馈中获取决策信息,进行工作修正,为下一阶段发展方向找到依据。

所以,当代大众媒介获取反馈多半通过专门的职能部门甚至专门的组织来完成,如专业化的收听收视率调查机构等。它们采用科学周密的抽样调查方法和统计学分析来对受众的情况和他们的反馈进行推测和总结。同时,为了更好地改进工作,取得更好的传播效果,这些专业化的调查机构还对前馈信息进行搜集和分析,即在大众媒介的运行周期开始前通过调查统计的方法对传播对象的情况和需要进行了解,以改进传播内容的制作,增强传播效果。

二、大众传播的功能

(一) 从一个例子谈起

传播是人类的基本行为,在人类社会中起着无可替代的作用。正如施拉姆所说:"传播就像血液流经人的心血管系统一样流过社会系统,为整个有机体服务。……我们已经习惯于生活在传播的汪洋大海中,以至于很难设想要是没有传播,我们将怎样生活。"①

在现代社会中,我们也很难想象没有大众传播的生活是什么样子。我们已经习惯了通过读报纸、看电视、听广播、浏览互联网来获取各种新闻、娱乐和教育信息,大众传播已经渗透进生活的每一个细节。

李普曼在他的《舆论学》的开篇讲了一个例子,有助于我们理解离开大众传播的生活会是什么样子。

1914年,有一些英国人、法国人和德国人住在一个海岛上。那个海岛不通电报,英国的邮船六十天才来一次。9月里,邮船尚未到来,岛上的居民仍在谈论不久前报纸上报道的关于即将审判凯劳克斯夫人枪击加斯顿·卡尔默特的事。因此,9月中旬的一天,全岛的居民都聚集在码头上,比往常更急于想从船长那里知道判决的情况。可是,他们了解到的却是英国和法国订立了神圣同盟,向德国开战已六个多星期了。在这不可思议的六个星期中,岛上的英、法居民和德国居民实际上已经是敌人了,但他们相处得还是像朋友一样。②

李普曼就此提醒我们:传播,尤其是大众传播,给人们提供了其生存处境的映象,很多时候,我们不是生活在真实环境中,而是生活在一个大众传播塑造的"拟态环境"中。如果大众传播的反映出现了延迟或偏差,我们采取的行动也会相应受到影响。大众传播在当代人类社会中发挥着重要的功能,由此可见一斑。

那么,具体而言,大众传播的功能包括哪些方面?传播学发展早期的学者们从自己所处的学科领域出发进行了探讨。

(二) 学者们的早期探讨

1. 拉斯韦尔的观点

1948年,传播学的四位先驱者之一哈罗德·拉斯韦尔在《传播在社会中的结构与功能》一文中提出了对传播功能的经典论述。他认为,大众传播最明显的功能包括:

(1) 对环境进行监视

---

① [美]施拉姆,波特.传播学概论.陈亮等译.北京:新华出版社,1984,20~21
② [美]李普曼.舆论学.林珊译.北京:华夏出版社,1989.1

(2) 使社会各部分为适应环境而建立相互关系

(3) 使社会遗产代代相传

他解释道:"外交官、使馆官员和驻外记者是专门研究环境的代表性人物,编辑、新闻工作者和演说家是内部反应的起关联作用的人,家庭和学校里的教育者传递社会遗产。"实际上,大众传播在这三个方面都在发挥作用。首先,大众传播时刻注视着世界上的最新变动,将之向自己的受众和社会进行传达。其次,大众传播在社会内部调节着各种关系,凝聚着各种人群,控制着各种行为。最后,大众传播也在把人类积累下来的文明和文化成果向更广的范围进行传承。

拉斯韦尔从一个政治学家的角度出发观察大众传播,他的结论看上去也最适用于政府和政治家。

2. 赖特的观点

美国学者查尔斯·赖特在《大众传播:功能的探讨》一书中从社会学的角度对此进行了探究。他修正了第二个功能,即"协调关系",认为大众媒介在内部起到的作用更多是"解释和规定",他也用社会学名词"社会化"来代替第三个功能"传承遗产"。在拉斯韦尔的观点之外,赖特还增加了第四个功能:娱乐。①

这一点在更早的心理学研究中已经得到了关注。美国学者威廉·斯蒂芬森在《传播的游戏理论》中将所有的传播分为两种:工具性的传播和游戏性的传播,前者带来的是产品,而后者带来的是愉悦。他说:"工作是对付现实,是谋生,是有产品的。相反,游戏基本上是没有产品的,除非是为了提供自我满足。"②

在很多情况下,我们会发现这种结论是有合理之处的。当我们在观看大部分电视节目的时候,能够得到多少对于现实的真实理解和对于文化的可靠传承?更多时候,我们是在用它来消磨时间,获得一种放松、快乐或者逃避的感觉。

3. 拉扎斯菲尔德和默顿的观点

在20世纪40年代,保罗·拉扎斯菲尔德与罗伯特·默顿在美国哥伦比亚大学的应用社会研究局进行了长期的合作。他们也对大众传播的功能做了探究。

在社会学领域中,默顿是结构功能主义理论的代表人物之一,他区分了社会系统中的"正功能、反功能"和"显性功能、隐性功能"。他认为,任何有利于一个社会系统的适应调整的结果,皆谓之"正功能";相反,任何阻碍社会系统的适应与调整的结果,皆谓之为"反功能"。社会系统中的参与者所企求或寄望的社会功能,称为"显性功能(Manifest Function)";社

---

① [美]施拉姆,波特.传播学概论.陈亮译.北京:新华出版社,1984,32

② 同上,27

会系统中的参与者不了解或未企求,但仍存在于社会者,称为"隐性功能(Latent Function)"。

从这个观点出发,拉扎斯菲尔德和默顿在1948年的《大众传播、大众鉴赏力和有组织的社会行动》一文中指出了大众传播的各种功能,其中尤其强调的是两种隐性功能:授予地位的功能和促进社会准则实行的功能;以及一种负功能:麻醉精神的功能。

他们说:"为数众多的传播品只能使人们对社会问题的关心停留在表面,而这种表面性常常掩盖了群众的冷漠态度","他们用于参加有组织的行动的时间越来越少","他与现实政治生活只有间接的联系","他逐渐地误以为对当代的种种问题作些了解也就是为这些问题采取某种行动。"

4. 施拉姆的总结

"传播学之父"施拉姆对前人的研究进行归纳、分析和总结后,认为大众传播具有四项社会功能:①

(1) 大众传播是社会雷达,具有寻求、传递和接收信息的功能,用于监视社会环境;

(2) 大众传播具有操纵、决定和管理功能,对受众进行诱导、劝服、解释信息,并引导作出决定;

(3) 大众传播具有指导功能,也就是教育功能;

(4) 大众传播具有娱乐功能。

可以看出,施拉姆总结的基本上是大众传播在社会系统中的正功能。

(三)大众传播的正功能

结合以上探讨,我们可以认为,大众传播在当代人类社会中主要具有以下正功能:

1. 传播信息

向受众连续不断地传播大量的信息是大众传播的第一功能,也是大众传播实现其他功能的基础。大众传播所处理的信息是人的精神产物的外化形式,包括正在发展变化中的客观事实及文学、艺术、科学、广告等其他信息形态。大众媒介收集、储存、整理和传递这些信息、数据、资料、图片等以供个人或组织、社会了解周围环境,认识自己所处的地位,以确定自己的应对策略。

制作和传播新闻,是这一功能的最基本体现。传播者对新近或正在发生的事实进行报道,以便使人们了解周围环境的变动。媒介工作者作为"社会雷达"和"守望者","目的在于协助人们认识复杂的环境事物,使其能充分获得调适"。

大众媒介连续不断、公开、大量地向受众提供着各种事件发展变化的信息,对周围环

---

① [美]施拉姆,波特.传播学概论.陈亮译.北京:新华出版社,1984,34

境进行监视。它能够及时地发出有关自然灾害、军事威胁、政治动乱等方面的警报,以引起人们的注意,加以防范,也可以组织有关的经济信息、市场动态、交通情况、文化活动等涉及周围环境的信息流通,以满足社会各团体和个人的日常信息需要。

2. 引导舆论

舆论是社会公众共同的、强烈的、持久的意见、态度与信念的总汇。从一定程度上说,舆论在代表着民意。舆论是一种无形的巨大力量,代表着一种强烈的倾向、愿望和要求。舆论可以自发形成,也受到外力的引导。

大众媒介是一种能引导受众的有力工具。这种引导体现在两个方面:设定舆论的议程;引领舆论的方向。

舆论的发生发展以社会公众共同关注的问题存在为前提。传播学的议程设置理论及其他相关研究表明,大众媒介对某些问题的着重强调和这些议题在受众中被重视的程度成正比。

在当今世界上,大众媒介的报道成为了全球议论中心的最重要提议者。大众媒介的报道决定了大多数人要讨论的内容,而且决定了大多数受众对这些问题的看法及采取何种相应措施来应对。媒介通过信息的传递、解释等动员受众形成全社会范围内基本一致的意见、态度和看法,用以调节社会内部的矛盾冲突,使其逐步趋于缓和乃至消除。

大众传播对于社会舆论的引导效果究竟有多大?学者们进行了长期研究,众说纷纭。但公认的一点是:大众传播对社会公众的意见是有影响的,而且,在不同的社会制度和传播体制下,总有社会力量试图通过大众媒介来引导舆论。

对于大众媒介来说,这也是必须承担的社会责任。黑格尔曾经说过,"公共舆论中真理和无穷错误直接混杂在一起",大众媒介要承担起区分真理与谬误的责任。

传播学研究表明:有效的舆论引导应该是一种双向交流的形式。传者需要了解受众的需求和信息接受能力的差异,随时检验传播效果,在及时反馈信息的基础上不断调整才会有效。简单粗暴的灌输只是传者一厢情愿的行为,无法起到良好的效果。

3. 教育大众

人们获得新知识、新技能的途径有两种:一种是经过正规的学校教育,通过教师课堂上的传授来获得;另一种则是通过与各种媒介的接触来获得。大众媒介通过传播文化知识、科学技术等内容,不但保存和发展了文化遗产,也促进了个人的社会化过程。

大众传播产生之前,从早期的原始洞穴人到近代社会,历代的教育多以言传身教为主的帮带式传授。进入现代社会后,大部分工作才被学校和各种媒介所替代。

在教育已由学校教育逐步转化为终身教育的今天,人一生中绝大多数教育已不是在学校,而是在社会上接受的了。在这个过程之中,大众媒介的作用是潜移默化的。人们每天阅读大量的报纸、刊物、书籍,用大量的时间来听广播、看电视,逐步启用互联网络来进行学习。受教育早已突破了面对面的课堂形式。可以肯定地讲,在现代人的知识结构中,相当多的部分来自各种传播媒体,而不是来自老师和父母。离开了人们间的信息交流,人不可能获取新的知识,而大众媒介也在逐步增强对于人的知识增长的影响力。

4. 提供娱乐

人需要工作、学习,也需要休闲、娱乐。现代社会中人们的生活节奏普遍加快,在紧张繁忙的工作之余,更渴望在休息的时候能有一些健康、正当的娱乐活动。同时,由于社会生产力水平的提高,人们不需要那么多的工作时间来完成任务,四十小时工作制已经被相当多的国家所采用。

现代社会里,更多的人选择以大众媒介为娱乐的主要工具和手段。闲暇的时候,人们听音乐、看报纸、读杂志、看电影、看电视、上网,通过这些文化娱乐活动,一方面放松自己;另一方面提高自身的艺术鉴赏力。

大众媒介还是大众文化的主要塑造者和传播者。"下里巴人"的大众文化与"阳春白雪"的高雅文化一起,满足着人们在审美和娱乐方面的各种需求。

(四) 大众传播的负功能

任何事物都要一分为二。大众传播可能在社会系统中起着正面的功能,但也有不可低估的消极影响,即它的负功能。

1. 李普曼的"拟态环境"与"刻板印象"理论

1922年,美国政论家、学者沃尔特·李普曼撰写了《舆论学》一书,后来被誉为舆论学的开山之作。杰里米·汤斯达尔在1970年的《媒介社会学读本》序言中曾说:"二十多年来的传播学经验研究,其视野竟不出李普曼《舆论学》一书的边界。"可见这本书的重要价值。李普曼在书中提出的许多理念影响深远,其中"拟态环境"和"刻板印象"两个概念对于我们思考大众传播的负功能有重要价值。

(1) 拟态环境

柏拉图在《理想国》中曾有一个比喻,被广泛引用。在某个洞穴中,有一些被锁着的囚徒,他们前面是一堵墙,后面是一个火堆。火光将他们的影子投射到墙上。他们动弹不得,看不到别的东西,只能看到他们自己和墙上的影子。他们不可避免地将这些影子看作是实在的,而对于造成这些影子的东西却毫无观念。

李普曼认为,现代社会中的人们就是"洞穴中的囚徒",而大众媒介就是一个火堆和一堵墙组成的"影子投射装置"。人们只能获得两种东西:一个是自己的感受器官能直接了解的东西,另一个是大众媒介给我们提供的东西。身外世界日趋纷繁芜杂,已经超过了人所能直接感受的范围,对大多数人而言,实际上是生活在一个"拟态环境"之中的。

所谓拟态环境(Pseudo-environment),或译为虚假环境、假环境,指的是大众媒介创造出来的,来源于真实环境却又不尽一致的一个媒介环境,是一种间接的感知,却常常被社会公众当作真实世界而接受下来。

这种拟态环境的映象进入人的脑海图景,进一步影响了人的态度和行为。现代社会中,人们已逐渐习惯并依赖于媒介带给人的世界,通过媒介的选择来了解客观事物的变动。然而媒介只能部分再现真实世界,大量的事实被筛选掉了,被选中的事实也经过了加工。即使传播者尽力进行客观、真实的反映,也不能避免这个世界的偏差。正如李普曼所说,我们"需要知道的世界和确实知道的世界,往往是十分矛盾的两回事"。[1]

(2) 刻板印象

人们在认识事物的时候,常常会进行概括、归纳和推理。例如,"人"是什么?我们会选取这个高级动物的一些特征来进行描述,刻画出一幅具有特征的剪影。同样,由于大众传播者不可能对世界上的所有事物进行完全一致的反映,所以对某个人群、某种事物进行报道的时候,经常会选取一个典型。这种典型又反过来会影响社会公众对于这个人群或事物的认识。这种人类的普遍认识过程和大众媒介的反应机制相结合,可能会造成对某个人群的"刻板印象"。

所谓刻板印象(Stereotype),或译固定成见,指的是对某一类人或事物产生的比较固定、概括而笼统的看法。在现代社会中,大众媒介要为大部分刻板印象的形成负责。例如,在美国,黑人常常被认为具有音乐和体育的才能,但却缺乏智慧、意志和领导才能,而且大多数黑人家庭是贫穷的。这与美国黑人在电视和电影中所呈现的形象有很大的关系。在对某种性别、某个阶层、某个年龄群、某种宗教的信仰者、某个职业的从业人员等人群的认识中也往往存在类似的刻板印象。

李普曼的拟态环境和刻板印象概念揭示了大众媒介运作的基本机制,也提醒我们,大众传播在实现其正面功能的同时,也埋下了遮蔽人们视线的可能性。

2. 拉扎斯菲尔德和默顿的"麻醉精神"说

1948年,拉扎斯菲尔德和默顿在《大众传播、大众鉴赏力和有组织的社会行动》一文中指出了大众传播的一大消极功能:麻醉精神。

他们认为,大众传播的产品把人们吸引到对事物的关注和讨论上,而不是对这些事物采取相应的行动。的确,大众媒介可以将人的感受延伸到一个更为深广的空间,人们不断地通过媒介增进对社会的认识和了解。但是,人们由于花了很多时间在媒介接触上,而且满足于这种间接的接触,便不再积极地参与公共事务,而是消极旁观。另外,由于信息大量涌入造成了信息过剩,使人们对信息产生了一种冷漠的态度。

---

[1] 李普曼.舆论学.北京:华夏出版社,1989

人们过多依赖于媒介带来的间接交流之后,人际间的社会交往和互动也逐渐减少,甚至与社会、社群逐渐疏远和陌生。

美国人把一些人称为"电视人"、"沙发土豆",日本也有一种说法"容器人",就是指那些将闲暇时间完全用于大众媒介,将自己的思想、感情、喜怒哀乐等完全与媒介内容相连接的人。他们的思想、观念乃至行为方式都源于电视,极端自我内化、心理封闭,无法应付现实世界的种种变化,而完全变成了一种收集媒介信息的"容器"。大众媒介成了"最高尚、最有效的一种社会麻醉品","中毒的人甚至都不了解自己的病端"。

拉扎斯菲尔德和默顿还认为,绝大多数广播节目、电影、杂志和相当一部分书籍和报纸以消遣为目的,对大众的鉴赏力造成了不良影响。听众、观众和读者的平均审美水平和鉴赏力下降了。大众传播所提供的文化娱乐节目的水准不及正规教育和高级文化,而只是一种作为工业社会产物的大众文化。流行歌曲、公式化的电视剧都是这种文化的产物,与精英文化的作品有很大差距,相对于有创造力的文化产品而言是一种堕落。

综上所述,大众传播在现代社会系统的运作中存在有一种与生俱来的隐患。对于研究者和实践者来说,当务之急便是认识这种负功能和消极方面,并通过媒介素养教育及其他方式来抑制它们,使得大众传播能够为社会带来更多正面的影响。

(五)大众传播的功能与效果之辨

大众传播社会功能的发挥与其所处的社会系统联系密切。不同的社会制度、政治体制、经济体制和文化背景对大众传播社会功能的发挥产生着直接的影响,制约了大众传播的效果。

最后,我们来区分一下大众传播的社会功能与大众传播的效果。

第一,传播的功能(function)是从宏观角度来考察的;而效果(effect)则是从微观角度来研究具体信息对具体受众的心理、态度、行为所产生的影响。

第二,传播的功能是以传播媒介及其内容作为研究对象的,即研究的客体是大众传播本身;而传播的效果所研究的是受众在认识、行动等方面产生的变化。

二者有联系,但研究的角度、对象不同。对大众传播功能的研究和认识有助于我们了解传播所取得的具体效果。

小结

总之,传播这种社会现象是人类基本的社会行为之一。它有四种基本类型:内向传播、人际传播、组织/群体传播和大众传播。内向传播是在人体内主我和客我之间发生的信息流动。人际传播实际上就是符号的互动,无论是面对面的,还是借助一定媒介的人际传播,都对我们认识自我与他人、控制周围环境起着重要作用。具有社会性的人总是属于不同的群体、不同的组织,正规和非正规的组织传播能够使得一个组织更高效地实现组织目标。

　　大众传播的发展使受众快速、准确地了解不同地区发生的事件成为可能。大众传播具有传播信息、引导舆论、教育大众和提供娱乐的基本社会功能,但也具有一些负面功能。同时,政治、经济、社会、文化各个方面的背景都会对大众传播功能的发挥造成影响。

第六章 传播过程

第一节 传播过程

一、传播过程及其特征

二、传播模式

第二节 线性传播过程

一、线性传播过程模式

二、线性传播过程模式的缺陷

第三节 控制论传播过程

一、控制论关照下的传播过程

二、控制论传播过程模式

第四节 系统传播过程

一、传播过程的宏观系统认知

二、系统传播过程模式

三、大众传播系统过程

传播是信息流动的过程。它是一个动态的过程。对这种流动过程的考察,经过了许多尝试。[①]

第一节 传播过程

一、传播过程及其特征

传播现象是非常复杂的现象,传播过程也是非常复杂的过程。人们每天的社会生活实际上都是产生、发展、接收信息并对各种信息作出反应的活动。这种活动是如何运行的,它与其他因素的关系如何,都已成为人们关注的焦点。

美国传播学家 D.伯洛(1960 年)首先提出将传播作为一个过程来研究。他的观点促使许多学者进行深入的探索。

所谓过程,是指事物运动的程序与状态。过程观认为客观事物都可以表述为一个运动的过程。任何事物都是过程。

我们用过程观来审视传播活动,可以摆脱早期传播学研究中将传播视为静止、封闭、孤立、微观的缺陷。随着人们对传播学研究的深入与拓展,对传播的认识也越来越走向动态、开放、联系和宏观。

1960 年,伯洛从理论上系统地提出了传播过程观点,他认为:

第一,传播是一种动态的过程,无始无终,没有界限;

第二,传播过程是一种复杂的结构体,我们研究的基本单元就是结构的各要素及其相互的多元关系;

第三,传播过程的本质是运动,即过程中各要素及其关系的相互影响和变化。[②](沙莲香,1990)

总之,传播是由多要素及其相互关系组成的动态的有结构的信息流动过程。

对传播过程的认识,还可以从结构的角度进行。所谓结构,即整体各要素及其关系的组合。结构观起源于哲学上的结构主义和社会学上的结构功能主义。结构观认为客观事物拥有一个相对稳定的基本结构,各要素在这种静态的结构中相互作用,发挥着某种功能。

---

① 本章所用的模式图除另外注明外,均取自[英]麦奎尔,[瑞典]温德尔.大众传播模式论.祝建华,武伟译.上海:上海译文出版社,1997

② 参见沙莲香.传播学:以人为主体的图像世界之谜.北京:中国人民大学出版社,1990,28

二、传播模式

传播过程是一个多要素互动的动态过程。因此,对其进行认识与研究就存在着相当大的难度。为了方便起见,我们可以用模式来表述传播的结构和运动过程。

什么是模式?所谓模式是指对客观事物的内外部机制的直观而简洁的描述,它是理论的简化形式,可以向人们提供客观事物的整体信息。

美国比较政治学家比尔和哈德格雷夫指出:"模式是再现现实的一种理论性的、简化的形式。其结构与现实的或预料的现实的结构相同。但模式本身并非一种解释,只是在表述理论方面有十分重要的、直接的辅助作用,因为它的特点在于能够体现出各种关系。由于从模式到理论这个跳跃通常都非常迅速,所以往往有人把模式看成为理论。模式往往比任何其他现象更易被人看成是一种理论。"[①]

另一位美国学者多伊奇(1952年)指出:模式是一种结构,由符号与使用规则组成,这种结构应符合于实际存在的某种结构或过程的有关要素。他认为模式在社会科学中有以下功能:

构造功能:可以揭示各系统之间的次序及其相互关系,从而获得对事物的整体认识;

解释功能:解释人们尚未明白的问题,获取对未知关系的认识;

启发功能:启发人们探知新的未知的事实与方法,引导人们关注某一要素的核心环节;

预测功能:可为估算各种不同结局可能发生的概率提供基本依据。研究者因而可以建立其假说,对事物的过程及结果进行预测。

模式可以有多种多样,按所用符号分为三类:文字模式,即用文字进行描述的模式;图表模式,即用图形、表格等符号进行结构的模式;数学模式,即用数学符号、方程式等建筑的模式。按模式作用分为两类:结构性模式,即仅仅描述某事物的结构;功能性模式,即从能量、力量及其方向等角度描述各系统、各要素之间的关系和相互影响。

传播模式基本都是利用文字和图表构筑的功能性模式。

模式主要是思想和研究的辅助工具,它特别适合于传播研究。传播学研究利用模式的引人之处在于能够"画"出一些"线条"来表示我们已知确实存在但无法看到的联系,并能用其他手段来显示关系的结构、局部解剖图、强度和方向。

值得注意的是"没有一个模式能概括一切,如果它能做到这一点的话,那它就反而违背模式的宗旨——简单地再现现实了。"[②]

---

① 转引[美]赛弗林,坦卡特.传播学的起源、研究与应用.陈韵昭译.福州:福建人民出版社,1985,14
② 同上,22

建构的模式是否有价值,有一定的评价和判断的标准：
(1) 模式的概括性如何？包括了多少内容？是否有效？
(2) 模式的收获或者启发性如何？是否有助于发现新的关系、事实或方法？
(3) 据它得出的推断在有关研究领域内是否有意义？对该领域的发展有无关键意义？
(4) 据此作出的测量准确程度如何？
(5) 模式有何创见？它还有多少不确定之处？它提供了多少新的见解？
(6) 模式的简明程度,即表述上是否经济、简略？
(7) 模式的现实性如何？即我们可以在多大程度上以它来表明某种实际情况。

传播学研究中使用模式方法建构的传播模式,实际上就是科学地、抽象地在理论上把握传播的基本结构与过程,描述其中的要素、环节及相关变量的关系。

几十年来,不少传播学家都曾尝试提出各自的传播模式,总数有几百个之多。英国社会学家、传播学家丹尼斯·麦奎尔及其助手斯文·温德尔将前人的研究成果构筑成直观的模式。他们将这些模式分成五种类型28个模式：

(1) 基本模式：拉斯韦尔公式；申农—韦弗模式；奥斯古德—施拉姆模式与丹斯模式；格伯纳的传播总模式等八种模式。

(2) 个人影响、扩散和大众传播对个体的影响模式：刺激与反应模式及其修正；两级传播模式；创新扩散模式等五种模式。

(3) 大众传播对文化与社会的影响模式：间接与直接模式；议题设置；大众传播依赖模式、沉默螺旋模式等五种模式。

(4) 受众中心模式：使用与满足模式；使用与效果模式；信息寻求模式等三种模式。

(5) 大众媒介的体系、制作、选择与流动模式；比较媒介体系模式；媒介组织模式；守门人模式等七种模式。

实际上,他们的传播模式可以归为两大类,即表征传播过程及结构的模式(如基本模式)和表征传播要素关系的模式(如影响、效果、受众、媒介模式)。

本章要探讨的是普遍意义上的传播活动过程,我们的目的是宏观、整体地把握传播过程结构,因此在我们下面的分析中将涉及这部分模式。

对传播过程的认识经历了从单向、孤立、封闭走向双向、多元、开放的过程。归纳而言,对传播过程的研究经历了线性过程到控制论过程,再到系统过程的进步。因此,我们可以将到目前为止的有关传播过程的研究分成三类：线性传播过程、控制论传播过程、系统传播过程。前两者是对传播过程内部的微观认识,后者是对传播过程外部关系的宏观认识。

第二节 线性传播过程

我们将那些视传播过程为单向流动的观点称为线性传播观。这种观点主要集中在早期传播学研究中。

一、线性传播过程模式

早期传播学著作中提出了许多线性传播观点。其中代表性的有拉斯韦尔模式和申农—韦弗模式。

（一）拉斯韦尔模式

1948年，哈罗德·拉斯韦尔在其《传播在社会中的结构与功能》一文中提出，传播过程就是：

谁

说了什么

通过什么渠道

对谁

取得了什么效果

这一文字模式的提出，引起人们的关注，此模式被视为经典模式，人们称之为"拉斯韦尔公式"。

将其转化成图表模式，就如下图：

图 6-1 拉斯韦尔公式及其相应的传播过程诸基本要素

（据拉斯韦尔 1948 年文章绘制）

从拉斯韦尔的这一模式中可以看出：传播过程是一个目的性行为过程，具有企图影响受众的目的。因此说他的传播过程是一种说服过程。

拉斯韦尔的模式奠定了传播学研究的范围和基本内容。对过程中的每个环节都可以进行独立的研究。

拉斯韦尔模式功绩卓著，但是问题也非常明显：一方面，它过高地估计了传播的效

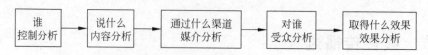

图 6-2 拉斯韦尔公式及其相应的传播研究领域

果;另一方面,它忽视了反馈要素。这是早期研究的共同特征。

(二)申农—韦弗模式

1949年,信息论的创始人申农及同事沃·韦弗在研究信息流通的过程时,提出了通信的数学原理。他们研究的是技术科学中通信的信息传送问题,本来是一个与社会系统无关的纯技术性模式。后来的传播学借用此模式,同样可以说明人类传播的过程。

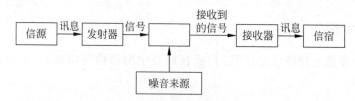

图 6-3 申农—韦弗"数学模式":它把传播描述为一种直线、单向的过程

(据申农和韦弗1949年著作绘制)。

这种信息论范畴中的信息传播过程包括五个正功能和一个负功能。

五个正功能是:

信源:发出讯息

发射器:将讯息转换成信号

信道:负责传递信号(发出的信号与接收到的信号不同)

接收器:将信号还原成讯息

信宿:讯息的目的地

一个负功能是:

噪音:对正常信息传递的任何干扰。在实际的传播过程中,传者和受众之间传受的信息往往有差别,这常常就是由于噪音干扰造成的。噪音可以是系统外的噪音、人为的噪音,也可以是系统内的噪音、自然的噪音等。

传播的顺利进行,有赖于噪音的排除,而能够消除噪音的就是讯息中所包含的冗余信息。它不会影响讯息容量的增减,但却有抗干扰的作用。

不过,值得注意的是在一定的时间、空间条件下,如果冗余信息过多,这样尽管抗干扰能力增加了,却使得讯息的平均信息量减少。因此传播过程要特别关注噪音、冗余信息和平均信息量三者的关系。

申农—韦弗模式使传播学者认识提高一步,使人们能够更精确地研究传播过程中的具体环节。

他们的模式也有自身的缺陷。他们未能在模式中更多地顾及人的因素、社会因素,忽视了讯息的内容、传播的效果等等。可以理解的是他们进行的这项研究本身就是技术科学的问题。

二、线性传播过程模式的缺陷

以拉斯韦尔模式、申农—韦弗模式为代表的一批线性传播过程模式,给传播学的研究启发很大。然而,不可避免地也具有明显的缺陷,主要的不足表现在:

第一,将传播过程视为起于一点、止于另一点的直线、单向的过程。没有信息的回路与反馈。

第二,将传播过程视为非环境互动的静态过程。即传播过程只是内部发生的活动,不考虑人的主观能动性,同时不与传播所生存的环境进行任何交换,忽视社会的客观制约性。

第三节 控制论传播过程

一、控制论关照下的传播过程

1948年,诺·维纳发表了《控制论》一书,创立了控制论,用更新的观点研究动物和机器中控制与通讯的科学。

控制论的基本思想便是运用反馈信息来调节和控制系统行为达到预期的目的。这种方法突破了传统的线性模式研究传播过程的局限,因而将后来带有反馈的双向交流过程的传播过程称为控制论传播过程模式,即带有反馈回路的闭环控制系统。

所谓反馈,原意是指控制系统中将输出回输到原系统中。传播学认为,反馈就是受传者在接受信息后作出的各种反应。

在传播研究中应用反馈概念,有着重要的意义。它使人们认识到传播过程不仅是线性的单向流通,而且是双向流动的信息传播回路。不仅传播者发出信息,而且受传者也发出讯息,即时刻发出对接受到的信息的反应。正如梅尔文·德弗勒在申农—韦弗模式基础上发展而成的带有反馈的模式:

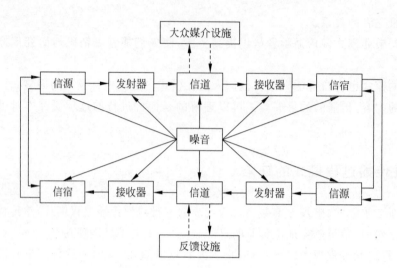

图 6-4　德弗勒对申农—韦弗模式的发展：它考虑到反馈

(据德弗勒 1970 年著作绘制)

在这个修正模式中最重要的贡献便是反馈机制的增加。

实际上，反馈在传播过程中可以发挥巨大的作用，从传播者角度看，反馈可以检验传播效果；传播者可以据此调整和规划目前和未来的传播行为。因此，作为传播者必须增强信息反馈的自觉性。从受众角度看，反馈是受众意见、需要、态度等信息的流通方式；受众可以据此更积极、更主动地介入传播过程中，主动搜集、使用信息。因此，作为受众也必须增强信息反馈的主动性。

尽管反馈对传播过程有如此重要的作用，但是仅仅靠反馈是不够的，特别是对大众传播这样比较巨大的复杂的系统。由此控制论也提出了前馈概念。

反馈因其迟滞于传播行为之后，因而影响到了传播系统的控制功能。因此，有必要增加前馈这种回路，特别是在大众传播过程中。所谓前馈，根据控制论解释就是尽可能在系统发生偏差之前，根据预测的信息，争取相应的措施。将前馈回路与反馈回路耦合起来，就构成了前馈—反馈控制系统，这种系统能达到较好的控制效果。对大众传播过程也是如此。[1]

威尔伯·施拉姆最早在传播学中使用"前馈"概念，他认为前馈就是在进行大众传播之前，事先对受众进行调查研究，以了解其构成、需要、行为等，以改进传播、增强针对性、提高传播效果。他指出反馈是重要的，而"前馈更要具有独创性"。[2]

---

[1] 王雨田.控制论、信息论、系统科学与哲学.北京：中国人民大学出版社,1988,52~53

[2] [美]施拉姆,波特.传播学概论.陈亮译.北京：新华出版社,1984,291

二、控制论传播过程模式

(一)奥斯古德—施拉姆模式

这个传播过程模式是由奥斯古德首创,由施拉姆提出的(1954)。这是一个高度循环的模式,在这个传播过程中,传播者既是制成符号者、解释者,也是还原符号者;受传者也如此。传受双方互为传播过程的主客体,行使着相同的功能,即编码、译码和释码。所谓编码就是将意义或信息转化成符号的过程,这是传播过程中极其重要的环节。作为传播者,其编码水平的高低直接制约着传播效果的好与坏。因此,提高编码水平是传播者永恒的话题。编码并非完全个人的活动,一方面它要受编码者个人世界观、价值观、知识范围、经验等制约;另一方面也受编码者所在的社会、文化环境的制约。编码不仅仅是一个技巧问题,还有其更为深层的领域。

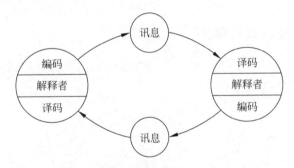

图 6-5　奥斯古德—施拉姆模式:传播双方(例如在对话中)执行着相同的职能

(据施拉姆 1954 年文章绘制)

所谓译码就是将符号还原为信息或意义的过程,与编码过程相对应。

编码、译码环节是传播过程中重要的元素。对传而求通有重要意义。

奥斯古德—施拉姆模式比线性模式进一步,它特别适用于人际传播。该模式的缺陷在于,它认为传播是完全对应的、平等的,这与实际传播过程中传受双方往往不对应、不平等相出入。施拉姆于 1954 年又提出了适用于大众传播的模式,在这一模式中明确提出了"反馈"。

此模式的中心是媒介组织,它也集编码者、译码者和释码者于一身。它们可以从受众处获得推测性反馈。受众往往是由个体组成的,这些个体分属于各个基本群体和次级群体。

施拉姆的大众传播模式,标志着从一般传播过程模式走向大众传播过程模式,标志着将大众传播看成为社会的有机组成部分的趋向。

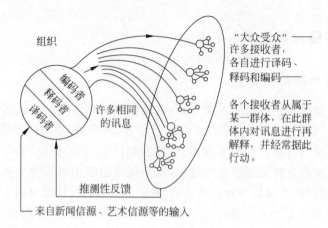

图 6-6　施拉姆大众传播模式：显示了大众传播的生产和接收以及对媒介的推测性反馈
（据施拉姆 1954 年文章绘制）

（二）韦斯特利—麦克莱恩模式

1957 年，美国传播学者韦斯特利和麦克莱恩整理当时已有的研究成果，提出了一个适合于大众传播研究的模式。

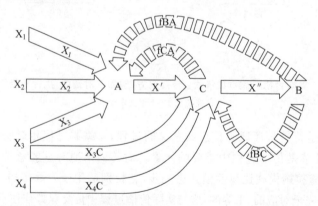

图 6-7　韦斯特利—麦克莱恩大众传播概念模式：它引入了一个第二种传播者 C（即信息渠道角色）
（据韦斯特利和麦克莱恩 1957 年文章绘制）

模式中的诸要素表示如下意义：

X：代表社会环境中的任何事件或事物，传播这些事件或事物的信息要借助大众媒介。

A：有意图的传播者，如政治家、广告客户、新闻来源等，是"鼓吹者"角色。

C：媒介组织或其中的个人。它们从 A 或 X 处选择信息，传播给 B（受众）。

B：受众或"行为"角色,可以是个人,也可以是群体,还可以是一个社会系统。

X′：传播者为进入信息渠道而作出的选择；X″是指媒介组织向受众传递的加工过的信息。

X_3C：指大众传播组织直接从 X 中作出的观察,获取的信息。

fBA：指受众(B)向原始信源(A)的反馈。

fBC：指受众(B)通过直接接触或受众的研究向传播组织的反馈。

fCA：指传播者(C)流向鼓吹者(A)的反馈。

这个模式对认识大众传播过程意义重大,一是它指出大众传播过程是经过选择的,而且这种选择是经过若干阶段进行的,说明了大众传播过程中把关人及其多重把关性。二是它指出了反馈(或缺乏反馈)的重要性。

然而,此模式也有其明显的不足,即：(1)它认为三个参与者之间是平衡的、互利的,整个系统完全自我调节。事实上,传播过程中三个参与者之间是很少平衡的。(2)它夸大了大众传播过程的一体化程度。而现实中,每一方都会追求各自的不同目标。(3)它过分强调了传播者对社会的独立性。

(三) 控制论传播过程模式存在的问题

控制论模式因引入了"反馈"概念和机制,传播过程成为双向交流的回路,自我调节能力增强。然而控制论模式也有其自身的缺陷。

第一,它认为传播过程是双向回路之后,就成了循环、平衡的自我调节系统。而现实中的传播过程,尤其是大众传播过程较少有平衡、对等。"传播经过一个完全的循环,不折不扣地回到了它原来的出发点。这种循环类比显然是错误的。"①

第二,它认为传播过程是一个独立的本体运动过程,即传播过程是独立于社会的自我运行的系统过程。没有发现传播过程的社会背景。

第四节 系统传播过程

一、传播过程的宏观系统认知

线性传播过程揭示了传播过程中的最表象的、静态的元素,控制论传播过程指出了传播过程的双向流动特征。但是它们都是在传播过程系统内部探索、研究,揭示的都是其中

---

① [英]麦奎尔,[瑞典]温德尔.大众传播模式论.祝建华,武伟译.上海：上海译文出版社,1997,24

的微观环节及要素。

在系统观形成的背景下,不少传播学家在关注传播过程内部微观环节的同时,开始并更多地研究传播过程的宏观环境、系统环境,即抛弃那种"传播过程是在社会真空中发生的,环境的影响不值一顾"的观点,更多地认识到传播过程乃是整个社会运行过程中的一个组成部分。

J. 赖利和 M. W. 赖利夫妇于 1959 年从社会学角度提出,大众传播是各种社会系统中的一个系统。他们最早提出了在社会系统框架之中的传播系统模式。

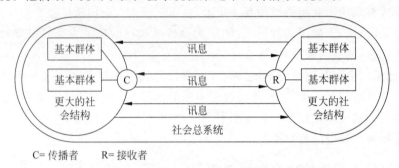

图 6-8　赖利夫妇模式:在社会系统框架之中的传播系统

(据赖利夫妇 1959 年著作绘制)

他们将传播过程视为一个系统,并将传播系统放在一个包罗万象的社会系统中去研究。大众传播过程与社会系统之间是互动的关系,两者之间相互影响。他们的这一模式开启了大众传播研究的新面貌。

二、系统传播过程模式

除上述赖利夫妇的传播系统模式之外,还有不少学者提出了自己的系统过程模式。

(一) 马莱茨克模式

这个模式是德国学者马莱茨克于 1963 年提出的,它是一个大众传播过程模式。他从社会心理学角度研究大众传播,将大众传播过程细分为众多因素构成的复杂的社会过程。

马莱茨克在他的这个大众传播过程模式中,提出了许多影响因素,这些因素影响到大众传播过程中的传播者和接收者。

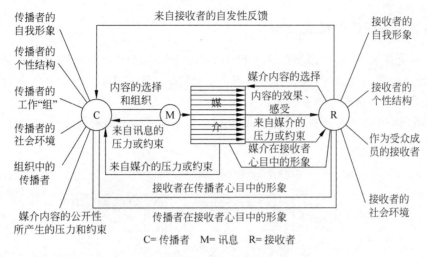

图 6-9 完整的马莱茨克模式

（据马莱茨克 1963 年著作绘制）

影响传播者的因素 {
传播者的自我形象
传播者的个性结构
传播者的工作"组"，即"群体"
传播者的社会环境
媒介组织中的传播者
由媒介内容的公开性所产生的压力和约束
来自媒介的压力和约束
来自讯息的压力和约束
}

影响接收者的因素 {
接收者的自我形象
接收者的个性结构
接收者的社会环境
作为公众成员的接收者
来自媒介的压力或约束
接收者心目中的媒介形象
}

影响传播者与接收者的其他因素 {
接收者与传播者相互之间的形象
来自接收者的自发性反馈
}

含有如此众多的复杂因素的大众传播过程模式是对在此前从社会心理学角度研究大众传播的总结。它既指出了传播过程的社会制约性，也指出了其中的心理变量。他的分析较以往的研究更为系统、全面，且更具社会性。

（二）梅尔文·德弗勒模式

美国社会学家、传播学家梅尔文·德弗勒（Melvin L. Defleur）从广大的社会环境出发，研究社会中的传播过程，先后提出过两个系统传播过程模式。

首先是美国大众媒介体系模式：

德弗勒于1966年首先提出了美国大众媒介体系模式。下面的图表模式是对1966年模式的系统化和简化。

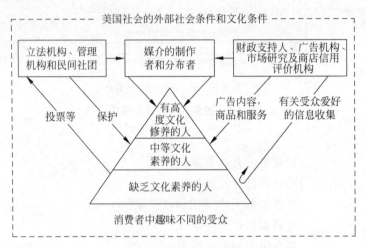

图6-10　德弗勒的美国大众媒介体系模式

（据德弗勒1970年著作绘制）

这个模式表述了在自由市场经济条件下，社会中政治、经济力量的变化与传播过程的关系。

这个模式由以下要素组成：

（1）受众：分为不同层次

（2）政府及管理机构、民间社团：政治、法律力量

（3）金融、商业机构：经济力量

（4）媒介制作和分发组织：均为私人公司

（5）支撑这个体系运行的是媒介的"低级趣味"内容，它是满足这个体系运转的首要财政条件的主要途径，这是自由市场原则支配下的大众传播体系。

德弗勒及其合作者在分析美国大众传播体系的基础上，进一步提出了更具普遍意义的"大众传播效果依赖模式"（或称"媒介系统依赖模式"）。

这个模式是一种社会系统模式，它将大众媒介看成是积极参与处于社会行动的社会、

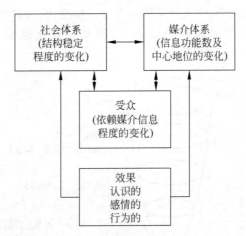

图 6-11　鲍尔—罗克希与德弗勒的依赖模式：显示了社会、大众媒介、受众、效果之间的互相依赖关系
（据鲍尔—罗克希与德弗勒 1976 年文章绘制）

群体和个体层次上的维持、变化与冲突过程的信息系统。

这个模式中受众、媒介体系和社会体系是决定大众媒介效果出现的条件。这三个要素之间是相互联系的。社会体系根据它的稳定程度而变化，这就刺激和影响了信息的发送与接收；受众随社会体系和社会条件的变化而变化；大众媒介因社会体系和条件的不同，在数量、多样性、可靠性及权威性等方面都有所不同，其功能也会有所不同。

这个模式是根据德弗勒于 1976 年提出的媒介系统依赖理论所绘制的。该理论是一个整合性的理论。它尝试结合各种影响传播研究的微观典范及宏观典范，使我们了解在传播占据越来越重要地位的信息社会中，媒介系统、社会系统与受众系统三者间的互动依存关系。

该理论把社会看作一个有机的结构，并把媒介系统设想为现代社会结构的一个重要部分，它与个人、群体、组织和其他社会系统都有关系。这种关系表现在大众传播中就是媒介系统中的依赖关系。受众对大众媒介的依赖及依赖程度因人、团体与社会文化的不同而有所差异。

这个理论认为媒介、受众与社会及其复杂关系是影响受众对大众媒介依赖程度的主要因素。(1)社会的变迁冲突越剧烈，公众对外在世界的"不确定感"(uncertainty)也就越大，受众对大众媒介的依赖也就越深。(2)社会愈复杂，大众媒介在一个社会中发挥的功能越多，则人们对大众媒介的依赖也就越深；同样地，大众媒介对社会的功能越重要，则此社会对媒介的依赖也就越大。德弗勒认为，社会发展得越复杂，媒介体系也会变得越来越庞大，所以大众媒介将会发挥比现在更为独特的一些功能。(3)受众对大众媒介的依赖程度也会因人、团体与社会文化的不同而有所差异。

德弗勒认为,媒介与社会、个人等依赖关系会发生变化,这种变化牵涉到许多因素,而这些因素对促成这种改变的影响力量不一,德弗勒称此现象为"波纹效果"(Ripple Effect),如下图:

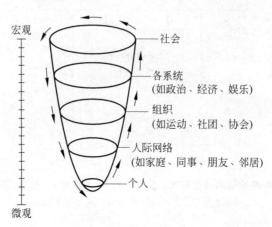

图 6-12　媒介系统依赖关系变化的波纹效果

"媒介依赖关系的变化会产生波纹效果。它始于旋斗上端的媒介在社会中的位置,螺旋下降贯穿于媒介系统与各社会系统、组织和人际网络的依赖关系,直到与个人的依赖关系。媒介系统的社会作用的变化,在社会行动的所有层次都会有所波及。这种作用的变化具有增大各社会系统、组织、人际网络和个人的媒介依赖性的效果。"[1]各系统的变化可以自上而下,也可以自下而上。

"媒介系统通过与个人、人际网络、组织和社会系统结成的复杂依赖关系",已成为"当今社会的延续所必不可少的一个信息系统。媒介所起的具体社会作用在各个社会有所不同,因为媒介系统在不同社会具有不同的生存依赖关系。"[2]

德弗勒等人提出的"媒介系统依赖模式"突出了传播媒介与社会、受众的密切的相互关系。它表明媒介系统实际上是社会系统的一个不可分割的子系统。

三、大众传播系统过程

当代社会的重要标志之一便是大众传播业的形成和蓬勃发展。从早期的杂志、报纸演化,到包括电影、广播、电视乃至新型传播媒介在内的一个完整而相对独立的社会体制

---

[1] ［美］梅尔文·德弗勒等.大众传播学诸论.杜力平译.北京:新华出版社,1990,362
[2] 同上,363

(social institution)。作为社会体制,大众传播已经并且正在对当今社会的各个方面产生着越来越重要的影响。

(一)大众传播是系统的集合

如同其他社会体制,大众传播也是一个系统,并且是一个系统的集合。首先,它是使经济、社会日益全球化、信息化的电子信息媒介系统的一个系统。我们知道,当今世界正在走向全球化和信息化,这个过程可以理解为在世界各国的经济和社会活动中通过普遍采用信息技术和电子信息装备,更有效地开发和利用信息资源,推动全球经济发展和社会进步,使由于利用了信息资源而创造的劳动价值(信息经济增加值)在国民产生总值中的比重逐步上升直到占主导地位,从而使世界各国经济和社会发展的相关度大幅度提高的过程。信息化将对整个社会系统的经济、政治、文化等各个子系统产生重大而深远的影响。在信息化的过程中,大众媒介体系担负了极为重要的作用。特别是在数字技术、卫星技术和网络技术日益进入现实应用的今天,大众传播已经并且正在创造新的文化形态——电子信息文化。从某种角度看,信息化就是文化体系重构的一个新过程。在这个新的文化体系中,电子信息文化将成为主体之一,它将促进生产、商业、研究、教育、军事以及文化艺术等活动方式的变化,突破时空限制,扩大人们智力活动的范围,为人类创造能力的无限发挥提供条件。为了更好地认识和研究大众传播系统,我们有必要将它放到这一大系统中去考察。

其次,大众传播是社会系统的一个子系统。在社会这个大系统中,大众传播是一个重要的子系统。它受到社会其他子系统的影响和制约,如政治、经济、文化等,因此,在不同的国家和社会中,大众传播呈现出极大的差异。同时,它又在相当程度上影响和制约着其他社会子系统。在当今的信息时代,它们之间的互动关系成了我们关注的焦点之一。因此,我们认识和研究大众传播不能脱离它所在的这个社会系统。

第三,大众传播自身又是一个由多个系统组成的系统。大众传播是人类有组织、有目的的活动。大众传播系统包括传播者、讯息、传播媒介、受众、传播效果和反馈等基本子系统。大众传播系统各子系统的关系,基本描述如下图:

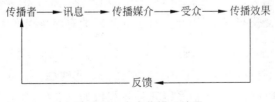

图 6-13 大众传播系统图

因此，我们可以看出，大众传播是一个既受所属电子信息媒介系统和所在社会系统的影响和制约，又具有自身运动和发展规律的系统。按系统科学的观点，它是他组织和自组织的统一。作为他组织，大众传播系统的确是在社会和物质这些外部环境的特定作用下形成的；然而，作为自组织，大众传播又是在自己产生、发展的动力下进化的，具有自发和自觉的特征，同时具有不以外部特定作用为转移的客观规律。大众传播系统在获得自己空间的、时间的或功能的结构过程中，相当多的时候没有外界特定的干预，而是自身内部的系统动力。

长期以来，我国对大众传播的认识和研究只注重或过分注重大众传播的他组织原理，将其视为可以为外部特定作用任意塑造和干预的社会体制，实践中也是如此。因此，导致大众传播系统活动效率下降，结构及功能失调，整体效益大打折扣。

为了更全面而科学地认识大众传播系统，合理建构新型的大众传播系统结构，充分发挥它在经济、社会方面的信息化作用和所在社会系统中的功能，非常有必要了解大众传播的自组织原理。

（二）大众传播系统的自组织原理

大众传播系统同其他社会子系统一样，都是他组织和自组织的统一。既然大众传播也是自组织系统，因此，也就带有自组织系统共有的一些原理和特征。我们试着参照自组织的基本原理来分析大众传播的自组织原理。

1. 大众传播系统的开放原理

作为自组织系统的前提之一就是系统要对环境开放。大众传播系统不是在平衡过程中形成的平衡结构，这种结构的特点是不与环境进行任何交换才得以保持平衡。相反，大众传播系统是一个耗散结构，它是在非平衡过程中形成的一个系统，它要通过不断地与环境交换，耗散能量和物质才能保持平衡。

对环境开放、与环境交换的目的就是减熵。大众传播系统需要在与其环境的不断交换中减少无序性、增加有序性。"文革"期间的大众传播系统是典型的封闭的平衡结构。系统内部的熵值越来越大，变得无序，并且与环境相矛盾。今天的大众传播系统与社会外部环境进行着大量的交流与互动，因此其进步和发展的有序化程度大大提高。

2. 大众传播系统的非线性原理

大众传播系统具有所有社会系统共有的特征——非线性。大众传播系统具有无穷多的可能形态。当前，我国的大众传播系统正处在趋极的运动中，我们都在努力探索变化的定态，那可能是我国大众传播系统的一种成熟而有序的模式。我国大众传播系统正处在加速增长的过程中，尚未到达饱和点，是一种非单调性的运动过程，即非只增不减的过程。

它的发展同样呈现出不规则的振荡运动。我国的大众传播系统在与环境的互动中,表现出来多值特征,即外部作用对大众传播系统产生了多重效用的影响;另一方面,大众传播系统对环境也会有多重输出。我国的大众传播系统在其自身的发展过程中,同样会出现非光滑的变化、突变及发展的滞后性。正因为我国大众传播系统是非线性系统,因此我们非常必要从整体的、环境的、动态的角度来认识它。

3. 大众传播系统的不稳定性原理

大众传播系统也有弃旧图新的自然要求。如同我国社会其他各项子系统都处在转型期,我国大众传播系统也处在从无序态走向有序态的过程中。这种系统演化过程中的不稳定性对演化来说,起着决定作用。我们可以看到我国大众传播系统的变化过程,如图：

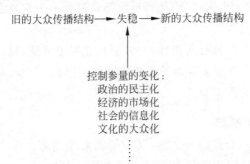

图 6-14 我国大众传播系统变化

新旧结构的交替中必然要出现失稳,即旧结构失去稳定,这样才可能出现新结构。在这个不稳定中控制参量的变化,尤为重要,控制参量的变化就是系统与环境关系的变化。新的大众传播模式就产生在旧模式的失稳中。

4. 大众传播的非平衡性原理

非平衡是有序之源,远离平衡是大众传播这种耗散结构之源泉。这里的离开平衡态不是说混乱一团,而是说大众传播系统要从环境中吸收能量、物质和信息。我国大众传播系统必须要与其生存的外部环境进行大量的互动,吸收观念形态的大众传播理念和意识要素,吸收物质的大众传播科学与技术要素,吸收大量的大众传播活动赖以进行的信息要素等。这样就演化成一个开放的、在世界舞台上有力量的结构。因为,耗散能力越强的系统,进化得越快。

5. 大众传播的序参数原理

大众传播是有序的、有规律结构的系统,其中的"序"是指临界涨落导致对称破缺(哈肯,1995)。我们看到的大众传播系统的无序性,归根到底是因为大众传播系统中存在着使系统表现出不同状态的多种因素,如政治、经济和社会文化因素等。这些因素相互竞争,没有哪一种能取得压倒的优势。但是随着内外客观条件到达某个关节点,则往往只剩下两种(或多种)因素势均力敌,难分上下,这时再加上某些偶然性(临界涨落)的作用,就可以使某种因素趋向主导,压倒所有竞争因素,掌握全局(对称破缺),而使相应的状态脱颖而出。这时,其他因素都会皈依主导因素,不皈依者将自行消亡。当然,也有可能两种或多种状态相互合作,出现一种新的主导的状态。

此处所说的主导因素便是序参数。大众传播运动和发展的序参数必然是来自系统内部的,即大众传播系统的生存和发展基因,它是一种利益形态。大众传播"具有自身的动力学","报纸或杂志要有人买,才能生存,或者换句话说,它们是有读者支持的。但是由于这种支持是有限的,必然会出现竞争,从而导致筛选过程……它就必须以最能保证其自身的继续生存的方式筛选材料"。[1]

大众传播系统的序参数具有两面性,一方面它支配子系统,具有标志大众传播有序结构出现的重要作用;另一方面又需要子系统来维持。因此,当今,我们着重研究大众传播系统的序参数具有重要的根本意义。

6. 大众传播的役使原理

我国的大众传播是一个复杂的系统,其中的因素相当多。每个因素都有自己的运动方式和作用领域。当少数因素能够支配绝大多数因素的时候,即序参数能够迫使其他因素和状态纳入它的轨道的时候,大众传播系统才能形成支配—役使的关系,从而才可能是有序的。现在的无序是多个因素正在争夺序参数的地位的结果,各个因素在不同的时空中组成了不同的役使关系,因此,在不同的时空情境中呈现出此消彼长的无序态。

哈肯在分析到大众传播系统时指出,大众传播系统的有序是在"筛选压力下的序参数"[2]的役使下,才得以保障的。这对我们认识我国的大众传播系统不无启发。

7. 大众传播的循环原理

大众传播系统有其耦合的方式。早期的大众传播系统多为非循环的系统。即:

传播者→讯息→传播媒介→受众→传播效果

随着信息传播业的发展,社会系统对大众传播系统提出了更高的要求,大众传播系统内部在与环境的交换中走向有序,逐步形成了循环系统。即大众传播系统内部各元素相互作用,互相促进,共同发展。

然而,在我国的大众传播系统中,这种循环原理还没有真正地达到循环的循环,即超

---

[1] [德]赫尔曼·哈肯. 协同学:大自然构成的奥秘. 凌复华译. 上海:上海译文出版社,2005,157
[2] 同上,156

循环。往往是在外部和内部因素的特定作用下，在特定的时空情境中能够有一次或多次循环，还未能够形成开放的、在序参数支配下的、自组织的循环。

8. 大众传播的涨落原理

一个社会的大众传播系统不可能永远处在有序态，特别是像我国的大众传播系统正处在转型期。虽如上面所说，我国的大众传播系统正趋向定态，但是它还会出现偏离定态或平均值的涨落。这种涨落实际上是一种正常状况，是一种积极因素。出现涨落说明在现有系统结构中出现了需要耗散掉的因素。涨落触发了大众传播系统旧有结构的失稳，需要通过涨落渐趋新的定态，寻找新的结构。实际上，对大众传播系统来说，涨落是一种选择机制，通过涨落选择更适应系统发展方向的结构。

我们需要看到，大众传播系统中的涨落有巨、大、小之分。小涨落没有以上所说的渐趋新定态的作用，相反倒是有破坏作用。"耗散结构是稳定下来的巨涨落"（普里高津，1969）。对大众传播系统而言，只有远离平衡态的巨涨落才可能形成新结构。

大众传播作为一种自组织结构，其系统内部有着自发、自觉的元素关系。长期以来，我们只是看到了大众传播系统作为他组织的各种原理，忽略了这一社会体制的自组织原理。这是多年来，我们使用经典科学的还原论的方法论、认识论和本体论对大众传播系统认识和研究的结果。这样我们分解了本来作为系统整体的大众传播，机械地分析重建这个系统，并且在我们的脑子中固守一个认识，即大众传播存在着一个基本层次，在这个层次上存在着不可分的基本单元，这些基本单元受制于简单的基本规律。实际上，社会系统的整体性是无法用还原论加以解释的。

因此，在我们对大众传播系统进行新一轮研究的时候，需要借用系统科学的方法论、认识论来对待我们的研究对象。将还原论和整体论辩证统一起来，认识到大众传播系统的他组织和自组织原理。切实研究开放的、非线性的、超循环的大众传播系统，据此制定系统决策，建构新形态的大众传播系统结构，以适应社会系统的发展要求。

小结

总之，传播过程乃是传播运动的程序与状态。为了将传播过程研究简化、直观化，传播学者们引用了"模式"这种手段进行研究。到目前为止，已提出了几百个传播模式，其中有关传播过程的模式也有几十个之多。所有这些传播过程模式可以分成三类：线性传播过程模式、控制论传播过程模式和系统传播过程。

随着人们研究方法及手段的成熟与进步，人们对传播过程的认识与研究将进一步深化。

第七章 传 播 者

第一节 传播者的制度环境

一、社会制度与四种传播体制
二、传播体制的新认识

第二节 传播者与把关

一、把关人和把关
二、影响传播者把关的因素

第三节 媒介专业主义

一、媒介专业主义的内涵
二、反思媒介专业主义

传播者是传播活动的起点,也是传播活动的中心之一。大众传播中,传播者是专业化的传播组织及其从业者,包括各种媒介组织,如报社、电台、电视台、出版社、电影公司等,也包括各种岗位的从业者,如记者、编辑、主持人、导演、技术人员以及其他工作人员等。

传播者的基本职能就是制作和传播讯息,他们控制着传播内容,因此,传播者研究被称为"控制分析"。同时,大众传播系统是整个社会系统中的一个组成部分,又受到各种社会因素对他们的控制。

第一节 传播者的制度环境

大众传播与社会是不可分割的相关体。社会生产力水平等一系列经济、政治、文化、社会因素直接或间接影响和制约着大众传播。它不可能不带有它所在社会的特征。同时,它也是服务于该社会的一个子系统,反作用于社会的各个方面。

自报业诞生后,至 20 世纪中叶,一种在欧美资本主义国家流行的观点认为,报业等大众媒介是"第四势力"。在传统的立法、司法、行政三权分立之外,大众媒介成为重要的监督性和制约性力量,无论在哪个国家、哪种历史情境下,大众媒介都应该享有它的自由和独立。

然而,"第四势力"从来不是大众媒介的准确表述。实际上,这种看法与当时西方盛行的自由主义传播理念是一脉相承的,也是适应当时西方资本主义国家(尤其是美国)的政治制度和历史脉络的。在其他国家、在其他时间,大众媒介的角色可能会有所不同;而在当时的资本主义社会里,大众媒介也从来不是独立的。

德弗勒指出:"那种认为媒介是独立的力量,能够随意影响和形成社会的老看法,过于简单并已过时。"[①]施拉姆也说:"所有的制度都必然在某种程度上对它们的媒介加以管制和控制","基本的原则是任何社会对它的传播机构所施加的控制都是从这个社会中产生出来并代表它的信仰和价值观。"[②]从这个基本原则出发,施拉姆等人得出的结论就是:世界上不同社会制度的国家,有着不同的传播控制方式。

一、社会制度与四种传播体制

美国学者赛伯特、皮特森和施拉姆所撰写的《报刊的四种理论》,按照"不同制度决定

---

① [美]梅尔文·德弗勒.大众传播学诸论.杜力平译.北京:新华出版社.1990,137
② [美]威尔伯·施拉姆.传播学概论.陈亮等译.北京:新华出版社.1984,183~189

不同传播体制"的原则,分析了人类大众传播在历史和现实中所经历的四种传播体制,影响广泛。①

人类历史上,自大众传播诞生以来,社会制度历经三种:封建社会、资本主义社会、社会主义社会。赛伯特等人认为,封建社会和类似的社会制度对应的是集权主义传播体制;资本主义社会前期对应的是自由主义传播体制,后期对应的是社会责任主义(社会责任论)传播体制;而苏联等社会主义社会对应的是苏维埃主义的(又称社会主义的、共产主义的)传播体制。

(一)集权主义传播体制

大众媒介就诞生在集权主义社会中。自15世纪近代印刷术在欧洲出现,一直到16、17世纪早期报纸的诞生,这个时期的欧洲都处于集权主义社会,即封建专制统治时期。

集权主义传播体制植根于当时的专制社会。那时的社会制度承认封建君主和特权阶级对报刊等传播媒介拥有绝对的统治权。大众媒介如报刊等,是封建统治阶级发号施令、维护专制统治的工具,绝对不允许报刊批评政府的。封建统治者有权办理或撤销出版报刊的许可证,有权监督报刊的一切活动、审查报刊的一切内容。

这种传播体制的确立源于封建统治者对于舆论以及新兴的舆论工具——大众媒介的恐惧。它的思想源流与意大利政治学家马基雅弗利、英国哲学家霍布斯等人的观点一脉相承,他们主张国家对社会的意见和谈话应当加以严格控制。

实行集权主义传播体制的国家主要是封建君主专制的国家和军人独裁统治的国家。

一般而言,在资本主义社会建立之前,封建统治占主导地位的社会里,这种传播体制是主体体制。中国宋代以降的封建统治者对邸报的严格审查和对小报的严厉查禁就是一例。18世纪以前的英国封建统治者也对出版实行了皇家特许和审查制度。在现代社会中,如第二次世界大战中的纳粹德国、日本和意大利等法西斯国家,在亚洲、拉美等地出现的独裁政权等,也实行了这种集权主义的传播体制。

法西斯主义宣传是集权主义传播体制中的重要实践和具体表现。德国的希特勒及其助手戈培尔成立专门的机构,对媒介实行了全面的检查制。他们查封反对派报刊,统一管理媒介,并在多年实践中形成了多种媒介的法西斯宣传体系。其理论基础和宣传的根本指导方向是至高无上的领袖意志和国家意志、民族优越和对外扩张;其实际行为是限制言论出版和新闻自由,造成一个渠道、一个声音,通过思想上、组织上、法律上和特务统治

---

① 参见施拉姆等.报刊的四种理论.北京:新华出版社,1980; John Nerone, William E Berry, etc. Last Rights: Revisiting Four Theories of the Press. Urbana: University of Illinois Press,1995;郭镇之.对"四种理论"的反思与批判.国际新闻界 1997,1

的极端措施，强化其对所有报纸、广播、通讯社、电影、杂志等大众媒介的控制。①

集权主义出现在历史的特定阶段，给社会带来了灾难，并不断被革命者和思想家们所批判。

（二）自由主义传播体制

自由主义传播体制是在封建统治逐步瓦解的过程中确立起来的，它受到了资产阶级革命的推动，并以启蒙主义和自由主义思想的传播为先导。

17、18世纪，启蒙运动在欧洲兴起，以权利、自由为主体的自由主义思想也得到广泛传播，其代表人物有荷兰的斯宾诺莎、英国的洛克等人。

英国诗人、政治家约翰·弥尔顿于1644年发表了《论出版自由》，提出了"观点的公开市场"和"真理的自我修正过程"的观点。他认为，人的理性高于一切，言论自由和出版自由是天赋人权的一部分，人们运用理性可以分辨好与坏、真理与谬误。若要使人的理性得以运用，就必须让人不受限制地了解不同的观点和思想。因此，他认为应当有一个"观点的公开市场"，即各种各样的观点都可以表达出来，让真理去参加"自由而公开的斗争"。在这一斗争过程中，真理必然会自我修正，最终战胜各种错误意见而保留下来。弥尔顿认为，在一切自由之中，言论自由是最重要的自由。他呼吁人们反对封建专制阶级对出版和言论的控制。

弥尔顿的思想是第一次公开表述的有关言论和出版自由的思想，奠定了自由主义传播体制的基本原则。另一位英国思想家密尔在《论自由》中也做了重要的阐发。随着英国资产阶级革命的进行，尤其是随着法国资产阶级大革命与美国独立战争的成功，这种自由主义思潮遍及资本主义世界，自由主义的传播体制也得以完全确立。

1789年，法国资产阶级革命取得胜利，制宪会议通过的《人权宣言》第11条规定："自由传播思想和意见是人类最宝贵的权利之一，因此，每个公民都有言论、著作和出版自由。"

1791年，美国国会通过了宪法第一修正案，规定"国会不得制订任何法律限制……言论或出版自由"。

至此，资产阶级以法律形式将言论自由和新闻自由作为公民的基本权利固定并保护起来。在欧洲和美国，自由主义的传播体制逐渐形成。其特点包括：

大众传播不受政府控制，传播者具有传播的自由；

大众传播多样化、多元化，反映和代表多种不同的意见；

大众传播业自由竞争、自由营业。

---

① 裘正义.世界宣传简史.福州：福建人民出版社，1993，260

赛伯特指出，这种自由"是模糊的，不确定的，有时还是前后矛盾的。但是，它最大的优点也就在于它的伸缩性和适应性，而且更重要的是，它相信通过持续不断的个人自我引导，个人有能力促进人类的利益和幸福"。①

但是，这种自由是相对的自由，而非绝对的自由。自由主义传播体制的缺陷很快显现了出来。

首先，自由主义者最抗拒的事情是政府对大众媒介的控制，但实际上这种控制不可避免。即使它不是以封建时期的许可、审查和判决的样式出现，也会通过各种方式渗透到大众传播过程中。以美国为例，虽然新闻业被认为是"第四势力"，但美国政府仍然会通过硬性调控（如战时新闻审查、保密制度、对刑事诽谤与煽动叛乱的惩戒、对媒介广告和广播电视的特殊管理等）与软性调控（如政府公关、笼络新闻界头脑人物等）来影响传播内容。②

其次，更重要的是，除了政府的干预和调控，"经济控制远比政府的控制对美国大众媒介施加的影响更为有力"③。商业化的大众媒介以追逐利润作为最终目的，导致内容低俗和手法煽情，忽略了重要的知识和信息，反而去关注鸡毛蒜皮之事；有时新闻记者会侵犯个人隐私权及其他权利；更有甚者，大众传播的老板会因为自己的利益而利用手中的工具捏造事实、挑动情绪，导致社会动荡乃至战争。19世纪末，赫斯特及《纽约新闻报》不负责任的报道为美西战争推波助澜就是典型的例子。

因此，随着时代的发展，自由主义传播体制也受到了抨击和修正。

（三）社会责任主义传播体制

19世纪末、20世纪初，资本主义进入了垄断阶段。垄断竞争日益加剧，特别是第二次世界大战之后，西方资本主义国家传播业的商业化、集中化、单一化也愈加严重，大众媒介滥用新闻出版自由而侵犯公众权利的事件不断出现，引起了众多社会人士和学者的不满。他们抨击传播媒介为了追逐利润，不顾自由的界限，抛弃了应对社会担负的基本责任。赫斯特报系和普利策报系进行的"黄色新闻大战"尤其引起了人们的反感。

皮特森总结道："批评的主题就是以下这些：

报刊为其自由的目的而使用其巨大的力量。尤其是报刊老板在政治和经济问题上传播自己的意见，诋毁反对的意见。

报刊为大商业效劳，并且有时让广告客户控制其编辑方针和编辑内容。

报刊曾对抗社会变革。

报刊的时事报道，时常更多地注意肤浅的和刺激性的事件，而不注意当前发生的重要

---

① [美]西伯特，彼得森，施拉姆.传媒的四种理论.戴鑫译.北京：中国人民大学出版社，2008，60
② 参见展江.美国政府对新闻界的调控.新闻与传播研究.1996，(3)
③ [美]施拉姆，波特.传播学概论.陈亮等译.北京：新华出版社，1984，189

事件。它的文娱材料常常缺乏积极的内容。

报刊已经危害了社会道德。

报刊无理地侵犯了个人的私生活。

报刊被一个社会经济阶级——笼统地说即'商业阶级'——所控制,后来者就无法厕身这一事业。因此,这就危害了自由而公开的思想市场。"

由此可见,对自由主义的批评主要集中在三点上:

第一,自由主义体制反对政府的控制,却忽略了商业力量的侵蚀;

第二,自由主义体制重视新闻业自身的自由,却忽略了社会公众及个体的权利;

第三,自由主义体制对市场的倚重过大,却忽略了垄断造成的不良影响。

人们逐渐认识到,放任自由的传播业会危害社会,传播工作者应该担负起教育公众的社会责任。

在20世纪40年代,社会责任论的思想在自由主义的基础上发展起来。

二战期间,美国芝加哥大学校长罗伯特·哈钦斯受出版业大亨亨利·卢斯之托,组织了一个"新闻自由委员会",专门探讨大众媒介在现代民主社会中的作用问题。1947年,委员会的两位委员分别发表了自己的著作,即查非的《政府与大众传播》和霍京的《报业自由:一个原则框架》,分别从自由主义思想的正反两面做了理论准备,而哈钦斯委员会同年发表的《一个自由而负责的新闻界》则在两者间取得了平衡,正式提出了社会责任理论的基本思想:[①]

现代传播媒介要供给"真实的、概括的、明智的关于当天事件的论述,它要能说明事件的意义"。

现代传播媒介应当称为"一个交换评论和批评的论坛"。

现代传播媒介要描绘出"社会各个成员集团的典型图画"。

现代传播媒介要负责介绍和阐明社会的目标和美德。

现代传播媒介要使人们"便于获得当天的消息"。

沿着这个思路出发,各个主要的资本主义国家采取了许多不同的手段和形式,包括经济的、法律的、规范的措施等,以保障大众媒介在追求新闻自由的同时担负一定的社会责任。具体而言,包括:

第一,他律。大众媒介要受到宪法、法律、规范和一定的政府管制的约束。同时,它们也接受各种社会团体、学术力量的批评和制约。

第二,自律。传播业一方面组织专业团体和机构,制订各种自愿遵守的职业行为规范;另一方面对传播从业人员进行教育,提高其责任意识和承担能力。

[①] 新闻自由委员会.一个自由而负责的新闻界.北京:中国人民大学出版社,2004

从一定意义上讲,自由主义传播体制是历史的进步,而后起的社会责任传播体制是历史的又一次进步。但是,在垄断竞争、利润至上的资本主义社会中,传播业始终无法彻底摆脱追逐商业利润和承担社会责任之间的矛盾,只能尽力在两者间取得平衡。

(四)社会主义传播体制

在《报刊的四种理论》中,相关章节由施拉姆撰写,他用苏维埃主义来表述第四种传播体制,特指在苏联等国形成的传播思想和传播体系。我们可以稍加推广,藉此来分析社会主义国家中的传播体制。

几乎与资产阶级革命胜利推进同时,无产阶级反抗资本家剥削和压迫的斗争也逐步展开,并在这个过程中出现了无产阶级报刊,如1848年马克思和恩格斯主办的《新莱茵报》、1900年列宁创办的《火星报》等。但是,真正的社会主义传播体制是在社会主义革命在某个国家取得胜利之后建立起来的。1917年,世界上第一个社会主义国家苏联诞生;二战后,欧洲和亚洲一大批社会主义国家纷纷建立;20世纪90年代,社会主义阵营发生巨大变化。社会主义传播体制也随着无产阶级政权的建立、兴盛和变化而诞生、发展和调整。它是世界传播体系中不可或缺的重要部分。

社会主义传播思想建立在辩证唯物主义和历史唯物主义的基础上,受到马克思、恩格斯、列宁、毛泽东和其他无产阶级思想家的相关论述的重要影响,并在各个国家的社会主义实践中发展起来。它的基本思想包括:

(1)新闻及传播起源于人类社会性的生产劳动实践;

(2)新闻的本源是事实;

(3)传播业的产生和发展有赖于社会进步、生产水平的提高及文化、技术的发展;

(4)传播业属于社会的上层建筑,属于意识形态范畴,是物质生活关系的反映,又反作用于社会实践。它具有强烈的政治性。传播业通过直接宣传或间接传播一定阶级的政治主张、方针政策,鲜明地表现出一定阶级的政治倾向和世界观。它通过对事实的传播和评论,引导社会舆论,影响人们的思想与行动。

(5)社会主义传播业包括属于国家的报刊、广播电台、电视台、通讯社及属于政党机关的报刊物、属于人民团体的报刊和属于国有企业的报刊等等。传播业的生产资料归人民所有,因此,社会主义传播业是无产阶级政党的喉舌、政府的喉舌和人民的喉舌。

当然,社会主义传播业也有其发展的不同阶段。我国的社会主义传播业就经历了从计划经济体制向社会主义市场经济体制的转变。如何适应社会主义市场经济体制的建设,已经成为我国社会主义传播体制面临的重要课题。

二、传播体制的新认识

(一) 对"四种传播体制"的反思

《报刊的四种理论》中提出的四种媒介体制获得了广泛的认可和传播,但也不断遭受质疑和更新。1984年,赫伯特·阿特休尔在《权力的媒介》一书中指出,"报刊的四种理论"是冷战思维的产物。[①] 1995年,伊利诺伊大学出版社在出版《报刊的四种理论》近40年之后,又出版了约翰·内荣主编、威廉·贝利等人撰写的《最后的权利:重访报刊的四种理论》[②],对赛伯特等人的著作进行了反思。《最后的权利》的作者们指出,《报刊的四种理论》实际上是冷战时期的产物,用后期资本主义的世界观和价值观对四种历史现象进行了总结,在科学性和客观性上有所欠缺。

他们的批评主要集中在以下方面:

第一,"自由主义"和"社会责任"蕴含褒义,而"集权主义"和"共产主义"在西方是贬义的,这反映了作者的世界观。

第二,这四种划分方法究竟是四种思潮的总结,还是四种实践体制的总结,很成问题。而且四种理论有详有略,有的偏重历史事实,有的偏重思想源流,有的侧重一个国家(如苏联的苏维埃主义),有的则包罗万象(如集权主义)。

第三,与其说每一种社会制度(或其发展阶段)对应着某种传播体制,不如说因历史脉络和社会情境的不同,在不同国家中,即使社会制度相同,传播体制也大相径庭。而有的国家虽然社会制度不同,但传播体制也显示了某种程度的一致性。

第四,最重要的是,《报刊的四种理论》依然忽略了垄断性商业力量对媒介的重要影响,没有将利润的驱动力及其抗衡考虑在传播体制的系统之中。

(二) 对"四种传播体制"的发展

如果说"报业的四种理论"是在冷战思维的影响下得出的,那么它必然不能涵盖两大基本阵营之外的国家的所有情况,如英国等欧洲国家的公有广播电视、发展中国家的媒介状况等。阿特休尔在《权力的媒介》中提出,全世界共有媒介的"三大乐章",即市场经济、马克思主义和发展中国家。丹尼斯·麦奎尔在《大众传播理论:导论》中总结了六种媒介规范理论,除了延续集权主义理论、自由主义理论、社会责任理论和共产主义理论之外,他

[①] [美]赫伯特·阿特休尔.权力的媒介.黄煜,裘志康译.北京:华夏出版社,1989

[②] John Nerone, William E. Berry, etc. Last Rights: Revisiting Four Theories of the Press. Urbana: University of Illinois Press,1995

提出了"发展理论"和"民主－参与理论"。①

1. 发展理论

美国等发达资本主义国家的传播学者曾经探讨过大众媒介与落后国家发展之间的关系,形成了一系列理论论述,被称为"发展传播学",以勒纳《传统社会的消逝——中东的现代化》②、施拉姆《大众传播媒介与社会发展》③、罗杰斯《农民的现代化:传播的影响》(1969)为代表。在发展中国家的实践中,这些理念不断遭受质疑和更新,形成了发展中国家独特的媒介理论和体制实践。1980年联合国教科文组织"国际大众传播委员会"出版的报告《多种声音、一个世界》进一步推动了这种理念和实践。

麦奎尔认为,发展理论的特点包括:(1)大众传播以推动国家发展为己任,与国家政策相一致;(2)媒介的自由与责任两位一体,自由是受到限制的,它必须满足经济的发展和社会的需求;(3)传播内容要优先传播本民族的文化、使用本民族的语言;(4)在新闻和信息的交流合作中,应优先考虑与自己地理、政治、文化较接近的其他发展中国家;(5)若涉及国家发展和社会稳定的关键问题,国家有权对媒介进行审查、干预、限制乃至直接管制。

2. 民主－参与理论

《报刊的四种理论》的作者们最为赞赏的"社会责任理论",依然未能解决当代西方大众传播备受抨击的一个事实:商业和资本对媒介的操控,有时更甚于政府的力量。当大多数媒介处于少数集团的垄断状况下,竞争只限于市场而非思想,自律也不过是一句空话。1983年,本·巴格迪坎的《传播媒介的垄断》指出,美国大部分媒介已被五十家公司控制,而这五十家公司又与其他大工业集团和金融集团相联合,这就造成了声音的减少。④

一方面,学者们对媒体垄断进行了不遗余力的批判;另一方面,理论家从公民社会和公共领域的理念出发,关注英国等国家的公共广播电视体制和世界各国民间传播媒介的发展,倡导更能代表公民意见和利益的小型、民间、地方性、草根性、非商业性的媒介。麦奎尔将这种理念总结为"民主－参与理论"。它强调公民对媒介的近用权(access to media),认为传播体制中应为公共媒介和民间媒介留出空间,优先发展那些提供多元内容和议题、提供受众双向参与机会、具有水平性而非自上而下的媒介。新兴媒介技术的发展为这种理论的实践扩展提供了机会,麦奎尔在2000年的《大众传播理论》第四版中对此作

---

① Denis McQuail. Mass communication theory:An introduction. London:Sage:1983
② 勒纳.传播体系与社会体系,见:张国良主编.20世纪传播学经典文本.上海:复旦大学出版社,2003
③ [美]施拉姆.大众传播媒介与社会发展.金燕宁等译.北京:华夏出版社,1990
④ 本·巴格迪坎.传播媒介的垄断.北京:新华出版社,1986

了进一步阐释。①

第二节 传播者与把关

社会制度和国情因素影响了传播体制,传播体制制约了传播者的行为。作为个人和组织的传播者,又对传播过程施加了什么样的控制呢?

一、把关人和把关

传播者在传播过程中负责搜集、整理、选择、处理、加工与传播信息。他们被称为"把关人",他们的行为被称为"把关"。

"把关人"的概念是传播学的重要范畴,由传播学的先驱者之一库尔特·卢因最早提出。卢因在1947年发表的《群体生活渠道》一文中首先提出了这个概念。"把关人"(Gatekeeper)又译作"守门人"。卢因认为:信息的传播网络中布满了把关人,这些人负责对信息进行把关,过滤信息的进出流通。他形象地指出了传播者在传播过程中的基本行为模式和特征。

客观世界中所产生的信息无穷无尽,在一次具体的传播活动中,传播者不可能把某个时间、某个地点、某个议题或事件的所有信息都传递出去,而必然要进行筛选、过滤和加工,抛弃其中的一部分信息,而把另一部分信息通过某种符号形式整理成讯息,从而传递给信息的接收者。无论是在人际传播中还是大众传播中,把关行为都是普遍存在的。而且,把关行为不仅是信息发出者所特有的,信息的接收者也会进行筛选,以便决定自己所能了解的客观世界。

威尔伯·施拉姆引用了卡特里普的研究,提供了一个非常典型的大众传播的"把关"例子。1953年的某个五天期限中,美联社搜集的新闻稿件经过层层把关和更新,到达四家威斯康星州的非都市报,再经过读者的最终选择,大多数的信息被拒之门外。施拉姆据此得出推论:"从一家通讯社的国内部发出的新闻稿,在通过主管全国广播的部主任、编制州专线新闻的专线主任、设计版样的新闻编辑和决定读哪条新闻的读者之后,大约98%的内容被扔掉了。"②施拉姆据此探讨了传播者的权力和责任。

---

① Denis McQuail. Mass communication theory(4th edition). London:Sage,2000,118~140
② [美]施拉姆.大众传播媒介与社会发展.金燕宁等译.北京:华夏出版社,1990,85~86

约10万到12.5万字的新闻稿从各种来源和每一个新闻圈流入美联社。不知道稿子的确切条数。

从这些稿子中,美联社的编辑选择并签发了283条,约5.7万字。这个数量的消息从美联社的几条专线上传送到美国的每个新闻圈。

从这大量的消息中,威斯康辛的美联社分社选出了77条,约13352字,转发到非大都市的威斯康辛的日报,它们约占从电传干线所获得的消息条目的27%,字数的24%。分社又在此之上增加了45条报道和6000字的威斯康辛新闻,因此对于州的专线来说,它发出了122条消息,总字数为19423字。

四家典型的威斯康辛日报从州专线中选出并使用了74条消息,12848字。约占可从州专线得到的新闻条目的61%,字数的66%。

"报纸读者连续调查"和其他读者调查表明,一名读者平均阅读报纸上所刊出报道1/4或1/5。对于从州专线翻印的条目他大约看15条,约2800字。在电传干线发出的283条消息中,他可能只读9条。

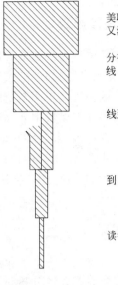

新闻流入美联社,然后又流出。

从美联社分社到电传干线。

从电传干线到州专线

从州专线到日报

从日报到读者。

图7-1 通讯社的层层把关

具体而言,传播者的把关过程基本如下:

(1)搜集信息。即到社会乃至自然界中去寻求适合传播、有传播价值的信息。

(2)过滤信息。根据传播目的、信息和受众的情况等,对已搜集到的信息进行筛选和过滤。

(3)加工信息。将确定要传播的信息进行符号化的处理,即编码,加工成为讯息。

(4)传播信息。将制作好的传播品(如节目、报纸、影片等)通过媒介的网络和渠道发布出去,抵达受众。

认识和研究传播者的把关过程具有重要的价值。"通过揭示把关的过程,它使传播对象更好地懂得应该如何评价已经过关的内容;此外,它促使把关人对自己借以决定取舍的理由作出评价。"①

二、影响传播者把关的因素

把关人对信息进行"取舍"的理由源于什么考虑?它又对"已经过关的内容"产生了什么影响?这就需要对传播者的把关标准进行考察。看上去,一次具体的"把关"似乎是个人行为,但实际上其中隐含着一系列其他因素所发挥的作用。

---

① [美]施拉姆,波特.传播学概论.陈亮等译.北京:新华出版社,1984,162

（一）政治、法律因素

传播者的把关行为必然受其所处的政治体制及政治现状的制约。在资本主义国家，从早期的"政党报刊"到如今的大型商业化媒介集团，从来都不是在政治上绝对中立的，而往往会为某个政治利益集团乃至整个统治阶级摇旗呐喊。大众媒介可能批评政府，也可能在某些政治事件中保持中立，而这恰恰是与整个民主政治体系相适应的，也反映了政治因素的影响。在我国，大众媒介是党和政府的耳目喉舌，也必然要符合政治的要求。

法律是现代社会影响与制约把关人行为的一种有效的规范体系。其中有专门涉及与约束传播者行为的法律，如广告法、新闻法、广播电视法等，也有其他法律中与传播者行为相关的条件和部分。

（二）经济因素

大众媒介日益成为一个产业，把关人也不得不顾及由此而来的经济压力。

许多传播学者都曾经分析过利润的驱动对传播业选择信息的影响。当代美国的报纸、电视和其他大众媒介都尽量选择娱乐性内容和趣味化手法来制作传播产品，以便获得更多受众。这是为了尽量满足公众服务的要求吗？施拉姆说："这样做是为了登广告的商人而不是公众的缘故。"[①]

这一因素的影响力在我国大众媒介的运作中也已经影响深远。如何处理好社会效益和经济效益之间的关系，成为传播者首先要考虑的问题。

（三）社会、文化因素

传播者在进行把关的时候，也必须考虑社会价值标准体系和文化开放程度的因素。如果有悖于社会主流价值观和基本文化规范，传播内容可能会引起争议，遭到抵制。

美国传播学者鲁尔在《中国打开了电视》一书中曾指出我国电视节目中一些价值混乱和矛盾的现象。如教育性节目强调社会贡献、勤俭节约等中华民族的美德，而电视剧和广告则以豪华的酒宴或商品来刺激人们的超前消费倾向等。鲁尔认为："电视这种媒介，本应反映和宣传某种一贯的社会哲学并示意人们去服从于它，但在中国的电视界，这种哲学目前尚不存在。"[②]进入21世纪后，鲁尔所提醒的这种状况在我国实际上有增无减，值得警醒。

（四）信息自身的因素

信息自身是否具有较强的传播价值，是把关人选择时考虑的重要因素之一。

[①] [美]施拉姆,波特.传播学概论.陈亮等译.北京:新华出版社,1984,188
[②] [美]鲁尔.中国打开了电视.东京:岩波书店,1992,330～331

新闻工作者在选择新闻时,首要的评价标准就是新闻价值。换句话说,就是判断信息是否具有传播的必要性。中外学者关于新闻价值的判断标准的探讨有所不同,但比较公认的标准包括时新性、接近性、重要性、显著性、趣味性等。

除新闻之外,传播者在其他内容范畴也会对信息内在要素的价值进行衡量,进行题材和内容的选择。

(五)传播组织自身的因素

传播组织自身的目标、对象、功能、重点等有所不同,因此,在进行把关时也就必然以本组织的各种要求、规范、传统、标准等进行把关。

公共媒体和商业媒体在进行传播时,进行信息把关的原则有所差别。不同地域、不同族群、不同行业的媒体因所涉足的领域不同,也会选择不同的信息进行传播。总之,大众传播组织要根据自己的定位来进行相应的把关,同时,在较长时期的发展过程中,大众传播组织也可能会形成独特的传播理念和传统规范,从而影响了对信息的筛选。

(六)受众因素

受众是信息的终点,也是传播者在进行把关时不得不考虑的重要因素。

无论是出于实现社会效益还是经济效益的目的,大众媒体总是希望获得尽可能多的目标受众的认可。因此,传播者需要经常性地获取受众的反馈信息和前馈信息,了解受众的需要、构成、心理、行为等方面的情况,以便使自己的传播行为更为普及和有效。

现在,大众传播组织不仅自己使用各种方式来获取受众的反馈和前馈,还越来越多地借助专业调查公司的协助来了解受众情况,促进传播活动。

(七)技术因素

每一种大众媒介都有独特的技术手段,不同的传播组织所掌握的技术、设备在先进程度上也有差别,这也成为影响把关的重要方面。

例如,对同一个新闻事件进行报道的时候,由于电视媒体使用视听传播手段,就决定了它选取的信息与报纸、杂志、广播等有所不同。而大型电视媒体掌握的先进传播工具和技术使得它有更大的选择范围,如进行现场直播报道,这是小型电视媒体的设备水平往往无法做到的。

(八)传播者个人因素

传播者的个人特质也是影响把关的重要因素。

首先是个人的世界观、价值观;其次是个人的个性特征,包括其性格、创造力、经验阅历、能力素质等；最后是个人的传播方式，包括个人编码方式与水平、个人的传播技能等。以上这些都会影响传播者的把关活动。

虽然传播者个人必然受制于其他因素的制约，但某些情况下，传播者个人因素的影响在整个把关活动中也可能非常突出。

当然，以上各种影响因素是交织在一起的，在具体的传播体制下，共同构成了把关活动的规范性系统。而传播者所遵循的行为准则，正是这个规范系统的集中体现。

第三节 媒介专业主义

传播者所遵循的行为准则形成了媒介专业主义。所谓媒介专业主义，指的是媒介从业人员所持有的一种职业意识形态。它从新闻专业主义发展而来，成为媒介从业者所普遍认可的一套媒介理念。如陆晔和潘忠党所说，它包括："一套定义媒介社会功能的信念，一系列规范新闻工作的职业伦理，一种服从政治和经济权力之外的更高权威的精神，以及一种服务公众的自觉态度。"①

一、媒介专业主义的内涵

（一）历史形成

新闻工作者和媒体从业者常常被认为是一种"专业人士"。专业人士具有如下特征：
（1）基于理论化的、非常识性知识的专门技巧；
（2）这些技巧是通过全面的、往往是深入的教育而获得的；
（3）这种教育使得常以"专业"名义的对职业准入的控制成为可能；
（4）它也通过伦理符码对从业者的行为进行控制；
（5）它更强调与个人利益相对的公共服务。

换言之，媒体从业者是"专家"而非"业余爱好者"；具有通过长期专门教育而获得的专业知识，而非经过简单职业培训便可，如打字员；是为公众服务的，而非仅是服务于个人私利，如职业经理人；是具有一套道德规范和行为规范的，而非纯粹进行机械化劳动，如清洁工。据此，媒介从业者获得了与医生、律师、教师等从业者同样的较高社会地位，也承担起更重要的社会责任。

但是，媒介从业者的专业地位并非天生的，而是在媒介实践的历史进程中形成的，这

---

① 陆晔，潘忠党.成名的想象：社会转型过程中新闻从业者的专业主义话语建构.新闻学研究，2002

是一个"专业化"的过程。麦奎尔认为,这个过程源自美国,由三方面的实践活动所推动,即新闻同业组织的建立、报刊评议会的活动以及新闻业道德守则的确立。① 早在1923年,美国报纸编辑协会就发布了《新闻业典范》。随后,美国电影协会、全国广播业者协会等都纷纷订立了自己的守则。1947年,哈钦斯委员会(新闻自由委员会)在其报告《一个自由而负责的新闻界》中正式提出了"专业化(职业化)"的目标。报告中将传播业者和律师、医生相提并论,认为这些职业追求的都是提供公共服务,而"没有哪种公共服务比传播服务更重要"。② 委员会提出了新闻业应该达到的基本标准,这种"社会责任论"的观念渗透到了美国新闻界的各种守则条文中,成为当代美国新闻专业主义的主体。

与此同时,在美国形成的媒介从业者道德守则也传入欧洲并扩散开来,最终波及全世界。我国也颁布了新闻业的自律守则,如1991年,中华全国新闻工作者协会公布了《中国新闻工作者职业道德准则》;1999年,中国报业协会公布了《中国报业自律公约》等,在我国的传播体制和社会文化体系中形成了具有中国特色的媒介专业主义。

(二)基本原则

媒介专业主义的基本原则是建立在新闻专业主义基础之上的。

第一,媒介专业主义包括三个方面的内容,即新闻传媒的社会功能;新闻从业者的使命和社会责任;以及新闻从业者的行为准则。西方新闻专业主义的核心是一些基本原则,包括:

(1) 媒体具有社会公器的职能,新闻工作必须服务于公众利益,而不仅限于服务政治或经济利益集团;

(2) 新闻从业者是社会的观察者、事实的报道者,而不是某一利益集团的宣传员,或政治、经济利益冲突的参与者或鼓动者;

(3) 他们是信息流通的"把关人",采纳的基准是以中产阶级为主体的主流社会的价值观念,而不是任何需要向社会主流灌输的意识形态;

(4) 他们以实证科学的理性标准评判事实的真相,服从于事实这一最高权威,而不是臣服于任何政治权力或经济势力;

(5) 他们受制于建立在上述原则之上的专业规范,接受专业社区的自律,而不接受在此之外的任何权力或权威的控制。③

第二,莱提拉对三十一个欧洲国家的媒介道德守则进行了研究,发现大量的原则都可以归入六类,这代表了西方媒介专业主义的基本规范:

---

① Denis McQuail. Mass communication theory(4th edition). London:Sage,2000,150~153
② 新闻自由委员会.一个自由而负责的新闻界.北京:中国人民大学出版社,2004,Chapter.5
③ 陆晔,潘忠党.成名的想象:社会转型过程中新闻从业者的专业主义话语建构.新闻学研究,2002

(1) 信息的真实性；
(2) 信息的准确性；
(3) 对公众权利的捍卫；
(4) 对舆论的负责；
(5) 搜集和呈现信息的标准；
(6) 尊重信息来源。[1]

第三，根据中华全国新闻工作者协会公布的《中国新闻工作者职业道德准则》，我国的媒介专业主义包括以下原则：
(1) 全心全意为人民服务；
(2) 坚持正确的舆论导向；
(3) 遵守宪法、法律和纪律；
(4) 维护新闻的真实性；
(5) 保持清正廉洁的作风；
(6) 发扬团结协作精神。

综上，我们可以看出，媒介专业主义(主要以新闻专业主义为主体)在全世界有一些共通的原则，如维护新闻的真实性，同时也在不同的社会背景下具有不同的特色。

二、反思媒介专业主义

媒介专业主义也引起了学者们的反思。除了探讨专业主义内涵的偏差之外，他们更对这种职业意识形态的根本存在机制进行了剖析。

拉扎斯菲尔德和默顿提出了"社会顺从理论"(Social Conformism)，指出大众媒介在强调公共服务的同时，却总是肯定社会现行体制。这是西方的媒介专业主义从未明确反思过的。他们认为，由于商业力量对媒介的支持作用，导致媒介的内容通常都是肯定和赞同现存社会结构的，"这种持续不断的肯定强化了接受的义务。"媒介"未能提出有关社会结构的基本问题"，反而常常因为经济的压力忽略那些敏感的争议性话题。[2] 媒介机构中确定的新闻和编辑政策往往会制约记者和编辑们想要突破这个雷区的努力。

美国学者约翰·麦克马纳斯指出，新闻工作者从来不是独立的专业人士，而是雇员。新闻工作者不像医生、律师、建筑师一样可以自由地追求专业规范；新闻工作者所获得的报酬也不是来自于那些消费其服务的人；新闻工作者也不从专业社团那儿获得执照并遵

---

[1] Denis McQuail. Mass communication theory(4th edition). London: Sage, 2000, 151
[2] 转引自[美]塞弗林,坦卡德. 传播理论：起源、方法与应用. 郭镇之等译. 北京：华夏出版社, 2000, 355

守其纪律。同时,新闻部门也不像医院、大学、小学一样,需要达到某些专业鉴定标准。专业人士为客户服务,按照自己对客户利益的理解来做事;但雇员为市场服务,必须满足消费者的解释——对新闻业来说就是广告客户。他明确提出:"没有任何证据表明,新闻专业主义能节制企业对利润的追求。"①他引用巴格迪坎的话指出:"美国新闻媒介从未像今天一样拥有如此多的受过正规教育的专业新闻工作者,但一味牟利的企业主管却继续把企业带到远离高质量新闻业的另一个方向去。"②

英国学者菲利普·爱略特更直接指出:在某些媒体机构中,称自己为专业人员只不过是在表明自己的工作能力。他认为,专业主义的说法是在将某些媒体角色或工作的日常运作神秘化。③

总之,媒介专业主义若想发挥作用,必须与其他社会规范性因素结合在一起才能真正有效。而媒介工作者在按照专业主义规范约束自己的时候,也应该反思这种行为和角色模式究竟是如何形成的。

小结

传播者的活动是在传播体制下进行的。在不同的社会制度和发展背景中,传播体制可能呈现为集权主义、自由主义、社会责任、社会主义,以及发展论、民主-参与论等不同形态。

传播者作为把关人,在具体的把关活动中要受到各种制约性因素的影响。

媒介专业主义是传播者在历史中形成的职业意识形态,也是传播者所遵循的行为准则的集中体现。

---

① [美]麦克马纳斯.市场新闻业:公民自行小心?.张磊译.北京:新华出版社,2004,203
② 转引自[英]泰勒,威利斯.媒介研究:文本、机构与受众.吴靖,黄佩译.北京:北京大学出版社,2005,112
③ 同上,204

第八章 传播内容

第一节 大众传播内容
    一、大众传播内容的特征
    二、西方大众传播内容

第二节 大众传播内容研究
    一、易读性测量
    二、内容分析
    三、文本分析

第三节 大众文化

传播内容从来都是传播的中心环节,因此,研究传播媒介表达的内容是非常重要的。从古至今,人们一直强调内容对个人乃至社会的影响。在古希腊,亚里士多德提出:交流便是说话的人、所说的话和听话的人,这三个要素是交流的主要元素。在当代社会,人们更有意识地重视传播内容的作用,正如维纳所说,有效地生活就是拥有足够的信息来生活。

第一节 大众传播内容

一、大众传播内容的特征

传播内容归根结底是信息。在本章中,我们所研究的传播内容不是泛指一切信息,而是特指人类社会所能够接受和使用的信息,尤其是通过大众媒介传递给受众的信息。

信息、人类社会能够接受和使用的信息、大众传播的信息,三者关系如图所示:

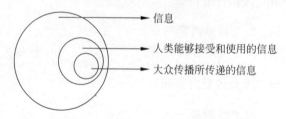

图 8-1 信息的三个层次

大众传播的信息,即经过把关人搜集、整理、加工、传播的信息。其外化的形态包括:报刊上登载的文章、图片;广播、电视的节目;互联网上的新闻、娱乐及其他各种信息产品;以及书籍、戏剧、电影等等。

虽然大众传播的内容因不同的社会制度、不同的传播媒介、不同的把关者、不同的社会脉络而有所差异,但是与人际传播的内容相比,大众传播内容仍然有一定的共通性:

第一,公开性。大众传播的内容是面向整个社会的,因而它必然是公开的,不具有隐蔽性和私密性。不过,因传播目的的不同,公开的传播内容也会通过特殊的传播方式与手段进行调整,或强化或淡化。

第二,开放性。大众传播的内容是连续不断地进入和输出的,因而它是变化的、开放的系统。大众传播的内容需要随着社会的发展变化而适时进行变化和调整。

第三,大众性。大众媒介面对的是大众,它传播的内容必然是以大众作为自己的诉求对象。因而,传播内容的主题和形式等方面都力图适应大众的接收。当然,进入 20 世纪

90年代后,大众传播的分众化和专业化趋势日见明显,但就其根本来说,大众传播的内容仍然与诉诸小众的人际传播内容或艺术创作有根本性的差异。

第四,复制性。大众传播不是指向单个人的,而是同时传递给社会公众。因此,传播内容产品也不是一次性的、不可重复的,而是复制的。受众有可能同时或者先后享用完全相同的传播内容。

二、西方大众传播内容

(一) 信息娱乐

正如本书前一章所提到的,大众传播内容是把关人在各种影响因素的制约下进行信息搜集、整理、加工和传播的产物。在以美国为代表的西方国家中,大众传播内容受到资本主义经济、社会制度以及各个发展阶段传播体制的深刻影响。

在传统上,美国学者和评论家习惯将大众传播内容分为"信息"(information)和"娱乐"(entertainment)两大部分,认为两者泾渭分明,各自承担相应的社会功能。但是,在20世纪60年代之后,尤其是80年代后期,随着市场力量的日益增强、政府管制的逐步解除,一种"市场驱动的新闻业"正在使两者之间的界限不再那么鲜明,导致一种新型的"信息娱乐"(Infortainment)的出现。[①] 这成为当代西方大众传播内容的最明显特征。

典型的变化在于新闻领域。美国哥伦比亚广播公司(CBS)的著名新闻节目主持人丹·拉瑟曾经提出过选择新闻的"后院篱笆原则"。他说,电视新闻最应该选择的题材是什么?应该是两个家庭主妇在后院篱笆处聊天时最关心的话题。例如,1982年,英国和阿根廷的马岛之争、第五次中东战争,以及英国黛安娜王妃诞下小王子都引起了新闻媒介的关注。哪一条最重要?根据后院篱笆原则,家庭主妇最可能谈论的是黛安娜王妃生子的新闻,所以,它应该成为电视新闻最关注的内容。

新闻本来应该提供给人们关于周围环境重要变动的真实的、可靠的信息,使人们能够了解并且应对这些重要的变化。但是,新闻业者发现,很多重要的新闻其实很难引起人们的关注,如严肃的政治讨论、经济分析、国际报道等,反倒是那些鸡毛蒜皮的趣闻轶事更容易获得大众的欢迎。于是,新闻媒介开始把目光投向这些事件之上,结果是使得大众传播内容开始从严肃的信息内容变得具有了娱乐色彩,最终可能会转移了人们对重要事件的注意力。

这类新闻与19、20世纪之交的"黄色新闻"有血缘关系,究其根本,它们都是市场对大众传播侵蚀的产物。

[①] 参见麦克马纳斯.市场驱动的新闻业:公民自行小心?.北京:新华出版社,2003

（二）低级趣味内容

不仅在新闻领域，从总体而言，西方大众传播内容也有值得警惕之处。早在1982年，美国学者梅尔文·德弗勒就得出过类似的结论。他在分析美国大众传播系统时，特别强调地指出，支持这个系统的核心便是美国大众传播的内容。

"任一媒介的内容可以大致分为以下三个范畴。"

"低级趣味内容：即那些不断触怒批评家，广泛传布并拥有广大受众的内容，例如强调暴力的犯罪电视剧，有线电视、录像带和电影中的公开色情、日间连续剧、供认隐私的杂志、犯罪漫画、挑逗性音乐，或其他被广泛认为起到降低情趣、败坏道德或刺激社会所不容许的行为的作用的内容（不管这些指控是否真实）。"

"无争议内容：即那些也是广泛传布并有广大受众，但媒介批评家很少议论的媒介内容。这一范畴不涉及有关媒介对于大众影响的争议问题。例如电视天气预报、某些新闻的内容、既非交响乐亦非流行乐的音乐、专业性杂志、'健康'主题的电影以及许多其他内容。这类内容据认为既不提高也不降低趣味，不被看作是对道德标准的威胁。"

"高级趣味内容：即那些有时得到广泛传布但并不一定拥有广大受众的媒介内容。媒介批评家认为它趣味高雅，能起到提高道德、教育和某种鼓舞的作用。例如严肃音乐、意味深长的戏剧、政治讨论、艺术电影以及从事政治评论的杂志。这类内容作为批评家们坚决反对的低级趣味材料的对立物而受到批评家们倡导。"

梅尔文·德弗勒进一步指出，"低级趣味内容"是这个系统的核心，原因主要在于"这些内容能够维持系统稳定"。最能吸引最大量受众成员的，是那些较为戏剧的、趣味较低的娱乐内容，它们是我们的通俗文化中的主要内容。既然媒介系统最中心的目标是经济利润，那么色情、暴力或其他能吸引和维持受众注意力的内容就在某种意义上有了一定的功能，虽然它们的趣味低下，但能把收看广告的读者和听众、观众数目增加到最大限度。因此，"从系统的观点看，理想的内容应能够获取受众成员的注意力，说服他们购买货物，同时又保持在道德准则和趣味标准范围之内，以便不引起管制机构的反对行动"。①

（三）一般性结论

西方传播学者做过大量的类似德弗勒这样的分析，从他们对西方大众传播内容的分析中，可以得出三点一般性结论：

第一，大众媒介所传播的内容，只是它所能得到的大量信息中，经过高度选择的（不是

---

① ［美］德弗勒等.大众传播学诸论.杜力平译.北京：新华出版社,1990,150

全盘加以反映的)抽样。同样,潜在的受众所收到和使用的信息,又只是他们从传播媒介的内容中选择出来的抽样。

第二,大众媒介所传播的内容,相当大量的是娱乐性的,而不是消息性的。它们更多地是分散而不是集中地增进人们对重要问题(如社会、经济、政治等)的注意力。

大众媒介所传播的内容与现实生活的实际状况存在着相当大的差距。因此,虽然媒介内容中有一部分高雅、有教益的内容,但是相对于内容主体而言,这部分内容并不能使受众得到教益,只能使他们感到惊惶、困惑。

第三,大众媒介通常都要尽量吸引最大量的受众,因而它们的内容在形式上是简单的,在内容上是通俗平易的,不过分复杂深奥,以满足最大量受众的需要。传播媒介期望大多数受众能够理解它所传播的内容,因而倾向于少传播意义不明确、可能被误解的复杂的材料。

第二节 大众传播内容研究

正是由于大众传播内容的独有特征,尤其是西方大众传播内容在商业化进程中形成了某些特质,导致传播学者对于这些内容产品的分析形成了特定的方向。有些学者在其中寻找关键词出现的频率和现实被讲述的方式,进行定量的内容分析;另外一些学者则读解其中隐藏的深层次含义和基本的结构,作定性的文本分析。此外,还形成了独特的易读性测量的研究方向。

一、易读性测量

既然大众传播内容强调其内容的大众性和形式的平易性,那么,这个行业便要求探讨这种大众性和平易性如何可能实现。易读性测量就是通过一种量化的方法,分析以文字为基础的大众传播内容(如新闻报道、广告宣传材料、产品使用手册、教科书、合同契约乃至文学作品等)如何更容易被人们所理解。[①]

(一) 易读性测量

早在19世纪末,就有研究者开始提供有关易读性问题的启发。舍曼(1888)分析了从英国诗人乔叟到美国诗人爱默森的各个时代,文学家们所写下的作品,其句子的平均长度

---

① 参见塞弗林,坦卡德.传播理论:起源、方法与应用(第四版).北京:华夏出版社,2000

逐步下降。但他并没有把句子的长度跟理解的难度结合起来,基特森(1921)则敏锐地指出了这一点。在20世纪20年代至30年代,语言学和教育学的研究者们就这个问题进行了更深入的探讨,并力图使用量化的方式来建立公式,其中影响力最大的是鲁道夫·弗雷奇所编制的"易读性测量公式"。它最早出现在他1943年出版的博士论文《易读风格的标志》中,几经修改,在1949年的《易读性写作的艺术》中成为目前广为人知的样子。

弗雷奇认为,一份传播内容若能容易为人所理解,最重要的两个维度:一个是降低在语言上的难度;另一个是提高内容中的"人情味"。对于前者,他又详细分解为句子难度和词语难度两部分,分别使用"句子中的平均字数"即句子长度,以及"字的平均音节数"来测量。对于后者,他使用"人称词的使用频率"来进行测量。最终,形成了一套流传甚广的易读性测量办法,它包括两个公式和两个查询表格。

1. 易读性公式

$$R.E. = 206.835 - 0.846wl - 1.015sl$$

其中:

R.E. = 易读性分数

wl = 每100字的音节数

sl = 每个句子中的平均字数

最终分数在0~100之间,可从下表中查询其易读等级。

表 8-1 易读性等级

易读性分数	类型描述	阅读等级评估
90~100	很容易	第5级
80~90	容易	第6级
70~80	较容易	第7级
60~70	标准	第8~9级
50~60	较难	第10~12级
30~50	难	大学级
0~30	很难	研究生级

2. 人情味公式

$$H.I. = 3.635pw + 0.314ps$$

其中:

H.I. = 人情味分数

pw = 每100字中的人称词数

ps = 每100句中的人称词数

表 8-2　人情味等级

人情味分数	风　格
0～10	枯燥的
10～20	较有趣的
20～40	有趣的
40～60	非常有趣的
60～100	生动的

（二）易读性测量的应用与批评

在弗雷奇公式的基础上，后来的学者又进行了改进和改造，或者使其更精确和方便，或者使用电脑技术使其更易操作。也有学者针对广播提出了"易听法测量"。还有的学者提出了新的测量方式，如泰勒(1953)的"完型填空法"等。

最值得传播学者们注意的是，这套量化的研究方法也影响了当代的大众传播业。许多易读性测量的研究者们对包括报纸在内的大量大众传播内容进行了分析，得出的结论往往是：当代的新闻难以读懂。同时，这些研究者们也常常被邀请担任通讯社、报社等大众传播业的顾问，他们为之提出的建议就是：使用提高易读性的做法，以便使得自己更容易被人读懂，从而和电视等媒介进行竞争。如弗雷奇在担任美联社顾问期间，对1948年至1950年间的美联社新闻报道进行了分析，并建议美联社的记者应该更多采用短句、短词以及人情味的写法。他甚至建议新闻记者的句子不要超过十九个词。

这里面隐含着两个问题值得回味。首先，大众传播对易读性的追求显示了这种传播类型的特质，但这种追求有可能忽略了更高层次的目的，如大众传播如何向公众展示一个复杂和丰富的社会，如何提高人们的知识水平和理解力水平而不是一味迎合它。其次，字词难度、句子长度和人情味写法可能是使得易读性能够得以量化和计算的有效变量，但它们绝不是传播内容难易程度的仅有的衡量性要素，更不应该成为大众传播者在制作内容时惟一考虑的重要方面。

易读性测量自身的两个缺陷也值得探究。第一，它仅仅追求量化的方便，而无法揭示发生在读者和其他受众身上的复杂的认知过程。第二，它也没有办法对当前的多媒体传播景象做出有效的分析。

所以，易读性测量或许更适用于基础性的语言学分析。对于大众传播研究来说，仅探讨传播内容是否容易被理解是不够的，我们需要其他更能揭示传播内容的丰富本质的方法。

二、内容分析

欲对传播内容进行更深入的研究,就要收集并分析各种媒介的传播内容资料,从中了解信息和传播者的意图之间、信息与受众之间的关系。如:通过内容分析,了解某一传播媒介的传播目的及其发展趋势;就同一内容,对不同媒介进行比较分析;研究不同国家传播媒介的宣传方式乃至整体的传播战术;研究受众对内容的理解等等。

内容分析就是用一系列方法和技巧评价所有传播形式传播的内容,可以是定性分析,也可以是定量分析,或兼而有之。从方法论上来说,内容分析的特征是量化的。正如贝雷尔森所下的定义:内容分析就是"对传播内容进行客观、系统和定量的分析与描述的一种方法"。

早期的传播研究就是从对宣传品的内容分析开始的。第一次世界大战之后,拉斯韦尔进行了宣传分析;在第二次世界大战期间,他又指导进行了一系列美国战争宣传的研究。1942年,美国政府的战时情报局传播媒介署在拉尔夫·纳夫齐格博士的指导下,进行了一系列引人注目的内容分析活动,形成了系列的内容分析方法。他们通过抽样,持续研究了一批日报的社论和漫画、主要报纸的评论员文章、主要杂志的文章和评论、主要电台的新闻广播社评、有关的新闻纪录片和战争短片以及劳工报社的社论等。他们按照一个拟定好的分类总表对这些内容进行了分类和分析。

此后,大众传播的研究者们也进行了大量的内容分析研究,使它成为传播研究中最具本学科特色的一种研究方法。

(一)内容分析的流程

对大众传播内容进行分析,需要经过抽样、确定类目与分析单元,以及信度、效度分析的过程。

1. 抽样

第一步,首先确定研究对象的总体。总体与研究主题及研究目的有极为密切的关系。

第二步,抽取样本。依据随机原则,或用乱数表、抽签法,或电脑抽样。内容分析中,尤其是具体的大众传播内容分析多采用间隔抽样法。

2. 确定类目与分析单元

抽样结束后,开始进入内容分析最主要的部分。类目是内容分析的基本单位,而分析单元则是内容分析的最小单位。类目与分析单元的确立与整个研究的设计有密切的关系,其形成或确立有两种方式:根据理论框架或过去的研究成果形成或确立;根据研究者的需要自行确定。前一种广泛应用。

关于一般传播媒介内容的分析，通常有一套惯用的分类方式。例如，将报纸新闻分成国际、国内新闻；社会、经济、政治新闻；新闻版面、评论版面、副刊等不同类目。分析单元通常以栏数或批数为分析单位，即6号字9个字高为一行，每130行为一段，即一栏或一批。分析单元也可以是具体的词语（单字、语干、语句），也可以是定性主题、行动类型等等。通常是计算在一特定内容中重复出现的次数。研究人员对一定篇幅或时间单位内出现的频率进行评价。

平面媒介的内容分析经常用某一个特别议题或观点在平面印刷中所占的栏目尺寸和数目来进行。电影、电视的内容分析则要难一些，可以用某一主题出现的频率作为一个便于分析的单元，也可以计算某一题目和主题占有的时间。电视研究中，还可以对画面进行分析。

系统的内容分析往往可以揭示出受众不易明显察觉的媒介叙述的重点和趋势。

在确定类目和获取量化资料的时候，普遍适用的研究方法主要有两种：

（1）题材分类法

这是迄今为止最为常用的内容分析法。这个方法就是将各类分析素材按照题材分为同研究有关的各种类型。特别是在长期的研究项目中，这种分类可以用来作为材料归档的标准。

（2）符号编码法

这种方法的历史较短，但是也已经走向成熟。它试图采用统计符号，即重要词汇出现频次的方法，简化题材分类的方法，以加快研究的速度。

例如，通过统计"中东"这一词汇出现的次数，并将它们换成褒（＋）、贬（－）或中性（0）的符号，人们以此确定被调查的传播媒介对中东问题的关注程度和倾向性。但是，由于词汇的多义性，在统计上述词汇出现的次数时有可能出现曲解。因此，要想确定一个统一的标准缺乏可靠的基础。不过，研究者们一般都既用词汇方式，也用短语、句子或段落作为编码单位，以避免误差。

3. 信度、效度分析

信度指的是研究方法的可靠性，即是否能够保证反复测量得出的结论比较一致；而效度指的是研究方法的有效性，即所得出的结论是否能够解释预先提出的问题。定量研究一般都要对研究过程的信度和效度进行反思。

（二）内容分析的作用

利用内容分析方法对大众传播进行研究，可以对其进行系统、科学的分析，得到比较可靠的结论。

具体而言,内容分析可以有以下四项作用:

第一,分析某一传播媒介(或整个大众媒介系统)内容的短期和长期趋势。一项值得注意的研究成就是对两次世界大战中宣传的分析,结果发现,从一战到二战,宣传的趋势是较少诉诸感情、较少说教,而更多地注重报道事实。

第二,对于一个国家的各种传播媒介对同一问题的报道进行比较分析;对于不同国家的具有类似地位的同类媒介的内容进行比较分析。

第三,用以判明大众传播内容是否符合特定标准,如某项法规;研究传播媒介的传播技巧,即如何将复杂事物加以简化、高度概括等;研究某一方的传播战术,如歪曲事实、对比报道以及不均衡的报道等。

第四,用以了解科学、文化知识的传播情况以及观察社会文化、科学材料普及的过程。这种分析可以帮助传播者解决一种特殊信息在传播上的困难以及正确估计能够理解此类信息的受众的类型与数量。

内容分析的方法可以使我们得到科学的、系统性的研究结论,但是,对于多义的符号交织成的复杂的传播内容,我们还要使用符号学-结构主义等方法来做进一步的探究。

三、文本分析

传播内容可以被认为是符号化的信息,即讯息;也可以被理解为是"文本"。约翰·费斯克认为:"这两个术语常常可以交替使用,指由传播活动中必不可少的符号与符码所组成的某一表意结构。"①

一般而言,文本指的是具有独立性的某个传播内容,而讯息往往是构成传播内容的最小单位。两者更重要的差别在于,讯息通常是"那些属于传播过程学派的社会学家、心理学家与工程师"所使用的东西,乃是"被传输的东西",被视为理所当然;而文本更多是"源于符号学或语言学学派,因而隐含着这样的定义——'意义生成与交换的核心'。于是,一个文本便由一个运行于许多层面的符码网络所组成,从而能根据读者的社会-文化经验产生不同的意义。因此,文本是有问题的,需要进行分析的"②。

(一)文本分析的流程③

文本分析需要回答的问题是:一个文本由哪些符号构成,这些符号指代着哪些东西?

---

① [美]费斯克.《关键概念:传播与文化研究辞典(第二版)》.李彬译.北京:新华出版社,2004,291
② 同上
③ 参见泰勒、威利斯.媒介研究:文本、机构与受众.北京:北京大学出版社,2005

一个文本如何再现了某个人群、某种观念、某个行为过程？一个文本如何进行叙事,从而讲述了某种二元对立？文本与文本之间如何连接了起来？它们如何聚集成某一个类型,又如何建立了互文性？

对于文本分析而言,重要的不是进行科学的抽样从而找到能代表整体的样本；而是在某个文本中找到与其他文本共享的结构,以及共同生成的意义。

1. 符号分析

文本分析方法对符号的见解,更多源于索绪尔及后来的结构主义者,而非皮尔士。索绪尔对符号的剖析强调了其内部结构,即能指和所指；也强调了其外部结构,即纵向聚合与横向组合。例如,"僧敲月下门"的"敲"字,其外形和读音构成了能指,而所指则是一种人类的动作；它与"推"、"开"等具有类别上的相似性,成为一种"纵向聚合",而它和"僧"、"门"等构成了一种"横向组合",使得这句话成为一个有意义的文本。对文本进行符号分析,就是要看其中的符号是如何从一系列纵向聚合中被挑选出来,并与其他符号构成了一个横向的组合,从而构成了一个意义的有机体。

符号分析不仅可以用来分析文字文本,还可以用来分析视觉文本,例如杂志封面、电影场景、电视画面等。

2. 再现分析

再现可以被理解为一个基本的认知过程,即人们如何把一些不同的符号放在一起,从而使复杂的、抽象的概念变得可以理解并具有意义。大众媒介的内容对各种人群、人类行为、社会观念进行了再现,其中最常被分析的是一些人群的再现。例如,女性是如何在媒介中得到再现的？黑人呢？青少年呢？这些再现中隐含了什么样的意识形态？

李普曼的"刻板印象"对于这个分析而言意义重大。这个概念揭示了一个复杂的人群是如何被简化成一种脸谱的,而这种简化的背后存在着意识形态的操控和社会权力关系的再造。

3. 叙事分析

一切文化实践都可以被看作是一种叙事,它把过去、现在和将来的事件素材组织成一种叙事结构。大众传播内容无论从宏观整体还是从微观单个文本的角度而言都可以作为叙事来进行分析。电影、电视剧、新闻报道是叙事,即使是新闻评论和风光片也在使用某种叙事结构。

叙事分析的基本思路来自于结构主义。沿着索绪尔的思路,列维-斯特劳斯对神话进行了叙事分析,指出了叙事的基本结构是二元对立。普洛普的叙事功能论、托多洛夫的符号矩阵则进一步指出了各种叙事文本分享着一些共同的结构。从这些结构中,我们可以发掘意识形态是如何讲述二元对立的,它为文本的解读者建造了一个意义的空间。

4. 类型分析

大众传播的内容不是个人创造，而是一种工业产物。商业化的生产要求媒介产品可以分门别类，根据某些特征划入某种类型。例如，一部电影可以被归为喜剧片、惊悚片或西部片，一个电视节目可以被归为谈话节目、游戏节目或选秀节目，一本杂志可以被归为时尚杂志、财经杂志或新闻杂志等等。

进行类型分析，也就是在寻找文本与文本构成的模式。在这种模式背后，有媒介符号组成的惯例，也有商业操作的手法，同时也有意识形态的再生产。

5. 互文性分析

文本与文本之间的连接不仅在于类型，还在于互文性。所谓互文性，指的是某个文本与其他文本所分享的模式、角色、内容、对白、道具等要素，或者直接衍生自其他文本。互文性使得文本不是单独存在，而是互相连接的。互文性分为水平维度和垂直维度两种互文，在大众传播内容产品中，几乎所有的文本都必然与其他文本产生互文。在广告中，互文尤为常见，我们经常可以发现一个广告在借用另一个流行文本的角色或者叙事。

互文性对于受众来说，可以更容易进行解读、获取某种意义，甚至得到一种特殊的愉悦。对于生产者来说，互文性可以便于生产和促销。而对于研究者来说，探讨互文性能够理解社会主流意识形态是如何在文本的连接中被加固的。

6. 意识形态分析

无论是从哪一个角度和侧面对文本进行分析，最终都必将导向对文本背后的意义的探析，即意识形态分析。意识形态自马克思阐发之后，得到阿多诺、阿尔都塞等西方马克思主义者的进一步探究，而葛兰西则用"霸权"（Hegemony）这个概念强调指出，意识形态不仅是社会统治阶级的意念的反映，同时也在谋求社会合意，从而成为控制社会的手段。

大众传播的内容，正是在某种程度上展现了统治阶级的意识形态。通过细致地对文本进行剖析，我们可以在看似客观中立的新闻报道、看似仅供娱乐的电视剧、看似杂乱无章的音乐电视背后，发现这种社会意识形态的深层操控。

（二）文本分析的作用

文本分析在量化的内容分析之外，开辟了理解大众传播内容的另一个方向。具体而言，它的作用主要体现在：

第一，它分析了含义复杂的符号运作的各种方式，为深入探讨大众传播内容的构成做了重要的工作，也为反思文化生产的基本规律打好了基础。

第二，它揭示了大众传播内容的深层含义，有助于剖析社会权力体系和意识形态观念的运作，并有助于进一步探究受众对此的种种解读。

第三节 大众文化

大众传播的内容是当代大众文化的基础。如果说,大众文化是当代人类社会文化实践的总称,那么,这种文化实践的基本产物就体现为大众传播的内容产品及其衍生物。

何谓大众文化(Popular Culture)?它同时有几个不同的称谓:大众文化、通俗文化、流行文化,在英文中除 Popular Culture 之外,亦常被称为 Mass Culture。不同的名称,往往也蕴含着论者们对它的态度。它的对立面被界定为高雅文化/精英文化,两者间的差别,可以说是"下里巴人"与"阳春白雪"间的差别。

大众文化的含义可以从两个方面来界定。

第一,大众文化是多数人的文化。"多数人"一方面意味着这种文化产品和文化实践所涉及的范围之广泛;另一方面也意味着它在内容和形式上必然持有某种较低的标准。

第二,大众文化是草根性的文化。它与社会底层和普罗大众的知识水平、审美口味、文化实践息息相关。

按照约翰·哈特利的定义,大众文化是"为普通民众所拥有;为普通民众所享用;为普通民众所钟爱的文化"[①]。

值得注意的一点是,大众文化从来不是完全源于大众的。它与民间文化(Folk Culture)的最大不同在于,它更多受到当代大众媒介的影响和控制。

研究者们对大众文化的态度褒贬不一,但都认为它已经是当代人类社会的重要特征,值得关注和分析。

(一)法兰克福学派[②]

法兰克福学派以 1923 年在德国法兰克福大学成立的社会研究所为基地而形成。自 1930 年霍克海默担任所长之后,聚集在这个研究所及其周边的阿多诺、洛文塔尔、马尔库塞、弗洛姆、本雅明等人,以马克思主义为思想的出发点,对现代资本主义社会的思想状况、社会状况和文化状况进行了广泛而深刻的批判,形成了一个开放而具有一致方向的学派。纳粹党在德国上台之后,社会研究所及其主要成员先后迁往美国,更进一步观察和剖析了成熟的资本主义文明,并在众多社会批判领域获得了丰硕的思想成果。

大众文化作为资本主义文明的重要代表物,也获得了法兰克福学派诸位学者的关注

---

① [美]费斯克.关键概念:传播与文化研究辞典(第二版).李彬译.北京:新华出版社,2004,212
② 参见[美]马丁·杰伊.辩证的想象:法兰克福学派史.单世联译.广州:广东人民出版社,1996

和剖析,他们对大众文化的分析也成为了所有相关讨论的不可逾越的起点。法兰克福学者的启发主要集中在对"文化工业"问题的批判之上。

阿多诺在《文化工业:作为大众欺骗的启蒙》(与霍克海默合著)、《反思文化工业》等文章中认为,大众文化就等同于文化工业。这种文化工业指的是使用现代科技手段大规模生产文化产品的工业体系,它的产品是批量生产的、复制化的,也是标准化、齐一化的。它不仅扼杀了文化本身应具有的创造性和革命性,使得文化被"物化",成为整个社会物化体系的一部分;而且,它造成了社会大众的顺从和退化。用马尔库塞的话来说,将他们变成了"单向度的人",只具有"肯定性",而缺失了批判和否定的能力。

因此,在法兰克福学派看来,大众文化成为巩固整个资本主义体制的"社会水泥",它将人们的头脑牢牢浇固在意识形态的控制之中,使得威权主义可以获得并再造它的追随者。

法兰克福学者们的批判有两个方面的意义:

首先,他们真正把大众文化作为一个值得研究的对象提出来,并且把它和整个资本主义社会结合在一起进行思考,这种宏观的视角正是实证研究所缺失的。

其次,他们对大众文化的悲观态度,并非源于对所谓高雅文化的保护,而是出于对社会精神状况的反思。这种悲观的态度一直延续到20世纪60年代,直到文化研究的学者们开始发掘大众文化所可能具有的抗争力量。

(二)文化研究学派[①]

文化研究学派起源于英国,以1964年在伯明翰大学成立的当代文化研究中心(CCCS)为核心,其代表人物包括霍加特、威廉斯、汤普森、霍尔、莫利、费斯克等人。这个学派的学者延续法兰克福学派的思想,认为大众传播生产了大众文化,其中容纳了丰富的意识形态内容,反映了斗争之下形成的权力关系。但是,与法兰克福学派的悲观态度不同,文化研究学者更多关注了受众的解读,认为由于符号的多义性以及受众社会背景的多样性,受众可能对文本做出偏好性、妥协性、对抗性等不同的阅读,这其中就蕴含着反抗的可能性。

关于这两个学派的差别,肖小穗做了总结。他指出:"两个学派都是他们各自时代的产儿。文化工业理论产生于法西斯统治猖獗的年代,理论的提倡者当然会比较关心文化的压制功能。英国的文化研究适逢战后小人物造反的年代,对研究者来说,更加触目的是文化的抗争功能。"[②]

---

① 参见陆扬、王毅.大众文化与传媒.上海:上海三联出版社,2000;罗钢、刘象愚主编.文化研究读本.北京:中国社会科学出版社,2000

② 肖小穗.《传媒批评》.哈尔滨:黑龙江人民出版社,2002,103

早期的伯明翰学者如霍加特、威廉斯、汤普逊做了开拓性工作,确定了民族志和文本分析的方法,将目光转向日常生活中的大众文化,认为它是阶级、性别、种族/民族等社会关系抗争的结果,并再生产了这种社会关系。这三点(民族志与文本分析、关注大众文化、社会关系的生产与再生产)成了伯明翰学派思想的核心。

霍尔是整个文化研究学派的理论领袖。他在《电视话语的编码与解码》中将电视和媒介的生产过程与消费过程分开,并认为在解码过程中受众有三种态度:偏好阅读、妥协阅读和对立阅读,这就摆脱了阿尔都塞式的"意识形态控制"论,指出大众也有自己的想法,不会完全被媒介及主流意识形态操纵。从此,伯明翰学派形成了对于大众文化的乐观态度。

大卫·莫利沿着霍尔的足迹,将文化研究直接转移到受众身上。1980年他对电视节目《举国上下》做了民族志的研究,发现在三种受众态度中,妥协态度是最主要的方式,他同时也指出,阶级并非阅读电视时最重要的影响因素,而"受众所采用的话语范围"这个因素更为活跃。① 莫利提醒我们一个重要的方面,即除了宏观的权力关系外,在观察受众对电视文本解读的过程中必须考虑他们的生活情境。另一位学者洪美恩(Ien Ang)通过对肥皂剧《达拉斯》进行的民族志研究,在这个电视剧的"迷"、反对者和讽刺者的态度中发现了"大众文化(Mass Culture)意识形态"和"平民主义(Populism)意识形态"之间的矛盾,并肯定后者在社会文化实践中的力量。

如果说霍尔等人对大众文化表示嘉许,那另一位文化研究学者约翰·费斯克简直是在为大众文化欢呼。② 他引用法国学者德塞都的"双重经济"理论,认为大众媒介生产出牛仔裤、肥皂剧、摔跤比赛等文化产品只是第一重经济过程,随后受众通过"多义的"电视文本生产出自己的"愉悦(快感)",这是第二重经济过程,这个过程更为重要,因为它直接为受众所控制,受众由此进行了创造性的和抵抗性的消费。

费斯克走得太远,所受到的批评也最烈。传播政治经济学者文森特·莫斯可一语中的,他指出这种过于乐观的态度使得贫富差距和其他不平等不被重视,现实的反抗活动也被消解了:"按这种观点,政治性的抵抗充其量不过是用一揽子专用符号来标新立异,反抗正统。它的后果是使我们不再关注物质分化,而只看到文化差异。"③

总之,文化研究学者对于大众文化的观点提醒我们反思人类文化实践的复杂性,并寻求社会公众可能在大众文化中获得的真正的力量。

---

① 参见[英]大卫·莫利.电视,观众与文化研究.冯建三译.台湾:远流出版社,1995
② 参见[美]约翰·费斯克.理解大众文化.王晓珏,宋伟杰译.北京:中央编译出版社,2001
③ [加]文森特·莫斯可.传播政治经济学.胡正荣译.北京:华夏出版社,2000,260

小结

  大众传播内容归根结底是信息。它的特征包括公开性、开放性、大众性和复制性。在西方国家,大众传播内容的低俗化引起了学者们的反思。
  易读性测量体现了大众传播内容对大众性的追求。对于大众传播内容更深层的研究,可以使用内容分析和文本分析两种方法来进行。
  大众传播内容构成了大众文化实践的主体,法兰克福学派对此进行了批判,文化研究学者则进行了更进一步的剖析,探讨了它的进步性。

第九章

传 播 媒 介

第一节 传播媒介

  一、界定传播媒介
  二、认识传播媒介的意义
  三、认识传播媒介的原则

第二节 传播媒介的本体特征

  一、报纸
  二、广播
  三、电视
  四、互联网
  五、媒介的选择

第三节 技术与媒介

第四节 媒介机构与媒介产业

传播媒介是传播过程之中的重要组成部分,也是大部分传播行为得以实现的重要物质手段。对于人类的信息传播行为来说,如果缺少了媒介,也就只能局限在非常狭窄的时间和空间范围之内,能参与传播的人非常有限,能得以传播的信息量很少,传播的效率、速度也都非常低下。对于大众传播活动来说,传播媒介更是不可或缺的工具。

对传播媒介的研究,一方面涉及媒介工具本身的物质特性和符号传播特性;另一方面涉及媒体组织的运行、管理和经营。

第一节 传播媒介

一、界定传播媒介

(一) 传播媒介的实质

媒介即中介或中介物,存在于事物的运动过程中。传播意义上的媒介是指传播信息符号的物质实体,如施拉姆所说:"媒介就是插入传播过程之中,用以扩大并延伸信息传送的工具。"[1]面向大众传播信息符号的物质实体,我们称之为大众媒介,包括报纸、杂志、广播、电视、电影、书籍、网络等。以传播新闻信息为主的物质实体被称为新闻媒介,它包括报纸、新闻性杂志、广播、电视等。

媒介是一种复杂的事物,界定和认识它的角度有很多方面,施拉姆甚至把大众传播媒介出现之前的鼓声、烽火乃至宣讲人和集市都归入媒介之列。对当代的传播学研究而言,我们界定媒介,可以沿着以下的思路进行。

首先,媒介是一种物,而非人。为了扩大和延伸信息传送,传播者可能使用传播工具,也可能会借助某些代言人,但是,人与工具在传播过程中的地位和特性是迥异的,应当区分进行研究和分析。

其次,媒介与传播形式不同。传播形式归根结底是人们的传播活动,例如口头传播、书信传播等。这些活动可能会使用不同的工具即媒介来进行,例如,口头传播可能会借助电话,当代的书信传播可能会使用互联网等;同时,一种媒介工具也可能会服务于不同的传播形式,例如互联网可能同时应用于口头传播、书信传播等人际传播活动,也可能会应用于更复杂的大众传播活动。传播形式表明的是传播活动的状态、方式和结果,而传播媒介显示的却是实实在在的物质实体。[2]

---

[1] [美]施拉姆,波特.传播学概论.陈亮等译.北京:新华出版社,1984,144

[2] 参见段鹏.传播学基础:历史、框架与外延.北京:中国传媒大学出版社,2006

再次，媒介与符号不同。符号是一种指称或代表其他事物的象征物，它本身是信息的载体，是传播内容的构成物。而媒介则是符号的载体，它并不指代其他事物，也并不直接构成传播内容。例如，文字是一种符号，而纸张是一种媒介，当传播者将文字书写在纸张上并通过大雁、驿站、邮局寄送给信息的接收者，就是一种书信传播形式。从这个角度看，鼓声、烽火本身在指代某种意义，它们是符号，而非媒介。

最后，媒介与媒体也应当区分开来。媒介是一种物质实体，是传播信息所使用的工具；而媒体是一种媒介组织，指的是拥有、使用并经营媒介的机构。因此，广播是一种媒介，而广播电台则是一种媒体。当然，在目前的使用情况中，媒介和媒体两个词经常被互换使用，这种使用方式源于这样一种认识：所谓的当代大众媒介，实际上是由物质工具和组织机构共同构成的一个系统。所以，当我们提到"广播媒介"的时候，往往也是同时在考虑它作为物质工具和组织机构的双重存在。

总之，传播媒介是传播过程中的重要渠道，它虽然本身不构成传播内容，但却是传播内容得以扩散的重要工具。

（二）传播媒介的发展[①]

传播媒介经历了从单一到综合、从简单到复杂的发展过程，这一过程与人类文明的进步是同步的。实际上，我们在第二章讲述的人类传播的演进，正是人类传播媒介的发展历史。

在人类创造出大众媒介之前，人类已经使用语言、文字及其他非语言符号传播了许多年。为了使这些符号能够突破时空的限制，向更多的人进行传递，人们发明了众多媒介。我国的古人将文字刻在竹简上，书写在丝帛上；古埃及人用树枝蘸着染料将文字写在一种宽而柔的草叶上；古罗马人将文字写在羊皮和黏土上。等到中国人发明的纸张传遍世界，人类的文字可以借助这种工具传递远方，也可以流传后世。

最早的文字传播是通过抄写来进行的，主要是书籍和书信，也包括最早的人类新闻媒介，如古罗马的《每日新闻》、古代中国的"邸报"等。直到资本主义商品经济开始兴起，意大利威尼斯等地出现了手抄新闻，传播工具也没有真正发生实质性变化。

为了进行规模化的复制，人类发明了印刷术。中国古代的雕版印刷在经过古腾堡的改造之后成为了现代印刷术。它的发明不仅使得传播内容的大规模复制成为可能，也催生了真正的当代大众媒介。17世纪，在德国出现了近代报纸，这是人类第一种大众媒介的诞生，它是物质工具上的更新，更是传播系统的进步。

[①] 参见[美]威廉·麦克高希.世界文明史.董建中，王大庆等译.北京：新华出版社，2003；李彬.全球新闻传播史：公元1500—2000年.北京：清华大学出版社，2005

19世纪,新的媒介革命开始萌生,出现了记录影像的照相技术和电影技术,它们是最早传递具象符号而非抽象文字符号的近代媒介。20世纪出现的广播、电视更使传播媒介发展壮大起来,人们对传播媒介的利用和依赖达到了空前的程度。随后,一系列新的信息传播技术不断改变着传播媒介的面貌,包括卫星、有线技术、数字技术等,而建立在电脑和网络基础上的互联网更是给当代人的生活带来了前所未有的冲击。

总之,传播媒介发展变化的过程是与人类文明史同步的。在人类社会中,占据主导地位的传播媒介经历了早期符号媒介——手抄媒介——印刷媒介——电子媒介——网络媒介的发展历程。

二、认识传播媒介的意义

传播媒介是人们用来传递信息符号的中介物,是一种物质实体。我们可以使用它、控制它来进行传播,而传播媒介也以其自身的规律及特点反作用于整个传播过程。如果使用得当,传播媒介可以提高传播效果;如果使用不当,传播媒介反而会制约传播的意图。因此,我们必须认识和了解传播媒介的特点及其自身的规律,这样才能为传播工作做好准备,才能提高传播效果、实现传播意图。

具体而言,充分认识传播媒介可以使我们:

第一,把握传播媒介的特点及其规律,充分认识我们进行传播活动的物质手段。

长期以来,对于传播媒介自身特性的研究还没有得到极高的重视,有人甚至将媒介视为可以随心所欲驾驭使用的工具,并不认为传播媒介也有自身的规律。马克思于19世纪40年代,在对德国、英国、法国、比利时等国报纸产业状况进行了考察后明确指出:报纸及报纸工具具有连植物都有的内在规律;任何外力、任何暴力,都无法摆脱或改变这种规律对报业活动的支配和制约。报纸及其规律都是客观存在,应该加以了解和分析。

通过研究传播媒介,可以清楚地认识每一种媒介的优势、劣势及其运作的基本规律。例如,广播是一种听觉媒介,其新闻节目和其他一切节目都只有一个听觉通道,因此,如何把握听觉规律、顺应听众的收听习惯,便成为广播媒介发挥自身优势必须解决的首要问题。再如,电视虽然在当前的社会传播体系中占据优势,但仍有其不可避免的缺陷,如信息转瞬即逝、不易保留,这就给利用电视进行某些目的的传播带来了障碍。同时,电视是视听合一的媒介,如何处理视听关系,如何使电视不成为报纸的有声版,而使电视成其为电视? 这都必须在理解电视本身规律的基础上才能进行探讨。互联网的地位越来越重要,它本身除了给人们带来多重感官的信息刺激之外,也增强了传播的互动性,这种媒介特性也应该为传播者们了解和重视。

"工欲善其事,必先利其器。"传播媒介就是传播者手中的"利器",只有在充分把握传播媒介规律的基础上,我们才可能得心应手、游刃有余地开展传播活动。

第二,遵循传播媒介的基本规律,不断改进传播工作。

如果对媒介特点认识不清甚至认识错误,那么传播活动必然会扬短避长,抑制了媒介的优势,缩减了传播的效果。例如,在我国大众传播发展过程中,20世纪90年代之前,广播长期采用录播方式进行,使得广播媒介的时效性强这一优势受到了极大的抑制;在报纸工作中,对版面手段的不重视导致版面不美观、视线流程不便于阅读,标题也不够醒目和吸引人,这使得报纸在视觉上的优势大打折扣;电视工作中,不重视画面的传播功能,结果使得电视传播效果被大大减弱。

把握媒介的规律才能熟练地驾驭和使用媒介。那些将媒介的优势发挥得淋漓尽致的传播工作者往往都能取得较好的传播效果。我国古代的荀况在《劝学篇》中精辟地论述道:"君子生非异也,善假于物也。"正是讲述了这样的道理。

第三,认清传播媒介的发展方向,顺应进步的潮流。

在传播的演进中,媒介的发展是最迅速的。随着科学技术的进步,经济水平的增长,媒介种类的增多,传播水平的提高,使得人类不断发明出新的传播工具,旧有的传播工具也不断提高其性能和效率。互联网的迅速普及改变了人们接受信息的习惯,也大大改变了传播媒介系统的面貌。同时,媒介也逐步走向专业化、分众化,针对特定地区、特定阶层、特定兴趣的受众进行专门的传播成为趋势,这与整个社会的发展方向相一致。

我们应该把握住媒介的发展趋势,即向更快、更广、更专、更便捷、更有效的方向发展,同时把握每一种媒介的特点和规律,理解媒介之间的互相冲击和融合,不断扬长避短,对传播活动进行更新,使之成为适应潮流的、更为有效的传播媒介。

总之,正确认识媒介的特点及规律,对于我们立足现实,更好地使用媒介、提升传播效果意义重大;对于我们面向未来,跟上媒介发展潮流也有重要的作用。

三、认识传播媒介的原则

传播媒介是不断更新的。它由最初的单一媒介发展到今天的多种媒介,每种媒介又吸收、借用了其他媒介的优势。因此,我们认识传播媒介也应该多角度、多侧面地进行,只有这样才能全面把握各种媒介及其规律。

(一)施拉姆:认识媒介的八个原则[①]

施拉姆曾经提出,认识和分析我们所使用的传播媒介可以从以下的角度进行:

---

① [美]施拉姆,波特.传播学概论.陈亮等译.北京:新华出版社,1984,123~129

第一,它们所刺激的感官。即,媒介为符号通过所提供的渠道是听觉的、视觉的还是其他。例如,广播和电话诉诸听觉,报纸诉诸视觉,但这种视觉又与电视对视觉的刺激有所不同。"多媒体"也意味着这种媒介可以通过多种感官刺激来进行传播。"能够同时同尽可能多的方面进行交流看来也是有利的",但是"一个人绝不可能从通向两种感觉器官的传播获得双倍于只通向一种感官传播的信息量"。

第二,反馈的机会。不同媒介的反馈速度及数量不尽相同。面对面的双向交流比较大众传播而言,反馈的机会更多。大众媒介为了获得及时的反馈信息以调整传播行为,必须付出专门的努力。

第三,速度的控制。不同的媒介在其传播的可控性上有所不同。面对面的交流是双方共同进行的一种控制,而大众媒介的情形各有不同,广播和电视很少给受众提供对传播速度的控制权,但印刷读物的传播速度则可由读者自行控制。

第四,讯息代码。不同媒介使用不同的讯息代码。面对面交流中除了使用口头语言之外,还使用了其他许多非语言符号。印刷媒介以文字符号为主,易于做到抽象化;而视听媒介文字相对较少,易于做到具体化。

第五,增殖的力量。面对面交流的增殖需要付出极大努力。"大众传播则不然,它们有巨大的能力使单方面的传播增大无数倍并且使它在许多地方都能收到。它们能克服距离和时间引起的问题。视听媒介还可能超越发展中地区由于文盲而造成的障碍。"

第六,保存信息的力量。面对面的交流,以及电子媒介传播转瞬即逝,而"印刷品则始终在保存事实、思想和图片方面拥有极大的优越性"。电子媒介也日益走向专业化以增强其保存信息的力量。"大众传播的接受者力求掌握个人控制权的趋势将持续增强,而集中的形式将会改变。"

第七,克服弃取的力量。所谓弃取,即受众放弃接受某种传播内容。这里讨论的是传播媒介克服这种可能性的力量。比较而言,转换电视频道比取消面对面交流容易得多。"在其他条件相等的情况下,通过面对面的交流比通过媒介渠道更易于引起并集中注意力。"

第八,满足专门需要的力量。大众传播媒介满足社会的一般需要迅速而有效,其力量无可比拟,然而在满足特殊的和专门的需要这个方面则比较差,尤其是电子媒介更差。因此,"大多数以说服、教育为目标的运动都力图把大众媒介同个人的渠道结合起来,使其互相加强、互为补充"。目前看来,互联网在满足专门需要的力量上是最强大的。

施拉姆提出的以上认识媒介的八个原则,适用于包括人际传播在内的各种传播活动所使用的媒介,从这八个方面可以理解各种形形色色的媒介各具什么特性。

(二)认识大众媒介的四个角度

为了更清晰地理解大众媒介的特性和规律,除了借鉴施拉姆提出的八个原则之外,我们还可以从以下四个角度来进行认识。

1. 媒介的传播手段

媒介使用哪些符号来进行传播？这些符号按照什么样的规则来组成传播内容？符号作用于信息接受者的哪些感官？这些涉及媒介传播手段的问题是认识媒介特性的出发点，也是区分各种媒介的根本点。正是由于每一种媒介所使用的符号及其组合规则不同，才决定了媒介的形态及其传播规律。如报纸、杂志使用抽象的文字和其他视觉符号来传播信息，广播使用听觉符号来传播信息，电视则同时运用了视觉和听觉两个层面上的符号来进行传播。

媒介使用不同的符号和传播手段，导致了媒介在时间、空间形态上的差异。报纸、杂志是平面印刷的，它们占有空间，可称之为空间媒介；广播则是典型的按时间运动的线性方式进行传播，不具有空间立体性，可称之为时间媒介；电视集时间性及空间性于一体，是一种时空媒介，但时间性占主导；互联网也是一种时空媒介，但空间性占主导。时间媒介或时间性占主导的媒介是线性媒介，其传播顺序不容变更；而空间媒介或空间性占主导的媒介是非线性媒介，其传播顺序和传播速度可以为信息接受者所控制。这就相应决定了不同媒介的传播特性。

2. 媒介的时效性

大众媒介是以传播新闻信息为主要任务的媒介，因此，传播信息速度的快慢就成为值得重视的特性。

广播是按时间线性流动的媒介，电视也具备这一特征，因而两者的时效性最强。而报纸是固定平面印刷的空间媒介，其时效性天然弱于广播电视等电子传播媒介，杂志由于出版周期的缘故，时效性是最弱的。互联网虽然以空间性为主导，但由于新闻更新的周期较短，使得其时效性也可以达到很强的程度。一般而言，时效性强的媒介以传播基本信息为主，而报纸、杂志等时效性较弱的媒介则擅长报道新闻事实的详细细节，挖掘新闻的深度。

3. 媒介的持久性

媒介的持久性指其保存信息的时间长度，以及其提供信息给受众接触的可能性的特性。持久性与时效性成反比。新闻性杂志的出版周期最长，可达一周、数周甚至一个月，因此它的生命周期也最长，持久性和保存性最强。报纸次之，广播、电视的持久性最弱。互联网是一个特例，虽然它的时效性可以很强，但它的信息可以存储和查询，因此持久性和保存性也可以做到最强。

持久性强的媒介可以被受众多次、重复接触，因而适合报道新闻背景、进行深度剖析和评论，而持久性较弱的媒介则可用来及时传递信息，主要承担告知的功能。

4. 受众参与媒介的程度

受众与传播者的关系是双向互动的,受众在接触媒介的时候,总是带有自己的目的和意图,主动去使用它。受众参与媒介的程度,一方面指的是受众进入传播过程的可能性;另一方面指的是在其接受传播内容时调动自身想象力的程度。

报纸在进行传播时,传播者无法与受众进行即时的互动。报纸的读者是无法立刻提供自己的反馈以改变传播进程的。与此同时,报纸主要使用文字符号转述现场、事件、人物的音容笑貌,可读不可闻,可读不可见,因而要求受众必须调动自己的想象力去设身处地的进行理解。所以,它在前一方面的受众参与度较低,但在后一方面的受众参与度较高。

广播提高了前一方面的受众参与,它可以通过热线电话、手机短信等方式给听众提供参与传播过程的机会,同时,在后一方面,它因为可听不可见,也要求听众进行想象以便塑造出现场和形象,所以在两个方面的受众参与度都相应较高。但电视虽然也能够通过热线电话、手机短信、互联网投票等方式使得受众参与到传播过程之中,不过它将现场的声音和画面直观地展现给观众,观众不需要进行再想象便可对事件、人物、场景一览无遗,反而降低了后一方面的受众参与。

互联网是一种真正的双向互动媒介,它通过各种方式,可以让受众调整传播内容的具体呈现样式,以及发表评论、提供反馈等。更重要的是,随着web2.0技术和理念的发展,个人化的传播与互联网上的大众传播正有机整合在一起。同时,文字媒介为主体的互联网传播也在要求受众以更多主动性介入其中。因此,互联网媒介在这一方面,即提供受众参与机会的可能性上是最强的。

从以上四个方面进行认识可以比较全面地从根本上认识和把握大众媒介的特点与规律。

(三) 认识媒介的两个基本观念

我们认识传播媒介的特点和规律是为了更好地把握和使用传播媒介。在这个过程中,我们有必要坚持以下两个基本观点:

第一,大众传播媒介各有所长,也各有所短。一种新型媒介并不会取代传统媒介,而是在互相竞争的格局中达成某种平衡甚至融合。

当电视刚刚出现的时候,它的威力迅速展现,在一个时期内对报纸、广播乃至电影都形成了极大的冲击。有人曾据此预言:电视将取代报纸、广播、电影等媒介。然而,几十年传播媒介发展的事实证明:电视虽然一直在发展壮大,但报纸的发行量也一直在上升,广播的普及率也一直维持在一个比较高的水平,甚至在某些发达国家,广播的收听率还超过了电视的收视率。

同样,当20世纪末互联网迅速普及的时候,人们也曾经担忧过报纸、广播、电视等传统媒介会"化为泡沫"。然而,传统媒介所占有的份额虽有下降,但从未下降到会被替代的地步。它们在新的传播格局中重新确立自己的位置,并积极与互联网开展互动和整合,借用它来传播自己的网络版本,也借用它来搜集信息资源和反馈。最终的媒介格局将是在竞争中达到平衡和融合,而不会简单地以一种新媒介取代所有的旧媒介。

第二,传播媒介既然各有所长,各有所短,那么,在人类对它们的使用过程中,必须取长补短,扬长避短。

电视自然有其优势,如视听兼备,形象感、现场感强,生动、及时等,但也有它的不足之处。例如,电视的本性决定了传播内容往往较为肤浅,并且转瞬即逝,也不容观众进行选择。广播的优势在于声音的感染力,其收听的便捷性也是其他媒介难以比拟的,但它同样有类似电视的不足。报纸虽然时效性和直观性比不上电子媒介,但它更长于报道事件的背景,进行深度的解释和分析,同时允许读者自由选择。有些受众会形成这样一种习惯:从广播、电视中获知新闻,从报纸、新闻性杂志中了解背景、细节、解释和评论。互联网在各个方面都有自己的优势,但它同样也面临着挑战:这个媒介为受众设置的障碍与陷阱,和它提供的方便几乎一样多。

传播媒介在相互竞争的格局中,在新型媒介的强烈冲击下,不断扬长避短,以求进一步的生存与发展。报纸在广播电视等电子媒介的压力之下,在四个方面加以改进:一是增强时效性;二是发挥出自己深度报道的优势;三是增加图片,增强现场感;四是改进报纸版面编排,吸引、方便读者阅读。同样,广播在面临电视、互联网等媒介的冲击,一方面发挥自己听觉传播的特点,发挥快速及时向听众播报最新信息的优势;另一方面发挥自己收听便捷的特点,缩小收听工具、将收听工具与移动工具整合,以便受众随时随地的收听。

第二节 传播媒介的本体特征

参照前面提到的分析和认识媒介的基本原则,我们可以对常见的四种大众传播媒介——报纸、广播、电视、互联网——进行本体特征的分析。这种分析可以发现每种媒介的优势和劣势所在,并进一步探讨人们在选择媒介时遵循着什么样的规律。

一、报纸

报纸是以刊载新闻和新闻评论为主的公开发行的定期印刷出版物,一般以散页形式连续出版。

报纸是最早出现的新闻媒介,也是人类最早的大众传播媒介,在人类传播史上占据着重要的地位。近代的报纸发端于威尼斯等地中海商业地区的手抄新闻纸,在近代印刷术发明之后,德国、比利时、英国等地先后出现了定期的印刷报纸。以1933年美国《纽约太阳报》的创办为标志,报纸从政党报刊走向大众媒介。

在20世纪30年代,广播在世界各国迅速发展,到了50年代,电视也在发达国家得到了普及。于是有些人惊呼:报纸将被广播和电视所取代。但是,几十年的事实证明,报纸的生命力是旺盛的。如今,尽管广播电视已经深入社会生活的各个角落,互联网也改变了许多人阅读报纸的习惯,但是,报纸仍然没有失去它的存在价值和存在空间,仍然发挥着不可替代的重要作用。

报纸产生之初,内容简单、形式单一、读者少、销路窄。随着社会的进步,报纸的发展经历了由少到多、由简单到复杂、由单一到多元的发展过程。

(一)报纸的传播特点

报纸作为一种平面印刷媒介,其主要的特点包括:

1. 报纸是视觉媒介,是阅读媒介

报纸通过印刷在平面纸张上的文字、图片、色彩、版面设计等符号传递信息,诉诸人们的视觉,供人们阅读。这是报纸最根本的特点。

2. 报纸的时效性较弱

大多数报纸每天出版,印刷次数最多二三次,并且其排版、印刷和发行都需要一定时间。所以,报纸的时效性比起广播、电视、互联网来说要稍逊一筹,它所刊登的新闻与新闻事件的发生总有一定的时间差距。

3. 报纸的保存性较强

由于报纸是印刷在纸张上的"白纸黑字",所以其传递的信息比较固定、持久,生命周期要比广播、电视的几秒钟、几分钟长得多,可以长久保存。

4. 报纸的选择性较强

阅读报纸的选择权掌握在读者手中,他们可以根据自己的喜好和习惯去阅读报纸上的内容,或快或慢,或详或略,以及阅读的顺序、时间、地点等均由读者自己决定。

以上特点决定了报纸最大的优势就在于其擅长传达深度信息。

第一,报纸以文字传播为主。抽象的文字本身就比具象的声音和图像更适合传递深度信息。

第二,报纸是空间性媒介,是非线性媒介。读者可以自行决定阅读的速度、顺序和详略,并且可以反复阅读,这就保证深度信息能够被从容接收。这一点是线性的电子媒介无法做到的。

第三,报纸要求读者有更高的主动性。当读者为了通过文字了解事实的时候,必然调动更活跃的抽象思维,从而能深入地思考新闻的背景以及对其做出的解释和评论。

所以,报纸要在媒介竞争中获得自己的立足之地,就必须发挥这一优势,弥补时效性、感染力等方面的劣势。

(二)报纸的传播手段

报纸是以散页的印刷物呈现在读者面前的,它的传播内容以文字、图片、色彩和线条等符号呈现在一定的版面空间之内。

1. 报纸的文字

报纸的文字部分,即以各种文体传播新闻及其他信息的部分,是报纸中最核心的传播内容。报纸中最常见的文体主要包括两大类:新闻(消息、通讯、特写等)和评论(社论、评论员文章、编者按等)。此外,报纸的副刊也经常会刊登一些文学类和其他种类的文体。

2. 报纸的图片

图片指的是报纸中的照片、插图等,它们也是报纸传播信息必不可少的手段。

早期报纸,由于摄影、制版、印刷等条件的限制,图片极少,而且不能充分发挥作用。如今,科学技术的发展保证了我们使用图片的基本条件,"图文并茂"已经成为现代报纸的重要标志。

图片的作用非常重要,它可以在相同的版面空间传递抽象的文字所不能传递的信息,正如西方新闻界所说:"一图值万言。"它还可以美化报纸的版面。在杂志、广播、电视和互联网的竞争压力下,图片作为提高报纸吸引力的重要源泉,日益获得了报纸工作者的重视。

3. 报纸的版面

所谓版面,指的是报纸各版的布局,以及报纸整体的划分和设计。编辑人员将文章和图片置于版面的各个位置,并用色彩和线条进行分隔和装饰。版面涉及到稿件的分布与组合、标题的大小和形式、栏目的划分和变化、文字的品种和排列,以及色彩、线条等装饰物的运用等等,甚至包括纸张大小、质地、颜色的选择。它一方面集中体现报纸的宣传报道意图,鲜明地表现编辑对新闻事实的态度、立场和观点;另一方面也形成了报纸的风格和特色。

二、广播

广播(broadcast)指的是通过无线电波或导线向广大地区传送声音符号和图像符号的传播媒介。运用无线电波传送的称为无线广播；运用导线传送的称为有线广播。广播包括声音广播(radio)和声音—图像广播(即电视，television)两类。我们通常所说的广播，指的是声音广播。

声音广播的诞生与19世纪末无线电的发明有技术上的血缘关系。20世纪20年代，第一批正式的广播电台开始播出，并迅速成为现代国家公众生活中不可或缺的重要大众媒介。在二战后，伴随着电视的冲击，广播也进行了一系列技术和设备上的更新以及传播形式和内容上的调整，出现了调频广播乃至如今的数字广播等。

(一) 广播传播的特点

广播与其他媒介相比，具有如下特点：

1. 广播是听觉媒介

广播通过声音符号，诉诸于人们的听觉来传播信息，这是广播最根本的特点。广播所使用的声音符号包括：人的有声语言(播音员、主持人、嘉宾、记者、新闻人物等的话语)、音乐、音响等。

2. 广播的时效性较强

广播利用电波传送信息，其传递速度是其他任何载体无可比拟的。电波的速度达到每秒三十万公里，相当于每秒绕地球七圈半。

与报纸相比，广播的制作、传输、接收的环节较少、过程较简单。比起电视来，广播的制作过程也要简单一些。因此，广播的时效性可以达到各媒介之首。另外，广播可以一天二十四小时播出，除了常规节目之外，一旦发生重大新闻事件，广播可随时插播，并可现场直播。这就使得广播所播出的新闻与实际发生的新闻事件之间的时间差距几乎接近于零。

正因为广播的这种"快"，它有可能成为时效性最佳的新闻媒介。

3. 广播的保存性较弱

广播的传播内容以声音的方式存在。声音是转瞬即逝的，听众只能一次性地接收和解读它，如果不拥有专业的设备，不进行专门的准备，人们很难将广播的内容保存下来。因此，听众对广播的内容往往难以留下深刻的印象，特别是那些内在逻辑关系复杂的事件和抽象、艰深的专业性内容，听众往往不易听清和听懂。人们无法如阅读报纸一样对它进行反复阅读、逐字推敲。

4. 广播的选择性较弱

广播是时间性的媒介,按照时间的线性顺序进行传播,听众只能沿着时间这条线顺序收听,而无法在同一时间内自由灵活地选择节目内容。

以上特点,决定广播最大的优势在于其时效性和便捷性。

第一,广播的时效性较强,它能够即时传递正在发生的情况,使人能够随时跟上事件发生的进程,获得最新变动的信息,比如新闻信息或路况信息。

第二,广播诉诸听觉,对于文化水平和设备的要求较低。只要人们的听觉正常,都可能成为广播的听众。收音机轻便廉价,也使得这种媒介对受众需付出的经济成本达到最低。

第三,广播是伴随性的,这一点是任何其他媒介无可比拟的。人们可以在收听广播的同时从事其他活动,而报纸、杂志、电视、互联网都无法做到这一点。尤其是在人们的移动状态下,例如驾驶或乘坐交通工具,广播成为最适宜的选择。

综上,广播媒介在市场竞争当中最大的优势就在于其时效性和便捷性,这一点尤其鲜明地体现在它对于驾车人群市场的占有之上。

(二)广播的传播手段

广播所使用的符号较为单一,就是通过声音符号诉诸人们的听觉感官。声音的传播是物体的振动在媒质中以波的形式传递,它包括人类语言、音乐和其他声音,具有极强的引起联想、创造形象的能力。人们通过听觉获知外界信息,同时在大脑中形成一定的听觉形象。声音不仅能够表情达意,还能够渲染情绪。

广播将各种声音组合起来,以节目的形式传递给听众。

1. 广播中的人类语言

语言是广播声音符号的主要成分,广播主要依靠它来传递信息。广播中的人类语言介于书面语言和口头语言之间,既要严格按照语法规范来结构句子,又要适合口头表达,即一种"规范的口语"。广播语言一方面必须通俗、顺口、响亮、有节奏、无歧义;另一方面也必须要随着时代的进步,提高广播语言的表达水准。

2. 广播中的音乐

音乐是广播声音符号中的重要组成部分。音乐不能像语言那样具体地描绘事物,不具有视觉形象的具象性和直观性,但是它"情感的表现多于描绘(贝多芬语)"。在广播节目中,音乐不仅在某些节目中起着重要的烘托和表现作用,而且成为许多广播节目的主体内容。随着技术的进步,立体声广播成为极佳的音乐传播媒介。

3. 广播中的音响

音响是广播声音符号中最具有广播个性的一种,它包括自然界及人类行为的声音等。音响的运用可以增强广播的现场感、立体感、真实感,使听众如临其境;音响还可以表现时间、空间,如在节目中利用音响达到时空转换的效果;音响还可以增加感染力,渲染气氛,调动情绪。

还有一种特殊的情况,就是"沉默"在广播中的运用。正如安德鲁·克里索所言:"无声也是能被听见的,"沉默也成为一种能指。例如在英国的第四广播频率,沉默常常表示在一个重要时刻到来之前的庄严肃穆的停顿,它也传递了丰富的含义。[①]

综上,语言、音乐、音响构成了广播的声音符号体系,它是广播传播手段的基础。

三、电视

电视指的是使用电子技术传输图像及声音的现代化传播媒介。它通过光电转换系统将图像、声音传递和重现在远距离的接收机屏幕上,定期向家庭观众传送新闻、娱乐和其他节目。

自20世纪20年代起,通过电子装置传送图像的技术逐步成熟,30年代第一批电视台开播。第二次世界大战延缓了电视发展的步伐,在二战后,电视迅速普及,一跃成为世界各国影响力最大的媒体。如今,虽然电视受到互联网的冲击,但仍然保持着其在大众媒介体系中占据的主导地位。

(一) 电视传播的特点

电视与其他媒介相比,具有如下特点:

1. 电视是视听合一的媒介

电视传播信息的渠道有两个,即视觉和听觉,这决定了电视的其他特性,也奠定了电视优势地位的基础。电视使得客观事物的再现直接通过视觉图像映照在人的脑海中,加上画面的伴音,使人们听其声、观其形,如临其境。

视与听是人类接收外界信息最重要的通道。科学家研究发现,人们通过视觉获得的信息占人们信息总量的83%,通过听觉渠道获得的信息占11%。视听兼备,正是模拟了人类通常认识客观世界的方式,使人们可以真实、立体地感受到事物的特征。电视的视听兼备、声画并茂模拟了人的生理特性,因此受到人们的普遍欢迎。

---

① 参见[英]泰勒,威利斯. 媒介研究:文本、机构与受众. 吴靖,黄佩译. 北京:北京大学出版社,2005,4

2. 电视时效性较强

这是电子媒介的共同特点。随着科学技术的进步,用来采集信息的电视设备可以随时赶到新闻现场,所采集的信息也可以在第一时间传递给受众;同时,电视信号的接收设备也有所更新,手机电视、移动电视使得人们可以在更多场合获得信息。电视的时效性同广播一样,也有可能做到与新闻事件的发生零时差。

3. 电视的保存性较差

与广播相同,电视作为电子媒介的一种,其信息转瞬即逝,难以保存。

4. 电视的选择性较差

这也是电子媒介的通病。电视按照时间顺序播出电视节目,同样不容观众进行选择。

以上特点决定了电视的最大优势在于,其具有极强的形象感、现场感和过程感。

电视视听兼备,与人类日常生活中接收外界信息的过程类似,这也就使得它非常适合再现形象、现场和过程。电视将形象、现场和过程直接通过运动的、彩色的画面呈现在人们面前,使观众既看到事态的发展,又能听到场景中的一切声音。这种特性,使得电视具有极强的说服力和感染力。如电视中火灾的画面、矿难的场景、战争的景象等,都具有视觉冲击力,令观众印象至深。

当然,电视因此也具有极大的弱点。电视信号转瞬即逝,因此不适合表现过于复杂的内容,再加上电视的符号主要是直观的画面,它很难表现事物的内在联系及深层的心理活动。正如广播一样,电视也更适合展示和告知,而不擅长解释和说理。

(二)电视的传播手段

电视一方面诉诸视觉;另一方面诉诸听觉。它把运动画面、静止图像、声音、文字等要素通过视听语言的规则组织在一起,以电视节目的形式传递给家庭观众。

1. 电视的画面

电视画面是电视的基本符号要素之一,是视觉信息的载体。电视画面是连续运动的,它展示的是客观世界运动的场景和过程。电视画面也是再现的,它展示的并非是一个真实的世界,而是一个经过人为选择、处理、加工、改造之后的世界,或用李普曼的话来说,是一个拟态环境。电视画面经过了人为的"场面调度",主体人或事物的行动和发展被放置在某一个场景中进行,同时也涉及到构图和镜头的运用(包括景别、角度、运动等)。

电视画面之间的组织规则是广义上的蒙太奇手法。用一系列画面的转换来讲述一个完整的行动或过程,这其中必然进行了信息的改造和意义的渗透。

2. 电视的声音

声音使画面"说起话来",而不是一个"伟大的哑巴"。声音补充画面无法到达的盲区,如背景、人物内心活动等。声音也可以搭建起节目的结构,声音的叙事往往比画面的叙事有更强的完整性。

电视的声音与广播类似,同样包括人的语言(播音员、主持人的话语,解说词或旁白,人物的同期声,配音等)、音乐和音响(现场同期声或效果音响)。

3. 电视的文字

电视画面是多义共生的,一般画面都具有内容的不确定性,因而观众的理解会出现歧义,此时便需要声音或文字进行解释和提示。电视中的文字可以分成两大类,一类是人物语言的字幕,它用一种更清晰的方式来呈现声音的内容;另一类是栏目和节目名称,人物名字、身份、事物的补充说明、演职员表等。从整体上来说,文字是处于辅助地位的。

4. 电视的节目

节目是电视传播内容的基本构成单位。不同的电视频道有不同的定位,并因此形成了一系列栏目。这些栏目定期播出,在主持人、演播室和节目样式上有固定的模式,并分为某些类型,包括新闻节目、资讯节目、财经节目、生活节目、综艺/娱乐节目、教育节目、体育节目、法制节目、谈话节目、电视剧等,这些类型也常常交叉或融合。电视节目是受众观看节目的主要对象。

四、互联网

互联网,又称因特网、国际网路等,它是利用通信设备和线路将全世界不同地理位置的功能相对独立的数以千万计的计算机系统互联起来,以功能完善的网络软件(网络通信协议、网络操作系统等)实现网络资源共享和信息交换的数据通信网。

互联网的前身是1969年美国国防部建立的阿帕网"ARPANET"。1991年,CERN(欧洲粒子物理研究所)的提姆·伯纳斯李开发出了万维网(World Wide Web),以及简单的浏览器,并设立了第一个网站。此后互联网开始向公众普及。随着更成熟浏览器的诞生和联网计算机的增多,在20世纪90年代中期之后,互联网开始在全世界爆炸性普及。

(一)互联网传播的特点

互联网与其他媒介相比,具有如下特点:

1. 互联网是一种"多媒体"(Multi-media)的传播工具

多媒体,一方面指的是互联网可以整合其他大众媒介及信息传播工具为一个平台;

另一方面指的是建立在电脑技术基础上的互联网,使用的是多重符号体系,诉诸的是人们的各个感官。

在互联网传播中,人们可以使用包括文字、图片、图像、声音在内的各种符号进行传播,对眼睛、耳朵等视听通道施加多重的信息刺激。它兼具时间性和空间性。

2. 互联网的时效性较强

互联网如同广播、电视一样,也可以 24 小时随时更新其传播内容,对重要的新闻事件进行现场直播,做到新闻报道与新闻事件的零时差。在需要的时候,一个网站可以成为一份 24 小时随时刷新的报纸,它的时效性有可能做到最强。

3. 互联网的保存性较强

互联网上的各种符号信息,可以统一以数字化方式传输并储存,它的保存性非常强。受众可以像阅读报纸一样反复阅读、观看、收听互联网上的内容,同时以比报纸更方便的形式将各种信息存储下来,还能提供非常强的信息检索功能。

4. 互联网的选择性较强

互联网兼具时间性和空间性,但空间性占据主导地位,它是一种非线性的媒介。受众可以随意决定浏览互联网内容的顺序、速度、详略及频率。超链接为受众在各种内容之间的选择提供了便利,人们还有机会定制互联网的新闻和其他信息内容,甚至真正参与到整个传播过程中。

基于以上特点,互联网的最大的传播优势在于其超时空性和交互性。

第一,互联网兼具时间性和空间性。它像报纸一样,保存性、选择性强;又像广播、电视一样,具有极强的时效性。甚至在以上的方面,它还要胜过报纸、广播、电视一筹。

第二,互联网不仅是一种大众媒介,也是一种人际传播的重要工具。人们使用电子邮件、即时通讯等方式进行人际传播,也通过万维网浏览大众传播的信息。在接受大众传播的同时,人们也可以通过留言板或论坛提供评论或反馈信息。随着 web2.0 理念和技术的成熟,博客、播客等类似大众传播的行为已经登堂入室,人们既可以从互联网上获取信息,也可以提供和发布信息。未来的互联网传播将是真正的多元互动:传播者多元化,而传播过程交互化。

正因为这种巨大优势的存在,互联网迅速成为当代大众传播格局中最具潜力、最具影响力的媒介。但是,它也有问题存在。首先,它对受众在技术、设备、经济成本和文化水平上要求较高,限制了受众范围。其次,正因为它的交互性,也使得互联网上的信息良莠不齐,权威性和可信度大大降低。

而传统媒介虽然受到互联网的巨大冲击,但仍有自己的优势在。互联网虽然也以文字为主体,但在传递深度信息这一点上还是报纸更擅长;互联网虽然时效性强,但在接收的便捷性尤其是伴随性上还是不敌广播；互联网虽然提供了丰富的多媒体信息，但无法像电视一样模拟人们日常接触外界环境的形式，在形象感、现场感和过程感上稍逊。因此，互联网不可能完全替代传统媒介，各种媒介呈现出互相补充、逐步融合的趋势，形成一种竞争与互补并存的格局。

（二）互联网的传播手段

互联网可以提供多种人际传播的方式，如电子邮件、即时通讯、聊天室等，也可以进行大众传播，如网站信息发布、新闻订阅、论坛和电子公告板等，另外有一些介于两者之间的传播活动，如博客。其中，作为大众传播最重要形式的是万维网的网站信息提供和浏览。当然，互联网还可以进行网络游戏和在线商务等其他活动。

网站是互联网上大众传播内容的主体，它提供以网页形式存在的各种信息，包括文字、图片、视频、音频、动画等，通过超链接把各个部分的内容和各个网页连接在一起。它还具有一些特有的组成部分，如留言板、论坛、网上调查、用户注册等。

从事大众传播的网站，既有专门的网络公司所开办的，也有传统媒体的网络版。

五、媒介的选择

大众媒介既然各有所长、各有所短，那么，在有意识地要把某些特定信息传播出去的时候，传播方应该利用哪种媒介以获得更好的传播效果？同时，受众在进行选择的时候，遵循着一种什么样的规律？在某个特定的时刻和情境下，为什么人们会青睐这种媒介而不是另一种，选择了这个具体的媒介产品而不是另一个？

许多传播学者曾致力于此类问题的研究。在传播者的选择方面，例如，戴维·纳塞和威廉·麦克尤恩研究了三种媒介的回忆效果，即电视录像带、录音带和印刷材料，结果发现三者在回忆效果上并无大的差别。"零点计划"的研究者们比较儿童使用小人书和电视时怎样学习和学到了什么东西，心理学家加德纳通过此研究探讨书籍和电视的基本区别，指出两者对儿童的思维有着很不相同的影响，导致了不同的体验，却无法判别哪一个就一定比另一个好。因此，传播者（如政治宣传者、教育者、社会鼓动者或广告商）要传播某种信息，并非某种媒介就一定胜过另一种媒介，而完全是根据特定的情况做出的特定选择。

对于受众的选择，施拉姆提出了一个"媒介选择或然率"的公式。[①] 他认为，人们选择不同的传播途径，是根据传播媒介及传播讯息等各种因素而进行的。人们往往选择一个最能充分满足其需要的途径，而在其他条件完全相同的情况下，他们则选择能够最方便而

---

① ［美］施拉姆，波特.传播学概论.陈亮等译.北京：新华出版社，1984，113～120

迅速地满足其需要的途径。他受到学者齐普夫"最省力原则"的启发,提出了如下的公式:

$$\frac{报偿的保证}{费力的程度} = 选择的或然率$$

所谓"报偿的保证"指的是传播内容满足选择者需要的可能性,而"费力的程度"指的是得到这则内容和使用传播途径的难易情况。人们在选择媒介的时候,多半是有意无意地从这两个方面进行考察之后才做出选择。

例如,某个文化水平较低的受众之所以喜欢看电视而不喜欢读报纸,可能是因为:首先,电视的画面给他提供了更多的信息和乐趣;其次,阅读文字对他来说要付出更多的努力。而某个文化水平较高的受众之所以喜欢读报纸而非看电视,则可能是:一方面他从报纸上能获得更多的分析、解释和思考;另一方面,阅读文字对他来说不是一件难事。

再如,一位大学生要了解某场足球比赛的结果,他可以在出门购买报纸、打开收音机、打开电视机和上网浏览之间进行选择。他多半会选择上网浏览,因为这是最方便、最省力,同时也是最能保证可以迅速找到相关信息的传播渠道。

选择媒介如此,选择某个具体的媒介产品时也是如此。人们为什么偏爱某份报纸,为什么钟情于某个电视节目,都涉及到这样一种考量。

第三节 技术与媒介

媒介作为一种工具,自然离不开技术的更新。不断涌现的科技新发明带来了众多新型媒介,它们在对传统媒介形成冲击、为传播格局带来革新的同时,也给受众带来了更多选择的可能性,并深刻影响了人类的传播经验乃至社会的构成。

关于技术与媒介的关系,多伦多学派的"技术决定论"影响深远。所谓多伦多学派,主要指的是两位加拿大裔的学者英尼斯和麦克卢汉,他们均从技术的角度探讨了媒介的特性,并认为这种技术的特性是社会结构与人类心智发展的基础。后来的多伦多大学"麦克卢汉文化与技术研究项目"延续了他们的思路。

(一)英尼斯:传播的偏向[①]

哈罗德·英尼斯在 20 世纪 40 年代从加拿大经济史逐渐转向了对人类文明史的研究。他在传播与媒介研究方面的代表作包括《帝国与传播》(1950)和《传播的偏向》(1951)。他认为,没有一样传播媒介是不具有时间和空间的偏向的,而这种或偏向时间或

---

① [加]英尼斯.帝国与传播.何道宽译.北京:中国人民大学出版社,2003;英尼斯.传播的偏向.何道宽译.北京:中国人民大学出版社,2003

偏向空间的特性,影响了社会的知识状况、权力结构和政治形态。

他认为,偏向时间的媒介包括语言、石头、黏土、羊皮纸等,它们共同的特点是比较耐久,能够克服时间的障碍但是不适合流通和传播。这种媒介有助于树立权威、形成等级森严的社会体制,有利于传统和宗教的稳定性。例如,羊皮纸在西方宗教中的地位非常重要,它协助形成了一种权威感,并使得教会掌握了对知识的垄断,并进一步实现了对社会的精神控制和政治控制。然而这种媒介的时间性使得它无法及于远方,也导致了社会的不均衡。英尼斯说:"羊皮纸在西方的全面使用夸张了时间的重要性。基于羊皮纸的知识垄断也引来了新媒介的竞争,例如强调空间重要性的纸张。"①

偏向空间的媒介包括文字、纸张以及更早期的纸莎草等。这些东西作为媒介的共同特点是,虽然经不起时间的销蚀,但是非常轻便易携,可以克服空间的障碍。这种媒介有助于帝国的扩张、知识的扩散以及世俗政权的建立。它能够帮助中央政权控制更大的疆界,但是却有可能削弱中央的权威。他以中国历史为例说明:"中国境内的传播由于口述传承又有多种方言,所以颇受阻碍,但由于帝国使用同一种而且颇为简单的文字,所以可以弥补巨大的鸿沟。由于帝国组织强调空间概念,所以对时间的观念便较不重视,也较无能力处理朝代的承袭问题。"他认为,中国古代的政权虽然疆域辽阔,但改朝换代却比较频繁,起因就在于中国文字的空间性。

英尼斯认为,近代印刷术诞生之后的各种媒介,如书籍、报纸、广播等都是空间性的,它们有助于领土的扩张,却有可能导致西方文明的崩溃。在他看来,最值得留恋的文明景象就是古希腊时期的口语传统,因为它达到了时间性和空间性的平衡。

英尼斯最大的启发在于他把媒介的技术和物质特性作为整个文明构造的起点,这一点深深影响了后来的学者。麦克卢汉曾说:"英尼斯是第一个从技术形态发展出一套历史变迁理论的人。和他相比,我的书不过是给他的著作写下注脚。"

(二) 麦克卢汉:媒介诸论②

当然,麦克卢汉的研究不止是给英尼斯做注脚而已。在 20 世纪 60 年代,在美国执教的马歇尔·麦克卢汉出版了一系列畅销著作,包括《古腾堡群英》(1962)、《理解媒介:人的延伸》(1964)、《媒介即讯息》(1967)等,引起了西方学术界的关注和争论。有人称之为是伟大的思想家和预言家,也有人称之为文化的炼金术士和骗子,时至今日,争论仍延宕未休。

麦克卢汉认为,媒介的变革是整个人类文明进程的核心。每一种媒介工具都延伸了

---

① [加]英尼斯.传播的偏向.何道宽译.北京:中国人民大学出版社,2003,译者序
② [加]麦克卢汉.理解媒介——论人的延伸.何道宽译.北京:商务印书馆,2000;[加]艾里克·麦克卢汉,[加]弗兰克·秦格龙.麦克卢汉精粹.何道宽译.南京:南京大学出版社,2000

人的生存和精神，相反，媒介内容本身的影响却微乎其微。到20世纪后半叶，大众媒介已经将人类的触角延伸到世界各地，将人类重新部落化，直至形成一个"地球村"。

他的理论观点可以总结为三个方面：

1. 媒介是人体的延伸

麦克卢汉认为，凡是延伸人体的东西，都属于媒介。印刷物是眼睛的延伸，电话和广播是耳朵的延伸，衣服是皮肤的延伸，车轮和道路是腿脚的延伸，电力技术是人的中枢神经系统的延伸等等。这种媒介的界定可谓宽泛，与一般的传播研究相去甚远。最值得当代传播研究关注的是他指出了媒介对人本身的改造作用，人的生存因媒介而发生了改变。

麦克卢汉说："一切技术都是肉体和神经系统增加力量和速度的延伸"，因此，"一切媒介都是人的肢体部分向公共领域的延伸。"他进一步指出，"人体任何一部分的延伸，不论是手、脚或皮肤的延伸都会影响整个心灵与社会。"①例如，他认为，印刷媒介就把一种"特殊的推理方式"强加到"人的视觉经验的结合方式上"。印刷媒介将复杂的现实生活转化为一系列不连贯的语言符号叙述出来，并把它一行行地印在纸上，使人们只能一行一行地按顺序去阅读、理解、思考，而不能像现实生活那样立体地、复合地去认识。它造成了人类理性的最终形式。

2. 媒介即讯息

麦克卢汉强调媒介对人的作用，而轻视传播内容本身的影响。在他看来，"所谓媒介即讯息，只不过是说：任何媒介（亦即人的任何延伸）对个人和社会产生的影响，都是由新尺度引起的；我们的任何一种延伸（或曰任何一种技术）都要在我们的事务中引起一种新的尺度。"他认为，传统上人们将媒介与讯息区分开来，是十分勉强的。传播媒介真正传递的是媒介的特性，传播媒介本身就是传播内容，而内容也就是一种媒介。例如，报纸的内容是文字表达，书籍的内容是言语，电影的内容是小说，这些均是媒介。人们在使用媒介时，特别注重内容，反而忽略了工具本身，这就像"媒介的'内容'好比是一片鲜美的肉，破门而入的盗贼拿它来分散看家狗的注意力。媒介的影响之所以非常强烈，恰恰是因为另一种媒介变成了它的'内容'"。

他在《媒介即讯息》一书中特别强调了媒介传递的真正"讯息"是它本身对受众的刺激与按摩，而不是它所传递的内容。也就是说，一种新的传播媒介一旦出现，这种媒介本身，而不是它所传递的具体内容，就会给人类社会带来某种信息，引起社会的某种变革。

他在书中用"部落化"、"脱离部落化"、"重新部落化"来比照人类社会从口头传播时代、印刷媒介时代到电子媒介时代的发展。人类的这种变化，都是媒介本身而不是它的内

---

① ［加］麦克卢汉.传播工具新论.叶朋德译.台北：台湾巨流图书公司，1981

容带来的。因此,媒介本身就带来讯息,媒介本身就是讯息。

3. 冷媒介与热媒介

麦克卢汉将媒介分成两类:冷媒介与热媒介。所谓热媒介,指的是能够"高清晰度"地延伸人体某个感官的媒介,而冷媒介恰好相反。"高清晰度"指的是媒介所提供的讯息非常充分、完善,不需要人们调动更多的想象,对受众参与度的要求较低。他认为,"热媒介"主要是指电影、广播、照片、书籍、报刊等,"冷媒介"则主要包括电视、电话、漫画、谈话等。最明显的例子就是照片与漫画。照片提供了对于现实景象的逼真模拟,因此人们不需调动太多的想象力就可理解;而漫画则用线条勾勒出一幅画面,留下了极大的空白需要人们自己用想象去填充。

这种分类的最大意义在于将媒介本身的特性与人类社会与文明的变迁结合起来。麦克卢汉认为,近代人类社会最大的变化就是两个过程:首先是印刷媒介这种"热媒介"对人头脑的控制,对社会"部落"的解体;其次就是电视等"冷媒介"重新唤起人们的参与和体验,将人类重新"部落化"了。

这种分类是麦克卢汉理论中最令人难以索解也是最遭受抨击的一部分。冷媒介、热媒介之间的界限模糊,甚至彼此矛盾。例如,电视对现实的逼真再现,使得它更应被归入热媒介而非冷媒介之列。或许这种分类最大的意义,在于提醒人们媒介本身对讯息理解的制约功能。

(三)技术决定论的发展与反思

英尼斯和麦克卢汉的观点都被称为"技术决定论",原因就在于他们对媒介工具自身物质特性的强调,认为这是人类文明发展的根本影响力。

在他们的思想继承者那里,新奇的理论被进一步阐发,而最新的科技发展状况也被纳入分析视野。美国学者乔舒亚·梅罗维茨的著作《空间感的失落:电子传播媒介对社会行为的影响》[①]在麦克卢汉思路的基础上,结合社会学家戈夫曼的"情境理论",探讨了媒介变化、社会情境与人类行为三者的关系。多伦多大学"麦克卢汉文化与技术研究项目"的负责人德里克·德·柯克霍夫的《文化肌肤》一书则进一步探讨了电子媒介和其他新技术给人的心智带来的变化。在电脑和互联网广泛应用的今天,新媒介再次改造了人的生存状况,甚至使人同时在真实空间和虚拟空间两个世界中生存,这种重大变动使麦克卢汉等人的理论得到了重新的重视和发掘。

但是,技术对历史的作用从来不应该被夸大。如果不是在一个宏观的政治经济脉络

---

① Joshua Meyrowitz. No Sense of Place: The Impact of Electronic Media on Social Behavior. Oxford University Press,1985;参见梅罗维茨.媒介、情境与行为.见:张国良主编.20世纪传播学经典文本.上海:复旦大学出版社,2003

和历史情境中去分析,这种技术决定论只能导致似是而非的分析和标新立异的结论。工具毕竟是人创造和发明的工具,它可能会改造人、改造人类社会,但终究是在人和人类社会复杂性基础上进行的改造。

第四节 媒介机构与媒介产业

媒介不仅是一种工具,也是人类社会结构的有机组成部分,其中不仅有工具的使用,也有人的参与。在当代大众媒介系统的情境下,对媒介的研究还要涉及到对媒体组织的探讨、对媒介产业的剖析。

在这个问题上,媒介经济学提供了基本的分析,它总结了这个产业的商品形式、运营方式和管理体系,讨论了成本—收益的基本模式,描绘了媒介企业的基本构成,阐释了这个产业及其组织机构与其他经济领域不同的特色。而传播政治经济学则纳入了一个重要的要素——权力,使用马克思的经济基础与上层建筑的辩证关系框架来讨论媒介机构与媒介产业在当代社会中的地位与运行。

传播政治经济学研究者是一个松散的派别,他们共享从亚当·斯密直到马克思的政治经济学思路,分别从不同的角度和入手点出发,但都强调从历史和社会整体的角度观察媒介机构与媒介产业,并秉持着一种道德哲学和改造社会的理想。其代表人物包括加拿大的达拉斯·斯密塞、美国的赫伯特·席勒、英国的彼得·戈尔丁和格拉姆·默多克、法国的阿芒·马特拉等人。加拿大学者文森特·莫斯可在《传播政治经济学》[①]一书中对这个学派的研究历史和本体理论做了总结。

我们借鉴这个学派的观点,从公共媒体与商业媒体、大型跨国媒介集团两个角度来理解当前的全球媒介产业和媒介机构的状况。

(一) 公共媒体与商业媒体

近代大众媒介自诞生伊始,就呈现出公共性和商业性交融的景象。早期在意大利、德意志、比利时等地出现的报纸为了传播商业信息而出现,本身也是利润驱动的产物。随后,报纸被用作政治斗争的工具,政党报刊占据主导。到1933年本杰明·戴在美国创办"便士报"《纽约太阳报》的时候,就力图使它成为一种商业利润的来源。这份报纸从两个方面开启了商业媒体的道路:首先,它面向大众传播新闻和其他信息,目的是为了获取利润而不是政治宣传;其次,它售价低廉,用广告收入弥补成本并赚取利润,这成为商业媒

---

① [加]文森特·莫斯可.传播政治经济学.胡正荣等译.北京:华夏出版社,2000

体经营的基本模式。

随后,报刊、广播、电视都沿着这种模式开始了商业运作,尤其是在美国,商业化的媒体成为大众传播系统的主流。1927年,第一家广播网哥伦比亚广播公司(CBS)成立的时候,就是以出卖广告时间作为自己运营核心的。后来普及的电视也不例外。

与此同时,媒介的公共性也不断引起人们的关注。在英国,广播的发展呈现出与美国不同的进程。1923年,英国的赛克斯委员会认为,广播是一种公共设施,它占有公共资源,并且拥有巨大的影响力,因此"对于这种潜在的影响公共舆论和国家生活的权力的控制应该保留在政府手中"。但是,英国并没有直接由政府控制广播,而是建立了一种相对独立的公共广播服务体系,它与公园、图书馆等公共服务机构的运作模式类似。1927年,英国广播公司(BBC)成立,它的主导人物是约翰·雷思。在他的影响下,英国广播公司树立了一种公共服务的原则,主要体现在六个方面:垄断占有、在政府控制之下、通过独立的委员会来运作、作为国家利益的代理人、资金来源是执照税、提供一种普遍性的服务。①

20世纪20年代至80年代,在主要的资本主义国家形成了媒介机构的两种类型:公共媒体与商业媒体。一般来说,报纸全部是商业媒体,因为它被认为不使用稀缺的公共资源。而广播、电视等占用稀缺公共资源的媒介则不一样。在美国等国家的广播电视领域,商业媒体是主流,公共媒体起辅助作用。在英国等国家的广播电视领域,公共媒体占据了垄断地位,商业竞争者也开始出现。

不过,自20世纪80年代开始,主要的资本主义国家都开始了一场"解除管制"的运动,其表现包括:美国政府取消了对电视新闻的严格控制;英国开始反思并调整公共广播服务的理念,并允许更多的私人资本进入广播电视领域;法国、德国等国的公共媒体被转卖给了私人等等。作为结果就是商业媒体的兴盛,以及部分国家的公共媒体转向了商营。按照奥沙利文的界定,所谓解除管制,就是"对种种公共服务与控制体制的系统化重建,并以直接出自商业化与市场化运作的体制取代它们"。② 这种私有化源自于这样一种资本主义理念,即市场竞争能够带来最好和最有效率的公共服务。

但政治经济学者和其他的左翼学者始终坚持:公共性应该被维护。③ 他们借用哈贝马斯的公共领域概念,强调公共媒体在实现民主进程中的重要地位,并呼吁寻找更多非主流的传播方式。

---

① [英]泰勒、威利斯.媒介研究:文本、机构与受众.吴靖、黄佩译.北京:北京大学出版社,2005,98~110
② [美]费斯克.关键概念:传播与文化研究辞典(第二版).李彬译.北京:新华出版社,2004,73
③ [加]文森特·莫斯可.传播政治经济学.胡正荣译.北京:华夏出版社,2000,163~167

(二) 大型跨国媒介集团[①]

在当今的大众传播格局中,商业媒体仍然占据主流。在全球化背景下,一种新的媒介垄断形式更加引起学者们的关注。

垄断是资本的本性,在媒介产业这个领域也不例外。经过不断的纵向整合,大型媒介公司可能控制了一个产业链从上游到下游的各个领域;通过横向整合,这些公司又跨越了各种媒介行业,甚至与媒介无关的金融、房地产、零售业等;最后,通过跨国整合,这些公司在全球范围内扩张自己的势力范围,成为庞然巨兽。

企业集团一方面可以凭借内部的调整来抵御外部市场的不确定性;另一方面可以在内部形成竞争来增强活力。此外,它们可以同时控制某个产品的上游、中游和下游,从而降低成本,保障销售。在不同区域的扩张使得资本可以寻求最宽松的政策环境和最廉价的资源和劳动力。这是资本主义发展的必然趋势,也渗透到媒介产业的发展过程当中。

早在大众媒介的早期发展阶段,就有扩大规模和市场集中的现象。很多报业一旦站稳脚跟,就把目光投向不怎么稳定的竞争者,希望通过集中和整合来减少外部竞争,同时增强抵御市场风浪的能力。跨国经营的趋势也很早就有。19世纪的很长一段时期内,英国的路透社、法国的哈瓦斯社和德国的沃尔夫社就共同瓜分了世界的大多数区域来生产和销售新闻。到了20世纪,与其他行业的集中和垄断同步,媒介业的企业数量也逐渐减少,权力逐渐集中,出现了一批被称为"巨兽"的大型跨国经营的多重结构的媒介集团,例如时代华纳、迪斯尼、索尼、新闻集团、贝塔斯曼、维旺迪、芬尼维斯特等等。在20世纪末21世纪初,这种整合随着政府管制的放松和新媒介的突飞猛进得到进一步加强,大型媒介集团拥有天文数字的巨额资产,控制了全球新闻和娱乐统一市场的绝大多数生产和销售,小的媒介公司只能依附于它们或者在它们触角到不了的地方才能生存。

以传媒大亨鲁伯特·默多克所拥有的新闻集团(News Corporation)为例,这个大型的跨国媒介集团几乎覆盖了所有的媒介领域:出版、报刊、电视、电影、互联网等。它麾下的著名媒介品牌包括:《泰晤士报》、《镜报》、哈泼斯出版集团、福克斯电视网、天空电视台、凤凰卫视、21世纪福克斯电影公司等。它还进入了世界上大多数成熟或有潜力的市场,包括澳大利亚、美国、英国、拉美以及中国。并且,在多数市场上它都是垄断者之一,如它控制了英国40%的报纸,澳大利亚2/3的报纸,以及美国无线电视市场的40%。

这种跨国媒介集团引起了学者们的极大忧虑。学者们首先思考了与之相关的全球化问题。正如英国学者科林·斯帕克斯所言,全球化理论通常认为这个世界愈加紧密地结合在一起,已经没有一个中心存在;而斯帕克斯指出,美国仍然在这个世界占据主导地位。法国

[①] 参见胡正荣等.外国媒介集团研究.北京:北京广播学院出版社,2003

学者阿芒·马特拉在《世界传播与文化霸权：思想与战略的历史》[1]一书中也明确指出，所谓全球化是在商业利润驱动力之下进行的全球市场重新瓜分的过程。而作为这种全球化的集中体现，大型跨国媒介集团除了经济上可能造成的波动之外，对民主和社会权益的损害、对民族国家独立性的威胁、对本土文化的侵蚀等，也都不断受到学者们的反思。

小结

　　媒介是插入传播过程之中，用以扩大并延伸信息传送的工具。对它的研究，一方面要侧重其物质特性和规律；另一方面要关注媒体组织的运作和构成。

　　认识媒介可以从多个角度进行，由此可以分析报纸、广播、电视、互联网四种大众传播媒介的传播特性、传播手段和优势所在。媒介各有所长，各有所短，它们发展的趋势是互相竞争和互相融合的。对于受众来说，选择媒介要考虑报偿的保证和费力的程度。

　　技术决定论者分析了媒介的工具属性对人类文明进程的影响。传播政治经济学者则探讨了媒介机构和媒介产业中权力关系的形成与变动。这些都有助于加深我们对媒介的认识。

---

[1] ［法］马特拉.世界传播与文化霸权：思想与战略的历史.陈卫星译.北京：中央编译出版社，2001

第十章 受众

第一节 受众

一、受众的界定和类型
二、受众的特征
三、受众的变迁

第二节 受众主体

一、受众行为的动机和目的
二、传受关系
三、受众的选择行为及其影响因素
四、受众权利

第三节 受众研究

一、国内外对受众价值的认识
二、受众理论

第一节　受众

一、受众的界定和类型

（一）受众

传播是信息的交流与分享。传播过程中存在着两个主体：传播者和受传者。受传者，是传播行为的接受者，是信息传播的目的地，是传播活动的一个重要环节，也是传播过程得以存在的前提和条件。离开了受传者，传播活动就失去了方向和目的，而不能称其为传播。

在人际传播和组织传播中，传播者和受传者相对存在，一定条件下，二者的位置可以互换，且二者主要在面对面的或凭借简单媒介如电话、书信等的环境下完成传播行为，可以及时反馈并调整传播内容和方式。在这些传播活动中，没有明确的受众，比如一群人在交谈，谁是传者、谁是受众并不固定，而且也很难有人数庞大的所谓受众群。

一般来说，受众的概念多用于大众传播的情境之下。大众传播过程中的受传者即受众（audience），或称阅听人（港台学者多有此类译法）、接受者、传播对象，是对大众媒介信息接受者的总称。具体可以包括报刊书籍的读者、广播的听众、电影电视的观众以及互联网的网民等。他们能够决定一条传播内容、一家传媒机构，甚至是传播者本身的发展前途。

美国社会学者戈夫曼（Erving Goffman）以及其他致力于拟剧论研究的学者，较早地使用了"受众"的概念来分析日常的互动行为，他们将接触活动的主体分为演员和受众。显而易见，受众的初始用法经过扩展之后，开始被用来描述发达工业社会中的所有成员，他们对媒介产品的使用以及同媒介产品的互动，构成了现代社会成员的一个起码标记。

在20世纪40年代，早期的传播学研究者如赫尔塔·赫佐格（Herta Herzog）、保罗·拉扎斯菲尔德和弗兰克·斯坦顿（Frank Stanton）等已经在他们所做的研究中，或多或少地涉及了对积极的、寻求满足的受众的研究。1947年，美国传播学者布卢默将受众称为"mass"，意指其为"乌合之众"，因为根据他的分析，受众具有多、杂、散、匿等特点。

大众传播的受众数量巨大。一家有影响力的媒体，在社会上具有的受众要用几十万、几百万，乃至上亿来计算。例如，根据2005年的统计数据，我国的中央电视台在国内的覆盖率是95.9%，拥有11.88亿的受众和潜在受众。

大众传播的受众由不同年龄、性别、种族、职业、文化水平、经济收入和居住地区的社会成员构成，具有广泛性和多样性，是大众传播中一个复杂的子系统。

大众传播的受众分散在社会的各个角落，从事着不同的职业、有着不同的动机，互不相识、互不联系，是无组织的群体。

大众传播的受众相对于传播者而言是隐匿的，传播者可以了解受众整体的主要特征和愿望，却无法了解单个受众的具体情况及愿望要求。

总的来讲，受众是信息的接受者，同时也是大众媒介的积极参与者和反馈源。

（二）受众的分类

受众是千差万别的，要使传播信息被受众接受，就需要事先对受众的思想观念、文化水平、兴趣爱好、信息接受方式等进行研究，对受众进行分类。我们可以从不同的角度对受众进行以下分析：

1. 依据对信息的关注程度和内容的范围，分为一般性受众和专门性受众

一般性受众对于各种媒介及其传播内容都有接触欲望，没有固定的接受方向和重点，相当程度上是为了满足好奇心、审美和消遣。专门性受众有着共同的兴趣爱好、相同的接受倾向，虽然同样是分散、混杂和隐匿的，但他们的注意力相对集中，接受信息有较高的专门要求，参与传播活动的目的性、功利性较强。随着物质生活和精神生活的丰富，这种受众数量在不断增加。现代社会中的"球迷"、"歌迷"、"影迷"，就是专门性受众的典型代表。

2. 依据日常接收某一媒介内容的习惯和程度，分为基本受众和潜在受众

基本受众是事实上已经成为某一类媒介内容比较忠实的和稳定的受众群，以几乎天天接触和经常接触此类媒介内容为标志。潜在受众是指对某一类的媒介内容在接受心理上具有潜在意愿的，是媒介要寻找的传播对象，也是媒介大可开发的丰富资源。

3. 依据接触媒介方式的差异，分为读者、观众、听众和网民等

读者是印刷媒介的受众，接触方式是"阅读"，包括书刊报纸的受众。对信息接受的自主性、灵活性较大，文化水平为其接受活动的制约因素。

观众是电视、电影、录像等视觉媒介的受众，接触方式为"视听结合"，以视为主。一般以群体方式接受信息。观众观看视觉媒介时，不受文化水平的限制，老幼咸宜，娱乐性较强，但自主性较小。

听众是广播、录音等声音媒介的受众，接触方式为"听"。可以个体收听，也可以群体收听，不受文化程度的限制，因此受众广泛。但声音是线性传播，按时间顺序安排节目内容，受众的选择性较弱。

网民是互联网的受众，据统计，截至2005年6月，我国内地网民有1.03亿人，上网计算机数达到4560万台，仅次于美国，居世界第二。网民已经成为我国受众的主流之一。网络媒介接触方式是"上网"，通过网络来收发电子邮件、传送文件、浏览新闻、搜索信息。

一般是以个体形式接受信息,自主性、选择性和参与互动性较强。

二、受众的特征

作为个体的受众千差万别,但作为整体的大众传播的受众是具有一些共性的。受众特征有社会的、个体的和心理的等不同层次。主要有以下几种特征:

1. 每种大众媒介的受众都是由具有共同经验的个人组成,由于社会环境、社会角色、文化背景、民族特征等不同,在传播活动中显示了不同的特征。传播过程中,传播者、受众和传播内容三者之间,除受众对社会讯息有独立的价值判断外,传播者与受众的利益是否一致,也会影响到传播效果。

2. 受众作为群体中的个体,受到人际传播和社会联系的影响,并按照现实与自身的习惯有意识地选择信息。一般而言,群体的规模越大、组织力越强、受众对群体的依赖性越强,则群体利益对受众传播行为的约束力也强。

3. 由于受众个人心理结构的差异,表现在对信息内容的选择、认知等方面均有所不同。受众的社会性特征决定其还有从众心理、逆反心理和移情等。受众的信息接受活动具有强烈的自主性,并不轻易被传播者所左右和支配。

4. 受众由成分复杂的一大批人构成,且不是一成不变的。由于性别、年龄、个性、经历、兴趣、爱好、智力、立场等的不同,受众对不同的传播内容有着明显的选择偏向。这就使传播受众出现分众化,特定的传播媒介、特定的新闻信息只能传递给特殊的受众群体。

三、受众的变迁

(一)受众观的变迁

"受众"这个词原本就是为了方便研究者而制造出的一个笼统的称谓。它也可以说是对以个人身份、个人动机参与到大众传播活动中的无组织的人的统称。它虽然是没有借外力组织起来的群体,但却因人口特征和个人差异而组织成了许多个同质性和异质性的群体。在传播学的发展史上,"受众"是一个在不同历史时期有着不同意义的概念。所谓受众的变迁,在某种程度上也可以看作是人们对受众认识的变迁。

在大众传播研究的早期,人们把现代社会的公众作为原子化的无区别的"大众"来看待,他们是软弱的、一盘散沙式的存在,只能被动地接受权力精英的操纵。这种受众没有辨别力与抗拒力,只要接受到媒介传播的信息,就会像中弹的"靶子"一样应声倒地。受众在本质上是一种被动的社会存在。面对大众媒介,受众只能被动地接受,没有选择的余地。媒介效果理论中有一种"魔弹论",其受众就是这种观念的代表。在20世纪早期,许多人都持有这一观念,因为当时一些新媒介如电影、广播究竟能产生何种影响一直为人们所担心,而1938年由于哥伦比亚广播公司播放根据威尔斯科幻小说《星球大战》所改编的广播剧造成民众大恐慌的"火星人入侵"事件更是为这种理论提供了侧面的证据。

　　1948年拉斯韦尔提出了传播过程的"五要素"模式,这一模式的提出与兴起预示着对受众关注的兴起。接下来的一系列关于传播模式与传播效果的研究无不表明受众的地位在逐渐受到人们的重视,受众本体地位正在回归。受众越来越被认为是拥有自主意识和自我判断能力的权力主体,受众对媒介的接近与使用无不带有一定的目的性,是一种主动的行为过程,是自身需求的反映。这样,受众的概念就从早期的被视为庞大的无区别的集合体转化为具有丰富的社会多样性的个人。

　　在现代社会,接触大众传媒在每一个人的生活中都占据着重要的位置。我们不能否认的一个事实是:在媒介资源极不丰富的情况下,人们可能没有太多选择的余地,有可能产生千家万户同看一个节目的情况。比如十几年前在中国出现的同一时间几乎所有观众都在收看电视剧《渴望》、春节联欢晚会等。今天我们已经进入到了"分众化"的"窄播"时代,收视率每提高零点一个百分点都将是令电视人兴奋的事情。随着科学技术的发展,大众传播发展到今天,报纸、期刊、通讯社、广播、电影、电视、互联网、手机已是各领风骚,"众神狂欢",媒介日趋多元,手段日趋现代化,对受众的争夺也日趋激烈。在媒体之间竞争日趋白热化的今天,受众的可选择余地越来越大,主动性也是越来越强。这必然会促使媒体加强受众意识,选择更为有效的策略,进行更有针对性的传播。而受众则可以从充足的媒介资源中根据自己的需要与偏好"游刃有余"地进行选择,甚至于还可以通过反馈自己的意见要求媒体进行改进。

　　在这种情况下,传统媒体也不能再固守"传统"的"我传播你接收"的模式了,变革已是如箭在弦,怎样传播、对谁传播一下子变得重要起来。

(二) 受众的分化

　　近年来,由于社会的政治、经济、文化出现了分化,社会越来越走向多样化、多极化、多层化,人与人之间,更准确地说是阶层与阶层之间、集团与集团之间的社会观念、价值标准、文化理想、生活态度,甚至消费欲望和消费能力都产生了巨大的差别。以电视观众(受众的重要组成部分)为例,他们对电视节目的要求、判断标准、收视趣味也各不相同,尽管一些"重大"新闻信息还可能得到多数受众的共享,但我国在20世纪70、80年代那种"央视一套包打天下"的局面已经一去不复返了,绝大多数电视节目都已经很难再有雅俗共赏、老少咸宜、妇孺皆乐的效果了。媒介的丰富和传播技术的发展使受众的选择空间越来越大。他们已经有可能根据自己对信息的"特殊需要"来选择电视节目。如果当前媒体还都以所有受众为传播目标却没有针对已经分化的受众的特殊需要,其结果只可能反而会失去所有的受众。受众分化是媒体必须要面对的一种发展趋势,所以媒体也就必须用不同的内容来满足分化的受众的不同需求。例如,电视节目的频道可以从原来的综合频道分为新闻频道、音乐频道、体育频道和电影频道等等,以此来面对不同的受众,也面对受众不同的需要。受众分化的结果,将使媒体失去了它很难挽留的那些观众但却得到了它应该得到的那些观众。

就广播电视产业而言,不仅现在的专业频道要根据自己的定位来寻找自己的受众市场,传统的综合性频道的大部分节目也在走向"分众化",用自己的特色节目,去吸引某一部分特定的电视观众,使他们成为节目的忠实观众。

不仅传统媒体在由"广播"向"窄播"转变,新媒体如互联网的出现,更是大大加剧了"受众分化"这一进程。正如美国学者尼葛洛庞蒂在《数字化生存》一书中指出的,后信息时代的根本特征就是"真正的个人化"。在网络上,受众对信息的需要,可以得到最大限度的满足,接近实现了"一对一"的传播模式。

我们认为,受众本体意识的回归与传播科技的发展以及受众不同个性表现的需要是"受众分化"的主要原因,传统媒体在对待受众的问题上经历了一个由不重视到逐渐重视的过程。受众自身的角色也由原子式的分散在转变为一个个特征鲜明的权力个体(即真正意义上"人"的回归)。而互联网的诞生与迅猛发展不仅顺应了这一趋势,同时又在很大程度上促进了这一进程。

(三) 受众即商品

作为商业媒介,大众媒介的广告收入是其最主要的经济来源。通常我们认为,大众媒介通过出售广告时间或空间给广告商,以获得经济收入,这些广告时间(如电视广告时段)及空间(如报纸广告版面)就是媒介机构出售的商品。然而,西方传播政治经济学理论泰斗达拉斯·斯密塞(Dallas Smythe)提出了大相径庭的观点——"受众商品论"(Audience As Commodity),并提出"免费午餐"(Free Lunch)概念。他在 1977 年发表的论文《传播:西方马克思主义的盲点》中指出,大众媒介的运作过程,就是媒介公司生产受众,然后将他们移交给广告商的过程。大众媒介的广告时段或版面价值是传播产生的间接效果,它们不是广播电视或者报纸媒介生产的真正商品。媒介的节目编排是用来吸引受众的,这和以前的小酒店为了吸引顾客饮酒而提供的"免费午餐"没有什么差别。[①] 根据他对广告驱动下大众传播商品形式的研究,受众的人力(注意力)才是经营大众传播媒介的主要产品。"受众商品论"运用马克思政治经济学的观点,解释了广播电视的广告时段和报纸版面空间具有价值的原因,我们都知道同样大小的广告版面及同样长短的广告时段在价格上有

---

① 胡正荣.媒介的现实与超越.北京:北京广播学院出版社,2004.3

着巨大的差异,例如中央电视台黄金节目时间的广告价位就远远高于地方电视台,这主要取决于其收视率,也就是受众的多少。

斯密塞的观点极具启发性,拓展了我们对于受众的认识。根据这种说法,受众成为了商品。任何大众媒介,只要拥有了受众,就拥有了市场。作为商品,受众资源的分配也应该是由市场来完成的。

在西方发达国家,广告业和媒介业一起走入成熟。广告主们都已经认识到,不是在收视率最高的时段投放广告就会收到最好的效果,只有有针对性地选择广告时段,吸引广告的目标受众才是可行之道。例如,男性用品的广告应放在新闻时段;儿童食品应当选择在卡通片时段播放;家庭用品则应该和肥皂剧放在一起,因为这类商品的购买选择权一般在家庭妇女手中,而她们往往是肥皂剧的忠实观众。①

在受众需求细化、市场细化的今天,各种商品都是有自己的目标销售群体的,同时满足跨越各个地区、各个年龄段、各个阶层的人群的商品越来越少。一边是人数众多、形形色色的受众资源,另一边是寻找特定目标群体的广告商,媒介在其中起到的作用,就是通过自己的节目安排,把庞大的受众群体分为具有不同特征的广告投放适用人群,然后交给广告主来获得利益。在这个流程中,传播者的劳动就凝结在细分后的各种收视群体之中了,这也是我们称之为"受众商品"的根本原因。

第二节 受众主体

一、受众行为的动机和目的

作为社会成员,受众自觉采用各种媒介的原因何在?英国学者丹尼斯·麦奎尔认为:"受众的行为,在很大程度上由个人的需求和兴趣来加以解释。"②也可以认为,一个人接触媒介,是基于个人需要,怀有某种动机的,他主动使用媒介内容来实现自己的目的。研究媒介对受众产生的效果和具体功能,首先就要了解受众的使用动机和希望满足的程度。一般而言,受众使用大众媒介的动机有:

1. 获取信息,了解外部世界

人要生存和发展,离不开同外部世界的信息交流,必须对外部世界有所认识和了解,以适应外部世界的发展变化。受众调查显示,接受信息是许多人青睐媒体的最基本动机

---

① 胡正荣.媒介的现实与超越.北京:北京广播学院出版社,2004,5
② [英]麦奎尔,温德尔.大众传播模式论.祝建华等译.上海:上海译文出版社,1997,102

或首选动机。如果媒体不能满足受众的欲知和求知愿望,那么,在当前传播媒体多元化的背景下,受众就会主动放弃这种媒体。

2. 娱乐消遣,满足精神、情感需要

现代社会的许多人把媒介当作了消遣娱乐最主要的方式之一。受众通过大量使用媒介,接收媒介提供的娱乐休闲性材料,获得精神上的享受和满足。同时,受众借媒介消磨空余时间,排遣寂寞、忧虑,缓解工作压力等。

有调查表明,人们读报主要是为了获取新闻时事,而收听广播和收看电视除获取新闻外,主要是为了欣赏文艺节目和娱乐。

3. 获取知识

随着物质文化生活水平的提高,人们对各类知识的需要日益增长。而媒介技术的不断发展使人们可以很便利地利用传播媒介去接受教育。受众通过阅读、收听和收视学习科普文化知识和各种专业知识,提高科学文化水平。获取知识已经成为人们接触媒介的主要动机之一。

此外,人们使用大众媒介,还为了满足某种特殊的心理需要,如从媒介内容中寻找生活的结合点、寻找刺激、转移感情等;也有通过媒介了解信息,从而增加人际交流中的共同语言及从传播内容中寻找认同感等需要。

但是,任何一个受众都不是由单一动机驱使的,一般是以某种动机为主,不排除其他动机的存在。

二、传受关系

传播者和受众的关系,是认识传播过程、实施传播行为的一个基本问题。传播是一个分享信息符号的过程,在这个过程中,传播者和受众双方共享那些他们共同感兴趣的信息符号。传播过程中,传受双方的行为具有内在联系。传播者的讯息传递与受众的讯息接受相互依存,形成互动,传播者只有提供那些符合受众实际需要或趣味的信息才会被受众接受,取得好的传播效果。

受众对媒介的使用和对传播内容的接受是一个积极主动的过程,受众一方面具有自主性和选择性;另一方面则受到一系列主客观因素的制约,如受众所处的社会环境、受众接触媒介的程度等。其中受众对媒介的接触程度对传受双方的信息分享影响较大。

受众对传播媒介的接触程度是指他们接触媒介的频次。调查显示,年龄、受教育程度、职业、性别、生活方式、接受环境等对受众选择何种媒介及传播内容会造成不同的影响,这些制约因素彼此相关。

一般而言,受教育程度高的人较多地选择印刷媒介,文化程度较低的以电子媒介为主。儿童选择电子媒介,青少年多选择印刷媒介,中青年时期广泛接触各种媒介,老年人则又以电子媒介为主。在内容选择上各有不同,但新闻时事、休闲娱乐和知识性内容的被选择度要高。

从受众的角度看,具备哪些内容和形式特征的媒介才值得自己掏钱去买、抽时间去看或听呢?中国人民大学舆论研究所1998年下半年所做的一次北京地区受众调查对此的回答是:这个媒介的传播必须是"重要的"、"丰富的"、"知识含量大的"、"有见地的"和"实用的"。调查以报纸为例,列举了可能成为报纸"必读性"构成成分的15个因素,请被调查者根据自己的情况去考虑其自费购买或订阅一张报纸时所最看重的因素。调查结果表明,作为一张读者愿意自己掏钱去订、去买的报纸,它首先应该是"报道紧扣社会关注的热点"的(占49%),其后依次是"内容丰富,信息量大"的(占46%)、"知识含量大,有保存价值"的(占37%)、"目光敏锐,见解独到"的(占35%)以及"贴近生活,实用性强"的(占34%)。这便是广大读者在自费购买或订阅一张报纸时最看重的5个基本因素。此外,作为读者对具有"必读性"报纸的次一级的要求还有:它应该是"独特的"(32%的读者希望他所买的报纸"常有令人感兴趣的独家新闻")、"及时的"(31%的读者希望他所买的报纸"报道迅速,时效性强")、"好看的"(29%的读者希望他所买的报纸"生动、有趣、可读性强")、"有品味的"(29%的读者希望他所买的报纸"有较高的品味和档次")以及"可信的"(26%的读者希望他所买的报纸"公正客观,可信度高")。[①]

受众对于特定传播媒体的忠诚度大体上可以分为两类:一是行为忠诚度,指受众接触某个媒体的稳定程度,这种行为忠诚度主要是由于特定媒体的传播方式之于受众的方便性所造成的;二是情感忠诚度,指受众对于特定媒体的价值与情感认同程度,这种情感忠诚度主要是由于特定媒体的传播内容对于其目标受众的价值亲和力所造成的。换言之,如欲增强受众对于某个媒体的行为忠诚度,主要可以通过方便受众,降低受众的接触成本的手段达到;如欲增强受众对于某个媒体的情感忠诚度,则主要可以通过提高传播内容之于受众的有用性入手,强化受众对于特定媒体的价值的肯定。

在传播实践中,受众之于传播媒介的两类忠诚度有时是统一的,有时则是分离的。如果受众对于某个媒体的行为忠诚度高于其情感忠诚度,这表明该媒体对于受众的凝聚力主要是由于获得的方便性所造成的,而这种行为的忠诚度如果缺少情感忠诚度的有力支撑是不可靠、不长远的,一旦遇到强有力的竞争者,便很可能一夜之间"兵败如山倒";如果受众对于某个媒体的情感忠诚度高于其行为忠诚度,表明该媒体对于受众的凝聚力作为一种潜在的可能还没有充分得以发挥,在传播竞争的时代,"好酒也怕巷子深"。因此,

---

① 喻国明.试论受众注意力资源的获得与维系,当代传播,2003(3),18

如果缺少行为忠诚度的有力保障,传播者应该通过降低受众获得媒介内容的代价来提高其吸引力。

三、受众的选择行为及其影响因素

(一)受众的选择行为

人不可能全部接受所有作用于其自身的信息,只能是一种对象性的输入和能动性的选择相结合。在反映和接受过程中,受众对一切信息都需要进行自身过滤和筛选,也就是要进行选择。所以,在人与信息的关系中,选择不是偶然出现的,也不是可有可无的。

传播学者经过研究发现,受众有选择地接触一种媒介,且往往只选择那些能加强自己信念的信息,而拒绝那些与自己固有观点相抵触的东西。人们通过大众媒介一般是加强自己已有的观点,而不是改变其信念。受众地选择行为体现在自由地选择使用何种媒介以及接受何种信息方面。

美国学者赛弗林和坦卡德指出:因为受众"根据本身的背景来理解信息的内涵意义。他们会依据以往的经验、文化素养、需要、心境与态度等进行选择性理解。他们对于信息还进行选择性接受和选择性记忆"。① 他们还提到了选择性接触这一环节。

早在1960年,美国传播学者克拉伯(Joseph Klapper)在《大众传播的效果》一书中,就将受众的选择性心理归纳为选择性注意、选择性理解和选择性记忆三个层面。

1. 选择性注意

选择性注意是指认识结构、社会类型和有意义的社会联系所产生的,与这些因素有关的媒介内容注意力的方式。从媒介选择上来讲,受众一般选择自己习以为常和喜爱的媒介,如知识分子一般选择印刷媒介,教育程度偏低者多选择电子媒介;从传播内容上来讲,受众一般选择能够支持其信念和价值观的信息,以减轻认知上的不和谐;从传播形式上来看,不同的人也有不同的选择取向。

心理学认为,注意是心理活动对一定事物或活动的指向或集中。人注意力集中的过程也是一个人对信息进行取舍的过程,人自然地接受同自己已有观点或者立场一致的内容,接受对自己和所属群体有利的信息,排斥不一致的内容,回避有害或不利的信息。受众不可能,也没有必要全盘接受媒体传播的一切内容。

如前所述,威尔伯·施拉姆曾经提出过一个人们为什么选择某种媒介的公式:报偿的保证/费力的程度=媒介选择的或然率。这就是说,只有当特定的大众媒介能够满足我

---

① [美]赛弗林,坦卡德.传播理论:起源,方法与应用.郭镇之等译.北京:中国传媒大学出版社,2006,76

们一部分的需求时,才会引起我们对它的兴趣而加以注意。

德弗勒认为,影响受众选择性注意的因素有认识结构上的个人差异;社会成员类型;有牢固社会关系的人可能更注意与朋友和家人利益相关的问题等。①

在实际生活中,面对各种信息刺激,受众都只选择那些需要感知的事物,舍弃不相关内容。传播者要想使自己的传播内容更受注意,可以改变传播形式、强化和更新传播内容。具体可以把握这样一些原则:

(1) 信息具有显著性和对比性,社会发生的重大事件,如国际间冲突、国家重大政策变动、毁灭性灾难等信息容易引起注意。那些能同实际环境其他信息强烈对比的信息也易引起受众的注意。

(2) 信息具有易得性。很容易接受并理解的信息易引起注意。

(3) 形式灵活多变。传播者使用强调、对比、重复、变化等手法来突出传播内容,引起受众的注意。

(4) 要考虑到受众对媒介的接触习惯不同。

2. 选择性理解

选择性理解是指具有不同心理特征、文化倾向和社会成员关系的人们会以不同的方式解释媒介内容。

1964年,贝雷尔森和斯坦纳提出,理解是一个"复杂的过程,人们在此过程中对感受到的刺激加以选择、组织并解释,使之成为一幅现实世界的富有含义的、统一的图画"。②这则定义指出了一个人在理解过程中的主动性。理解受一系列心理因素影响,其中包括基于以往经验的假设、文化背景、动机、情绪和态度等。

在受众注意到的信息中,只有一部分才被进行深层认识、思考和处理。在这一选择过程中,"由于兴趣、信念、原有的知识、态度、需要和价值观等等这些认识因素上的差异,具有不同认识结构的人们实际上对任何复杂的刺激都会产生不同的认识,即赋予意义"(德弗勒,1990)。

一般来讲,受众受到被理解对象的制约,只要他与传播者的认识水平和编码水平基本一致,理解的结果也应当相差无几。但事实上常常是相同的传播内容却产生了"仁者见仁、智者见智"的效果。不但受众的理解不完全一致,有的还可能差之千里。人们的立场、观点和对生活的理解及接触媒介机构的差异带来了理解上的差异。就是同一个受众,在不同的时间、场合、情绪等因素的影响下也可能对同一个信息产生不同的理解。

概括而言,一方面,由于受众个人生活环境、经历等的不同,使得信息的外在刺激在人

---

① [美]梅尔文·德弗勒等.大众传播学诸论.杜力平译.北京:新华出版社,1990,219
② [美]赛弗林,坦卡德.传播理论.郭镇之等译.北京:中国传媒大学出版社,2006,76

的头脑中产生的反应不同;另一方面,当所传播信息与人们的需要、经验和倾诉等结合时,受众就对信息产生了较深层次的理解。

受众对信息理解的过程,也是一个受众对信息进行再创造的过程。受众往往会加入主观因素而造成理解的差异。正如孔子曾经说过"温故而知新",同样的文本多看几遍也会有新的认识。受众对信息的理解因主观因素的存在而"各取所需",于是就会"一千个读者就有一千个哈姆雷特",也就会有人认识全局,而有些人则失之偏颇了。

1976年,戴维森(B. Davison)等提出,选择性理解至少有四层含义:(1)习惯性;(2)求得心理和谐一致;(3)功利性的,即选择满足需要、获得愉快的信息;(4)可得性。[①]

许多实验和日常生活的经验也表明:需要、态度、情绪、习惯等心理因素都对理解有着不可低估的影响。

因此,传播者在传播过程中要充分考虑到这些因素的作用,控制和引导传播内容,尽量消除或减少造成受众理解偏差的可能,信息编码清晰准确,并尽量减少有人曲解信息后再作二次传播的可能,提高信息被受众接受、理解的质量。

3. 选择性记忆

选择性记忆是指受众往往只记忆对自己有利、符合自己兴趣或与自己意见一致的传播内容。受众在选择性的接收和理解信息之后,能够保证在记忆中的信息量大大小于前者。大多数信息对受众来说,都成为了过眼烟云。人们在无意识中忘掉了那些也许重要,但与自己原有态度不相符的信息。

从理论上讲,人们感知过的事物都会以某种形式保存在人的脑海中,一旦遇到新的刺激还能被激发和再现。在实际生活中,由于记忆的主观性,只有那些对自己有利或愿意记住的东西才会印象深刻并时时想起。

选择性记忆是在受众心理需要、态度、情绪、信息传播环境、传播形式和刺激强度等因素的共同作用下产生的。

1947年奥尔波特(Allport)和波斯特曼(Postman)对谣言流传的研究及1958年苛勒(Kohler)和琼斯(Edward Jones)对种族隔离政策赞成与否的研究表明:受众在无数信息的"轰炸"面前,特别听得进去的是有利于加强和保护自己原有观点的信息,而无视或忘记那些与自己的观点不同或相反的信息。莱文(Levine)和墨菲(Murphy)在同年所作的实验也证明了这一点。

有的人认为,选择性记忆也可以分为三个阶段:信息输入、信息存储和信息输出。由此,受众不但成为信息的接收终端,还可以成为向他人转述信息的传播者。

受众选择信息的这三个程序可以看作是受众的三个防卫圈(如图10-1),由选择性注

---

① 陶涵.新闻传播学新名词辞典.北京:经济日报出版社,1997,147

意依次向内。在争议很大的信息上,其防卫更加紧密。

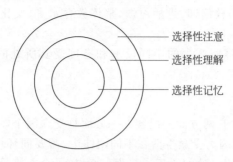

图 10-1 选择性心理

对那些可能包含有反面信息的刊物或节目,受众是可以避开的,如果避不开,他在解释这些信息时可以实行选择性理解。如果还不行,他就实行选择性记忆,即不保留那些反面的信息。

除选择性心理外,受众的逆反心理(Reversal Psychology)也非常值得重视,受众对外来的威胁自己态度体系的信息有一种抑制心理。一般有五种表现形式:(1)对外来的威胁到自己态度体系的信息不予理睬;(2)驳斥外来的论点;(3)歪曲或从相反的方面理解外来信息的内容;(4)贬损信息来源;(5)寻求社会支持自己的态度体系。

大众传播过程中产生的逆反心理,有时会使传播效果为零,甚至引起反效果。对传播者而言,应该对受众逆反心理产生的原因及表现形式等进行研究,提供客观、公正、符合受众需要、形式多样的信息,防止受众逆反心理的产生,提高传播效果。

(二)影响受众选择的因素

受众选择信息的过程受到多种因素的影响和制约,选择性心理只是其中之一。

1. 社会文化因素

受众所处的社会环境、社会地位、文化背景的不同,使不同的受众对相同的传播内容产生了不同的看法和态度,从而受传播的影响及程度也不同。

巴鲁赫·斯宾诺莎(Baruch Spinoza)说过,人是社会的动物。因此,人的本质属性是社会性,而很多社会事业的兴起和发展也是源于人的需要。社会上不同的人组成了不同的阶级、阶层、团体、组织等,每个人都会隶属于其中不同的部分,受众的思想观念、道德、行为规范等都受到其影响和制约。每个社会组织类型(团体)都有一套约定俗成的规范、准则、章程等,这些无形的约束使得同一类型的社会成员有几乎相同的价值取向,反映在对传播内容的接受上就是相同社会类型的受众大体选择相同的传播媒介、传播内容,并作出近似的反应。同时,受众所处的社会关系也会对其选择或排斥传播媒介的信息产生重要影响。

不同的国家和地区有着不同的文化背景,文化的差异也影响着人们参与社会传播活动的方式、方法,不同的宗教信仰、生活习惯、整体教育水平、文化生活方式都会对传播内容的正常流动造成影响。

因此,受众对传播内容所产生的不同反响和态度受其所处的社会环境、文化背景的影响。

2. 心理因素

受众的心理影响因素有两方面的内容。一方面是受众因个体差异而产生的选择性心理和逆反心理;另一方面因为受众生活在不同团体中,需要同环境保持一致,得到认可和接纳,以采取与大多数人相一致的心理或行为。所以,受众在接受媒介的传播内容时还要受到从众心理(或称作遵从性心理)的影响。

有一种随大流的心理状态的理论,由美国学者 D. 惠勒和 H. 乔丹于 1929 年提出。在《个别意见趋向团体意见的变化》一文中他们首次提出了受众从众心理的概念。拉扎斯菲尔德等人 1940 年的调查也说明了在受众中存在从众心理和从众行为。

在传播学中,从众就是受众在传播活动中不知不觉受到群体压力而在认识、行为和观点等方面发生与群体中大多数人相一致的变化。

形成从众心理的根本原因是群体压力。单个受众都是属于不同的团体的。群体为保持其共同活动的顺利进行和关系状态的稳定,有着一些共同的价值观念和行为规范。违反者会受到孤立冷落乃至被驱逐,于是人在保护自己的同时要屈从于团体利益。谢里夫(Sharif)亮点实验和阿西(Asch)线条实验分别证明了群体规范和群体压力的存在,对从众心理是很好的证明。

黎维特(Leavitt)将群体意见对个体所形成的压力过程划分为四个阶段:(1)热烈讨论后分出多数派和少数派的合理辩论阶段;(2)多数派劝少数派赞同大家意见的好言相劝阶段;(3)对少数固执己见群起而攻的围攻抨击阶段;(4)使极少数派陷入完全孤立的隔离排挤阶段。

由于群体规范压力而形成从众的心理和行为,这在社会生活中较为普遍。在那些文化层次较低的群体或受众个人没有清楚认识的问题上尤其如此。由于从众心理而造成的群体一致有助于受众的态度定型、实现群体目标和维护群体稳定,对传播媒介进行有效信息沟通有着不可忽视的作用。

四、受众权利

对受众权利加以探讨和研究的历史可以追溯到 20 世纪 20 年代。当时,西方传播开始使用"知晓权"对其进行了初步探讨。1936 年,中国上海的一次民意调查中,许多读者建议和要求"报纸要替人民说话",要"翔实无讹地披露真实消息",反映了对表达权和知晓权的渴望。1948年10月通过的《世界人权宣言》正式明确地提出受众的知晓权、表达权和隐私权的问题。

随着受众在传播活动中地位的提高,人们逐渐认识并承认,作为传播活动主体之一的受众在传播活动中有一定的权利。概括而言,受众权利有:

1. 知情权

受众享有知悉有关方面真实情况的权利。受众有权要求大众传播媒介提供一个社会成员所应获得的有关种种事实的消息情报,有权得知有关公共信息和国内外每天发生的重大事件或有意义的事情。国家和传播媒介应为公民享有这项权利提供法律和实际业务的保障,方便信息向受众流动。

2. 参与权

受众享有参与和借助媒介表达意见、表演节目、传递信息、展示作品、点播节目等的权利。现代社会的受众认识到了自己在传播活动中的主体地位,于是希望在接受信息的同时传播信息,成为大众传播的积极参与者。传播机构应公平对待并依法保护受众享有、使用媒介及服务的权利。

3. 讨论权

受众享有对社会问题发表意见的权利,这对稳定社会、提高社会政治生活质量很有意义。通过有效渠道及时交流意见是公民参政论政的条件,是受众享有社会民主权利的体现,同时,自由交流讨论的权利可以保证集体行为的真正一致,并影响到权威人士和决策机构所作的决定。

4. 隐私权

受众享有对个人与公众利益和公众事务无关的私生活进行保密、不受新闻媒介打扰和干涉以及个人的名誉和利益不受侵害的权利。由于传播媒介的失实报道、不公正报道或评论而使公民名誉、利益受到损害或隐私受到侵犯的事时有发生。目前,我国已经初步形成了对权利较为完整的成文法保护体系。受众保护自己免受新闻侵害有了法律保障,有权要求损害自己权利的传播机构播发对等的更正、答辩或要求赔偿。

5. 监督权

受众享有对大众传播媒介的运作和传播者的传播行为进行察看并督促的权利。通常,受众是根据法律条文、道德规范、行为准则等标准,并以写信、打电话、停止订阅、舆论声张等多种形式对新闻媒介和新闻传播者进行监督,促使其寻找适合国情、民情的途径和按照受众能够接受的方式行事。[①]

---

① 参见邵培仁.传播学导论.杭州:浙江大学出版社,2000,314

第三节 受众研究

一、国内外对受众价值的认识

(一) 受众价值的重要性

首先,受众在传播活动中处于主体地位,受众决定着传播活动的基本方向,也是传播过程得以存在的前提和条件。受众在传播活动中身兼数职:作为信息接收终端,没有受众,传播活动就失去了意义;信息接收过程中,受众根据自身和所处环境需要对信息的内容进行选择性地认识、理解和记忆,而不是被动接受;作为主体之一,受众有表达意见、观点和将自己拥有的或周围的信息及时传播出去的愿望,受众往往经过对信息的再加工而作为传播者将其传播出去,希望能同传播者分享信息;作为信息反馈的源头,受众会对信息进行加工后以不同的反应向传播者进行反馈,此时受众成为传播的行为主体。受众的反馈信息往往是决定一个过程继续、转变或停止的主要因素。此外,不同的受众组成的群体可以对个别受众的信息取舍造成影响,而成为传播活动中的人文环境。提高受众素质,进而改造传播环境对于提高传播效果有积极促进作用。

其次,随着电子通讯技术的高度发展以及国际间交流活动的日趋频繁,全球化浪潮席卷了越来越多的国家和地区。具体到大众传播领域,信息全球化的意识也影响了媒介的经营策略和发展战略。各国的广播影视业呈现了快速发展的趋势,西方的强势传媒集团凭借其强大的经济实力和品牌影响力,加快了在全球范围的扩张步伐,千方百计抢滩境外市场。我国加入WTO以后,越来越多的外资媒体进入我国市场,对我国的传媒业造成了极大的冲击。同时,随着有线电视、卫星电视和互联网在国内的兴起,我国的受众对媒体的选择性随之增强,因此各个媒体的受众数量则可能减少。未来的竞争,更多的是节目内容的竞争,归根到底是受众的竞争,是传播媒介如何优化传播内容和结构以赢得受众,保持优势的竞争。西方媒体机构对目标受众进行了充分的研究,对年龄层段、文化层次、群体性喜好、接受习惯等无不进行了详细分析,制作的节目既有普遍接受性又有具体针对性,很容易赢得受众。而我国的媒体机构,尤其是地方的广电媒体,还没有充分认识到受众价值的重要性,很少对目标受众进行科学的调研,节目播出后视听率低下,白白流失受众资源。

要赢得受众的前提是要了解受众,满足受众的需要。这就要求媒介机构必须进行严肃认真的受众研究工作,不断开发受众的价值。

（二）国外的受众价值研究

受众是大众传播的行为主体之一，国外学者对受众的研究几乎是与传播，尤其是大众传播的研究同时开始的，并不断补充、丰富和发展。

早期的受众研究，主要是广告商组织的报纸发行量调查，以招揽广告生意，提高传播机构的利润。1914年，美国的广告商为了防止报社虚报发行数量，联合组织了"报纸发行数字稽核局"，通过各种途径调查报纸的发行数量，这可以说是受众研究的起源。以后又成立了许多专门从事受众调查服务的公司，负责向各种媒体提供调查报告。受众研究除了调查报纸和杂志的发行量外，进一步扩展到调查广播电视的收听收视率及满意度，而且发展到现在对于网络受众的种种调查。

1935年，美国盖洛普民意测验所开始大型抽样调查活动，以后，这种方式被世界各地广泛采用。

目前，美国的受众调查和市场调查、民意测验等合为一体。著名的调查公司有盖洛普（Gallup）、哈里斯（Harris）、罗珀（Roper）、普利策（Pulitzer）、西蒙斯（Simmons）、尼尔森（Nielsen）、阿比创（Arbitron）等。其中盖洛普以民意测验和市场调查著称，尼尔森是著名的电视观众调查公司，而普利策以读者调查见长。这些公司都采用了现代化的手段和科学方法来对受众进行大规模调查。

受众研究采用的方法基本上是传播学定量研究的方法，即实地调查、内容分析、控制实验、个案研究等，主要内容是受众调查。

受众调查的目的在于了解手中的需要和兴趣、受众的构成、受众对传播内容和形式的反应等。通过受众调查所反馈的情况，大众媒介及时采取措施，根据受众需求，对传播内容进行调整，以改善传播效果。

一般来讲，受众调查分两种：一般的视听率调查和意向调查。视听率调查主要有电话访问法、节目回忆法、一周日记法和机械记录法等几种方法。意向调查是向相关受众进行广播电视节目应如何编排、报纸应登载何种内容以及如何提高传播品质的调查。这些调查方法各有其优势和不足，实际应用中更多的情况是以一种为主，其他为辅地进行尽可能全面、及时、准确的调查分析，随着调查手段、统计方法的完善来不断完善受众分析。

受众调查还应当与控制实验、个案分析相配合，并在传播效果的研究中把传播内容分析与社会调查结合起来，以进行更为深入的受众研究，奠定开发受众价值的基础。

（三）我国的受众价值研究

我国受众研究的实际调查工作开始于20世纪80年代。1982年4月，首都新闻学会调查组成立。

1982年6月至8月，中国社会科学院新闻研究所和首都新闻工作者协会调查组，对北京12周岁以上的2423名居民接触报纸、广播、电视的习惯、渠道、兴趣及对新闻报道的评价等方面采用计算机随机抽样、统一问卷、直接访问等方法进行了综合性调查。这种"运用科学方法、采取现代化统计手段、对一个地区的读者、听众和观众进行考察和研究，在我国新闻史上还是第一次，是中国新闻事业一次突破性的行动。"1985年，《北京读者听众观众调查》出版。"北京调查"被视为我国受众调研的里程碑，它标志着科学的、系统的受众调查在我国兴起。

1986年，《人民日报》进行了全国读者调查。

1987年6月到1988年1月，中央电视台与22个省、市、自治区电视台联合进行了受众调查；1991年成立了全国电视观众调查网，1992年又联合30家电视台进行了全国电视观众抽样调查。

1988年，中央人民广播电台在全国29个省区作了抽样调查。之后，在1992年和1997年又进行了两次全国听众的抽样调查。

1990年亚运会广播电视传播效果研究为受众调研的新起点。受众理论研究与实践从显性向隐性深入。特别是1995年以后各类媒介调查公司的大量涌现，受众调查进入市场，走向科学化、规范化。

1995年6月全国最大的受众调查咨询机构——央视调查咨询中心成立。1996年5月，央视调查咨询中心与法国合资成立了央视—索福瑞媒介研究有限公司（简称CSM），专门从事电视收视率的调查研究及相关软件、业务系统的研制开发。从1997年开始，CSM每年推出的《中国电视受众研究》提供了全年电视收视率调查的数据和分析，使电视人和广告商对观众的特点一目了然，也为研究人员提供了丰富的基础数据。

表10-1　中英电视媒体研究进程比较表[①]

英国（53年的发展）	中国（12年的发展）
1937年——收听率调查	1986年——电视收视率调查
1950年——电视观众调查	1992年——电视广告监测
1955年——商业电视台收视率调查	1994年——日记卡收视率
1968年——目标组研究	1995年——Windows环境软件
1977年——日记卡收视率	1996年——连续收视率
1979年——人口地理分布	1996年——目标组群研究
1984年——心态心理研究	1996年——网上媒体分析
1984年——人员测量仪收视率	1996年——人员测量仪收视率
1990年——优化系统	1998年——心态心理研究
	1998年——优化系统

---

① 刘燕南.电视收视率解析.北京：北京广播学院出版社，2001，13

20多年来,我国的受众调查工作可以说是蓬勃开展,并取得了不小的进步。具体表现如下:

1. 深度的增加和规模的扩大。深度有两方面:一是对数据的处理分析,二是调查问卷上的问题本身的深度。除深度的增加外,调查的模式也不局限于一个市,出现了多次全国性的和全省范围的受众调查。

2. 形式的多样化。既有作为主体的费时较长、成本较高的严格采用随机抽样方法的大规模调查,又有一些由媒介机构自身发起的费时较短、成本极低的采用非随机抽样的调查。

3. 受众调查队伍的形成、壮大。包括媒介机构的工作人员,高等院校新闻、传播系的具有博士学位的理论型人才和在新闻传播研究机构、社会科学研究机构、媒介机构的理论研究部门工作的专业科研人员。

4. 受众观念的加强和受众理论的发展。新闻媒介以前居高临下、灌输式的传播态度有所改观,提出"受众本位"的理论。

由于我国的受众调查起步较晚,加上技术、资金等的限制,受众调研工作还存在不足之处,如调查周期较长,信息反馈不够及时,数据积累工作尚做得不够,等等。

二、受众理论

随着各国对大众传播研究的逐步开展和深入以及新技术发展带来新媒体的出现,使得大众传播中受众研究的领域和方法都在不断发展。1990年,詹森(Klaus Jensen)和罗森格伦(Karl Rosengren)在《受众研究的五种传统》一文中,将受众研究分为五个主要研究取向,即效果研究、使用与满足研究、文学批评、文化研究和接收分析。[①] 这标志着受众研究已经将人文学科研究与社会科学研究进一步结合了起来。

早期的研究认为,大众传播具有强大威力,各种各样的思想、感情、知识或动机通过大众媒介可以不知不觉地灌输到受众的头脑里,进而改变态度、影响行为。研究人员没有看到受众的主动性,认为受众是被动的、消极的,认为只要是传播的信息就会被全盘接受。于是,产生了"刺激—反应"理论、"皮下注射"理论(枪弹论)等。

1964年,哈佛大学社会心理学家雷蒙德·鲍尔(Raymond Bauer)发表的《顽固的受众》为枪弹论唱响了挽歌。这篇文章写道:在可以获得的大量(传播)内容中,受众的每个成员特别注意选择那些同他的兴趣有关、同他的立场一致、同他的信仰吻合,并且支持他

---

① [英]奥利弗·博伊德-巴雷特,克里斯·纽博尔德.媒介研究的进路——经典文献读本.汪凯,刘晓红译.北京:新华出版社,2004,212

的价值观念的信息。他对这些信息的反应受到他的心理构成的制约。由此可见,传播媒介的效果在广大受众中远不是一样的。但是,这一理论虽然强调了受众的主观个性,却仍与此前的理论一样都比较极端。

由于心理学家、社会学家发展了有关人类个人属性和群体行为方式的新认识,传播学研究中关于受众的研究也出现了一些更符合人性的理论。1975年,美国著名传播学家梅尔文·德弗勒在他的《大众传播理论》一书中,对受众理论作了一个总结,将其归纳为个人差异论、社会分化论、社会关系论和文化规范论,J. A. 巴伦在1967年还提出了社会参与论。此外,有关受众的理论还有使用与满足理论、游戏理论等。

(一) 个人差异论

大众传播中,同样的信息往往会收到不同的效果。显然,这种情况的出现不仅仅是由传播的内容引起的。为此,一些学者转而研究受传者并提出,对于同一信息的不同反应是由于人们性格和态度上的差异造成的。这就是个人差异论的起源。

个人差异论的理论基础是"刺激—反应"论,它是从行为主义的角度出发来对受众加以研究的。卡尔·霍夫兰于1946年首先提出,经梅尔文·德弗勒作出修正后形成。该理论认为,人的心理和性格虽然有遗传的因素,但主要还是后天形成的。每个人的成长环境和社会经历都不尽相同,他们的性格也就各有差异。因此,具体到大众传播学,其实并不存在整齐划一的受众。在大众传播提供的信息面前,各个人由于需要、习惯、信念、价值观、态度、技能等的差异而对信息做出不同的选择和理解,随之而来的态度和行为的改变也会因人而异。世界上没有完全一样和一成不变的传播对象。

德弗勒在《大众传播理论》中认为:(1)人们的各自心理结构是千差万别的;(2)人们的先天条件和后天知识形成了个人之间的差异;(3)一个人的心理构成之所以不同于其他人,是由于他在认识客观环境时获得的立场、价值观念和信仰所造成的;(4)个性的千差万别来源于人们在认识客观事物时所处的不同社会环境;(5)人们认识客观世界的重要产品之一,就是在理解客观事物时带有成见。

个人差异论的主要理论贡献在于提出了"选择性和注意性理解"。德弗勒认为,由于各人兴趣、态度、信仰、价值观的不同,导致接受信息时的反应不同。符合受众固有观念的信息受注意和理解,否则会被忽视或曲解,直到符合其原来的立场。

因此,传播者要善于了解、利用来自受众的经验、态度、立场等,并从尊重受众的角度来进行传播活动。

(二) 社会分化论

该理论是在个人差异论的基础上发展起来的,是对其的扩展和修正,又名社会类别论或社会范畴论。它与个人差异论的区别在于后者是从心理学角度出发，强调了受众个体在心态和性格上的差异，而社会分化论是从社会学角度出发，强调了人的社会群体性上的差异。这是由美国传播学者赖利夫妇于 1959 年在《大众传播与社会系统》中首先提出的。

这一理论认为，社会现实中的受众，在接受媒介和选择内容的过程中不但有"个人差异"，还有共性。受众是生活在各种不同的社会群体中的个体，必然在行动时受到群体规范和群体压力的影响。

受众可以根据年龄、性别、种族、文化程度、宗教信仰以及经济收入等人口学意义上的相似而组成不同社会类型的群体。这些因人口学因素相同或相似而结成的群体，又有着相似的性格和心理结构，在人生观、价值观等方面也有着较为一致的看法。相同社会类型的成员常常行为类似。而不同社会类型的成员趋向于选择不同的媒介内容，并以不同于其他社会类型成员的方式去解释同一讯息，有选择地记忆，并采取不同的行动。

赖利夫妇提出的社会类型论揭示了基本群体在传播过程中所扮演的角色。他们认为，对个人的传播行为产生作用的群体是基本群体和参考群体。所谓基本群体，是长期持续的、亲密的、面对面接触的群体，如家人、同学等。参考群体则是个人在其帮助下可以确定自己的态度、价值观和行为的群体。个人无须是参考群体的成员，但该群体的规范对他有指导意义。

受众可以划分为许多的"社会群"，大众媒介应该考虑到不同群体的受众对信息接收倾向性的差异和受众的接受理解会受到所属群体的引导，有针对性地选择信息、制作节目或安排内容，这样才会使自家媒介别具特色和具有吸引力。

（三）社会关系论

与前两种理论不同的是，社会关系论强调的是群体关系在传播活动中的作用。它将注意力放在了群体压力、合力对个人接收传播信息所产生的影响上，认为受众所属团体的压力和合力对于受众接受信息时的态度及行为产生的影响很大，而媒介通常难以改变人们固有的信念和态度。

这一理论是拉扎斯菲尔德、贝雷尔森和卡茨等人的研究成果。他们认为，个人差异论和社会分类论都忽视了受众之间错综复杂的相互关系，而这种社会关系对于受众研究是极为重要的。受众的社会关系对受众有着巨大的影响，在受众的媒介接触中，社会关系经常既能加强也能削弱媒介的影响。事实上，媒介的效果经常为受众的社会关系所削减。社会关系主要包括人际网络、群体规范和意见领袖等，具体到受众的社会关系则主要有他们所处的工作单位、社会组织以及各种非正式的群体等。社会关系论为大众传播和人际交往提供了一个结合点，而结合的桥梁就是社会关系。

早在 1940 年，拉扎斯菲尔德和贝雷尔森等人在俄亥俄州伊利县所作的研究就发现了群体对社会成员的巨大影响。这项研究旨在调查关于大众传播的报道对改变人们在总统竞选中投票的态度的作用,调查发现:"只有很少一部分人是由于大众传播信息而改变了早期的投票意向",大众传播的作用没有人们想象的那么直接和强大。对投票意向和媒介行为影响很大的是社会群体。其中年龄、党派、性别、城乡居址、经济地位及教育程度是关键变量。"社会成员类型决定了'兴趣'之所在并导致了早期的投票决定。"调查者认为,受众所属的不同群体,不仅影响了人们接受大众传播信息的程度和方向,而且决定了这些内容对他们的各种影响。这一调查之后,产生了一种新的传播理论——"两级传播论"(后被扩展为多级传播理论),拉扎斯菲尔德等在1944年出版的《人们的选择》中还提出了"舆论领袖"的概念,这是指那些在传播过程中给予了他人影响的人。

群体压力理论是一种与社会关系论相关的理论。这种理论认为,群体压力能够影响受众对媒介内容的接受。人们一般都会选择加入与自己意见一致的团体,团体对这些意见的认同会加强个人关于此意见的信心。媒介的信息一旦不符合团体的利益和规范时,便会受到团体的抵制。在这种情况下,团体成员往往会对这一媒介产生怀疑,固守并加强对原有信念的坚持。这时,媒介的力量被削弱已经成为不争的事实。如果媒介内容与团体规范的冲突并不是特别严重,团体则会对媒介意见另作解释,由于与其原有意见较为接近,所以团体成员也倾向于接受这种解释。这时,媒介的作用也会被减弱。因此,传播媒介要想改变人们固有的意见是非常困难的,除非它与这些人所处群体的意见一致。

从上面的理论中,我们可以看到:群体对受众接受信息产生重要影响,对大众传播也产生重要影响;群体可以使受众态度定型,并使它们难以改变;了解某人所属或认可的团体,可以帮助我们预测这个人的行为,政治团体尤其如此;真正有效的传播很多时候是大众传播与人际传播相结合的。传播媒介必须认识到,受众不会接受媒介的操纵,只是"从传播媒介那里取己所需,并拿来为己所用"。

(四)文化规范论

文化规范论与前三种理论有所不同。前三种理论是以受众为出发点来探讨媒介与受众之间的关系,而文化规范论则以传播媒介为出发点,认为大众传播的内容会促使接收对象发生种种变化。

受众的文化规范论认为,受众能够从媒介内容中学到新的观点,这种观点可能加强或改变原有看法。这种理论强调大众传播间接和长期的效果。

可以说,现代社会里,大众传播充当着文化的选择者和创造者的角色,传播媒介为社会树立了文化规范。而人们在社会文化之中生活,久而久之,就会形成与这种文化相符合的社会观、价值观。在这一点上,文化规范论与"议题设置"理论有一定的联系。

但还有许多学者认为,大众传播改变人们的生活习惯、制造新的社会文化规范只是少数情况,多数情况下,大众传播所起的是加强现有社会文化规范的作用。总的来讲,文化规范论肯定了大众传播对受众所造成的影响,并认为如果这种影响增强,会造成社会的"一体化",为未来社会制造新文化。所谓社会"一体化",指社会所有的个人、集团以至国家都从大众传播中获取不同的信息,从而相互了解、认识和鉴赏他人的生活条件、观点和愿望。①

雷·埃尔登·希伯特等人将上述四种理论概括起来就是:人们就是传播工具的广大受众中的一员,每个受众对传播的内容信息的反应不相同。但是,具有相同经验和相同的社会关系的受众有相似的反应。更重要的是,人们作为受众,他们必须受到整个传播经验的影响。②

(五) 社会参与论

该理论由美国学者 J. A. 巴伦在 1967 年发表的《对报纸的参与权利》一文中最早提出的。他指出:为了维护传播媒介受众的表现自由,保障他们参与和使用信息传播媒介的权利,公民对传播媒介的参与权必须在宪法中得以确认。

1979 年,日本学者奥平康弘在《知的权利》一书中写道:"就同一信息的演变而言,曾经是'受传者'的公民以知的权利的主体的姿态出现;要求成为'传播者'的公民作为接近和使用信息交流媒介权利的主体而登场。"这段话指出了消极接受信息与主动传播信息的异同。受众在传播过程中既扮演着"受"的角色,也可以扮演"传"的角色。

社会参与论的主要观点可以归纳如下:(1)大众传播媒介应是公众的讲坛,而不是少数人的传声筒;(2)时代在发展,受众在变化,许多人已不满足消极地当一名接受者,一种试图传播的自我表现欲正在增长;(3)让受众参与传播正是为了让其接受传播,因为人们对于接受他们亲身参与而形成的观点,要比他们被动地接受从别人那里听到的观点容易得多;(4)参与传播也是受众表达权、讨论权的具体表现。

随着社会的进步,受众积极参与大众媒介信息传送的要求日益强烈。大众传播媒介应该本着尊重受众、提高传播效果的原则,在传播形式上尽可能地考虑和照顾到受众这种积极参与的愿望、要求和权利。在我国,改革开放以来,受众的参与热情得到了极大的满足。读者来信、听众点播、观众热线、特邀节目嘉宾等传播参与形式越来越多地出现在传播活动中,密切了传受双方的联系。

(六)"使用与满足"理论

使用与满足理论又名满足需要论,是一种新兴的受众理论。它同传统的媒介传播信息以影响受众的思路迥异,是从受众的需要和接受信息的原因出发进行的研究。这一理

---

① 吴文虎.传播学概论百题回答.北京:中国新闻出版社,1988
② 张隆栋.大众传播学总论.北京:中国人民大学出版社,1993,137

论的代表人物是卡茨、麦奎尔、E. 罗森格伦、G. 布卢姆勒等。

这一理论认为，受众是有着特定"需求"的个人，他们接触媒介的活动是基于特定的需求动机，从而使自己的特定需求得到"满足"。每个人的需求各不相同，在这样情境下，大众媒介所传递的信息就不可能同时被所有的受众所接受，受众总是从中挑选出可以满足自己的信息。研究表明，受众通过使用媒介而获得的满足至少来自三个方面：媒介内容、媒介接触本身以及接触不同媒介时的情境。

根据这一观点，受众面对大众传播并不是被动的，实际上受众总是主动地选择自己所偏爱的和所需要的媒介内容和讯息，而且不同的受众还可以通过同一媒介讯息来满足不同的需要，并达到不同的目的。因此，不是传播媒介在操纵受众，而是受众在使用传播媒介，传播活动的主动权是由受众而不是传播者所掌握。

使用与满足理论特别强调受众的作用，突出了受众在传播活动中的地位，认为受众通过对媒介的积极使用，从而实际上制约着整个传播过程。这一理论为受众分析提供了新的视角，但它也存在明显的不足之处：首先，它假定受众都知道自己需要什么，并知道如何在使用媒介中满足其需求，这在现实生活中往往不能成立。其次，它的理论前提是受众可以随心所欲地选择讯息，可以按照自己的愿望、根据自己的心意去对讯息进行取舍。但是从整个社会背景和媒介环境来看，受众并没有多大的选择余地。

小结

总之，受众作为主动的信息接收者、信息再加工的传播者和传播活动的反馈源，在传播活动中占有重要地位。离开了受众，传播就如同无源求水、无本求木。

大众媒介的受众具有多、杂、散、匿的特点。人们对受众的认识经过了种种变迁，受众的概念在不断变化。目前受众出现了细分化和商品化的趋势。

受众接触大众媒介主要是为了满足其获取信息、认识世界、娱乐消遣、学习知识等需要。受众对信息的接受要受到选择性心理和社会文化因素的影响。作为权利主体的受众享有获知信息、交流、讨论和免受新闻侵害等权利。对受众价值的开发研究历经了逐步发展的过程，国外具有代表性的理论有个人差异论、社会分化论、社会关系论、文化规范论、社会参与论和使用与满足理论等。受众调查是受众研究的主要方法。我国的受众调查开始于20世纪80年代，目前有成绩也有需要提高之处。

20世纪90年代以后，多媒体技术和互联网为信息传播提供了新的媒体技术。随着媒体技术的日益普及，受众的范围和层次都将扩大和深化，今后受众价值的认识和开发将更为重要。

第十一章
传播效果（上）

第一节　传播效果的认识历程
　　一、传播效果的早期认识
　　二、传播效果的现当代认识
第二节　传播效果研究的未来走向

第一节　传播效果的认识历程

大众传播研究包括传者、内容、渠道、受众和效果五部分,其中研究历史最长、争议最大、最有现实意义的是效果研究。大众传播的研究一般都基于媒介可以产生某种效果这一假设,通过效果研究可以检测其他四方面的功能及状况。效果研究主要集中在大众传播在改变受众固有立场、观点上有多大威力这一方面,但也涉及了大众传播对社会及文化所造成的影响。丹尼斯·麦奎尔认为"大众传播理论之大部分(或许甚至是绝大部分)研究的是效果问题"。

所谓传播效果指传播者发出的信息经媒介传至受众而引起受众思想观念、行为方式等的变化。这个术语如今也用来描述媒介研究的一种特殊传统。①

传播效果研究开始于第一次世界大战,经历了不少曲折阶段。1981年,赛弗林和坦卡特对传播效果研究的轨迹作了概括,分为"枪弹论"、"有限效果论"、"适度效果论"和"强效果论"四个方面,指出这些理论呈螺旋状向前渐进,并有合理的理论内核和科学的数据作支撑。这个发展过程可以用以时间为轴的图示来表示每一个理论盛行的时间和媒介影响的效果大小(参见图11-1)。

在《大众传播研究中的里程碑——媒介效果》一书中,梅尔文·德弗勒等人描述了20世纪20年代到90年代间传播效果研究的详细进程,列举了规模较大、成果较显著、具有里程碑意义的十三次效果研究,分别为:(1)潘恩基金会研究:电影对儿童的影响;(2)火星人入侵地球:广播给美国带来恐慌;(3)人民的选择:政治选举中的媒介;(4)大众传播实验:二战中对美国士兵的劝服;(5)传播与劝服:寻求魔法钥匙;(6)个人影响:传播的两级流动;(7)里维尔工程:信息传播的质量与途径;(8)诱惑天真无邪的心灵:连环画大恐慌;(9)儿童生活中的电视:早期电视研究;(10)暴力与媒介:骚动的年代;(11)电视与社会行为:公共卫生署长的报告;(12)新闻媒介的议程设置功能:告诉我们想些什么;(13)电视与行为:(第一部)媒介对暴力和对有利于社会的行为以及对认知、情感方面的影响,(第二部)媒介对健康、家庭、社会信仰和美国机构的影响。②

---

① [美]费斯克.关键概念:传播与文化研究辞典(第二版).李彬译.北京:新华出版社,2004,91
② [美]罗瑞,德弗勒.传播研究里程碑(第二版).王嵩音译.台湾:远流出版公司,1993,15~19

第十一章 传播效果（上）　229

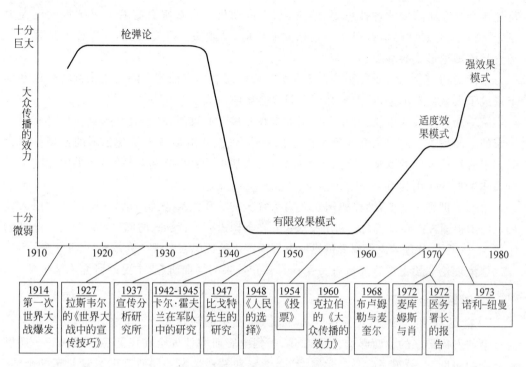

图 11-1　有关大众传播效果的各种模式的变迁①

一、传播效果的早期认识

（一）枪弹论

　　枪弹论（Bullet Theory），即子弹论（施拉姆，1971），也叫"皮下注射"论（伯罗，1950）或"刺激—反应"论（德弗勒，1970），是盛行于20世纪20年代至40年代的一种关于媒介威力强大的理论。这个名称并未被早期研究大众传播效果的学者所使用，而是对当时广泛持有的一种观点的形象描述。

　　枪弹论是有关媒介—受众关系的一种机械而简单的认识模式，认为软弱的受众像射击场的靶子一样，无法抗拒子弹的射击。"效果强大的刺激得到大众个体成员一致的注意力，这些刺激激发了内心欲望、冲动或个人很难自我控制的其他过程。"受众消极被动地等

---

①　[美]沃纳·赛弗林,小詹姆斯·坦卡德.传播理论：起源、方法与应用(第四版).郭镇之等译.北京：华夏出版社,2000,309

待和接受媒介所灌输的各种思想、感情、知识或动机。大众媒介有着不可抗拒的巨大力量,受众对大众媒介的信息产生大致相同的反应。"刺激—反应"机制和媒介效果强大的信念是该理论形成的基础。

本世纪初,在孔德、斯宾塞等人的社会有机体思想和韦伯等人的工业化社会理论基础上形成了大众社会理论,认为媒介可以对社会影响巨大。

第一次世界大战中,交战双方利用大众媒介展开心理战,精心设计的宣传信息充斥了国家的新闻报道。协约国的战争宣传非常成功,以至于战后有人认为德国的投降是因为受到了协约国宣传的欺骗。拉斯韦尔在《世界大战中的宣传技巧》(1927)一书中肯定了宣传在战争中的作用和效果。

第二次世界大战前,纳粹德国以武力为宣传的后盾大搞恐怖活动,一时间产生巨大效用。由于美国人担心某些人也利用大众媒介在本国进行希特勒式的煽动,特别是 20 世纪 30 年代至 40 年代,伴随着电子媒介的迅速发展而产生的忧虑与悲观,"枪弹论"流行开来。

这个理论框架支撑着大量有关受众与媒介效果的早期研究,主要的研究成果包括:

1. 潘恩基金会研究

20 世纪 20 年代中期,对突然侵入美国人生活中的新媒介——电影,人们纷纷指责其对社会的发展带来的负面影响。1928 年,美国电影研究评议会在民间慈善机构——潘恩基金会的协助下,邀请一群心理学家、社会学家和教育学家共同研究电影对儿童的影响。研究从 13 个不同的角度出发,探讨电影内容及其对不同组成的受众产生的效果。结果表明,电影对儿童有巨大影响,可以直接改变人的态度,而流行的观点默认为,态度的变化即等于行为的变化。

虽然,这项研究发现已不足以揭示现代媒介的影响,仅具有历史价值,但它确是实证的传播研究发展史上的重要里程碑。在当时所有可能的科学的研究方法都派上了用场,包括精密的实验室实验法、内容分析法、问卷调查法、自然环境实验法以及布鲁莫发明的自传式记录方法,扭转了早期宣传策略的研究,并预见了意义理论和模仿理论在今天的地位,引导出态度变迁、睡眠效果、使用与满足、模仿的影响和媒介建构社会事实等理论。

2. 火星人入侵地球

1938 年 10 月 30 日,美国哥伦比亚广播公司根据科幻小说《星球大战》改编的广播剧播出时,在全国引起大恐慌,至少有六百万正在收听该剧的听众十足相信这件事,其中至少有一百万人受到惊吓而产生恐慌行为,或躲藏、或惊叫、或祷告、或逃到郊外。事后,普林斯顿大学广播研究中心立即对其进行调查,研究发现:讯息在一定时间、地点和条件下,对某一类特定受众有很强的影响,这些因素的综合作用可以使某一效果极为突出和明显。这个结果也强化了人们对媒介强大效果的恐惧感。但同时,该研究证明受传者自身与社会条件等因素与传播的影响有很大关系,因此它开启了日后研究选择性影响的方向。

枪弹论的主要观点就是将传播效果绝对化,将媒介的作用不分时间、地点、对象、环境而夸大。"它虽然在一段时间内广为流行,但未得到真正一流学者的拥护,只是一种记者的'发明'(指贬义)。"①30年代末,有关传播效果的研究资料已经表明,传播媒介如枪弹般不可抗拒的理论并无根据。1964年,雷蒙德·鲍尔(Lymond Bauer)发表的《顽固的受众》为枪弹论唱了最后的挽歌。该文章认为受众是传播过程中平等的伙伴,对宣传的枪弹可以接受也可以排斥,受众拒绝倒下。

20世纪40年代以后,枪弹论逐渐被抛弃了,"被代之以更多地考虑到传播的人类特性而更少归因于这一过程的物质资产的力量的理论"。②

(二)有限效果论

有限效果论(The Limited-Effects Theory)也可以叫做"最小效果定律",在纽约大学教授约瑟夫·克拉伯(Joseph T. Klapper)所著的《大众传播的效果》(1960年)一书中得到了非常精彩的描述,但这一说法其实是由他的妻子纽约大学教授霍普·克拉伯(Hope Lunin Klapper)创造的。约瑟夫·克拉伯对大众传播的效果提出了五个普遍原则:

(1)通常而言,大众传播并不是对受众产生效果的一种必要而充分的因素,而是处于一系列中介因素及其影响之中,并通过它们而起作用。

(2)在强化现有状况的时候,因为这些中介因素的存在,大众传播往往是一个辅助性力量,而不是唯一的动因。

(3)在改变现有状况的时候,如果大众传播能够发挥功能,就必须具备以下两个条件之一:其一,中介因素不起作用,而媒介的效果是直接的;其二,中介因素(通常起加强作用)本身就是促进改变的。

(4)在某些特殊情况下,大众传播似乎能产生直接的后果,或是其自身直接产生了某种心理生理学的功能。

(5)大众传播的效能大小,是并无定论的。无论它是一种辅助性力量,或是起直接效果的力量,都受到媒介自身、传播活动本身,以及传播状况的各个方面的影响。③

其中提到的中介因素包括选择过程(选择性接触、选择性理解和选择性记忆)、群体过程、群体规范和意见领袖。克拉伯认为,媒介宣传的实现必须经过中介因素,由于传者难以对中介因素实施控制,因此,预期效果不可能完全实现。

---

① [美]威尔伯·施拉姆.传播学概论.陈亮等译.北京:新华出版社,1984,201
② 同上,202
③ Klapper, Joseph T.. The Effects of Mass Media,New York:Bureau of Applied Social Research, Columbia University,1949,11~25.

有限效果论是对早期枪弹论的否定，它认为，传播活动是传受互动的过程，受众是具有不同特点的个体，而不是应声而倒的靶子。大众媒介的效果由于媒介性质及其在社会中的地位而大受影响。媒介不是影响受众的直接和惟一因素。大众媒介透过许多中介，在其他多种格局影响下发生作用，对受众的影响是有限度的。

有限效果论中蕴含着个体差异论、社会分类论、社会关系论、多级传播论、中介因素论、意见领袖论等许多理论。对有限效果观点有重要影响的关键性研究有：

1. 二战中对美国士兵的劝服

1942年至1945年间，卡尔·霍夫兰等人受军方邀请对二战中军事纪录片对士兵的劝服效果进行研究。他们让士兵观看由好莱坞著名电影制片人卡普拉（Frank Capra）制作的系列片《我们为什么打仗》中的四部影片，以研究每一部电影对观众的态度或动机的影响力。这部系列影片被设计为激励性的影片，其主导思想基于这样的假设：很多应征入伍者并不了解导致美国卷入第二次世界大战的那些国内与国际事件，如果了解了这些事件，能使人们更容易地从一般平民的生活转向军人生活。

研究的结果表明：这类宣传影片在传递普遍事实方面有显著效果，对某些较为直观的看法和解释也有一定影响力，可以在短时间内有效地增加对事实的了解，以及改变一些意见或对事物的看法，但对于受众固有的态度和观点，却不能产生明显的效果。该研究显示了影片的效果是很有限的，并不如枪弹论所言是万能的，很显然地走向了媒介效果有限论的研究方向。同时，调查还对短期效果与长期效果、片面之词或正反意见并陈的效果进行了比较研究，强调个体差异与传播效果的实现有很大相关性。

2. 反对成见的漫画

1947年，美国犹太人委员会资助了库珀和贾戈达（Eunice Cooper & Mare Jahoda）对反对成见的漫画效果的研究。创作漫画人物"比戈特先生"的本来目的是要人们看到成见是多么荒谬，从而降低人们的成见。但研究结果表明，样本中约有三分之二的受试者误解了该漫画的意义。一些人甚至认为，该漫画的目的是使成见合法化。

这个研究显示，人们对讽刺漫画的看法是不同的，是根据他们本身的态度决定的，持有成见的人和没有成见的人在漫画中所提炼出的信息都只是强化了他们的既存态度，即受众个体对信息的选择性理解会减弱信息传播的效力。

3. 人民的选择

1940年，对美国而言是个时代的分界点。它是经济恐慌的最后一年，也是进入第二次世界大战前的最后一个和平年。所以，1940年的总统选举特别引人瞩目，媒介在选举中的角色也显得尤为重要。在洛克菲勒基金会和哥伦比亚大学广播研究中心的支持下，拉扎斯菲尔德带领他的助手和学生贝雷尔森等人，以颇具代表性的俄亥俄州伊利县的居民为调查对象,对选民以及影响他们行为和看法的因素和媒介的宣传在改变决策上所扮演的角色等问题进行了历时半年的调查研究。研究发现,在选举过程中只有8%的人改变了态度,而在这一过程中,媒体宣传的主要效果只能在选民既有的政治倾向下进行同化、维护或催化,而不能轻易改变受众的原有态度。对选民投票起决定性作用的是其社会经济地位、宗教信仰、居住地区及他人的影响等。这项研究在大众传播研究史上的重要意义在于,作为第一项使用实地调查法进行长期研究的项目,它清楚地证明了媒介宣传在选举中所扮演的角色。

该项研究的调查报告《人民的选择》肯定了媒介效果的有限性:媒介总的趋向不是带来变化而是鼓励维持现状,"出于同样的尺度,它们也不会提出有关社会结构的本质性问题"①,但它也承认在某些条件下大众媒介也有重要作用,其条件为:当只有一种观点垄断了媒介;当媒介的努力与"疏导"性的改变相结合而进行一种细微的和特定的改变;组织面对面的交流来辅助媒介宣传。事实上,实现这些条件很难,尤其是第一个条件。

该研究更重要的意义是提出了"两级传播理论"(Two-Step Flow Theory),发现了在人际交流中对他人态度产生影响的"意见领袖"(Opinion Leader)。调查发现,媒介信息通过意见领袖的"过滤"和"加工"后到达与意见领袖有社会接触的个体。"概念往往先从无线电广播和报刊流向舆论界的领导人,然后再从这些人流向人口中不那么活跃的部分。"即形成大众传播→意见领袖→受众的传播过程,这一过程被称作两级传播。两级传播比直接的大众传播更具有说服力,经过意见领袖再加工的信息针对性更强,更容易被受众接受和相信。

4. 两级传播

拉扎斯菲尔德在《人民的选择》中提出了两级传播理论后,对其传播中的第二阶段,即对意见领袖及其对跟随者的影响进一步进行了研究。从1945年开始,他与合作者们又花了近十年的时间,从四个角度:市场的意见领袖、流行资讯的意见领袖、公共事务的意见领袖、看电影的意见领袖来探讨"人"在讯息传播过程中扮演的角色。该研究的报告《亲身影响:个人在大众传播流程中扮演的角色》使人际传播的过程受到充分重视,从而彻底改变了当时对大众传播过程的整个想法。大众媒介不再被认为只要提供刺激便可使受众产生特定的反应过程。

此后,对于两级传播理论,很多人提出了批评意见。他们主要认为:意见领袖与其他受众往往并无明显界限;某些场合受众可直接获取信息,不存在中间人;意见领袖的主要信息来源有时是人际渠道;受众交换信息时往往难于区分意见领袖和跟随者;有时意见领袖不能影响他人;影响过程可能不止两个阶段;对缺少媒介的传统社会或对发达社会

---

① [美]威尔伯·施拉姆.传播学概论.陈亮等译.北京:新华出版社,1984,206

中充满危机与不安定的环境,该理论不适用等。

1971年,罗杰斯等人在《创新扩散》一书中,将两级传播理论进一步扩充为"多级传播理论"(Muti-Step Flow Theory)。该理论认为媒介信息传至受众的过程中有多种方式、多种传播渠道,可能由多级中介环节组成信息传播链。

但无论是两级传播还是多级传播,意见领袖都扮演着非常重要的角色。意见领袖是人群中那些首先或较多接触大众传播信息并将经过自己再加工后的信息传播给其他人的人。意见领袖介入传播过程,加快了信息传播并扩大了影响。他们具有影响和改变他人态度的能力。意见领袖的特点是:他们在社交场合较为活跃;与受其影响者处于同一团体并有共同的爱好兴趣;通晓特定问题并乐于接受和传播这方面的信息。

施拉姆对传播过程给予了更为全面地描述。他指出,信息与概念在社会上川流不息,大众媒介对它施加着巨大影响。所有的人,在不同时刻可能以不同方式影响着这个流程。"你可以把它想象为一种多级流程。更好的是把它想象为一种全体制流程,也就是说,信息连续不断地流过社会体制,它服从这个体制的约束与需要,也受到体制内部的作用与习俗的影响与推动。"

总的来讲,早期效果研究以说服性传播的研究为主,这些研究都是具体的、短期的、针对受众个人的直接研究,对传播转变受众态度(克拉伯认为大众传播对受众态度的影响应为效果研究的重点)的力量作了保守评价。从拉扎斯菲尔德等人在伊利县所做的选举调查开始,传播学者们才真正开始用科学的方法探索传播的效果问题。

二、传播效果的现当代认识

(一)适度效果理论

适度效果理论出现于20世纪60年代到70年代初,在《传播理论:起源、方法与应用》一书中赛弗林和坦卡特谈到该理论时指出:

(1)有限效果论过分贬低了大众传播的效力,其实在某些情况下,大众传播可能有相当显著的效力;

(2)以往的研究注重于探求大众传播对于态度及意见的影响,如果探求其他应变数,也许就会发现大众传播具有更大的效力;

(3)以往的研究在构想方面只着眼于一个方面,即只问"大众传播对受传者产生了什么影响",却忘了问另一个重要问题,即"受传者要大众传播做什么";

(4)以往的研究只研究了大众传播的短期效力,几乎完全不研究其长期效力。

现当代的效果研究,摆脱了"传者中心论"的局限,开始以受众为中心进行研究,并着力于研究大众传播的长效作用。赛弗林和坦卡特认为,该理论的研究包括信息寻求(创新与扩散)理论、使用与满足理论、议程设置理论和文化规范理论等一系列研究。

1. 使用与满足理论

使用与满足理论(The Uses And Gratifications Approach)是主要研究媒介受众的一种取向,这一取向的核心主张是,受众成员对媒介产品的消费是有目的的,在于满足某些个人化的、经验化的需求,即人们观看电视与电影或阅读报纸与书籍等,实际上都在不同程度地使某些需求获得满足。

该理论根植于美国20世纪40年代的有关研究。1944年,赫尔塔·赫佐格对两千多名广播肥皂剧的妇女听众分别进行了长期和短期的调查采访,探究听众对满足的需求与获得。赫佐格发现妇女听众一部分是为了发泄感情、一部分是为了忘记自己的苦恼、一部分是为了获得处事经验的指导而收听节目。

逐渐地,这种探究模式已发展并被描述为一种受众—媒介之间关系的理论。施拉姆在谈到这一模式时指出,"很明显,大众媒介的效果部分是为传播对象怎样使用它们来决定的"①。即如果大众媒介满足受众接触媒介时的动机需要,则传播是有效的。

卡茨(Elihu Katz)在1959年对贝雷尔森"传播研究看来将要死亡"的说法做出回应的时候首次提出了该理论。卡茨指出,正在死亡的领域是将大众传播视为说服的研究。直到当时,大部分的传播研究皆致力于调查这样的问题:媒介对人们做了些什么?(What do media do to people?)卡茨建议,如果将研究的问题改成人们用媒介做了什么?(What do people do with the media?)就可以解救传播研究,免于死亡。他举出了在这方面已经完成的一些研究,其中一个正是贝雷尔森本人做的,那就是他于1949年所做的"失去报纸意味着什么?"(What "Missing the Newspaper" Means?)的研究。

这一研究是在报纸投递工人罢工的两周期间,访问人们对失去报纸的看法。研究发现,人们离开报纸感觉自己好像"离开了世界",或是同已经习惯的生活脱了节。绝大多数人表示,新闻是他们最怀念的内容,他们被迫寻找其他新闻来源,并不得不寻找新的消磨时间的办法。

1964年,布卢姆勒(Blumler)和麦奎尔以使用与满足理论作为总体研究策略,对当年英国大选期间政治节目的作用进行了研究,以解答在以前的选举研究中提出的挑战性问题,如大众媒介的选举宣传对选民的影响效果很小等等。研究发现,受众将政治节目作为自己了解有关政治事务的信息来源,这便对早期研究认为人们使用大众媒介主要是为了加强原有态度的结论提出了质疑。

1974年,布卢姆勒、卡茨和格利维奇发表的论文中,总结了当时这一领域的研究,提出了社会需要可能导致对媒介的需要和使用的五种情况:

---

① [美]威尔伯·施拉姆,波特.传播学概论.陈亮等译.北京:新华出版社,1984,210

(1) 社会局势产生各种紧张关系和冲突,导致要通过使用大众媒介来缓和。
(2) 社会局势造成对问题的发觉,要求注意并从媒介寻求可能得到的有关情报。
(3) 社会局势提供了可以满足某些需要的少有的真实的机会,导致向大众媒介取得辅助性的、补充的或替代性的服务。
(4) 社会局势使某些价值提高,而利用媒介中合适的材料是有助于确认和增强这些价值的。
(5) 社会局势提供一种要求熟悉某些媒介材料的有希望的领域,而这些材料必须记录下来以便维持其继续作为有地位的社会团体的成员。

同年,卡茨提出了一个"使用与满足"模式①:

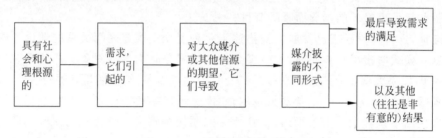

图 11-2　卡茨的使用与满足模式

罗森格伦以受众需求为起点,于同年提出了另一个"使用与满足"模式②:

使用与满足理论近期的新发展着眼于,将受众行为在形式和程度上的差异概念化地认作积极的、主动的和消极的、被动的两种,并将其行为或活动作为可能对媒介效果产生影响的变量来处理。例如,由美国学者格伯纳及其同事提出的教养理论(Cultivation Theory)认为,受众个体主要是在转移和逃避现实的情况下大量地看电视。

总之,使用与满足的取向着眼于个人"需求"的社会与心理起源,每种媒介都在提供一套独一无二的内容与属性,产生不同种类与不同范围的满足。这种取向提供了一种独特的方法,从而使我们能够探讨不同的媒介受众成员如何以完全不同的方式解释和使用媒介的内容。然而,它也招致了许多批评,其核心内容有:这种取向包含对个体与心理的过分强调,结果可能会忽略或无法完全考虑社会结构的基础以及受众需求与满足的性质。施拉姆认为,使用与满足理论还远远不能成为一种理论,但它指明了形成理论可能采取的某些方向。

---

① [英]麦奎尔,[瑞典]温德尔.大众传播模式论.祝建华,武伟译.上海:上海译文出版社,1997,103
② 同上,105

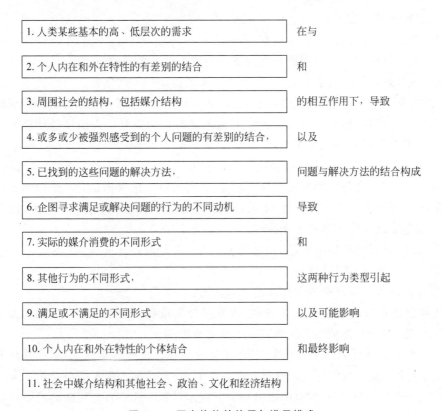

图 11-3 罗森格伦的使用与满足模式

2. 创新与扩散理论

创新与扩散理论也叫采用扩散理论,是由埃弗雷特·罗杰斯(Everett Mitchell Rogers)于 20 世纪 60 年代提出的一个关于通过媒介劝服人们接受新观念、新事物、新产品的理论,侧重于大众传播对社会和文化的影响。

罗杰斯在《创新扩散》一书中,回顾了有关创新决定过程的早期理论,考察了 2000 多份关于创新扩散的实证研究报告以及 3000 多种出版物。其中最有影响的一个实证研究是瑞安和格罗斯在美国艾奥瓦州的农民中对于 1928 年开始推广的杂交玉米种子的研究。

他们的调查涉及四种主要的扩散元素:(1)一项创新;(2)通过特定渠道传播;(3)经历一段时间;(4)在一个社会体系的成员之中流通。瑞安和格罗斯的这种研究模式已经成为了创新扩散研究的经典范式。其实施步骤如下:

第一,访问约 259 位农民以确定他们何时及如何采用杂交玉米新种,又是在何时如何获得玉米新种及其耕作方面的信息。

第二,经过一段时间的计划采用率。

第三,农民被确定归入采用者行列的依据是其采用玉米新种的时间。

第四,在创新决策的过程中,确认各种传播渠道扮演的不同角色。

在1943年瑞安和格罗斯发表的该研究的论文中,研究结果表明:大众传播可以较为有力地提供新的信息,而人际传播对改变人的态度与行为有利。人们接触新事物的过程最终以常见的S形曲线表现出来。

1955年,美国农业社会学家委员会在他们的研究基础上,提出了类似的"采用过程"五阶段论,将人们接受新事物的过程分为发觉(获得信息)、感兴趣、估价、试验和采用五个阶段。50年代至60年代,大量实验证明,对新概念的估计是贯穿于整个扩散过程中的,人们在采用创新之后仍有可能改变决定。

罗杰斯进一步指出"创新扩散"的过程包括的五个阶段:

知晓、说服、决定、实施、确认。

创新与扩散理论中有两项重要结论值得注意:

(1)在创新扩散的过程中,相对来说,大众媒介渠道和外地渠道较之于人际渠道和本地渠道的传播,对于早期采用者比晚期采用者更有影响。

(2)无论在发达国家还是发展中国家,传播的过程通常呈S形曲线,即在采用开始时很慢,当其扩大至总人数的一半时速度加快,而当其接近于最大饱和点时又慢下来。美国1946年至1960年拥有电视机的家庭在总户数中所占百分比的曲线很好地说明了这一点(如图11-4)。

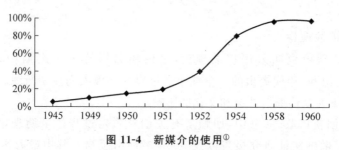

图11-4 新媒介的使用①

创新与扩散理论在有计划地推广新技术、新观念而采用大众媒介或其他力量方面是较为有效的。但由于缺少反馈环节和与实际情况不完全吻合等问题,因此,也存在一些局限性。

---

① [美]威尔伯·施拉姆.传播学概论.陈亮等译.北京:新华出版社,1984,217

3. 议程设置

议程设置(Agenda Setting)是用来说明媒介有意无意地建构公共讨论与关注的话题的一种理论。这一说法最先是由马克斯韦尔·麦库姆斯(Maxwell McCombs)和唐纳德·肖(Donald Shaw)于1972年提出的,但其实这种观点早在此之前已经出现在政治学的有关文章中。

早在1922年,李普曼在《舆论学》中就曾指出,在某种意义上,大众媒介把"外在的世界"变成了"我们头脑中的图画"。

有关议程设置理论的直接表述最先见于1958年诺顿·朗(Norton Long)的一篇文章中,他提出,报纸决定了"大多数人将要谈论什么"及"大多数人对问题的看法"和"想法"。

还有一个对议程设置的表述是几乎所有关于该主题的著作和论文都反复印证的一段话,那就是1963年伯纳德·科恩(Bernald Cohen)在《报业与外交政策》一书中关于报业威力的一段名言:"在多数情况下,报纸在告诉人们如何思考上可能不太成功,但在告诉人们应当考虑什么问题时,却是惊人的成功。"

1972年,麦库姆斯和肖发表了关于议程设置理论的第一项系统性研究成果。他们对1968年总统竞选期间的议程设置进行了研究,研究假定大众媒介为每一项政治竞选活动设置议程,并影响公众对政治议题显著与否的态度。他们对北卡罗来纳州查普尔希尔的一个社区的选民进行了调查,并将研究的重点放在对投票尚犹豫不决的选民上,因为这些人的态度最容易被议程设置所左右。研究的结果表明:大众媒介确实具有议程设置的功能。在特定的时间和地点,选民们讨论和关心的主要问题,恰是这一时期该地区主要新闻媒介所突出报道的问题。

总的来说,议程设置主要基于两个观点:(1)各种媒介是报道世界上的新闻不可缺少的把关人;(2)人们需要借助把关人的帮助,以决定那些超出他们有限感受的事件和问题中哪些是他们值得关心和注意的。

在议程设置理论中,议程指的是媒介对当前议题进行的选择,并对选中的事情进行不同程度的公开报道。该理论强调,大众媒介对事物和意见的强调程度与受众的重视程度成正比,受众会因媒介提供的议程而改变对事物重要性的认识,对媒介认为重要的事件首先采取行动。麦库姆斯等人还发现,媒介议程与公众对问题重要性的认识并不是简单的完全吻合,而与其接触媒介的频率有关。经常接触大众媒介的人的个人议程与大众媒介的议程具有更高程度的一致性。

议程设置的一个著名案例就是《华盛顿邮报》关于"水门事件"的报道。记者由报纸内页上一条不显眼的消息入手,抓住线索不放,"花了几个月的时间,实际上把这个消息塞进其他新闻媒介的议程中,最终引起公众的注意",从而使"水门事件"的报道成为当年乃至更长一段时期内重大的政治新闻,最终导致了尼克松总统的下台。

自20世纪70年代初以来,议程设置理论始终是传播理论领域中的主导概念之一,它展现了大众媒介影响社会的一种新的方式,这种方式不同于态度改变理论的方式。而且,有迹象表明,这种方式对社会的影响是更显著的。

有关议程设置的进一步研究显示:议程设置不仅在议题层次上发挥作用,而且在议题属性或称次议题的层次上也发挥作用;在社会生活中,常常有许多"议程设置"者,大众媒介只是其中之一,尽管可能是其中较为重要的一个;另外,大众媒介通常要在与其他社会力量的协同和互动之中发挥作用。研究的最新动向表明,"新闻媒介不能告诉我们该怎样想,却可以告诉我们该想些什么"这一原有的表述有必要修改为"新闻不仅告诉我们该想些什么,而且告诉我们该怎样想"(McCombs,1992,p.820)。

(二)强大效果论

强大效果论(Powerful-Effects Theory)最初是由德国传播学者伊丽莎白·诺利-纽曼(Elisabeth Noelle-Neumann)在其1973年发表的论文《重归大众传播的强力观》中提出的。20世纪70年代以后的强大效果论不是枪弹论的简单恢复,而是在适度效果论基础上发展起来的。与早期的媒介万能说不同,它从受众的角度出发,探讨媒介所带来的间接、潜在、长期的影响,同时,将传播过程置于整个社会政治经济环境中进行多元化的宏观分析。赛弗林和坦卡特在《传播学的起源、方法与应用》中归纳说,一部分研究已趋于同意如果根据传播理论的原则审慎地筹划节目或运动,大众传播能发挥强大的影响力。这些原则包括:在一段时间内重复的讯息比单一讯息有效(有例外);认定并瞄准某些受众;运动目标明确,制作的讯息必须联系到这些目标;传播理论的有关观点在形成主题、讯息和媒介中都可以运用等。

最为著名的强大效果理论是由诺利-纽曼提出的"沉默的螺旋(Spiral Of Silence)"假说。

1. 沉默的螺旋

早期心理学家奥尔波特认为,一个人自己的意见在极大程度上依赖于他人的想法,或者更确切地说是依赖于对他人意见的理解。"沉默的螺旋"即部分地来源于这一思想。诺利-纽曼指出,在某一特定时期内,大众媒介所鼓吹的某些观点在社会上占有优势,会对受众造成一种压力。大多数人力图避免因持有某种态度和信念而被孤立,因而,在表达支配意见和不表达意见的人数增加的时候会放弃原有的想法和态度,选择与主导意见趋同。同时,由于大众媒介表达支配意见,再加上对异常意见的人际支持日益缺乏,就形成一个"沉默的螺旋"(参见图11-5)。"这个过程不断把一种意见确立为主要的意见",持非主流观点和态度的人,在大众传播的压力下,随时间推移,变得越来越少。沉默的螺旋理论假定,个人具有一种"准统计学感觉官能",借此他们确定"哪些观点和行为模式是他们的环境所允许或不允许的,哪些观点和行为模式越来越强,哪些越来越弱"。

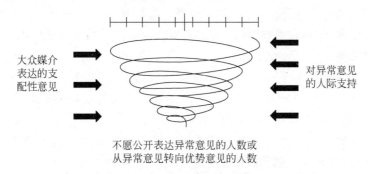

图 11-5　沉默的螺旋①

纽曼从大众传播、人际传播和个人对社会中的看法这三方面及其交互作用来理解意见的形成。她指出大众传播的三个特质:积累性、普遍性和共鸣性,三者有机地结合在一起,便对民意产生了巨大的效果。大众传播的共鸣性是指由不同的新闻媒介共同形成的关于某事件或问题的统一印象。形成共鸣性的因素有广泛公认的新闻价值观、共同依赖的某些信源,或对竞争媒介过于细致的研究和为赢得同事与上司的赞许而做出的努力等。

在沉默的螺旋中大众传播扮演了非常重要的角色,这是因为,它是人们寻找并获得舆论传播的来源。大众传播能以三种方式影响沉默的螺旋:(1)对什么是主导意见形成印象;(2)对何种意见正在增强形成印象;(3)对何种意见可以公开发表而不会遭受孤立形成印象。大众媒介正是在这种潜移默化的累积过程中渗透,并与受众的从众心理、适宜的传播环境等配合,使大多数人依照大众媒介所表现或指引的方向来认识事物、形成意见和采取行动。

麦奎尔认为,"沉默的螺旋"所描述的意见形成的过程,在一定条件下几乎必然出现,但目前仍无法确定其出现的范围。

2. 其他研究

除了"沉默的螺旋"理论以外,由门德尔松(Mendelsohn,1973)、麦戈比和法夸尔(Maccoby & Farquhar,1975)等人所作的一系列研究也指出,大众媒介对受众的态度和行为产生了强大的效果。

门德尔松参与的三个利用大众媒介的研究:第一个是哥伦比亚广播公司的"全国司

---

① D. McQuail, S. Windahl. Communication Models for the Study of Mass Communication. London: Longman, 1981,68

机测试",吸引了 3500 名观众登记加入司机训练课程;第二个是制作一部酒醉与驾车的六分钟短片,并与伊斯特伍德的影片一起在电影院放映,结果显示,3/10 的观众说他们要考虑改变他们以前的安全驾驶观念;第三个是一部针对居住在洛杉矶的墨西哥裔美国人的信息性肥皂剧集,结果观看该剧的 6% 的人报告说他们已加入社区组织,从而达到了该剧的一个主要目的。

这三个研究的结果表明,宣传计划都很成功,因为它们遵循了一定的步骤:(1)清楚地说明宣传活动的目的;(2)对准目标受众;(3)努力克服受众对特定议题无所谓的态度;(4)发现与想要强调的内容相关的主题。

另外一个也被认为证明了大众传播产生了强大效果的例子是由鲍尔-若洛奇(Ball-Rokeach)等人进行的《伟大的美国价值观测验》研究。研究者制作了一个半小时的电视节目,讨论某些评估美国人价值观的调查结果,来测试观众是否改变其价值观。研究者通过比较同时播放节目的三个城市和一个没有播出节目的城市的样本,研究这个节目造成的影响。实验获得了令人惊异的结果:半小时的一个节目竟可以改变观众的态度、他们对基本价值观的评定及他们参与政治性行为的意愿。而且,所有这些实验都是在真实世界的环境中完成的,从而打消了对这些结果是否适用于实验室之外的环境的任何疑问。

(三)效果研究的新方向

近期关于大众媒介效果理论的探讨主要从媒介内容分析入手,探索媒介对社会现实及其含义的塑造功能,或是从心理学入手,探讨受众对媒介影响的制约因素。

1. 对真实的社会构建(The Social Construction Of Reality,TCSR)

对真实的社会构建理论在最近的大众传播理论中,以及在其他学科领域里,一直是一个热门话题。瑟尔斯(John Searle,1995)在他的《对社会真实的构建》一书中,对客观存在的原始事实和人们主观确认的制度化事实进行了区分,而原始事实成为人们构建社会真实的材料。阿多尼和梅尼提出了对社会真实的构建模式的三个部分:客观真实(由事实组成、存在于个人之外并被体验为客观世界的真实)、符号真实(对客观外界的任何形式的符号式表达,包括艺术、文学及媒介内容)和主观真实(由个人在客观真实和符号真实的基础上建构的真实)。阿多尼和梅尼(Adoni & Mane,1984)建议说,要想调查对真实的社会建构,就应该包括对所有这三种真实形式的研究。其后,埃利奥特、凯利和拜德(Elyot, Kelly & Byrd,1992)在此基础上又进一步研究,开发出一种模式,表现对人们的主观真实可能带来的影响。

2. 媒介的构造(frame)

在一个争议性的问题上,人们通常可以看到争论各方竭力以自己的术语去定义

(define)或构造(frame)某个议题。新闻媒介也倾向于以各种不同的方式来构造议题。对受众来说,新闻报道的构造可能比新闻报道的偏见更具某些狡猾的——或者说有力的——影响。有时候,构造是由当权者定义,然后被大众媒介选中,并加以传播的;有时候,对新闻报道的构造是通过一些特定的编排设计进行的,它们在以往处理新闻时行之有效。研究已经显示,媒介的构造可以对受众成员产生效果,并影响他们最终对争议问题的解释。

对社会真实的构建理论和媒介的构造理论的意义,在于扩展了我们对大众传播以巧妙和老练方法达到效果的认识,为我们提供了进一步理解大众传播效果的新途径。

第二节　传播效果研究的未来走向

20世纪60年代以来,传播效果的研究在纵横两方面进行扩展。学者们一方面继续对说服性传播进行研究,另一方面对事实性讯息的传播展开探索。理论从效果强大到有限到适度再到强效的重提,呈现着一种螺旋状的渐进。

但是,由于传播学自身尚未形成一个完整体系,研究工作中还存在一些实际问题,均为传播效果研究带来了一些难度。这表现在研究对象庞大复杂、研究方法和工作范围的狭隘及研究经费的欠缺等方面。

大众传播的效果是长期的、间接的、社会的和潜移默化的。因此,今后的研究工作要将各部类的研究结合起来,注意对传者和媒介的研究;将对受众的测试与对传播信息的归纳整理结合起来,并有所扩大;加强研究工作的连续性和系统性,以看到传播问题的规律性特征。

在20世纪最后20年,效果研究的重点主要集中在媒介的长期效果、潜在效果和间接效果,中介因素、文化模式、传播模式、传播环境、社会制度等今后仍将作为研究扩大的范围。以美国为代表的效果研究的两个方向,即"受众—效果"(从心理学入手探讨受众对媒介影响的制约因素)方向和"内容—效果"(从媒介内容分析入手探索媒介对现实及其含义的塑造功能的社会构造)方向也将延续,并不断被充实和发展。

具体而言,今后的传播效果研究将趋向于强力效果论,即广义上的强效果论。

威尔伯·施拉姆认为,大众媒介的传播效果是长期的和潜移默化的。大众媒介日夜不停地向人们传送着信息,人们将提供消息的大部分责任托付给媒介,并要求其从整个世界的角度来提供信息。于是,"传播"决定着人们寻求和发出信息的方式,决定着人们大部分生活的方式和支配时间的方式,决定着周围环境在人们头脑中的图画及自身形象。虽然这些效果不是立竿见影的,却丝毫不能怀疑其效果之强大。

"虽然我们可能无法说出任何特定时间的特定节目所有的特殊的效果,但其长期的效果将存在于我们生命的所有时日之中。"①今天,大众传播对人们的影响和作用不单是一个国家的问题,而是具有全球性普遍意义的事情。

大众媒介的发展使个人可以方便快捷地了解身外的世界,受众所希望获得的有关国内国际政治、经济、军事、外交、文化、社会生活等方面的情况大多由大众媒介所提供。离开了媒介的生活,便如同与世隔绝。

现代社会需要终身教育,走出校门之后,所受的教育基本由大众媒介来完成。大众媒介在传播知识的同时,还将得到社会肯定的价值观念传给受众,从而促进了受众的社会化。与此同时,受众中的儿童也可能从媒介传播的内容中获取一些并非有益的东西。这一点,已日益引起了人们的关注,并促使人们积极寻找解决这一问题的有效措施。

除对个人造成影响外,大众媒介还会对群体、社会和文化发生作用。总的来讲,这就是广义上的强效果,是长期和潜在的效果。受众、媒介和社会相互作用,彼此独立而又统一、相互制约和促进着对方的发展,把握好它们之间的关系对于传播效果的研究意义重大。

小结

大众媒介效果研究是传播学研究中成果最丰硕的领域。自传播学萌芽以来,效果研究经历了"枪弹论"、"有限效果论"、"适度效果论"和"强效果论"四个阶段,呈螺旋状渐进。

"枪弹论"强调大众传播威力巨大,代表性研究如潘恩基金会对电影与儿童的研究、"火星人入侵地球"的恐慌研究等。

"有限效果论"否定了枪弹论,认为大众媒介在改变人们态度方面效果有限,它只能通过一系列中介因素才能影响受众。劝服研究、成见漫画研究、《人民的选择》与两级传播论等成果验证了这一效果理论。

"适度效果论"则反对"有限效果论"的矫枉过正,指出大众媒介仍有一定的影响,应从受众、社会、长期的角度来衡量它。使用与满足研究、创新扩散论、议程设置论是这一时期的代表。

"强大效果论"重新强调大众媒介效果巨大,认为应对其长期、潜在、间接的社会效果进行多元化分析。"沉默的螺旋"理论及其他一些研究支持这个观点。

今后的传播效果研究将趋向于广义上的强效力观。

---

① [美]威尔伯·施拉姆.传播学概论.陈亮等译.北京:新华出版社,1984,266

第十二章

传播效果（下）

第一节 传播效果的内涵

第二节 传播效果的理论
　一、个人效果
　二、群体效果
　三、社会效果
　四、文化效果

第三节 传播效果的普遍取向
　一、当前的媒介效果观发展
　二、批判者眼中的媒介效果
　三、当前媒介效果研究取向的主要特征
　四、效果研究的未来趋势

第一节　传播效果的内涵

传者发出的信息经过一定媒介渠道的传送到达受众,使受众的思想、态度、行动等产生不同程度的变化,这就是大众传播所产生的效果。由于种种因素的制约,受众对信息接受的效果与传者的初始动机可能相同或不同,若两者相同,则效果较好。

英国传播学者麦奎尔认为,对概念的内涵层次的划分有助于对媒介效果的深入探讨。他认为,媒介效果有以下几个层次的内涵:

从外在形态来看,分为:媒介的"效果"(media effects),指大众传播已经产生的直接结果,而无论其是否符合传者的期望;媒介的"效能"(media effectiveness),指大众媒介有关预期目标的功效;媒介的"效力"(media power),指媒介在给定条件下,可能发挥的潜在影响,或可能产生的间接效应。[①]

从内在性质来看,分为:心理效果、政治效果、文化效果、经济效果等。

从媒介影响力的作用来看,则有对个人、群体、社会、文化等方面的影响。

此外,媒介效果从呈现状态上来讲,还有显现效果(从受众情绪、态度、行为等方面可以明显看到或感受到的改变)和潜在效果(隐藏于受众脑海中,日积月累地深化发展,得以逐步显现)。

从持续时间的长短来讲,还有即时性效果和延时性效果等。

麦奎尔在《大众传播理论》中,按照英国学者戈尔丁提出的以时间和意图两个要素相组合的模式,绘制了一个媒介效果类型图(如图 12-1)。

图中,横轴表示效果的时间性,即短期效果还是长期效果;纵轴表示效果的意图性,即有意图的效果还是潜移默化的效果。这样,麦奎尔将效果分为四种类型:

第一,有意图的短期效果。包含宣传(宣传者为了达到某种企图而操纵讯息的方式)、个人反应(个人对有意施加影响的信息所表现的接纳或抵抗)、媒介宣传(带有劝服性质或启蒙目的的宣传活动)、新闻学习(暴露于大众媒介新闻之下的短期认知效果)、框架(影响受众理解问题的角度和看法的媒介效果)和议程设置(媒介对新闻报道主题或议题的重视程度影响受众对议题重要性的认知)等问题。

第二,无意图的短期效果。包含个人反应和集体反应,前者是个人对媒介刺激所产生的无计划性或难以预测的效果;后者指某种个人水平的,同时为多人体验而导致的无规律或非程序性集合行动。还有媒介"暴力"等效果形式。

---

① 　张国良.传播学原理.上海:复旦大学出版社,1995,210

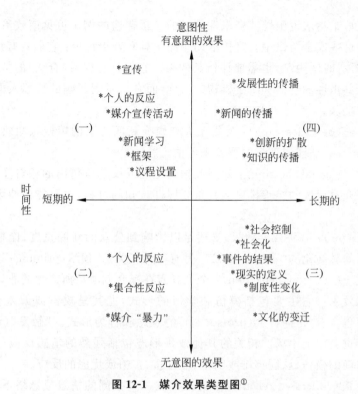

图 12-1　媒介效果类型图①

第三,无意图的长期效果。包含社会控制、社会化、现实的定义和制度性变化等效果。前三者指媒介内容可以通过潜移默化的影响使人们对社会中现存的意识形态、行为规范、社会现实等产生认同;后者则表示现存制度在无意中会顺应媒介的发展,媒介尤其能影响制度中的沟通机制。

第四,有意图的长期效果。包含发展性的传播、创新的扩散和知识的传播等形式。前两者都是为了长期发展而有计划地利用媒介或其他宣传手段;后者则指在各社会集团间的知识传播及新闻与启蒙领域内媒介活动的结果。

以上的传播效果类型代表了不同层次、时间范围、复杂性和其余某些情况的效果过程,运用这样的思考模式,可以帮助我们从众多的研究文献记载中,清楚地描绘出主要媒介效果的概念地图。

- 个人反应(individual response):在暴露于"意图影响态度、知识或行为"的讯息之后,个人改变或抗拒改变的过程。
- 媒介宣传活动(media campaign):代表若干媒介以一种经过组织的方式,针对选

---

① [美]丹尼斯·麦奎尔.大众传播理论(第六版).陈芸芸等译.台湾:韦伯文化国际出版公司,2003,562

定的人群来达成说服性或资讯性的目的。最普遍的例子可见诸政治、广告、募款、公共保健或安全资讯中。宣传活动倾向于具有若干特色：它们具有特殊而明显的目标、具有时间限制，也需要评估其效果。它们具有权威（合法）的赞助，其目的通常符合共识性的价值和既定机构的目标，而它们意图影响的目标人群经常十分庞大与分散。

- 新闻学习（news learning）：暴露于大众媒介新闻之下的短期认知效果，可以透过受众的回溯、认知或理解的测验来评估。
- 议程设置（agenda setting）：对新闻报道主题或议题所付出的相对注意力，从而影响了公众对议题的轻重排序或其重要属性认知的过程，也可能延伸影响到公共政策效果。
- 框架（frame）：一种媒介效果，描述足以影响到公众的新闻角度、诠释架构以及把报道时间脉络化的"看法（spin）"。另有一种相关的"预示（priming）"过程。
- 个人反应（individual reaction）：个人暴露在媒介刺激后所产生的非计划中或非预定中的效果。它主要包括模仿和学习的形式，尤其是攻击或偏差行为（包括自杀），但也含有"正向社会（pro-social）"的观念和行为形式。"触发"（triggering）一词有时也会派上用场。相关的其他效果形态包括强烈的情感反应、替代活动、风格和时尚的模仿、认同英雄或明星、性兴奋、害怕或忧虑的反应。
- 集体反应（collective reaction）：许多人在一种共同的情景或脉络下，同时经历若干与个人反应相同的效果，因而导致某一集体行为，经常不合乎规范与体制。最普遍的反应是恐惧、忧虑、愤怒，有可能导致大规模或市民暴动。
- 发展性的传播（diffusion in development）：为了长期发展而有计划地运用传播（通常出现在第三世界国家），以一系列宣传活动和其他影响为手段，尤其是人际网络与社区或社会的权威结构。目标是传播的"现代化"实务，如保健、农业等等。
- 新闻的传播（news diffusion）：特定（新闻）事件随着时间在特定人群中扩散的过程，尤其注重渗透的程度（最终得知这项新闻事件的人口比例）及资讯接受的方式（亲身影响或是媒介影响）。
- 创新的扩散（diffusion of innovations）：最普遍的例子就是在特定人群中采纳创新科技的过程，常以广告或广泛的宣传为基础。这可能是无心的效果，也可能是蓄意的。此过程经常遵循着一种特殊的S形曲线，而且带有可以预测的、与影响来源和动机形态相关的特质。
- 知识的传播（distribution of knowledge）：知识传播性的媒介新闻和资讯对社会团体所产生的效果。它与各种媒介来源和社会变迁的起源尤其相关。主要关系在于"知识沟"的缩小或扩大。

- 社会化(socialization)：媒介对于学习、规范的采纳、价值和特定社会角色情境中的语气行为，所做出的非正式贡献。
- 社会控制(social control)：这里是指系统性的倾向，能促进某一既定秩序或行为模式的顺服。其主要效果是透过意识形态和"意识工业"(consciousness industry)来支持既存权威的合法性。根据社会理论，可视之为蓄意或无心的社会化过程。由于此一情况模棱两可，所以图12-1将其置于垂直轴中心点的邻近地带。
- 事件的结果(event outcomes)：意指媒介在主要"关键"事件的过程中与解决之后，和制度性力量所共同扮演的角色(Lang&Lang,1981)。它的例子包括革命、重要国内政治动乱、战争或和平事件，较不明确的例子如选举亦可包含在内(Chaffee,1975)。
- 现实的定义与意义的建构(reality defining)：其过程近似于社会控制，但不同的是，它和广泛认知结构与诠释框架比较有关，与行为的关系较小。在意识建构的过程中，此一(十分广泛的)效果类别多少需要接受者对自身意义建构的主动参与，这是它和其他效果的相异之处。
- 制度性变迁(institutional change)：在媒介发展中，既存制度在未经规划之下的适应情况，尤其足以影响制度本身的传播功能("互惠效果"的观点)。
- 文化变迁(culture change)：最终价值模式、行为和符号形式之变迁，其特征在于社会某个层面(如年轻人)、整体社会或某一形态的社会。另一种相关的倾向是"向心力"(centipetal)或"离心力"(centrefugal)。文化认同的增强或削弱，也是文化变迁效果的例子。

第二节 传播效果的理论

传播效果研究中，学者们从不同角度入手，采用了不同的研究方法，得出了许多相近或相异的结论。尽管对传播效果的表述众说纷纭，但并非毫无共同之处。一般而言，普遍承认大众传播会对个人、群体、社会及文化四方面产生影响。下面我们就从这四个层面来归纳一下相关的传播效果理论。

一、个人效果

在过去半个世纪的媒介效果研究中，传播对个人的影响一直是重点内容。选择这一内容作为研究的重点，正反映了关于态度的社会心理学理论和经验主义方法在战后的显赫地位,及其对传播学研究的深远影响。在众多的传播理论中,从对个体研究的关注程度来看,深受心理学认知观点影响的认知—行为理论对个体的研究最为重视,因此,这一部分我们将主要从态度、认知和行为理论的角度出发归纳一下大众传播对个人效果的主要研究。

态度是社会心理学的重要概念之一。态度研究也是传播学的重要研究领域之一。从逻辑上看,因为态度是在传播过程中形成和改变的,因此它同时作为社会心理学和传播学的研究对象并不是偶然的,只不过与社会心理学的研究不同,传播学不研究态度形成和改变的一般规律和机制问题,而关心媒介在改变态度中的作用。心理学将态度的改变分为三个步骤:认知、情感、意愿。首先,通过认知我们得到对事物的认识;然后,我们产生对事物的态度,即情感;最后,我们根据态度对事物采取行动,即意愿。对应的产生传播效果模式,如图12-2。传播学的各个研究阶段和研究者对模式中的各部分及其关系关注程度不一,态度研究的发展过程也大致经历了从行为主义到认知观的转变。

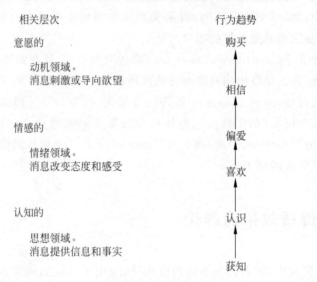

图12-2 传播效果阶梯模式①

态度研究经历了这样一个转变:一开始,学者们认为仅仅提供信息就能导致态度改变,后来则转向了说服性传播基本无效的悲观观点。现在的研究则认为,媒介对人们态度的影响是一个复杂的然而是可以得到解释的过程;人们对外部信息做出的认知反应的性质和程度对于态度改变的影响,可能比媒介信息本身更重要;态度的改变可以通过不同

---

① [美]沃纳·塞弗林,小詹姆斯·坦卡德. 传播理论——起源、方法与应用(第四版). 郭镇之等译. 北京:华夏出版社,2000,14

的途径完成,例如中心途径和边缘途径;态度改变的情况不同,这些不同体现在态度改变的难易程度、改变以后的稳定性、抵抗外界影响的程度、对行为的预测力等方面。

(一) 刺激—反应

刺激—反应理论(Stimulus-Response Theory,S-R)是由美国行为主义心理学的创始人华生(John Broadus Watson,1878—1958)提出的。他为了对行为做客观的实验研究,将行为以及引起行为的环境因素,以"刺激"(S)和"反应"(R)来说明,亦即华生认为心理学的任务即是确定刺激与反应之间联系的规律,以便预测行为和控制行为。在他看来,大脑不过是个在感觉器官与反应器官之间起联络、传导作用的器官罢了,内在主观的意识并不具有心理学探究的意义。

大众传播效果研究的早期理论之一可说是大众传播具有极大威力的理论,认为大众媒介发出的信息能轻而易举让观众接受,这种理论被形象地称之为"枪弹理论"或"皮下注射理论"。这种观念的基础就是刺激-反应模式。

早期的传播学者认为,受众在"刺激-反应"机制作用下任凭传播内容摆布,只要把价值、思想与信息直接"注射"到每个被动的、原子式的受众个体身上,便可产生一种直接的、不经任何中介环节的效果,因此,媒介效果的实现完全取决于媒介所传播的内容。

"枪弹论"观点的出现与当时西方流行的本能心理学和社会学理论也有密切关系。这种理论认为,接受者的所有成员以一致的方式接受媒介讯息,这种刺激即刻触发直接的反应。这一理论以"刺激-反应"机制和相信媒介效力强大为基础。人的行为受本能的"刺激-反应"机制的主导,施以某种特定的"刺激"便能引起大致相同的"反应"。

"枪弹论"的效果似乎是显而易见的,它的出现源于一战后宣传的明显效果,当时的人们天真、轻易地相信了谎言。现在我们知道,这种理论过于简单化了。一则大众传播的消息并不能对每个人都产生同样效果,效果还取决于许多因素,如个人的差异、情况和环境的不同。但在当时它的确很准确地反映了现实,风光无限。

(二) 认知效果

认知心理学派主要就是创造了一些解释学习者如何接受、处理和运用信息的模式,来引导我们从不同的观点去了解许多熟悉的学习行为。传统上,行为主义心理学研究的是刺激(或称输入),和行为反应(或称输出)之间的关系。认知心理学研究也承认刺激和反应之间的关系,但它更进一步,强调二者之间的信息处理过程。

广义的认知心理学包含了下述理论和流派:格式塔学派、卢因的拓扑心理学、皮亚杰学派、信息加工认知心理学。从文献来看,在这四个理论流派中,对传播研究形成一定影响的认知心理学理论和流派主要是卢因的拓扑心理学和信息加工认知心理学。

卢因的拓扑心理学的影响表现在：卢因的团体动力学的影响和在他的影响下所创立的认知一致性理论对传播研究的影响。信息加工认知心理学的影响表现在：对受众处理媒介信息过程的研究、社会认知研究、对儿童认知发展影响的研究等。

在卢因的影响下，海德、费斯廷格创立了社会认知心理学理论，其中被传播学研究广为引用的主要是海德的认知平衡理论和费斯廷格的认知不和谐理论，海德被公认为最早提出了认知一致理论（Cognitive Consistency Theory）。这些理论的主要观点是认知的不一致能产生动机，从而导致态度的改变或行为的发生。这些理论第一次从认知的角度探讨动机，改变了已有的认识即只有生理状态能够产生行为的驱动力。

1. 海德的认知平衡理论

海德（Fritz Heider，1946）的认知平衡理论可用 POX 模型来表现：P 代表的是人，即分析的对象；O 代表的是另外的某人；X 即一个物质的客体、观念或事件。海德关注的是在一个人（P）的心目中，这三个实体间的关系是如何组成的，研究人们如何知觉行为的原因在一致影响着我们对别人的反应。在海德的图表中，如果三者关系在所有的方面都是正面的，或者，如果两种关系是反面的，一种关系是正面的，那么，平衡状态就会存在。除此之外，所有的组合都是不平衡的。

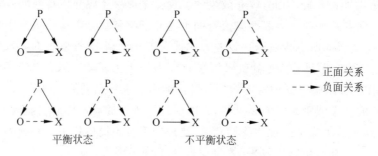

图 12-3　海德的认知平衡理论[①]

在海德的理解中，喜欢的程度无法区分，其中的关系不是正面的即是负面的。他还假设，平衡的状态是稳定的，不受外界影响的，而不平衡的状态被假设为不稳定的，个人会产生心理紧张。这种紧张只有在状态发生变化、达到平衡时才能缓释。这个论点便是传播者对该理论感兴趣之焦点所在，因为它包含着一个态度改变和抗拒态度改变的模式。由于不稳定，不平衡状态便容易向平衡状态改变。由于稳定，平衡状态便抵制改变。

很多支持海德平衡理论的学者又进一步的进行了研究，其中纽科姆和奥斯古德在海德平衡模式上又分别发展出了对称理论和调和理论。

---

① Zajponc R B. The Concepts of Balance, Congruity and Dissonance. Public Opinion Quarterly. 1960, 24：280~296

调和理论其实是海德平衡理论中的一个特殊例子。它特别针对人们对信息来源及信息来源所主张的事物的态度。在奥斯古德的模式中,一个人(P)接受来源(S)的主张,对这个来源他有自己的态度;这个主张是对客体(O)的,对这个客体他也有自己的态度,P对于 S 及 O 是否喜欢及喜欢的程度如何,将决定调和状态或一致状态存在与否。其实,调和与平衡的定义是一样的,但调和理论比平衡理论多了几个优点,包括能预测态度改变的方向和程度。

纽科姆(Newcomb)1953 年提出的 ABX 模式是对 1946 年海德的理论的扩充(McQuire et al.,1981,p.31)。ABX 模式涉及两个人及二者之间的传播,纽科姆将两个人以 A 和 B(而不是海德的 P 和 O)来表示,保留了 X,代表 A 与 B 对客体所持的态度。跟海德一样,他假设,人类有对和谐的需要,即他所称的坚持倾向对称的张力(persistent strain toward symmetry)。如果 A 与 B 对 X 的意见不同,则这种倾向于对称的力量有赖于 A 对 X 的态度有多强和 A 对 B 的吸引力有多大。当 A 对 B 的吸引力增加,A 对 X 的态度增强,便可能导致:(1)A 竭力达到与 B 对 X 态度的对称;(2)很可能达到对称;及(3)A 很可能加强对 B 有关 X 的传播。当然,最后一点正是我们所关心的。纽科姆不同于海德之处,就是他强调传播。"海德主要关心的是参与双方各自内部的认知过程,而纽科姆的发展则是将这种理论运用于两人或更多人之间的传播。"该模式假定:如果条件许可,要求态度和关系一致的压力将刺激传播(McQuire et al.,1981,p.32)。

由纽科姆模式(结合其他理论)又发展了麦克劳德与查菲的互向模式。该模式注重人际传播或群体间的传播,即注重双向和相互作用的传播(McQuire et al.,1981,p.32)。

以海德和费斯廷格的理论为思想根源,以纽科姆的模式为基本模式,韦斯特利—麦克莱恩发展了传播研究概念模式。这个模式基于对大众传播和人际传播的主要区别,对纽科姆模式进行了修正。

2. 费斯廷格的认知不和谐理论

在所有一致理论中最具普遍性,而且产生了最大部分实验数据的理论,是费斯廷格(Leon Festinger)的认知不和谐理论(Theory Of Cognitive Dissonance)。不和谐理论认为,"单独考虑知识的两个要素,如果一个要素的对应部分总是追随另一个部分出现的话,这两个要素便处于不和谐的关系中"(Leon Festinger,1957)。与其他一致理论一样,不和谐理论认为,不和谐"由于产生心理上的不舒服,会促使人试图减轻这种不和谐感,以达到和谐",并且,"除了试着去减轻不和谐,人还将积极地避免接触会增加心理不和谐的情景及信息"。在研究中,不和谐理论产生了几个相当有趣的结果,特别是在作决定和角色扮演方面。

在作决定时,不和谐理论预测,只要被拒绝的选择包含了可能导致接受的特征,或被挑中的选择包含了可能导致拒绝的特征,就会产生不和谐的心理。换句话说,按照预测,越难作出的决定,越可能在决定后产生不和谐(决定后的不和谐)。这个理论也预测,越是重要的决定,决定后的不和谐便越强烈。很多研究报告证实了这些假设。其中一种有趣的结论是随着被迫顺从而来的态度改变,即使它并不直接与大众媒介有关,但也是值得提及的。角色扮演就是人们在要顺从自己私下所不赞同的团体规范时,不得不这样做的例子。

不和谐理论中最有趣之处是对信息的寻求与躲避,通常称之为选择性接触和选择性注意。有些研究者提出,个人一般不选择或拒绝全部消息(即选择性接触),因为我们无法在事先就知道消息的内容。另一些人观察到,我们通常是被那些在主要议题上与我们意见一致的人或媒体所包围的(McQuire,1968)。一些研究者主张,更典型的情况是,人们会注意到被他们强烈坚持的态度、信仰或行为的那部分消息(即选择性注意),而不会注意违背自己所强烈坚持的立场、会导致心理上不舒服或不和谐感觉的那部分消息。但几位学者在为他们的研究归纳结论时认为,几乎没有什么证据支持那样的假说,说个人将避免或选择性接触所有与其信仰相反的消息。目前只能说,在选择性接触的研究方面,最后的定论有待研究。

总而言之,目前的研究显而易见地表明,各种认知一致理论都包含很多含义,先是人们如何看待世界、看待传播,如何使用、歪曲、忽略或忘记大众媒介的传播内容。这些理论以抽象的规律和研究的范围,既可应用于媒介的参与者,又可应用于媒介的消费者。

(三) 宣传与说服

在现代西方社会中,宣传一词的使用是非常谨慎的。它通常和某些政治目的相联系,暗示着某些人蓄意地控制信息从而操纵受众的行为。宣传被认为具有极大威力。研究宣传的重要性在于,我们最初对大众传播效果的思想正是来自对宣传所作的各种分析,尤其是传播理论中的两个重要领域——态度改变与有关大众传播普遍效果的理论。

最早的宣传定义是拉斯韦尔在其经典著作《世界大战中的宣传技巧》(1927年)中概括的:"它仅指重要的符号,或者,更具体一点但欠准确地说,就是以消息、谣言、报道、图片和其他种种社会传播方式来控制意见的做法。"几年后,拉斯韦尔又提出一个稍有不同的定义(1937年):"就广义而言,宣传是通过操纵表述以其影响人类行为的技巧。这些表述可以采用语言、文字、图画或音乐的形式进行。"事实上,拉斯韦尔的两个定义都包含了说服的全部内容。心理学家罗杰·布朗(Roger Brown,1958)为说服下的定义是:"设计操纵符号以促使别人产生某种行为。"接着他指出,当"某人判断说服行为及其目的对说服者有益,但并不符合被说服者的最大利益时",这种说服就被贴上宣传的标签。换言之,断定一种说服行为是不是宣传,并没有绝对的衡量标准——那是某人的个人判断的结果。就所使用的技巧而言,说服与宣传如出一辙。只有当行为对信源而不是对接受者有益时,这种行为或消息才被称为宣传。

1. 宣传技巧

早期的宣传分析所做的一些说服方面的研究,确认了七种宣传技巧(Lee&Lee,1939),分别是:辱骂法、光辉泛化法、转移法、证词法、平民百姓法、洗牌作弊法和乐队花车法。

辱骂法(name calling)即给予某思想一个不好的标签,使我们不检查证据就拒绝和谴责这种思想。我们是依据自己的目的、主观印象和我们的评价来称谓别人的。当我们更换标签时,这个人其实并无改变。辱骂法最近的例子就是恐怖主义和恐怖分子。就像一句西方的古老谚语所说的:"对某人而言是恐怖分子,对另一个人而言却是自由战士。"

光辉泛化法(glittering generality)也称晕轮效应、光环效应,即将某事物与好字眼联系在一起,借好事物的光,使我们不经证实便接收或赞同另一个事物。光辉泛化法普遍应用于政治、商业和国际关系领域中,但一般很少引人注目。

转移法(transfer)是将某种权威、约束力,或某一令人尊敬和崇拜的事物的权威转移到其他事物上使后者更可被接受。传播者的目标是将宣传对象与人们赞赏的东西联系起来。

证词法(testimonial)要某些令人尊敬或令人讨厌的人说出特定的观念、节目或产品,或说人的好话或坏话。它在广告和政治宣传中是一种很常用的技巧。

平民百姓法(plain folks)是指某讲话者企图让受众相信他或她的想法是好的,因为这些想法是"人民的"想法,是"普通老百姓"的想法。

洗牌作弊法(card stacking)是选择采用陈述的方法,通过事实或谎言、清晰的或模糊的、合法的或不合法的叙述,对一个观念、计划、人或产品做尽可能好或尽可能坏的说明。

乐队花车(band wagon)顾名思义就是"每个人——至少我们所有的人——正在做它",因此我们必须跟上大家,"跳上乐队花车"。宣传者用这种方法企图说服属于团体中的所有成员接受他的计划。

一些社会心理学家所作的调查研究证实了以上七种宣传技巧的效力,尤其是洗牌作弊法、证词法和乐队花车法。实验结果表明,一般情况下这些技巧会很有效力,但它有效与否还受其他因素的影响。这些因素包括消息接受者的特征,如教育程度和对这一问题的最初态度,还包括特定情境,如与群体意见是否一致。心理学家布朗在总结这项研究时指出,宣传技巧是"因事、因人而异,而非一成不变地有效的"。

在现代媒介环境下,有四个重要技巧通常应用于说服:采用图像、诉诸幽默、诉诸性感和重复的效果。受众与传播者应该了解这些技巧的适用性和误用的可能性。

2. 实证研究

许多世纪以来,说服一直是很多人感兴趣的话题。从亚里士多德第一次在《修辞学》中试图分析有关说服的问题开始,人们从来没有间断过对说服问题的热烈讨论。特别是当大众传播的影响日益广泛，人们开始更加系统地研究说服问题了。早期的宣传研究通常都要涉及说服问题，当时使用的名称是态度的改变。

二战前夕，由霍夫兰及其同事完成的对美国士兵的说服研究，可以说是"当代态度改变研究最重要的起源"(Insko, 1967, p.1)。在二战期间，美军空前地大规模使用电影和其他大众媒介进行宣传，以鼓舞美国士兵的士气。霍夫兰的研究通过让士兵们观看一部名为《我们为何打仗》的系列影片来观察士兵们态度改变的效果。研究中对一部名为《不列颠之战》的影片花费的工夫最多，这部影片的主要目的是向美国人灌输对英国盟军的更大信心。霍夫兰及其同事设计的研究主要确定三个方面的影响：从影片中获得对特定事实的知识、获得对英国之战的特定观点、接受军人角色及培养作战意志。研究的过程很简单，只是建立了一个观看影片的实验组，和一个不看影片的控制组，在一周之后，要求两组回答一份问卷。研究结果表明，影片在传达有关1940年英国空战的事实性信息方面非常有效，在改变对空战的特定看法上也有些效果，但是在激励战斗意志或形成对敌军的同仇敌忾方面实际上却没有效果。因此说明，这部影片在鼓舞军心的目标上是失败的。在对另外几部影片的研究中也发现了同样的结果。

霍夫兰及其同事又转向了第二种形式的研究：同样的消息以两种不同的方式来制作，其不同点仅在一个变量上，即给予单方面的信息或正反两方面的信息，然后对它们的效果进行试验。这其实是一个老问题，是宣传分析研究中所确认的宣传技巧中洗牌作弊的效果。霍夫兰及其同事面临的是一个真实的传播困境：当时，在德国战败之后，很多美国军人显然认为战争即将结束，但是军方希望他们认识到还有一场打败日本的艰苦任务摆在面前。研究人员准备了两种广播消息，主题相同但表达方式不同，其基本主张是认为战争至少还得持续两年以上。单方面的消息提出的论据是日本军队的数量和日本人民的决心；正反两方面的消息从另一个角度提出对惟一敌人作战的好处，但重点仍强调战争的长期性。实验分三组进行，一组听取单方面的消息；二组听取正反两方面的消息；三组作为控制组不听任何消息。在播放消息之前，受试者先作了一份初步的测试问卷，估计太平洋战事持续的时间。在之后，再让这三组接受另一份表面上不同于第一次的问卷，实际上再次要求受试者评估太平洋战事持续的时间。研究结果表明，与控制组相比，接受两种消息的人的意见都发生了明显的改变；但是，没有显示哪一种表达方式比另一种更为有效。因此，霍夫兰及其同事又进一步对被试者的态度及其个体差异进行了测量，结果显示：单方面消息对最初赞同该消息者最为有效，而正反两方面消息则对最初反对消息者最为有效；而且，单方面消息对受教育程度较低者最为有效，而正反两方面消息对受教育程度较高的人最有效。

战后霍夫兰和同事们回到耶鲁大学，继续从事态度改变方面的研究。1946年至1961年间，他们进行了一项综合性的大规模研究——"耶鲁传播与态度改变项目"，完成了超过五十项的实验研究。其成果见于《传播与说服》(1953年)、《说服中的再现规则》(1957年)、《个性与可说服性》(1959年)等著作中。

耶鲁研究大致可分为传播者、传播内容、受众以及受众的反应四个方面。在传播者方面,研究发现,消息来源的可信度是传播者应予以控制的典型变量之一。与低可信度的消息来源相比,高可信度的消息来源对态度改变的效果更为明显;但是可信度的影响会随着时间的消逝而消失,除非来源的身份被再次强调,即所谓的睡眠者效应。信息的结构和内容也是态度改变的重要的因素。如果适量地使用诉之以恐惧或威胁的方法,通常可以达到改变态度的效果,但是如果过于诉诸恐惧则会导致说服对象高度紧张,效果会适得其反。除非受众智力非常高,否则清晰地接受更为有效。另外,正反两方面的信息来源比单方面的信息来源对于抵抗反面宣传更为有效。最后,研究者在探讨受众的反应时,发现主动参与的受众比被动参与的受众更容易改变态度。

耶鲁研究在传播史上占有重要地位。其发现帮助我们对说服有了更深的了解。研究中提出的一些概念,如"可信度"、对宣传的"免疫力"、恐惧诉求、"睡眠者效应"等等,都是引导后续研究的起点。耶鲁研究在研究方法上也有创举。研究者将实验心理学所使用的方法加以修改,凭借各种技术把影响态度的因素独立地分离出来,以用于传播效果的研究。《传播与说服》一书可以说是传播研究的开山之作。①

除了霍夫兰以外,其他一些研究者同样试图以学习理论来说明态度的改变。特别值得一提的是斯塔茨和斯塔茨的经典条件作用理论(Staats & Staats,1968)。他们指出,在我们每天的日常生活经历中,某些字总是同时配以某些情感经验。根据经典的条件作用(classical conditioning),情感的刺激可以被视为无条件的刺激,诱导出情绪的反应。而当一个字产生的刺激有计划地伴随着多次无条件的刺激时,这个字便会成为一种有条件的刺激,并且也会引出情绪的反应。斯塔茨等的研究对某些宣传技巧提供了理论性的解释,例如光辉泛化法。

3. 说服理论的新模式

近年来,说服理论研究领域的进展是创造了一些新的说服模式,这些模式强调说服是一个过程。主要的过程模式有3个:麦奎尔的信息处理理论;安德森的信息整合理论和佩蒂、卡西欧皮的详尽细节可能模式。

麦奎尔的信息处理理论(Information Processing Theory)提出,态度的改变包含6个阶段或步骤,每一阶段都成为下一阶段的必要前提(1968)。这6个阶段是:

(1) 说服性信息必须得到传播;
(2) 接收者将注意这个信息;

---

① [美]罗瑞,德费勒.传播研究里程碑(第二版).王嵩音译.台湾:远流国际出版公司,1993,175

(3) 接收者将理解这个信息；
(4) 接收者接受和服膺所陈述的观点；
(5) 新接受的立场得到维持；
(6) 期望的行为发生。

在后来的一些文章中，麦奎尔又进一步提出信息处理理论的 8 段论和 12 段论。像最初的模式一样，麦奎尔倾向于分析说服过程中几乎全部的因变量，并将它们分得越来越细。麦奎尔的理论给予我们一个很好的思路，来认识态度改变过程的全貌。以前很少有理论讨论过说服过程中所有的这些部分。同时，麦奎尔的理论也提醒我们态度改变的困难，许多自变量在某一阶段起正面作用，在另一阶段又起反面作用，以至于在总的效果中相互抵消。

安德森的信息整合理论(Information Integration Theory)，起初是用来解释人们如何将一些人格特征整合为对一个人的整体印象的，后来发现这一理论也适用于心理学的其他领域，包括态度改变研究(1981 年)。

安德森认为，态度的改变过程包括一种认知代数，可以用数学公式来表达。他将态度改变描述为新信息与旧信息的整合过程。旧信息由当前的态度组成，而新信息由说服性消息组成。每一则信息都有两个特征，一个是等级值(scale value)，一个是重量值(weight value)。等级指接收者对该信息的喜好程度，重量则指该信息对接收者的重要性或相关性。个体接收者对每一则信息的评价(等级值与重量值)有不同的方式，从而产生不同的结果。

佩蒂和卡西欧皮的详尽细节可能模式(elaboration likelihood model)，描述的是受众接受和选择信息时的精心与否及用心程度不同的模式(1986 年)。在现代社会中，多数人都遭受大众媒介的信息轰炸，这些信息都在试图说服人们相信什么东西。对一个接收者来说，大量处理这些信息显然是不可能的，通常的情况是，我们选择其中一些信息仔细接收，而以更简单武断的方式对待其他信息。详尽细节可能模式将这两种途径称为抓住主要问题的路线(the central route)和考虑枝节问题的路线(The Peripheral Route)。这个模式提出，说服既可能发生在受众高度精心的情况下，也可能发生在低度精心的情况下，或者两者之间的任何精心程度。在不同的精心程度下，态度改变的过程可能是非常不同的。当说服发生于接收者采取抓主要问题的路线时，通常是高质量的观点以一种强有力的方式被提出，当接收者被引导赞赏被主张立场的思想占主导地位时，最可能发生说服作用。在为枝节所左右的思考路线起作用时，说服不依赖于对消息周密的考虑，接受者使用简单的决定规则。较之旧的说服模式，详尽细节可能模式给予态度改变研究中的接收者更主动的角色作用。接收者至少决定着是采取抓住主要问题的路线，还是考虑枝节问题的路线。如果抓住的是主要路线，那么当然，接收者在分析消息时就成为更积极的角色。

（四）社会化

从最宽泛的意义上讲，社会化（socialization）是指把生物人改造为积极的社会成员而进行的所有那些错综复杂与多重面向的过程与互动。简言之，就是指我们成为社会人与被塑造成社会人的途径，是"学习在社会生活中的那种漫长而复杂的过程"（White,1977）。

人们普遍相信，媒介在儿童早期社会化和成人的长期社会化中占有一席之地，虽然这很难以证明。

对于媒介与社会化的论题有两种观点：一种认为，媒介可能强化并支持其他社会化机构；另一种则认为，媒介也可能被当成一种威胁"由父母、教育者和其他社会控制机构所设定的价值"的东西。麦科隆（McCron,1976）指出，两种观点的基本分歧在于：前一种强调社会规范的共识本质，另一种则将媒介与其他"意图将支配阶级的价值加诸于从属团体身上"的社会控制机构等量齐观。后者强调社会的核心冲突以及透过意义的抗拒与协商而产生变迁的可能性。从这种观点看来，媒介既非"支持社会"也非"反抗社会"，而是倾向于维护既有秩序的价值。无论在哪一种观点下，普遍性的媒介具有社会化效果的命题，都是显而易见的，不过，现有证据只是"间接地"发现了这种效果。

早期相关研究已经证实了儿童从生活中学习经验，并将之与自身经验连接起来。对于媒介内容的研究也使我们注意到，社会生活影像的系统化呈现能够对儿童的期待与渴望产生强而有力的塑型力量。

1. 实证研究

（1）漫画书对儿童的影响

19 世纪末的美国，随着"便士报"的兴起，出现了一系列深受人们喜爱的连环漫画。到了 20 世纪 30 年代，漫画书开始大批量出版并且相当成功，连环漫画的时代悄然而快速地来临。但对于漫画中充斥的犯罪和恐怖的内容，很多专业人士表示不满，认为漫画书对儿童产生了严重的不良影响，其中的代表人物是精神病科医生沃森（F. Wertham）。他从 1948 年起，在学术刊物及畅销杂志上公开发表了不下五篇的文章，对漫画书进行了公开批评，其主张完整地收录在 1954 年出版的《诱惑天真无邪的心灵》（*Seduction of the Innocent*）一书中。

沃森的主要目的是探讨漫画书对儿童态度和行为上的影响。他研究了所有种类的漫画书，但偏重"犯罪漫画"。"犯罪漫画"被定义为"描述犯罪"，不管题材是都市、西部、科学、森林冒险，还是有关超人、鬼怪以及超自然的故事。沃森认为，所有的漫画书都有负面的影响，即使是"唐老鸭"也不例外，犯罪漫画书尤甚。此外，他也强调所研究的是漫画书，而非一般报纸上的漫画。因为漫画书的读者均为儿童，而报纸的漫画则多为成人，而且，报纸的漫画受到报纸编辑较严格的检查，而漫画书则完全不受此限制。在研究方法上，作为一名精神科医生,沃森不仅对漫画书进行内容分析,而且还采用了临床个案心理测验。沃森分析了上千本漫画书,研究书中如何描写生活、暴力、性和人物,加以详细地分析。

沃森的研究显示,一般儿童每天要花上两个或三个小时看漫画,有的儿童甚至花更多时间。他还分析出漫画书对儿童产生的三个主要影响:阅读漫画书增加少年犯罪;漫画提供给儿童扭曲和危险的生活观;漫画会影响儿童的阅读能力。另外,漫画书上刊登的广告也对青少年产生了负面的影响,这些广告主要有"隆胸广告"、"减肥广告"、"增胖广告"、"皮肤广告"、"男子汉广告"和"武器广告"。青少年通常都很注重自己的外表,而漫画书的广告加强了对容貌的忧虑,甚至导致沮丧、悲伤的情绪。沃森进一步补充认为,即使不看漫画书的儿童,也会间接受到看漫画书儿童的影响。

《诱惑天真无邪的心灵》是一部具有重要社会意义的作品,它引起了大众对漫画书的广泛注意和争议。事实上,这本书几乎摧毁了漫画出版业。虽然该研究的结论受到多方批评,被认为是"魔弹论"的产物,即漫画书会产生一致的效果,而儿童则是无助的牺牲者,无法抗拒漫画书的讯息。但不可否认,该书是传播研究史上重要的著作之一,它影响了人们对媒介效果的看法,加深了对媒介的畏惧感。

(2) 电视对儿童的影响

当20世纪50年代电视在美国以惊人的速度普及的时候,大众首先关心的也是电视对儿童的影响。施拉姆、莱尔和派克(Wilbur Schramm, Jack Lyle & Edwin Parker)三位教授首次进行了电视对儿童影响的大型研究。他们从1958年到1960年在美国和加拿大的十个社区中进行了十一项不同的研究,研究的结果最终收录在《儿童生活里的电视》(Television In The Lives of Our Children)一书中。

施拉姆和他的同事强调,儿童决非是被动的,儿童主动选择符合他们兴趣和需要的节目。他们将电视比喻做"大型自助餐店",儿童看电视就如同从自助餐台上选择所需的食物,儿童使用电视来满足他们的需要。

研究的主要结论有:

第一,电视学习的连带性。这种学习被定义为:"观众以电视作为娱乐,同时产生学习行为并存储知识,并非主动寻求信息。"他们认为,儿童通常不是为了获取信息而看电视,而是在接受娱乐的同时来学习。

第二,社会规范和社会关系对儿童使用电视的形态密切相关。研究显示,受到中产阶级规范影响的青少年,随着年龄的增长多半成为印刷媒体和教育性电视节目的主要使用者。而儿童社会关系的好坏不仅影响到看电视时间的多寡,还影响到选择性的记忆。那些平日与家人或同辈关系不和睦者,倾向于借看电视来逃避现实问题。那些因社会关系不良而带着恨意看电视的儿童,则较有可能记忆节目中的暴力内容。

第三,电视主要产生四类效果。首先,生理上的效果并不明显,如正常光线下,看电视并不会造成眼睛的疲劳(和阅读相比较);其次,电视对情绪上的影响较为明显,几乎所有的儿童都曾被电视节目惊吓过,尤其是当他们所认同的人物或动物遭受伤害时;再次,在认知上,电视可帮助儿童成长,尤其是选择真实(新闻性)的电视节目的儿童;最后,电视可能对儿童造成行为上的影响,而这些可能的行为影响均可用其他方法加以控制。至于电视是否会导致暴力行为的问题,研究者认为,电视并非主因,只是促进的因素而已。只要父母能使子女生活在温暖、安全、有趣的家庭里,便一点也不需害怕电视造成的影响。

早期正统的社会化观点认为,研究基本上关注的是儿童与儿童时期;是所有儿童经历的一种早期的"全面训练"或"塑型"。这种观点在许多方面支撑着传统社会学与心理学的研究。其后,这种观点受到越来越多的批评、反对与补充。在成年之后的继续社会化过程中,大众媒介仍然扮演着十分重要的角色,充当着个体与周围世界的纽带。通过媒介宣传,人们扩大了视野,更加直观、准确地接受着社会生活中群体的共同信念、生活方式、语言、道德准则和各种技巧。大众媒介这种长期间接的影响一直存在于个体和群体之间。

二、群体效果

荷兰哲学家斯宾诺莎早在三百年前就已经指出,人类是一种社会动物。他的这一论断又被现代心理学极大地强化。现代心理学研究显示,其他人对我们的态度、行为,甚至对我们的感觉都有很大的影响。影响我们的那些人是我们所属群体中的其他人,这些群体或大或小,或正式或非正式。他们对我们的社会化有很大的影响。

对群体影响人类行为的科学研究始于20世纪30年代,主要是社会心理学家谢里夫(Muzafer Sherif)进行的。另一位社会心理学家阿西(Solomon Asch)在群体压力和一致性方面也做了某些值得关注的工作。在群体研究方面还有一个重要人物是卢因,他是群体动力学这一领域的奠基者。

(一)谢里夫的群体规范研究

很多人也许不了解,他们的社会规范实际上是武断的,是没有什么道理可讲的约定俗成,直到看见在不同文化下的不同规范,他们才会了解,原来社会规范可以是别的样子。谢里夫想要研究的就是规范形成的过程(1936,1937),他发现了一个可以达此目的的理想实验环境。他设计的研究围绕所谓自动移动光效果的现象进行。一个人被安排在完全黑暗的房间里,一点很微小且静止的灯光出现了,这时,这个人通常会看见灯光在移动——这是因为神经系统对昏暗的灯光过渡补偿的结果,于是,神经系统将刺激传送到大脑,而这种刺激效果往往是眼睛在注视一个移动物体时才会产生的(McBurney & Collings,

1977)。这是一个极度含糊的情境,因此给谢里夫提供了一个极好的机会来研究群体规范的条件。几乎每个人都看到了灯光的移动;但是,由于它实际上并没有移动,因此,没有人真正知道它移动得有多远。

谢里夫设计的实验,首先让受试者分别单独待在黑暗的实验环境中,估计灯光移动的距离,在经过反复试验之后,每个受试者通常都会停留在自己的一套标准上。下一步,谢里夫又将几个受试者安排在同一实验环境中一起进行实验,并且彼此可以听见所估计的距离。在这种情况下,实验几经重复,不同的估计值变得越来越接近。最终这个群体建立了自己的标准,这个标准接近于这几个人所估计的不同标准的平均值。在实验的第三步里,谢里夫让那些曾在群体环境中实验过的人,再次分别单独进行实验。结果,这些人通常还会遵循在群体中参与形成的规范。

谢里夫的实验显示,在不确定的环境下,人们依靠别人的指导,同时,群体的影响能够超越群体的存在,出现在没有群体的环境中。社会中的很多环境就像谢里夫的实验那样,充满了不确定性,在与人类有关的领域中,一些最重要的事情——政治、宗教、道德——很少有确定的东西,它们的形成过程很像谢里夫所作的实验,其中群体对人们的态度具有极大的影响力。

若干年后,本特霍森和莫奈安(Bettenhausen & Murnighan,1985)又集中研究了规范形成的关键问题——群体成员间的相互影响。他们描述了规范形成的几个阶段:在一个新的群体中,人们对适当的行为准则还不确定;他们寻找在过去的相似情况下的经验和标准,以此作为行动的指导;如果群体成员对新的环境没有采取共同解释的话,他们就要发展一种建立在群体基础上的对环境的理解;在群体成员互动的过程中,他们分享经验,并以此为基础,形成了对未来互动的期望;对正在形成的规范的不同意见可能导致群体成员修改他们的解释,或者,他们试图说服群体接受他们的解释;一旦规范形成,任何试图进一步改变规范控制的行为,都会遭遇制裁。

(二) 阿西的群体压力研究

与谢里夫探讨在高度不确定的环境中群体作用的研究不同,阿西研究的则是在相当明朗的环境中群体压力所起的作用(1955,1956)。阿西想要研究群体的压力,以及人们的倾向——是顺从压力,还是摆脱压力。

阿西设计了一个实验环境,表面上是调查受试者对一些线条长度的判断,实际上,是想研究在群体压力介入环境时会出现的情况。在实验中,他让八个受试者组成一组来判断线条长度,事实上,这八人中只有一个是真正的受试者,其他人都是配合实验者。研究者告诉他们在作出一两次正确的答案后,便开始给出一致的错误答案。受试者可以听到,所有其他的人都会给出相同的答案,虽然这个答案看上去是明显错误的。阿西的研究结果向我们表明了一个惊人的事实：有些人情愿追随群体的意见，即使这种意见与他们从自身感觉得来的信息相互抵触。

谢里夫和阿西的研究实验显示，即使是以前人们从未彼此见过的偶然群体，仍会发挥很大的影响，那么，基本群体（如家庭或工作群体）中的群体力量看来可能更为强大。

（三）卢因的群体动力研究

卢因对传播研究做出了重大贡献，同时，他也是一位伟大的老师。他的学生包括费斯廷格、巴法拉（Alex Bavelas）、利皮特（Ron Lippitt）和卡特赖特（Dorwin Cartwright）等人，他们都继承了老师的衣钵，在心理学方面做出了重大贡献。

在第二次世界大战期间，卢因参与了一项研究计划，其目的是利用传播改变人们对事物的某些习惯。计划中的一组实验是，卢因和他的同事说服家庭主妇尽量使用以往不常采用的牛羊的内脏做菜，以此作为支持战时国家行为的一部分（1958）。实验中设计了两种环境——一个是在演讲会中，一个是在群体决定的条件下。演讲会中有三组人，有人向她们说明那些以往不受欢迎的肉类部分的营养价值、经济上的好处以及烹调方法，并赠送食谱。在群体决定的条件下也有三组人，实验开始时只给受试者最基本的信息，然后开始讨论，在群体成员的参与变得充分积极的时候，再提供给她们更进一步的信息——烹饪技巧和食谱。实验结束后，研究者的调查结果显示，那些听了演讲的主妇只有3%采用了她们以往不曾食用的肉类部分，而那些在群体决定条件下参与的妇女却有32%试用了这些肉类。

在这个实验中，很多因素都对态度的改变发生了作用，包括群体讨论、公开承诺、对未来行动做出决定和对群体共识的理解。在佩尔兹（1958）所做的后续实验中，结果显示前两个因素的影响并不大，仅仅后两个因素就足以产生如卢因等人发现的不同程度的效果。

（四）社会认同模式

在认识到人们受他们所属的各种宽泛类型群体成员身份的影响后，研究者进一步发展出关于群体影响的一种模式，称之为社会认同模式（Social Identification Model）。这个模式指出，对群体成员身份的认同主要是一种认知的过程，这个过程通常是人们在回答"我是谁？"这样的问题时产生的。这个问题可以根据个人所属的或所确认的群体的立场来回答。因此，一个人从其赞赏和确认归属的群体中获得一种社会认同感。不仅如此，这种社会认同感似乎并不经常起作用，而是不时地在某种特定的情境中出现，又在某种特定的情境中消失。它一旦出现，个人的言行会试图与他所属的社会类别的规范一致，并配合相关的情境采取行动。

传播学者普赖斯曾提出，大众传播在带来社会认同以支持舆论形成的过程中，扮演着很重要的角色。第一，大众媒介通过描述哪些群体对某一特定议题存在争议，从而显示出这些群体特征与议题相关。第二，媒介通过描述各种群体是如何对该议题作出反应的，可以指出每一个群体所持的意见，并且告诉认同该群体的人们应该遵守的规范。第三，群体的意见规范在受众心目中的感觉很可能被传播夸大。第四，人们自己承担起维护这种被认为是群体规范意见的责任，并且更可能去表达这种夸大的规范。正是这个时候，对不同议题的舆论可能表现得更坚定、更具体了。

三、社会效果

在媒介效果研究中，对受众个体的"微观"研究一直是最主要的分析单元，但通常，理论和政策性议题需要纳入到更宏观的分析单元之中。不过，如果将宏观社会实际的研究，仅仅建立在从个体成员那里收集的微观数据的简单合集上，是有问题的（Pan & McLeod,1991）。社会后果不能只从个体的平均变化中加以推断。对个体发生作用的，不一定对社会也发生作用，反之亦然。

社会与文化的关系是密不可分的，且也无法单独存在。大多数的媒介理论也都同时和社会及文化有关，必须同时从两者的角度来解释，但我们还是将文化留待下一节讨论。先讨论大众传播与社会的关系，意味着社会有其优先的地位。本节讨论的社会领域代表了物质基础（经济和政治的资源与权力）、社会关系（存在于国家的社会、社区、家庭等之中），以及由社会所规范（正式或非正式的）的社会角色与职业。而下一节将要讨论的文化领域则主要代表的是社会生活的其他基本层面，尤其是符号表达、意义及实践（社会习俗、处理事情的既有方式以及个人的习惯）等。

（一）创新扩散

最早的有关创新扩散理论的研究可以追溯到二战期间，一位法国社会学家、法律学者加布里奥（Gabriol Tarde）的理论和观察。他首先提出了创新扩散理论中的一些关键概念，如意见领袖、扩散的S曲线、社会经济地位在人际扩散中的作用，只不过他当时并没有使用这样的名称。

在所有实证研究中，最有影响的一个是瑞安和格罗斯在美国依阿华州的农民中对于推广杂交玉米种子的研究。有关内容在前一章已经提到。

在所有扩散研究的学者中最负盛名并备受尊敬的大概要推数罗杰斯了。在1962年出版的《创新扩散》一书中，罗杰斯从技术革新的信息是如何传播、扩散的角度出发，探讨了大众传播及人际传播在技术革新的普及过程中所发挥的不同作用。对新技术（包括新观点、新生活方式等）的推广和采纳，其实质是把变化引入采纳者——个人、群体乃至整个社会生活和文化之中。从这一意义上来说,对技术革新如何普及的研究,也就是对传播如何影响社会和文化变迁的研究。此书先后于1971年、1983年修订再版,进一步完善了有关扩散研究的理论。

在此书的第三版中,罗杰斯把论述重点从单一方向的传播活动转移到传播过程中参与者的信息交换。作为一种理论构建,罗杰斯使用了申农和韦弗的信息及不确定概念,将创新的决定过程分为五个阶段:

知晓——接触某种新事物,并对其功能有所了解;

说服——对该事物形成赞成或反对的态度;

决定——进一步思考、讨论和寻求有关的信息,并确定采用或拒绝该事物;

实施——运用新事物;

确认——寻求与之相关的补充情报,强化或改变原有的决定。

罗杰斯把创新的采用者分作五类,用以区分对创新采用率不同的个人或其他决策单位:

创新者——大胆,热衷于尝试新观念,比其同事有更多见多识广的社会关系;

早期采用者——地位受人尊敬,通常是社会系统内部最高层次的意见领袖;

早期众多跟进者——深思熟虑,经常与同事沟通,但很少居于意见领袖的地位;

后期众多跟进者——疑虑较多,之所以采用创新通常是由于经济必要或社会关系不断增加的压力;

滞后者——因循守旧,局限于地方观点,很多人比较闭塞,参考资料是以往经验。

在创新扩散的过程中,一项创新被采纳或拒绝后,都会给个人或社会系统带来一定的变化,形成后果。罗杰斯列举了可能的三种后果:

满意的和不满意的后果——取决于创新效果在社会系统内是建设性的还是破坏性的;

直接的和间接的后果——取决于个人或社会系统的变迁是对创新的一种直接回应还是创新直接后果产生的二级后果;

预料之中的和预料之外的后果——取决于变迁是否符合众人的期望。

罗杰斯指出,无论创新的用意是何等善良,但并非所有的创新都会有满意的后果。一项创新对于社会系统的影响完全可能是有害的。

创新扩散的传播渠道在本质上既可以是人际的,也可以是大众媒介的;信息来源既可以是本地的也可以是外地甚至全球的。外地传播渠道来自所调查的社会系统之外;本地渠道则来自所调查的社会系统内部。研究表明,在扩散的过程中,这些渠道扮演着不同的角色。大众传播渠道可以迅速抵达广大受众,改变立场不稳的态度。人际渠道则可以实现信息的双向交流,而且在解决接受者对信息抵制或冷漠的问题上比大众媒介更为奏效。人际渠道的信源可以补充信息，或澄清要点，也许还可能跨越心理障碍（如选择性的接触、注意、理解、记忆）和社会障碍（群体规范、价值观等）。在创新扩散的过程中，大众传播渠道和外地渠道在获知阶段相对来说更为重要，而人际渠道和本地渠道在劝服阶段更为得力。相对来说，大众传播渠道和外地渠道较之于人际渠道和本地渠道，对于早期采用者比晚期采用者更为重要。

在创新的扩散中，变革代表（Change Agents，也称变化中介）在评估和试验阶段扮演着关键角色。所谓变革代表是一种专业人士，他们试图朝自认为有利的方向影响人们的采用决定。变革代表常常启用地方意见领袖（local opinion leaders）来协助某项创新的散布，或者阻止被视为有害创新的采用。变革代表通常比其试图影响的个人有着更好的教育背景和社会地位，这些都使他们异于其影响对象。为了克服这样一些障碍，变革代表经常需要从本地人那里获得帮助，因为这些人与变革代表竭力影响的人有更多的共同之处。在《创新扩散》的早期版本中罗杰斯曾这样写道："大众媒介与人际传播的结合是新观念传播和说服人们利用这些创新的最有效途径。"

由于创新就意味着改变现有的方法和观点，因而创新会给人带来一种不确定感。罗杰斯对影响一项创新被采用率高低的创新特征进行了分类：

相对优越性——一项创新优于它所取代的旧观念的程度；

兼容性——一项创新与现有价值观、以往经验、预期采用者的需求共存的程度；

复杂性——一项创新理解和运用的难度；

可试验性——一项创新在有限基础上可被实验的程度；

可观察性——创新结果能为他人看见的程度。

"一般来说，接受者认为有较多的相对优越性、兼容性、可试验性、可观察性以及更少复杂性的创新比其他创新将更快被人们采用。"

其后，又有许多研究者在创新的特征方面进行了进一步研究。在一篇关于技术采纳的重要论文中，卢森堡（Rosenberg，1995）列举并讨论了制约创新者预见创新所带来冲击的一些限制，包括：创新最初的基本形式、潜在的专门用途、与其他技术的竞争和补充关系以及创新的经济价值。另外两位研究者罗森和韦尔（Rosen & Weil，1995）的研究解释了回避技术现象的人口特征和心理特征。他们根据某些识别因素可以推断愿用或不愿用32种职业和消费技术的成年人的特征，其按重要程度的顺序依次排列为：年龄、技术恐惧症、电脑技能培训以及收入。对青少年而言，排列因素的重要性顺序略有不同，为：家庭收入水平、种族背景以及（在某些情况下的）技术恐惧症。

扩散研究领域中的一个重要分支是新闻的扩散（diffusion of news）。一般来说，媒介确认其受众可以从新闻中得知一些事情，不过，媒介通常却不会试图教导人们"新闻中有些什么"，也并没有给予"多少人理解并记得新闻"太多系统性的关注。早期的新闻效果研究主要把焦点放在"扩散"上,也就是透过回忆特定时间的能力来评估新闻的散布状况,其中包括四种主要的注意力变量:(特定人口中的)人们知晓一项特定事件的程度;相关事件的相对重要性或者人们所感知到的相对显著性;信息的传送数量;关于最初来自新闻媒介或亲身接触的事件的知晓程度。这四个变量之间的可能的互动颇为复杂,不过,其中一种互动模式可以运用"J曲线"来表达:"得知一项事件的人数"和"从人际来源知晓同样事件的人数"的比例。

新闻扩散的模式,显现出许多不同于常态传播的"S曲线"的特征。"J曲线"(开头上升的缓慢,接着会加速,最后在达到上限后呈现平缓)是一个重要的变形,它代表以下的一种发现:当每个人几乎得知某特定事件时(如1963年肯尼迪总统的遇刺,或是1997年戴安娜王妃之死),其中有相当高比例(超过半数)的人是通过亲身接触的渠道而得知的(与此有关的条件是实践高度的显著性与立即扩散的速度)。当不断得知事件的人口比例逐渐下降时,透过亲身接触的人的比例也开始下降,而通过媒介渠道得知的比例开始增加。除了"J曲线"模式,查菲(Chaffer,1975)还提出某些时候我们可以发现的另外三种模式:(1)未完成的散布;(2)早期出现急剧增加的状况;(3)增加的情况极为缓慢。

在新闻的扩散研究方面,梅尔文·德弗勒(1988)曾经对四十多年来从媒介到大众的新闻流程的研究成果做过一次总结。他指出,20世纪60年代是新闻扩散研究最为活跃的时期。他对伊利县从1940年以来的二十多项信息扩散情况作出以下概括:

第一,美国不断进化的媒介技术给人们带来获知有关重大事件第一手信息的方式变化。电视成为引述频率最高的信源,广播次之。对大多数人来说,报纸成为晚些时候更细情节的提供者。在有些情况下,口头传播仍然重要。

第二,绝大多数人是直接从媒介,而非其他人那里获知大部分新闻的。两级传播模式描述的并不是绝大多数日常新闻传至公众的方式。大多数人都是直接接触电视或广播(在有些情况下是直接从报纸上)获知某一报道的。

第三,无论第一信源是哪一种,与大多数人利害攸关的新闻事件比那些较不煽情的一般事件在人们口中传播得更快,也更广。这一普遍现象涉及报道的新闻价值。若按直觉来理解,新闻价值仍旧是一个定义不明的概念。高新闻价值的报道和低新闻价值的报道给人们带来的使用和满足,在很大程度上是未知的。

德弗勒补充说,对新闻来源的最初接触和新闻信息的稍候扩散,其方式会因一天当中的不同重点而改变。在不同的时间,人们会利用不同的信源。另外,个人的差异和社会的分类均会影响人们对某类型新闻报道的兴趣,也会影响人们对从中获取信息的社会网络的兴趣。不同的人会运用不同的方式获知同一事件。

在文章的结尾,德弗勒还列举了一些关于我们的社会信息扩散的未获解答的问题。他试图搞清楚,社会的新闻传播体系怎样才能重新设计得更好,以提高新闻传播的质量和准确性。正如德弗勒在回顾信息扩散研究时所指出的,关于不同种类的新闻是怎样扩散的,如何改进信息扩散的体系,我们仍有许多应知而未知的领域有待探索。

(二) 国家发展

发展传播学将大众传播视为世界经济与社会发展中有力的工具,认为媒介能有效率地传播关于现代性的信息,并且有助于将民主政治制度、实践及市场经济,传送到经济落后的传统国家去,如第三世界国家。和发展经济学一样,发展传播学理论的出现是"应决策者的需要而生的,他们要建议政府该如何去做以使自己的国家摆脱长期的贫困"。[①]

发展传播学是在冷战背景下诞生的,在它的演变过程中形成了若干理论流派,主要有三种模式:主导模式(或称现代化模式)、依赖模式(或称依赖性批判模式)以及交互模式(或称参与性模式)。

二战结束后,两种思潮一直在一争高下:通过资本主义道路进行现代化还是通过共产主义道路进行现代化。不过,超级大国间的紧张局势并没有阻碍发展传播学,相反,它有助于强化发展传播学的理论和实践。现代化理论的学者们认为通过引进新思维和新做法,可以加速现代化的进程,而现代化就代表了进步。有影响的现代化理论家如丹尼尔·勒纳(Daniel Lerner)、施拉姆、罗杰斯等都强调了传播在发展进程中的重要性,而大众媒介特别是广播被看作是加速行为和结构变革的重要手段。

大众媒介对国家发展的贡献有几种形式。它能够促进许多新兴科技与社会创新的扩散,这正是"现代化"的基础。它可以教导人们识字,学习重要的科学技术。大众媒介能够激励"心智状态",使之偏好现代性(Lerner,1958),尤其是想象另外的生活方式的可能性(即所谓的心理移动性移情能力)。勒纳将西方式的媒介描述成"变动性的扩大器"(mobility multipliers),更是"心理移动性"的"魔术扩散者"。另外,大众媒介还被认为是新兴国家(从前的殖民地)促进国家统一及民主政治参与的基础,尤其是通过选举的方式。

大众媒介成为发展机制的主要方式简要归纳为[②]:

(1) 传播科技知识;
(2) 激发个人的变迁与流动;
(3) 散播民主(即选举);
(4) 刺激消费者的需求;
(5) 对识字率、教育、卫生、人口控制等层面大有助益。

---

① [美]叶海亚·R.伽摩利珀.全球传播.尹宏毅译.北京:清华大学出版社,2003,124
② [美]丹尼斯·麦奎尔.大众传播理论(第六版).陈芸芸等译.台湾:韦伯文化国际出版公司,2003,111

20世纪60年代,现代化的方式受到了来自各个方面的攻击——既有行动上的,又有意识形态上的。寻求"发展"的目标并未获得太大的成功,而其隐藏的目的也招致越来越多的怀疑,因此,这种传播与国家"现代化"发展的思维已经遭到摒弃或者重新的评价。对现代化的批判来源于两大知识群体:"其一根植于新马克思主义,又称结构主义;其二是拉丁美洲地区对联合国拉美经济委员会所推广的发展项目所进行的广泛辩论"(Servaes & Malikhao,1994)。依赖性批判理论家们认为,现有的国际经济关系模式——也就是由工业化所主导的模式——造成了发展中国家经济落后的局面,而发展中国家所用来推动现代化的广播和其他大众媒介系统,实际上破坏了建立平等发展格局的可能性。人们认识到,总体来看,与大众传播所能达到的程度相比较,地方权力结构、传统价值观与经济限制的影响力更大。虽然在发展中国家中媒介仍然是一项实现变迁的主要工具,但是由于它依赖社会内部结构,以及成本庞大,使得媒介的发展受到严格的限制。此外,随着大众传播的全球化,媒介的发展还与文化帝国主义以及依附(dependency)等负面字眼相联结。到70年代后,对国际传播不平等状况的忧虑正好与对全球经济体系不平等忧虑的不谋而合。

批判性理论也受到了批评,因为它只对现代化模式进行了批判,却没有提出解决的方法。不过,该理论提出的问题对当代发展传播学产生了一定影响,它将重点放在基层研究的一些成功实践上,促使人们注意到,在发展传播进程中缺乏真正的参与。在拉丁美洲,人们提出真正的参与能够更加持久地提高人类的生活质量。

最近三十年,发展传播学出现了令人振奋的新策略,主要包括提高大众意识、普及知识、社区动员、利用民间媒体、社会营销、娱乐教育以及倡议等。一些策略已经被一些社区团体、国家政府、地区性和国际性组织以及非政府组织采用,以解决世界所面临的各种发展问题,推进、支持和维持农业、教育、环境、计划生育和生殖健康、性别平等、营养以及公共卫生等项目。

(三)广告

对于广告的科学研究可以说是传播学最早的研究课题之一,在方法和理论上发展很快。所谓广告,是"一种非人际的信息传播形式,并且本质上带有劝说性,通常是由可识别的赞助人支付,通过各种媒介途径推动人们去购买商品、服务或接受某种观点"(Bovee & Ahrens,1986,p.5)。

广告通常是"付费的",这将广告同一般性宣传区分开来。诸如可口可乐这样的赞助商为传播其讯息的时间和空间而付费。非营利性组织,如红十字会,做广告但不为时间和空间付费,广播电台、报纸和杂志免费刊登这些广告,实现公共服务。另外,由于显而易见的原因,广告的赞助商是"人们可以识别的"。实际上,在多数场合下,识别赞助商是广告的主要目的——否则,为什么要做广告?

容易令人混淆的是广告和营销(marketing)之间的关系。营销是一个更为宽泛的概念,它包含了一个组织在销售它的产品、服务或是品牌本身的过程中的所有事情,包括寻找目标消费群体并推测他们的需要,拓展产品以满足消费者的需要,然后把这些产品卖给消费者。这个过程包括了开发、定价、分销和促销等分区。广告就是属于营销过程中促销宣传的范畴,尤指在销售时使用的付费推广形式。

对于营销传播,并不是孤立地存在于其他传播形式之外的一种传播形式,我们可以将其视为多种传播手段的组合。在各种组合形式中,我们将营销传播分为两种主要类型:主题传播和行为传播。

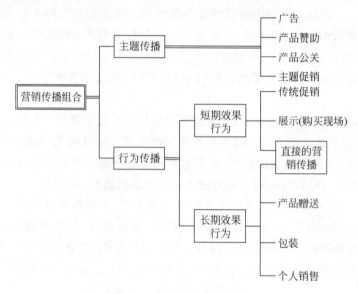

图 12-4　营销传播组合①

首先,销售者希望通过主题传播的营销手段,在消费者购买产品之前对消费者的认知和态度产生影响。例如,销售者会利用广播、电视广告或海报,提供一些产品的信息使消费者对产品产生亲切感,从而希望消费者在商店面对产品的时候,会产生积极的购买冲动。另一方面,行为传播则是希望对消费者的行为产生直接的影响。在购买现场利用吸引人的包装和打折扣等手段,销售者希望能直接刺激消费者的购买行为。当然,在主题传播和行为传播的营销手段之间也没有严格的区分,销售者可以策划整合两种营销传播手

---

① edited by Chris Newbold, Oliver Boyd-Barrett & Hilde Van den Bulck. The Media Book. Hodder & Stoughton Educational, 2002, 345

段的混合形式。

以上提及的营销传播组合的各种手段,都有不同程度的优点和缺点,可以根据每种手段对消费者的影响来进行评估。首先,营销传播分为行为传播和主题传播两大类,前者主要是对消费者的行为产生直接的影响,后者则是主要树立产品的形象并建立品牌的亲切感。因此,评估广告要看它树立产品形象上的得分,评估促销则要看它直接影响消费者购买行为上的得分。同时,二者又是相互依赖的:当一个产品以广告的背景式宣传为依托时,它的促销活动才能产生更好的效果。对产品的认知和积极的态度都会对购买行为产生帮助。为了评估这些不同的营销传播手段,我们采用了以下的指标:影响范围、可信度、成本、控制和反馈。从下面这个表格中,我们可以对这些营销传播手段的优缺点有一个比较综合而全面的认识。

表 12-1　营销传播手段的优缺点归纳[1]

	广告	赞助	公关	促销	个人销售	直接营销
影响范围						
到达广泛受众的能力	高	高	高	低	低	高
到达特定目标受众的能力	中	高	高	高	低	高
接触消费个体的能力	低	低	低	低	高	高
可信度						
信息传递的可信度	低	高	高	低	中	低
通过传播的刺激程度	中	低	低	低	低	高
成本						
绝对成本	高	高	中	中	高	低
单位成本	低	高	高	低	高	低
可能性损耗	高	低	高	中	低	低
控制						
控制终端信息散布的能力	高	高	低	高	中	高
反馈						
受众单独地反馈的可能性	低	低	低	高	高	高

以上是对广告与营销之间的关系的概述,如果我们要想系统地研究广告的传播规律以及它所产生的影响,还需要一个分类图解。萨尔文和斯戴克斯(Salwen & Stacks,1996)借用了前人的"模式的模式"[2]来说明广告的传播过程。这个模式包含了三个社会过程:

---

[1] edited by Chris Newbold, Oliver Boyd-Barrett & Hilde Van den Bulck. The Media Book. Hodder & Stoughton Educational,2002. 350

[2] Michael B. Salwen, Don W. Stacks. An Integrated Approach to Communication Theory and Research. Mahwah,New Jersey: Lawrence Erlbaum Associates,1996,ch. 5

选择、创造、散布,还有一个心理过程:接受。

选择(Selection)

在新闻报道领域中,"选择"的概念是直观而引人注意的,并且与一系列有意思的调查研究相联系。但在广告的范畴内,选择的概念就不是那么清晰了。广告的选择,主要指广告中出现了什么产品、服务或是观点,而什么没有出现;还包括品牌的建设——包括产品的名称、品质、特色、形象等。20世纪初,销售商们开始给产品冠以品牌的名称。事实证明,在商品过剩的竞争环境中,这种方式对付实质上相同的产品(例如等价商品)是非常有效的。在这种环境中,发展品牌识别的营销手段可以促使人们购买这种产品而不是另外一种,培养人们的品牌忠诚度,使他们甚至愿意为了某种特定品牌而付出额外费用。当然,对于品牌研究的重视也反映出广告的发展,今天,在广告学中已经有专门的品牌研究领域,包括品牌的发展、管理以及品牌形象的资本价值。

创作(Creation)

早期的广告创作主要研究的是广告各种相互独立的属性,而且彼此之间很少有理论上的相互联系。在20世纪最后的四十年中,广告的外部特征一直是研究的主要焦点。虽然广告很容易根据它宣传的内容进行区分,可能是产品、服务,也可能是公益信息或事件性消息,但是,由于这些内容种类宽泛,广告又形成了无数种形式。在广告的形式研究中,内容分析扮演了重要的角色,经验性的表述也占了很大的比重,另外,还有一种重要的研究方法就是二次数据分析,以观察在广告效果分析或营销研究中其功能的实现。

散布(Dissemination)

散布这个概念在有关的广告学文献中有很多种解释,但通常指的是广告从创造者传向消费者的方式。主要研究媒介方面的议题,比如,"什么样的广告出现在什么样的媒介上,频率如何?"这类问题经常使用内容分析的方法;"一旦一则广告'到达'了消费者,效果如何?"这类问题经常使用实证研究以及到达率和接触率的数据模型法。当然,广告的媒介研究范围是非常广泛的,远远超过我们这里的所指,但有两个重要的研究领域是不得不提及的:一个是媒介的选择,即可以使商人的经济效益得到最大化(例如,Cannon,1987;Rust &Eedchambadi,1989);另一个是不同媒介受众的不同特质(例如,Cannon,1988)。

接受(Reception)

广告研究中大部分已发展的研究领域几乎都要涉及接受广告的影响。众所周知,从20世纪80年代到90年代,接受模式的研究占据了有关研究内容的主要部分。最新的研究模式主要有以下几种:

(1) 广告接受的条件模式

(2) 广告接受的详尽细节可能模式

(3) 广告接受的态度倾向模式

(4) 广告接受的影响模式

(5) 广告注意模式

(四) 舆论

什么是舆论(Public Opinion)？这是一个数代哲学家、法学家、历史学家、政治理论家以及新闻学家为之困惑而又努力寻找答案的问题。对于舆论概念的探究从未停止过，人们得出的概念也越来越多。20世纪60年代中期，普林斯顿大学教授H.柴尔兹从众多文献中汇集了50种舆论的定义。这些定义主要围绕着概念的两个部分展开，即"公共的"(Public)和"意见"(Opinion)，所有被描述为普遍意见、公共许可的事物，与经验调查中的舆论实际上属于同一概念。此处介绍在制造和传播舆论的过程中舆论可能出现的形式，其中一种重要的形式就是"沉默的螺旋"。

1. 沉默的螺旋

"沉默的螺旋"的概念来自一项系统的民意理论体系，该体系由伊丽莎白·诺-纽曼(1974,1984,1991)提出并验证。纽曼在20世纪70年代早期提出该假说，试图解释1965年大选产生的疑问——即使人们的选举意图没有改变，但估计某一方将获胜的人还是会增多。她将在舆论生成过程中起重要作用的一个因素称为"沉默的螺旋"。

该理论的核心是四种要素——大众媒介、人际传播、社会关系和个人意见的表达——之间的交互作用，以及个人对于自身社会环境中的意见气候的感知。"沉默的螺旋"理论的主要假设为：

(1) 社会以孤立来威胁个体的偏离；

(2) 个人在经验中产生对孤立的恐惧；

(3) 对孤立的恐惧导致个体试图随时评估意见气候；

(4) 此种评估的结果会影响个人的公开行为，尤其是公开表达意见的意愿。

简言之，该理论假定，为了避免在重要的公共议题上被孤立，许多人会受到他们所处环境的主流或非主流意见的影响。如果他们感到自己属于少数意见群体，会倾向于隐藏自己的观点，相反，如果人们感觉自己属于主流意见，会比较愿意表达。结果，被认为属于主流的意见越来越强势，而属于另类的意见越来越弱势。这就形成了所谓的"螺旋"效果。

纽曼认为，是否愿意对议题发表意见，主要取决于人们对意见气候的理解——如果意见气候与个人的意见相左，人们则会继续保持沉默。而保持这种沉默的驱动力据说是因为害怕孤立。有研究对此提出了质疑，怀疑人们对敌对意见气候的恐惧是否真得有那么强。拉索莎进行了一次调查，测试对政治的直言不讳是否不仅受到个人对意见气候的感知——像诺-纽曼提出的，同时也受到其他变量的影响。经过回归分析，她发现直言不讳是受到人口变量(年龄、教育程度和收入)、自我的实力、对新闻媒介政治信息的注意和对自我位置的信心程度等因素影响的,而与个人和议题的关系或对新闻媒介的一般使用并没有关系。因此她得出结论,当人们面对舆论时,并不像诺-纽曼理论中所主张的那样无助,而是存在一些条件,可以用来打破"沉默的螺旋"。

诺-纽曼还指出,作为最容易获取并用来评估主流意见的来源,大众媒介在人们试图确定大多数人的意见时,起着重要的作用。里默和霍华德(Rimmer & Howard,1990)试图测试这方面的假设,即人们是否使用大众媒介评估多数人的意见。他们对一种据信可以致癌的有毒废料 PCB 进行了一次公众意见的调查,测试受试者对几种大众媒介的使用,以及受试者对大多数人相关意见的了解,看其感觉有多准确。他们发现,在媒介的使用和准确估计大多数人立场之间没有显著相关。研究结果并没有支持大众媒介在"沉默的螺旋"中扮演重要角色的假设。

卡尔森等人(Carlsson et al.,1981)进行了一项有关政党支持、经济形势与报刊社论方向之间随着时间推移而产生关系的研究,其结论指出,政治意见最初可能受到经济状况的影响,其后便会受到媒介内容的影响。他们的资料倾向于支持诺-纽曼的假设,及其他"强大效果论"的观点。

诺-纽曼后来所做的一项有关核能议题报道的研究(1991)也发现,随着时间推移,公众对核能的支持会出现明显衰弱的现象。正如同该理论所假设的那样,时机以及变迁的顺序也暗示了一种互动性的螺旋化效果。

由于"沉默的螺旋"理论所获得的佐证薄弱,且各案例存在着不一致性,因此,我们并不惊讶于它仍旧停留在理论假设的阶段。另外,"沉默的螺旋"理论其实已经大幅超出媒介效果理论的研究范围,而涉及若干其他领域的问题,因此,需要进行联合调查才能更进一步的深入研究。

2. 议程设置

提到关于舆论的研究,就不得不提到沃尔特·李普曼和他 1922 年出版的《舆论学》。传播学的集大成者威尔伯·施拉姆将其推崇为新闻传播学的奠基性著作之一。李普曼提出了"两个环境"理论,是传播学史上的一大贡献。"两个环境"理论指的是,人类生活在两个环境里,一个是现实环境,一个是虚拟环境。前者是独立于人的意识经验之外的客观世界,后者则是人类意识或体验到的主观世界。按照李普曼的观点,人类欲得到关于现实环境的真实图景是枉费心机。现实环境如此巨大、复杂而又稍纵即逝,根本不可能被直接获知。人类在这个环境中生存和行动,必须将其重新建构成为一个更为简单的模式,大众媒介恰好完成了这个任务。

大众媒介的出现和发达,使得虚拟环境的比重越来越大,人类认识真实世界的可能性则越来越小。与媒介传播的关于这个世界的图景相比,我们对这个世界的直接观察是如此微不足道,我们依赖媒介而生活,未被报道过的就是不存在的。我们经历的环境只是通过媒介简单化之后的虚拟环境,这种环境是否真实姑且不论,重要的是我们不能不基于这种环境去期待、去行动、去奋斗,这种行为不仅有自身的真实,并伴有真实的结果。从这个意义上说,虚拟环境创造了新的真实。

其后,许多学者在此基础上进行大量的有关大众媒介对社会影响的研究,其中一个重要的成果就是"议程设置"理论。"议程设置"理论中进一步佐证了李普曼关于媒介营造舆论的观点,指出大众媒介具有可以设置人们议程的功能,并可以影响人们对目前社会重大问题的观点,而且着重强调媒介的议题可能并非现实生活中的主导问题。

(1) 理论概述

美国的传播学者马克斯韦尔·麦库姆斯和唐纳德·肖在1972年发表的《大众传播媒介的议程设置功能》中首次使用了"议程设置"的概念。他们对1968年美国总统大选期间的大众媒介的议程设置作用进行了实证性研究,调查了当时部分选民所重视的主要社会问题,分析了他们所接触的大众媒介的资讯内容,然后将二者的结果加以对照和比较,最后成功地验证了大众媒介的议程设置功能——至少在政治这个新闻报道的主要领域,媒介占据了压倒性优势。

议程设置理论从最早的简单假设——新闻报道影响人们对每天发生的重大事件的感知——开始,逐步延伸到整个公共舆论的范围进行研究,作为一个具有深层隐含意义的理论,议程设置的研究领域已经超越了事件议程的范围而提出了更多新的问题。

从最早麦库姆斯和肖的查普尔希尔调查开始,总的来说,议程设置实证研究主要分为四种类型[①]:

类型一,媒介对于主要事件的新闻报道和集体公共议程之间的比较研究。

类型二,同样是对媒介议程的研究,但是公共议程的分析单元从全体社会成员转换到个体成员的研究,也就是说,事件议程的排列顺序是由个体决定的。

类型三,对于同一事件,一段时间内,媒介报道和舆论倾向的关系研究。

类型四,对于同一事件,媒介报道和个体议程中该事件相应的显著性之间的匹配研究。这种类型的研究引入了实验室法作为现场调查研究的补充。

"议程设置"概念一经提出,就在传播学界引起了很大反响,成为传播效果研究的一个重要领域,催生了众多实证研究。

其中,美国的学者芬克豪泽(G. Ray Funkhouser,1973)对新闻报道与公众对事件重要程度的感知两者之间的关系进行了研究,验证了"议程设置"理论的部分假设。他分析了20世纪60年代美国社会公众舆论和媒介内容之间的关系,以及媒介内容和实际生活

---

① 阿卡普尔科分类法(Acapulco typology),参见 Michael B. Salven, Don W. Stacks. An Integrated Approach to Communication Theory and Research, Mahwah, New Jersey: Lawrence Erlbaum Associates. 1996, ch. 7, 98~99

的关系。60年代的美国社会是异常活跃的,其间重大事件层出不穷。芬克豪泽采用了盖洛普民意测验的结果,判定公众提出的"美国面临的最重大问题"。同时,他还通过统计10年间三家主流周刊(《时代》、《美国周刊》、《美国新闻和世界报道》)上各种事件出现的次数,以此作为媒介内容方面的依据。并根据官方出版的《美国统计摘要》以及其他信息来源,得出一个事件在实际生活中的重要程度。研究结果表明,在60年代,公众对事件重要程度的认识与媒介对该事件的报道频率有着明显的对应关系,但是新闻媒介在报道事件的过程中未能很全面地告诉公众事件发生的全貌。芬克豪泽总结说,"许多人,包括很多决策者,都认为新闻媒介是值得信赖的信息渠道,但这里的材料表明,事实上并非如此"。

麦库姆斯和肖在1968年大选期间进行的查普尔希尔研究确实验证了媒介议程与公众议程两者之间存在的密切联系,但该研究并没有指出这两者之间谁是因、谁是果。按照该理论的假设,有可能是媒介议程左右着公众议程;不过,若说公众议程影响了媒介议程,似乎也能解释得通。作为探究议程设置的第二个步骤,麦库姆斯和肖策划了1972年总统大选期间的夏洛特研究(1977),专门研究议程设置的因果关系。此次研究采用了更大的样本量,并且选用固定样本连续访问的方法,即在大选的不同阶段,研究者对同一样本做多次访问,因此,研究者可以对前因后果做出比较和判断。不过,研究结果并不如研究者所期望的那么一目了然,该研究的成果只能说为议程设置的因果关系提供了一些依据——那就是,媒介(至少是报纸)在影响公众议程方面确有其效果,而不是相反,即公众议程影响了媒介议程。

对于因果关系的研究,研究人员发现最有效的方法就是实验。耶鲁大学的研究员艾英格(Shanto Iyengar)和他的两位同事对此专门做过几项实验(Iyengar,Peter & Kinder,1982),来分析媒介议程与公众议程两者之间的因果关系。他们的实验方法大体是这样的:把电视网的新闻节目制成录像带,移花接木地对其内容做一些调整,删除节目中的某些报道,换成其他一些报道。这样,研究人员就可以控制新闻报道的内容:强调报道中的某些事件,而弱化其他一些事件。研究人员让受试者在不同的实验环境下收看这些改动过的新闻节目,而后要求他们按重要程度对报道中各个新闻事件进行排序,经过处理的新闻事件自然也包括在内。研究结果显示,通过调整所强调的内容确实提高了受试者对该事件的重视程度,验证了媒介影响公众议程的因果关系。

在艾英格和金德其后发表的一些其他实验成果中,又进一步提出了证实议程设置理论的更多证据。其中,他们发现,收看电视新闻可以显著影响观众对什么问题是国内最重大问题的感知。艾英格及其同事还发现,电视新闻报道能以一种特殊的方式影响总统选举。通过为竞选活动设置议程,媒介为选民设定评估总统候选人的评价标准,他们称这一过程为铺垫作用(priming)。

后来一些有关议程设置的研究曾试图通过采用固定样本在一段时间内连续访问两次的方法发现议程设置的因果方向,但研究结果表明,议程设置的效果非常微弱。这与麦库姆斯等人的夏洛特研究和蒂普顿等人（Tipton, Haney & Baseheart, 1975）的研究不谋而合。朱克（Harold Gene Zucker）指出，麦库姆斯在报纸方面的议程设置研究之所以会得出时间上的因果关系结论，是因为研究基于一个错误的假设——所有的议题都可以引起议程设置的效果。

朱克认为，议程设置能否产生效果，议题的强制性接触（obtrusiveness）可能是一个重要因素。在一个特定议题上，公众的直接经验越少，他们为获取该方面信息就越是被迫依赖新闻媒介。有些议题，如失业，公众能够直接亲身体验，这样的议题就是强制性的；而有些议题，如污染，公众不能直接体验，就可称为非强制性接触（unobtrusiveness）问题。朱克曾做过一个研究，用于比较三个强制性议题与三个非强制性议题在为期八年多的时间里，媒介和公众对这些议题的重视程度。研究发现，就三个非强制性接触议题而言，新闻媒介的集中报道要先于该议题在民意测验中重要程度的提升；而对于三个强制性接触问题，新闻媒介的集中报道没有出现在公众重视这类问题之前，相反，媒介的报道和公众的重视似乎是齐头并进的。该研究结果说明，对非强制性接触议题的报道可能会产生议程设置效果，而对强制性接触议题的报道则可能没有效果。

朱克的研究还有其他一些有趣的启示。他认为，议程设置的效果应当在接触媒介和不接触媒介的人身上都能体现出来。因为议程设置的效果绝大多数出现在非强制性接触的议题上，人们感知这类议题效果的途径就是接触媒介，或是与接触媒介的其他人交流，因此，议程设置和两级传播可能会交织在一起，从而产生效果。

后来又有学者比较了具体议题（concrete issues）和抽象议题（abstract issues）产生的议程设置效果。雅各德和多齐尔（Yageda & Dozier, 1990）把抽象度界定为一个议题难以理解或感受的程度，并且假定具体议题比抽象议题更易于产生议程设置的效果。他们就四个议题进行了测试，其中有两个是抽象的——联邦财政赤字、核军备竞赛；另外两个具体的——滥用毒品、能源危机。通过受试者分析，验证了前两个议题比后两个议题更为抽象。然后，他们挑选了一个抽象议题——核军备竞赛，和一个具体议题——能源危机，对若干周的《时代》杂志进行了内容分析，以判定媒介对这两个议题的重视程度，同时他们还用盖洛普民意测验来检测公众对这两个议题的重视程度。研究结果发现，对于具体议题——能源危机而言，媒介和公众议程之间确实存在显著关系；但在抽象议题——核军备竞赛上，则不相关。这项研究说明，对于抽象问题媒介可能不具备为公众设置议程的能力。

尽管议程设置理论假定每个受众成员都能接触到强调某个特定议题的媒介消息，但令人惊异的是，几乎所有的议程设置研究都没有真正考察过受众接触的情况。之所以如此，部分原因是很少有研究是在受众个体的层次上考察议程设置，更为主要的是，议程设置研究把公众样本视为一个整体，并且研究所得——公众对问题重要程度的评估也是一种总体估算。然后，研究者再将公众议程与作为整体的媒介议程——对议题重要程度的总体评估进行对照。

最近的几项议程设置研究都增加了对受众接触媒介的直接考察,并以此作为研究过程中的重要部分。汪达和吴(1992)曾检验过这样一个假设:个体受众接触新闻媒介越多,媒介新闻报道的议题显著程度就越高。他们为此作了一次调查,结果表明,个体受众接触新闻媒介越多,他们就越倾向于注意媒介已大量报道过的议题。

另外,还有一些研究提出了一些值得关注的议程设置效果。如鲁宾逊及其同事对电视新闻网所作的大型研究,为议程偏颇(bias by agenda)的观点提供了佐证(Robinson,1985;Fischman,1985)。议程偏颇指的是媒介对议题进行的突出报道反映了它对一个特定思想喜爱与否的态度。斯通和麦库姆斯(Gerald Stone,1981)还有些其他的学者对议程设置的时滞问题(question of time lag)进行了研究,考察媒介对公众的影响从发生到产生效果所需的时间。学者兰和兰(Lang&Lang,1983)在研究"水门事件"期间报纸与民意之间的关系时,又提出了拓展议程设置概念的观点,建议将议程设置改为议程建构,这个概念认为,一个问题从新闻报道到成为公众议程的过程需要一段时间,并要经历数个步骤。他们还提出了一个媒介构造议题的模式。

过去的许多研究都显示了媒介议程对公众议程可能产生的影响。但谁来设置媒介议程是一个更大范围的问题。即什么东西左右着媒介内容。要回答这一问题,就要涉及所谓媒介社会学(media sociology)的内容,这也是近期许多研究探讨的主题。

在某种程度上,媒介只是将社会中发生的议题和事件原封不动地进行简单传递,但是,这样的传递却往往挂一漏万。芬克豪泽认为,除了实际时间的真实流程之外,媒介影响公众对某一议题关注的程度取决于一些机制(mechanisms),他总结了5种机制:

(1) 媒介顺应事件的流程;

(2) 过度报道重要但罕见的事情;

(3) 对总体上不具有新闻价值的事件选择报道其有新闻价值的部分;

(4) 伪事件,或称制造具有新闻价值的事件;

(5) 事件的总结报道,或按具有新闻价值事件的报道方式来描述无新闻价值的事件。

一些研究认为,媒介议程的重要影响来自其他媒介,特别是精英媒介。丹尼利恩和瑞斯(Danielian & Reese,1989)称这一现象为媒介间议程设置(intermedia agenda setting)。

休梅克和瑞斯(1991)在吸收其他研究成果的基础上,提出了以下5种影响媒介内容的因素:

(1) 来自媒介工作者个人的影响;

(2) 来自媒介日常工作管理的影响;

(3) 媒介组织方式对内容的影响;

(4) 来自媒介机构之外的组织对媒介内容的影响;

（5）意识形态的影响。

它们组成了休梅克和瑞斯所说的"影响因素的等级结构"，其中意识形态处于结构的最顶端，其影响力通过各个层次向下渗透。

尽管人们对议程设置做过许多研究，但还有一个问题我们至今尚未透彻理解，即议程设置是如何起作用的。也就是说，我们还不完全了解议程设置的过程。许多这方面的问题都集中于个人的信息处理活动上，我们需要在这一层次进行更多的研究，以推动议程设置的全方位研究。

（五）宣传活动

1. 理论概述

前面我们已经探讨过宣传，对于宣传活动（propaganda campaign），我们应该承认以下事实：宣传活动基本上倾向于处理符合既有规范与价值且经过良好制度化的行为。为了让受众了解宣传在当代社会的形态及其操作的过程，麦奎尔总结了宣传活动的典型要素及其顺序[①]：

（1）集体的来源；

（2）社会所允许的目标；

（3）若干通道；

（4）许多信息；

（5）对于目标团体的不同接触；

（6）过滤条件；

（7）不同的信息处理；

（8）达成的效果。

首先，宣传活动的发起人一般都不是个人，而是团体：政党、政府、教会、慈善机构、企业公司等。而人们对于宣传来源的社会地位的理解，将能强烈地影响宣传活动成功的机会。第二，宣传活动也经常和"指引、强化并激发社会所认可的目标的既有倾向"相关，例如投票、购买货品，或为了正当理由以便达成更良好的健康与安全目的而筹款等。这时，媒介就被用来增强其他的制度性力量。第三，一项宣传活动经常是由许多横跨不同媒介的信息所组成的，这些信息（在不同媒介中）具有不同的传达效果，而且媒介通道和既有的信息内容也会影响其效果。关键问题在于整体受众中的目标群体实际接触宣传活动的程度。

宣传活动过程中会存在一些潜在的障碍，阻碍信息流向整体的或特定的受众，我们称之为"过滤条件"。其中一些上文已提到，如宣传来源的社会地位、宣传活动的类型以及受

---

① 参见[美]丹尼斯·麦奎尔.大众传播理论(第六版).陈芸芸等译.台湾：韦伯文化国际出版公司，2003，582

众接触宣传活动的程度,另外,目标受众对于宣传活动的感知和注意力的多少也很重要。对于一项宣传活动来说,如果没有获得受众的注意,就不可能有效果,而注意力是要根据受众的兴趣、内容的相关性动机、倾向,以及与媒介通道的相关因素而定。受众的感知很重要,因为信息的诠释是开放性的,而一项宣传活动的成功,在某种程度上要根据"信息被诠释的方式是否和宣传发起者所想要的诠释方式相同"而定,尽量避免"回力棒效应"(Cooper and Jahoda,1947;Vidmar and Rokeach,1974)的负面效果产生。因此,在媒介宣传活动研究中,一定要重视以下事实:"社会并非如同活动的宣传者最初所期望的那样,一成不变的呈现'原子化'或个人化"。

由于宣传活动过程中的复杂性,宣传活动可能产生的效果是多样的。一项成果或者有效的宣传活动,将视预计的效果和实际效果的相符程度而定。有些可能是短期的,有些可能是长期的;有些可能是有意促成的,有些可能是意料之外的。罗杰斯和斯多瑞(1987)曾得出过一个相关的结论:"由于传播效果和传播过程中的概念化转变情况,人们已经认识到传播是在一个复杂的社会、政治、经济背景下进行的,因此,无法预期传播会产生什么样的效果。"

总的来说,在社会生活的许多领域中,尤其是政治和商业领域,宣传活动都已经变得高度制度化了,而且也产生了系统化的宣传技巧。大众媒介作为能够保证触及整个公众的惟一渠道,被认为是成功"宣传"的要素,而且(在开放的社会中)具有"被认为值得信赖"的优点。利用大众媒介进行宣传活动所引发的问题已不仅是宣传活动是否会产生预想的效果,而是宣传活动是否会产生不好的后果。目前,大多数已得到研究的宣传活动是在竞争的情况发生的,而我们对于为了非竞争性目的而进行的宣传活动则所知甚少。现有研究已经了解到传播者和接受者之间关系的依赖性,并讨论了个人效果,但对于媒介来源的吸引力、权威性及可信度的重视程度还不够。[①]

2. 实证研究

1941年12月4日,日本偷袭珍珠港的事件让美国卷入世界大战。这也促使美国政府必须尽最大能力使工厂生产最多的军备品,提供给美国与同盟国的军队。在当时,主流价值观把妇女定位于以家庭为中心的妻子与母亲的角色上。对大多数妇女而言,她们被限制拥有工作机会,或是只可担任符合道德礼仪的工作。但是在数百万名男性辞去工作赴沙场打仗时,社会上必然要求让女性接受政府的职业训练,以应付随之而来的员工需求。为此,美国政府开诚布公地执行了一个改变对女性工作看法的宣传活动。在企业界、媒体与地方团体的支持下,政府扮演了一个宣传者的角色,美国战争人力资源委员会(War Manpower Commission)与战争资讯局(Office of War Information)在全国的媒体

---

① 参见[美]丹尼斯·麦奎尔.大众传播理论(第六版).陈芸芸等译.台湾:韦伯文化国际出版公司,2003,588~591

上大作宣传,呼吁妇女走出来工作。宣传活动包括创造标语"游手好闲的淑女时代已经过去"(The day of lady loaf is almost over)、广告口号"有越多女性参与战争,我们就越早打胜仗"(The more women at war …the sooner we win)还拍摄了大量鼓励妇女工作的宣传影片,等等。该宣传的主要目的在于招募妇女们去工作,生产最大量的军需品;同时也希望透过宣传,让妇女们一同参与这场全民的战争,并激发同仇敌忾、慷慨激昂的情绪以及爱国情操。宣传成功地达到了目的,其中一个重要的成果就是凯撒造船厂成功地募集到了大量年轻的、已婚妇女来工作。这个宣传活动之所以成功的一个主要原因,就是在该造船厂的所在城市范伯特市建造了让工人免于烦恼的一切设施,为了让主力员工——有幼儿的已婚妇女们保持最佳生产力,凯撒造船厂在负担得起的前提下,提供住房和托儿中心。而这座城市本身就是最佳的产品。一本有关建筑的书《重塑美国梦》(Redesigning the American Dream)中说道,范伯特市是"美国有史以来,特别针对女性员工及她们家人而打造的空间中,最具野心的企划"。当然,当战争结束时,"契约"也就宣告终止了。在1945年的6月到9月间,在美国平均每四位妇女中就有一位从汽车厂、钢铁厂以及造船厂中被解雇,回去从事原本的秘书、服务生、销售员等薪水比较低的工作。宣传活动的另一部分就是提醒妇女们,她们应该"恰如其分"地扮演原本的角色了。①

另外一个宣传活动的典型案例就是1991年的"海湾战争"。从1991年1月17日凌晨盟军战机对伊拉克展开第一场攻击行动开始,到同年2月28日双方宣布停战为止,这场费时43天的戏剧化现代战事,受到军事装备研究者、战略专家、民意分析专家以及传播学者的热烈讨论。在这场战争中,世界各地的受众连续不断地接受着来自这场冲突中的各方宣传攻势,可以说是一场"世界民意的总动员"。

战争中,宣传的一个主要目的是:要让我方和对方都能接受宣传者的意识形态。在对美国宣传策略研究中发现,美国主要的意识形态来自于民主参与政治,以及自由资本主义经济制度的观念。在这种意识形态准则下的信仰,也突显出整个美国在面对其他国家与文化时所保持的态度:一个国家离美国规范越远,越有可能被美国视为政治与文化上不成熟的国家。而这种意识形态下的霸权观点,就是美国政府对伊拉克人民与他们的同盟国所设定的宣传主线。在海湾战争中,美国宣称"集权主义的伊拉克独裁政权"已经危害且准备摧毁科威特这个"自由的民主制"国家。实际上,科威特也有并不十分民主的一面(或是不够尊重女权)的一面,而美国的官方消息却很少透露,尽管这是双方开战的一个十分重要的关键。这其实也是对美国人民的一种意识形态上的宣传:一种直接针对伊拉克人民的诉求,推翻蛮横的独裁者建立民主;这场战争是针对萨达姆而不是伊拉克人民。

伊拉克的宣传相较起来就直接多了,基本信念是延伸自他们企图介入整个现代中东

---

① 乔维特,欧唐纳.宣传与说明.陈彦希,林嘉玫,张庭誉译.台湾:韦伯文化国际出版公司,2003,306~319

历史的本质，统一整个中东世界(Pan-Arabic)，并把西方对这个地方的影响根除。萨达姆的整个宣传活动只有简单的几条准则，一如他使用的其他各种获得媒介注意的技巧。首先，萨达姆宣布科威特犯下蓄意从伊拉克盗采原油的罪行；然后，他说历史上科威特属于伊拉克的一部分；最后，他诉求一场"护教圣战"，这场圣战是一场对抗异教徒的圣战，因为美国是一个侵略者，美国人"喝酒、吃猪肉且奸淫"，污染了伊斯兰的圣地。这些主旨获得阿拉伯少数国家的认同，特别是像约旦这样的国家，其境内有很多被流放的巴勒斯坦人，他们会对任何支持以色列的人进行反击。但是结果却不如萨达姆预期的那样，足以点燃阿拉伯世界的怒火。

尽管在这场战争中，整个宣传活动非常复杂，很难将其运用的手法列成一张清单，但其中一些让"效果最大化"的技巧，却值得进一步分析。很明显，交战的双方都认为自己"深谙"该采取何种最佳方式以合理化他们的行动。伊拉克是一个在独裁统治下的社会，政府便控制媒体管道以宣传最根本的信念，以及各种入侵科威特的不同理由，且在战争期间的几个月里不受到太多的质疑（或许有，但研究者至今仍无法对伊拉克民意作出完整的描绘）。而美国方面，根据分析报告显示，最初布什政府很难说服美国人民参与这场即将发生的战争，但到了11月布什总统发表完措辞强烈的演说之后，政府为社会大众提供了一个出兵行动的标准答案。第三阶段的宣传活动因此别具意义。随着冲突逐渐扩大形成真正的战争，大众媒介报道它的角度自然也跟着改变。一个由"自由论坛"所主导的重要研究指出，通过分析电视联播网中的新闻报道发现，出现了"黄丝带现象"，即一种无论对战争立场如何，都支持我方军队的号召。在这场冲突的过程中，一连串的心理宣传持续针对世界上的受众，设定各种特别的隐喻，以及建构这场冲突的真实面貌（在这个特别时刻，美国有线新闻网CNN以及其他国际电视台，在这场战争舞台下的受众是遍布全球的）。

1992年1月，为了科威特政府本身的利益而企图支配美国民意，这场宣传活动所使用的一些宣传策略被揭露出来，其中还有在战争期间掌控美国民众与政治家对战争的想象，均被发现其实大部分是一种宣传技巧。但美国政府在本国所作的宣传活动中最让人惊讶的部分是这几年民众的反应。不管是麦克阿瑟所揭发出来的文件，还是其他有关整个战争是"精心策划"的说法，大多数的美国人对于这一类的宣传刺激却非常地"冷淡"。民众面对这些揭发出来的事件漠不关心，也表示了宣传在我们的社会里无所不在，而民众已经广泛接受，认为这样的活动很"稀松平常"。

海湾战争在政治与军事上占有重要地位，但同时也是宣传史上的一个大事件，因为它广泛运用新传播科技，在民众的心灵与脑海中打了一场仗。在完整地分析与精确估计这场战争中各种宣传活动所带来的作用与效益之前，仍需要花很长的时间来研究这个案例。

（六）知识沟

信息是一种资源。现代社会生活中若信息匮乏，人们就会寸步难行，信息的价值也就源自于此。有一句古老的格言:知识就是力量。其含义就是说,知识可以给予人们施展才干和利用机会的能力。然而,很明显,知识像其他财富一样,在社会中的分布也不均衡。有资料表明,通常情况下,大众传播在尝试把信息传送到信息闭塞的人们那里具有优势,从而改善人们的生活或推动民主进程,但是,这种尝试并不总是如策划者所期望的那样行之有效。实际上,大众传播可能扩大了不同社会阶层成员之间的知识差距,这被称为知识沟(Gap In Knowledge),这一现象被称为知识沟假说(Knowledge-Gap Hypothesis)。

1. 最初的知识沟假说

该理论最早是由蒂奇诺、多诺霍和奥里恩(Tichenor,Donohue & Olien)在1970年的一篇名为《大众传播流动和知识差别的增长》(*Mass Media Flow and Differential Growth in Knowledge*)的论文中提出的。该论文指出,"随着大众媒介向社会传播的信息日益增多,社会经济状况较好的人将比社会经济状况较差的人以更快的速度获取这类信息。因此,这两类人之间的知识沟将呈扩大而非缩小之势"。图12-5大致表示了知识沟假说。

该假说预计,由于信息的不断输入,因而社会经济状况好的或差的人均能长进知识,但是社会经济状况好的人将获得更多的知识。这就意味着,穷人与富人之间的相对知识沟将会扩大。蒂奇诺、多诺霍和奥里恩指出,在人人都感兴趣的领域,如公共事务和科技新闻,知识沟特别容易出现;而在与某种兴趣有关的特定领域,如体育和园艺,知识沟出现的可能性就较小。

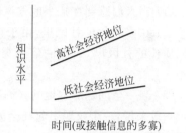

图 12-5 知识沟假说

为了检验知识沟假说,蒂奇诺、多诺霍和奥里恩提出了知识沟发生作用的两种表述方式:

(1) 在一段时间内,当媒介已对某个话题做过大量宣传之后,文化程度较高的人将比文化程度较低的人以更快的速度吸取该话题的知识;

(2) 在特定的时间里,较之未大量宣传的话题,在媒介大量宣传的话题上,所获知识与教育程度应该有更高的相关性。

事实上,蒂奇诺和其同事的研究数据为这两种表现形式都提供了佐证。

同时,他们还指出了该假说得以存在的五个理由:

(1) 社会经济状况好的人和社会经济状况差的人在传播技能上是有区别的。他们的文化程度通常存在差异,而人们基本的信息处理能力如阅读、理解、记忆等均需要教育打下的基础。

(2) 在现存的信息数量或先前获得的背景知识等方面也存在差异。社会经济状况好的人基于其所受的教育,可能对某个问题早有了解,也可能通过以往的媒介接触而对此有更深入的了解。

(3) 社会经济状况好的人可能有更多的相关社会关系。也就是说,这类人可能与同样了解公共事务和科技新闻的人们有交往,并且可能与他们就此类问题展开过讨论。

(4) 选择性接触、接受和记忆的机制也可能在发挥作用。社会经济状况较差的人可能找不到与他们的价值观和态度相协调的涉及公共事物或科技新闻的信息,于是他们就可能对此类信息兴味索然。

(5) 大众媒介系统自身的本性就是为较高社会阶层的人所使用的。印刷媒介上的许多公共事务和科技新闻以及印刷媒介本身就是以较高社会阶层的人的兴趣和口味为取向,一切均以他们马首是瞻。

2. 知识沟假说的改进和拓展

那么,如何缩小甚至消除知识沟呢?蒂奇诺、多诺霍和奥里恩在后来的一项研究(1975)中,提出了对知识沟假说的进一步修订:

(1) 当人们感到在某个地方议题上存在冲突时,对该议题的知识沟可能会缩小。

(2) 在多元化的社区里,由于存在各色各样的信源,因而知识沟有扩大的趋向;而在同质性的社区里,人们的信息渠道虽不正式但基本相同,因此知识沟扩大的可能性较小。

(3) 当一个问题对本地的人们有即时且强烈的影响时,知识沟就很容易缩小。

一般来说,一个议题引起社会关切的程度是一个重要变量。若如此,则知识沟就有希望得到缩小甚至消除。

知识沟缩小的一个重要证据是卡茨曼对电视儿童教育节目《芝麻街》分析所得的数据。《芝麻街》于1969年首播,是政府实施学前启蒙项目的一个尝试,其目的是通过电视来帮助贫困家庭里的学龄前儿童。这个节目完成了一个大胆而新颖的使命——通过新奇的节目模式,加上信息和娱乐的内容,吸引众多儿童观众,并促使他们经常收看。卡茨曼通过对四种收视量下不同家庭环境的孩子进行测试打分,研究结果表明,对于经常收看该节目的孩子来说,知识沟的缩小确实越来越明显,而且,家境贫困但经常收看节目的孩子的进步得分要比家境好但不常看节目的孩子进步得分要高。

这一研究和其他一些研究的结果表明,在消除知识沟方面,电视有其独到的作用。电视即使不能完全消除知识沟,至少也能抑制知识沟的扩大。在美国的某些社区,有线电视的一个用途就是直播市政府会议以及其他活动。在堪萨斯的威奇托市,有人对收看市政府会议的观众做过一次调查,试图弄明白都是什么人在收看这类节目,知识沟是否会扩大。夏普(Sharp)发现,这类电视节目的观众往往是那些与该社区有切身利害关系的人,而这类人中社会经济状况层次高低都有,其数量之多寡难分伯仲。夏普的研究指出,个人动机是寻求信息的一个重要因素。当寻求信息的动机非常强烈的时候,知识沟会缩小而非扩大。

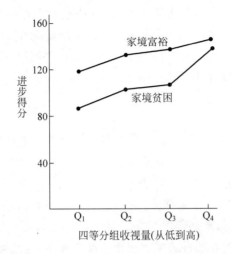

图 12-6　在四种收视量下家境富裕和家境贫困的孩子收看《芝麻街》后的测试得分情况[①]

资料来源：N. Katzman, "The Impact of Communication Technology: Promises and Prospects," Journal of Communication 24, No. 4(1947): 55.[②]

多项研究都已证实，信息有时会扩大知识沟，而有时则可缩小知识沟，这点毋庸置疑，但在这一过程中，最为关键的一点就是兴趣或动机。因此，可以说传播过程中出现的知识沟不仅是纯粹的知识差距，这种差距同样存在于人的态度及外在行为上。鉴于此，罗杰斯曾倡议，将这种现象重新定义为传播效果沟（Communication Effects Gap）。他还认为，社会经济地位及其相关变量不是造成知识沟的惟一因素，在对政治问题兴趣盎然的人与兴趣索然的人之间，年长者与年幼者之间，同样也存在显著差距。

总体来说，人们的动机和所认识到的效用会影响其对信息的寻求和学习，而这些因素大多是来自于社会，并非来自于媒介，不过，不同的媒介可能以不同的方式发挥作用。与电视相比较，印刷媒介可能更容易导致知识沟的扩大。而以电脑为基础的新兴传播形式，也倾向扩大信息传播者和信息接受者之间的差距。信息传播者具有更好的传播技巧和传播来源，因此，其信息的丰富程度更加超越信息接受者，而导致更大的知识沟差距。

如果接触媒介是缩小或者消除知识沟的一个关键因素，那么关于填补知识沟的问题仍有成堆的事情有待关注。有些媒介要比另一些媒介更容易接触到，而社会作为一个整体，有必要采取措施确保全体社会成员都能均衡地获得信息，否则，我们将看到知识沟日益扩大的社会景象。有关研究也表明，在复杂议题上，富裕者可能会从一种媒介（如报纸）

[①] [美]沃纳·塞弗林，小詹姆斯·坦卡德. 传播理论——起源、方法与应用（第四版）. 郭镇之等译. 北京：华夏出版社，2002，280

[②] 同上

获知信息,而尚不富裕的人可能会从另一种媒介(如电视广告)获知信息。这一发现提醒信息活动的策划人员去研究受众,要想影响不同的受众就应选择不同的媒介。最后,正如布林达·德温(Brenda Dervin,1980)对知识沟假说的批评所提醒我们的,信息活动的出发点应该更多地考虑信息潜在使用者的需求。

(七) 谣言

许多人在一种共同的情景或脉络下,同时经历若干与个人反应相同的效果,会导致某一集体行为的产生,这种集体反应经常不合乎规范与体制。最普遍的反应就是恐惧、愤怒和谣言,还有可能导致大恐慌或市民暴动。

谣言(rumour)是指非正式(非官方)的、未经认可的话语,是某个传播系统中历经若干发展阶段而未加证实之信息的最终结果。造谣者是谣言的始作俑者,尤其是一些产生恶劣影响的谣言,更与造谣者的目的紧密相连。没有造谣者,也就没有谣言。以造谣者的动机来划分谣言的类型,是探寻谣言起源的最佳方式。当人们的某些愿望得不到满足时,就会产生埋怨之感,表现出来的埋怨就是牢骚,这种牢骚如果是直接针对埋怨对象,就是斥责、诉苦;但若不直接面对埋怨对象,就很容易转化成为谣言。与牢骚型谣言完全情绪化的无目的议论不同,攻击型谣言有着很明显的目的性及对象性,造谣者在造谣之前就已经认真地研究了攻击对象及其所在环境的情况,然后有的放矢地提出某种谣言,以此来达到伤害攻击对象的目的。与攻击型谣言的消极攻击目的相比,宣传型谣言更容易迷惑人,造谣者也更理直气壮。宣传型谣言是造谣者为了实现某种积极的政治性、社会性目标而编造的谣言。而有时造谣者并无主观先觉的意图,只是根据某种偶然的社会、自然迹象,加上由于自己缺乏判断力而形成的错误认识,形成误解型谣言。另外,还有牟利型谣言,造谣者为了谋求个人的出名或经济利益,自行编造一些耸人听闻的假象并广为散播。

事实上,谣言的传播是通过多种媒介进行的,而信息每经过一个阶段,准确性就往往会发生某种偏差。谣言的基本特征在于,信息的接收者并不考虑它是否准确,因此力图将这种信息传播到某个社会网络的下一环节。经过若干这样的偏差,结果自然同最初的信源大相径庭。信息随着时间发生的选择性流失,可归结到知觉、主义、记忆与图式/基模的建构等相关的认知过程。

根据传播理论的研究发现,口头传播是最常见也是最适合谣言传播的方式,但从效果上看,大众媒介传播的影响要广泛、深刻得多。大众媒介的传播活动,改变了传统上对谣言的理解,即谣言总是同人们面对面地接触相关。从20世纪80年代末到90年代初,针对英国皇室婚姻即将破裂所做的持续报道就是一例。同类谣言遵循着共同的模式:先是围绕着可能发生的罗曼史而出现的非正式说法,接着这种说法经过报纸的报道而得到放大,最后又是官方的否认。由于这种与某些大众媒介相关的、几乎同时进行的信息传播,将谣言当作事实加以报道便使得这种信息实际上合法化了,并使之成为某个社会的口头或文字传统的组成部分。这种合法化过程消弭了谣言特有的"短命性",使历史中的不准确信息在所难免,甚至使谣言成为民间传说。

(八)恐怖主义

1. 理论概述

恐怖主义是一种古老的政治或社会现象,从历史根源上看已有两千多年的历史。而与古代相比,现代国际恐怖主义的发展更加迅速。从理论基础上看,当前恐怖活动的特征不是以往的"输出革命"或者"左翼"、"右翼"的极端理论,而是以民族分离和宗教极端主义以及反全球化的浪潮作为其主要的理论来源,但对于"恐怖主义"和"恐怖分子"的称谓常被称为寻找意义时的陈词滥调。[1]

希钦斯(Christopher Hitchens,1989)在提到"恐怖行为"是否经常指人们采取的某类行动,抑或有时视其采取人而定的问题时,引述了美国国务院反恐怖主义顾问的话,"我能对恐怖主义下一个普遍使用的定义吗?恐怕我只能说不"。这位顾问同时还是反恐怖主义及附属国冲突研究所的常务所长,以及《反击:赢得反恐怖主义的战争》(*Fighting Back: Winning the War Against Terrorism*)一书的合编者。希钦斯还引用了兰德公司的出版物中的原话:"我们所谓的恐怖主义是什么?很不幸,这个词并没有解释的或可被广泛接受的定义。由于恐怖分子已经成为一个时髦的词,泛指各类暴力,这使下定义变得复杂了。"另外,华盛顿战略及国际研究中心的两位作者在其《恐怖主义作为国家支持的战争》(*Terrorism as State-Sponsored Warfare*)一书中也指出,"因为政治和战略目标对不同国家影响不同,所以,对恐怖分子并没有一致认可的对象。不存在无价值观的定义。"

从恐怖行为的特征来看,许多恐怖主义的暴力是事先安排的,不仅具有威胁性,更是由某些为了政治目的而(间接地)运用媒介的人所操纵的,这就会引发媒介与恐怖主义之间的复杂互动。这对恐怖主义主要的潜在好处是获取注意力,引发公众的恐惧与警戒,借以对政府产生压力。

而恐怖主义的成形已经很大程度上被归因于大众媒介对于恐怖主义的报道,即"宣传的氧气"(oxygen of publicity)的刺激。英国前首相撒切尔夫人就曾尖锐地指责说,新闻

---

[1] [美]沃纳·塞弗林,小詹姆斯·坦卡德.传播理论——起源、方法与应用(第四版).郭镇之等译.北京:华夏出版社,2002,110

媒介的宣传报道是恐怖主义活动赖以存在和发展的"氧气"。① 暴力常常是恐怖主义者为了要接近使用大众媒介而采取的手段,甚至暴力讯息本身也是这样(Schmid & Graaf,1982)。因为媒介报道暴力,所以无可避免地会涉入这种过程,并且传播恐怖主义的讯息。在媒介对于恐怖主义的报道中,有若干可能性的互动,包括对恐怖主义本身、对政府、对公众以及对恐怖主义受害者所产生的效果等。这些潜在的效果等于是在帮助恐怖主义或权威当局(Alsli and Eke,1991;Paletz and Schmid,1992)。

尽管这个议题的目标非常显著,但是相关研究所发现的效果还不够清楚。施密德和葛拉夫(Schmid & Graaf,1982)的研究发现一些证据,显示警察强烈地相信"媒介现场报道恐怖主义的行动会鼓动恐怖主义",而媒介从业者原则上持中立的看法。不过,皮卡德(Picard,1991)却驳斥了这种看似造成传染效果的证据,认为这是伪科学,而且威胁了媒介自由。这样的争执并没有定论,充其量也只能说两种论点看起来难分伯仲(Paletz & Schmid,1992)。然而,值得注意的是,拒斥媒介报道恐怖行动的后果,将会更加难以评估。

2. 实证研究

对某些人而言是"自由战士"的人,对另一些人而言却是"恐怖分子"。二战结束时,当英国仍对巴勒斯坦实施监管权时,当时以色列的很多领导人都开展了游击战,反抗英国的统治。后来成为以色列总理的沙米尔(Yitzhak Shamir)曾是"以色列枪"(Irgun)的成员,随后成为"以色列自由战士"三个高层领导人之一。这群战士因其一把手的名字,也被称为"斯特恩帮"(Stern Gang)。正如一位作家指出的:"在沙米尔的领导下,这个组织承担了'个人恐怖'运动,暗杀了英军首领级政府官员,常常将他们击毙在街头……具有讽刺意味的是,正是一次由'以色列自由战士'的主要竞争者、贝京(Menachem Begin)领导的'以色列枪'从事的游击行动,使沙米尔陷入了麻烦。1946 年,'以色列枪'游击队炸掉大卫王旅馆,总共有 91 人被杀死,包括英国人、犹太人和阿拉伯人……沙米尔是恐怖分子吗?'是的',约翰逊(前巴勒斯坦警察)说,'对英国政府而言是,但是对犹太人而言,斯特恩帮是自由战士。这就像巴勒斯坦解放组织的情形一样,对以色列人而言他们是恐怖分子,对阿拉伯人而言却是自由战士。"(Brinkley,1998,p.68)

魏兹曼(Ezer Weizman)是以色列劳工党资深党员和前以色列国防部部长,他也曾是"以色列枪"组织的成员,像魏兹曼一样,很多这些今天备受社会尊敬的人物曾经是"地下战士"或"自由战士"。对他们的敌人而言,他们就是"恐怖分子"。

一位资深的中东记者也曾指出(Haberman,1982):"永无变化的是,在以色列官方声明和大多数新闻报道中,声称为攻击负责的巴勒斯坦人总是被称作'恐怖分子'。谁或什么是靶子,一个女学生或一个哨兵,并没有什么区别。按照定义的说法,一个手中拿把刀、

---

① Brigitte Lebens Nacos. Terrorism and the Media. New York:Columbia Univ. Press,1994,53

满面怒容的巴勒斯坦人就是恐怖分子。同样,对另一方(即巴勒斯坦人)来说他就是个'战士',他至少是个'活动分子',而不是按以色列坚持使用的称谓——'好斗分子',甚至当他采取极端暴力行动时,他还成为一名'殉道者'。当然,如果他是因为以某种方式帮助以色列人而被巴勒斯坦同胞所杀,那就另当别论了。他在许多巴勒斯坦人眼中看来便是'通敌者',死有余辜"。

进入 21 世纪,恐怖主义发展到了更加危险的地步——即全球化时代的国际恐怖主义。由于美国等西方国家占据国际传播领域的主导地位,因此,世界范围的受众对国际事件关注程度的高低通常同事件发生地距离美国或者西方国家的远近成反比,距离越远,关注度越低;反之,距离越近,关注度越高。这也是为什么惨烈的卢旺达大屠杀没能成为媒介广泛关注的主要原因。[1] 认识到这一传播特点,美国以及支持美国的主要西方国家都成为了恐怖主义攻击的主要目标。据统计,在 1968 年至 1997 年的 30 年间,全球共发生反美国际恐怖主义活动 5655 起,占所有国际恐怖主义活动总数的 36.75%,也就是说,全球发生的恐怖主义袭击有 1/3 强都是针对美国的。与以往的恐怖活动相比较,2001 年发生在美国的震惊世界的"9.11"恐怖袭击具有更强的宣传性意味。

"9.11"事件是继"珍珠港事件"之后美国本土受到的最沉重的打击。飞机爆炸、大厦倒塌以及无数无辜生命的罹难仅仅是此次袭击轰动性的一面,更为重要的是,恐怖分子选择了美国本土上最具地标性意义的建筑作为打击的对象,引发了全球的媒介轰动效应,使恐怖主义成为了全球瞩目的焦点,恐怖主义的宣传效果得到了更大程度的加强。"9.11"事件后,本·拉登所领导的基地组织迅速成为全球第一知名的恐怖主义组织,甚至美国《时代》周刊还要评选本·拉登为 2001 年年度风云人物,后来迫于美国民众以及政府的压力而未果。

"9.11"事件后,全球范围内又爆发了多次大规模的恐怖活动,如莫斯科人质事件、一度尼西亚巴厘岛大爆炸事件等等,都呈现出被袭击对象人数众多、地点显著,袭击结果更加血腥等特征,这其中与大众媒介的重视程度不无关系。对于恐怖主义的过度报道加剧了恐怖主义的泛滥,大众媒介常常无意间成为恐怖主义免费的宣传员。

在恐怖主义受到大众媒介密切关注的同时,反恐战争作为针对恐怖主义的行动,同样受到大众媒介的瞩目。反恐战争所引发的国际传播领域的新闻大战——报道队伍运动幅度之大、投入资金之巨以及使用的传送设备之先进,已经开创了现代世界战争报道的先河。据估计,仅阿富汗战争期间,新闻媒介报道所花的费用就高达两亿美元。媒介之所以关注反恐战争,除了战争对象——恐怖主义的原因,还是与媒介自身的特质分不开的。

---

[1] [英]苏珊·L·卡拉瑟斯.西方传媒与战争.张毓强等译.北京:新华出版社,2002,262

（九）结构现实

人们进行传播是为了解释事件并与他人交流，于是通过传播现实得到社会的构建。现实的社会性建构（the social construction of reality）是我们这个世纪一个重要的知识领域。

现实的社会性建构这一思想最早体现在哲学家阿尔弗雷德·舒茨（Alfred Schutz）的话中："我日常生活的世界决不是我私人的世界，而是从一开始就是一个主体间的世界，是我与我周围的人共有、由他人经历和解释的这样一个世界。简而言之，它是我们所有人的共同世界。在这个世界里，在我生存的任一时刻，我发现我自己的那个独特的生平情形只不过是在很小程度上算是我自己创造的。"[①]

一言以蔽之，我们的意义和理解产生于我们和他人的交流过程之中。这是一个深深根植于社会学思想的关于现实的概念。这一思想最著名的支持者就是《现实的社会性建构》一文的作者彼德·博杰（Peter Berger）和汤姆斯·拉克曼（Thomas Luckmann）。[②] 在符号相互作用理论的作用下，在舒茨、博杰和拉克曼的研究基础上，现实的社会性建构已成为社会科学中一个受人尊敬而又得到广泛接受的思想。

社会学家盖伊·塔奇曼（Gaye Tuchman）在她所著的《制造新闻》（Making News）一书中指出，新闻是对现实的社会性建构。这本书基于作者10年间在新闻编辑部的一系列亲身参与式观察和对新闻从业人员的调查。塔奇曼认为，制造新闻的行为就是建构事实本身的行为，而不仅仅是建构事实图景的行为。她断定，新闻是法定机构的同盟者，同样使现状合法化。塔奇曼将新闻的专业主义与新闻组织及公司资本主义的出现联系在一起，"通过新闻的常规运作，通过认定新闻专业工作者具有裁定知识、表述新闻事实的权利，新闻使社会现状合法化了"。她提出，新闻是一种社会资源，对这种社会资源的建构限制了我们对当代生活的分析性思考。

正如所有的理论一样，社会建构领域也不完全是一致的，而且有各种各样的版本[③]。但大多数版本的理论在以下观点上有共同之处：长期的媒介效果的产生是"无意的"，这是媒介组织倾向、职业实务、技术现实以及特定新闻价值观、框架与各式的系统运用所造成的结果。[④]

---

① Alfred Schutz. On Phenomenology and Social Relations. Chicago：University of Chicago Press,1970,163
② Peter L. Berger, Thomas Luckmann. The Social Construction of Reality：A Treatise in the Sociology of Knowledge. New York：Doubleday,1996
③ 主要的三个版本的介绍参见 Klaus Krippendorff. The Past of Communication's Hoped-For Future. Journal of Communication,1993,43：34~44
④ [美]丹尼斯·麦奎尔. 大众传播理论（第六版）. 陈芸芸等译. 台湾：韦伯文化国际出版公司,2003,611

媒介的框架就是进行选择的原则——强调、揭示与表述的符码。媒介生产者常用它们建构媒介产品与话语,不管是文字的还是图像的。在这种背景下,媒介框架能够使新闻工作者在纷繁错综、常常矛盾的大量信息中进行迅速而例行的加工与"打包"。因此,在对大众媒介的文本加以编码的过程中,这些框架就成为一个重要的制度化环节,而且,在形成受众的解码活动上还可能发挥某种关键性作用。

已经有人提出媒介经常是以本身的需求和利益来"框架现实",这个过程中自然而言地产生了"不成文的偏差"。这方面早期的实证研究是郎氏夫妇(Lang & Lang,1953)对于迈克阿瑟将军从韩国卸职归来的研究。这项研究显示,媒介透过"选择性的镜头,报道最令人兴奋、最有趣之处"的方式,将小规模、沉默的实况呈现出大众欢迎与支持的情景。该报道试图从相当令人不满意的素材中再造出人们对于该盛大仪式原有的期待。

媒介对于1968年伦敦大规模反越战示威的报道,也遵循着大致相同的模式(Holloran et al.,1970)。该报道是为了一种事先被定义的(大多是由媒介本身来定义)潜在暴力和戏剧性的事件而设计的,即使相契合的实际素材很少,实际的报道倾向仍然会贴近此种预设。这项研究的结论表明,受众对实践的感知比较符合电视媒介框架该事件的方式,而比较不符合实际发生的状况。

而从媒介实务的角度出发,关于"人们如何定义现实"的实际效果的证据并不容易获得。哈特曼和哈斯本(Hartman & Husband,1974)对于儿童定义种族与移民问题的实证研究是这方面的一个例子。在研究中,他们发现儿童会采纳主流的媒介定义,尤其是当其个人缺乏此类经验的情况下。另外,吉特林的研究(Gitlin,1980)则描述了媒介报道20世纪60年代晚期美国学生运动的另一种不同效果。研究中发现,媒介按照普遍符合媒介自身需要的方向(像是对戏剧性运动、媒介名流与冲突的需要)替北美公众塑造了此次学生运动的形象,反过来,学生运动本身又回应了这种形象,并且据此适应需要继续发展。一项更为新近的研究,是有关媒介对于荷兰女性运动的定义(van Zoonen,1992)提供另一种类似运作过程的范例。

这些研究中,明显的显示出媒介对现实的建构具有隐藏的偏见,而这些偏见是发源于现实生活中,并对媒介逻辑的适应(Altheide & Snow,1991)。

四、文化效果

文化是某种集体的、和他人共享的东西(没有全然的个人文化)。文化必然具有某些以图形及非意图性符号的表达形式,还具有某些模式、次序或规律,因此也具有某些评估的面向(只要和文化所规定的模式具有某种程度的共同性)。随着时间的演变,文化具备(或已经具备)动态的连续性,所以,传播也许是文化最普遍和最根本的属性。因为,没有传播，文化便无法发展、生存、延续并广泛地传承。对于大众传播研究来说，文化的这些特征具有某些明显的含义，因为大众传播无论在生产或应用的各个层面，都具有文化的面向。

基本上，我们可以从三个观点出发来观察文化：人、物（文本、文化制品）与人类实践（社会性的行为模式）。我们可以把焦点放在人上，把人视为具有文化意义的媒介文本的生产者，或者是"文本的诠释者"，从文本中人们可以获取文化意义，并且使其与社会生活其他部分产生关联性。我们也可以把焦点放在"文本"和"文化制品"（电影、书籍、报纸文章等）本身，或是它们的符号形式及可能的意义。还可以研究媒介产品制造者或者媒介使用者的实践。不管在媒介经验之前、之后和媒介经验中，媒介受众的组成和行为（围绕在媒介选择与使用周围的实践）都是符合文化模式的。

从早期的大众传播研究开始，以特殊的"文化理论"角度来研究大众媒介的状况已经开始发展，这种发展尤其是在人文学科（文学、语言学、哲学）的影响之下进行，和"主流"传播学所较为强调的社会学角度并不相同。尽管这两种传统在思想和方法上仍有基本上的差异，不过在某些观点，或是某些议题上，它们是彼此融合的。

（一）大众文化

从历史研究来看，媒介理论首先要讨论的"文化"议题，意指新兴的大众文化（popular culture）。大众是新兴的社会集群形式，大众传播使大众文化成为可能，而大众又通常被视为没有属于本身的文化。这种特有的"媒介文化"的兴起，也刺激了对"大众文化"本质的再思考。

早先"大众文化"的语意却暗含轻蔑的贬义，因为它所指代的多数民众，是与贵族阶级、富人阶级或知识阶级相区别的。例如，沃伦斯基（Wilensky）就把"大众文化"和"高级文化"（high culture）相对比。在19世纪后的民主政治运动中，这个最初的贬义用法在某种程度上已被"去殖民化"（decoloniazed）了。现在，再提到大众文化这个概念时，它意指全体（或绝大多数）民众的品位与偏好、举止和风格。如今，阶级差异不再如往常受到极大关注，而拿所谓少数受过教育的专业阶级和绝大多数缺乏教育的贫穷劳动阶级做比较，似乎也已过时。因为在某种程度上，大众文化代表了几乎所有人的正常文化经验。现在重新定义的"大众文化"的说法，表达了许多人，甚至多数人的爱好，也含有"受到年轻人欢迎"的含义。

重新定义的大众文化的特征[①]：(1)非传统性；(2)非精英性；(3)大量制造；(4)流行色彩；(5)商业取向；(6)同质化。

---

① [美]丹尼斯·麦奎尔.大众传播理论(第六版).陈芸芸等译.台湾：韦伯文化国际出版公司,2003,58

但对于大众文化的定义,颇为广泛。西方马克思主义的一个主要派别是法兰克福学派,它的理论家本雅明、霍克海默、阿多诺等人都曾对大众流行文化下过定义;英国新马克思主义的伯明翰学派的霍加特、威廉斯、霍尔、汤普森从张扬大众文化起家,成为当代大众文化研究的奠基人;英美理论家杰姆逊、费斯克以及法国学者布尔迪厄、鲍德里亚等也对当代大众流行文化发表了不少观点不同、意义却都十分深刻的评论,还有一大批媒介通俗流行文化理论家和批评家,他们对当代大众文化研究的理解与思考也构成了大众文化研究的重要部分。

威廉斯(Williams,1976)在《关键词》一书中界定了大众文化的四种含义,第一种就是"众人喜好的文化"。

以霍克海默和阿多诺为代表的大众文化观认为,大众文化与商业有着无法也毋庸避讳的关系,大众文化即商业消费文化,是那种用于大量消费的,为商业目的"有意迎合大众口味"而大批量生产的消费品,是"商人雇佣技术人员创造的"。在文化研究的领域中,欧洲文化又与美国文化形成鲜明对立,欧洲人提到的大众文化,往往是美国通俗艺术的意识形态或美国文化的代名词,是指"美国特有"的"不安分守己"的通俗文化,是从美国传播到世界各地的文化。美国是大众文化的"家园",在所有大众文化中"规模最大",它向世界"预示"了老态龙钟的贵族文化的"消亡"。

而费斯克(Fiske,1987,1989)则不完全同意法兰克福学派把批判的矛头指向文化工业对大众意识的控制的观点,不同意把大众只看作被动受控的客体,而认为大众文化中也隐含着一种积极能动的自主性力量。他提出重新理解大众文化,重新审视大众媒介,在某种程度上肯定了大众文化的启蒙性和独创性。他们认为,民间文化是从下面长出来的,是人们自发的土生土长的表达,是根据自己的需要创造出来的,"几乎没有得到高雅文化的益处"。通俗文化是地地道道的人民的文化,是为人民服务的文化,作为工人阶级的文化是现代资本主义内部象征性反抗的主要表现形式。问题出来了,谁有资格列入"人民"的范畴,资格由谁来确定?霍尔说,大众文化就是一个争论和确定关于"人民"的政治构成以及他们与权力集团关系的场所。在这里,他们有可能团结起来,组成对立于权力集团的人民。

费斯克是对大众文化的正当性进行辩护的最得力者之一。他认为,同样的文化产品可以不同的方式来解读,即使该文化产品中可能含有特定的主流意义。他将媒介文本定义为"受众解读与欣赏后的产物",而将文本意义的这种多元性定义为"多义性"(polysemy)——某事的大众化可被视为其正面价值或负面价值的标志,这取决于你对"民众"的看法。他又将跨越不同媒介产品的意义交互连结(模糊了精英与通俗文化之间的界限),或是不同媒介和其他文化经验的意义相连结,产生的部分称为"互文性"。

对费斯克而言,大众文化的主要好处就是"它很通俗",而且名副其实"属于人们",并以人们的权力作为根基。他指出,"通俗性在这里就是一种文化形式,是一种有能力满足消费者要求的方法……对于一种受到欢迎的文化商品来说,它必须能够满足不同人们的兴趣,就像它满足生产者的利益一样"(Fiske,1987,p.310)。大众文化必须和需求相关,而且要能反映需求,否则将遭受失败,而通俗文化在市场上的成功,可能就是文化"既和需求相关,又能反映需求的"的最好验证(在实务上,成功的准则凌驾任何内在品质的观念之上)。费斯克不认为"文化资本界限的划分依循经济资本界限的划分方式"(Bourdieu,1986)。相反,他主张有两种经济的存在,而这两者具有相对自主性:其中一种是文化经济;另一种是社会经济。在阶级社会中,即使大多数的人都是居于从属地位,但在文化经济中,他们也具有某种程度的"符号权力"(semiotic power)。这是指,人们具有依据他们本身的喜好来塑造意义的权力。

其实,在文化研究领域,政治一直尾随着"大众文化"的概念。承认阶级与文化具有某种关系,就引发出深层的问题。首先,注意力超越原先对诸如文本这种明显的文化制品的关注,而扩大到实践、生活方式与"生活化文化"——特别在民族志的亚文化研究上尤为突出。其次,重新发现了"文化政治"(culture politics),这个概念常与葛兰西(Gramsci,1971)的著作及其霸权与"民族—大众"(nation-popular)等概念相联系。最后,关注阶级促使人们进一步思考存在于阶级与(特别是)性别、种群关系间的复杂关系。采用"新葛兰西主义"霸权理论观点的人,将大众文化视为社会被统治群体的反抗力量与社会统治集团的"兼并"力量之间斗争的场所。这里大众文化既不是自上而下的统治阶级意识形态的强制文化,也不是与之对立的自发的自下而上的"人民"文化,而是两者交战的场所,是以反抗与兼并为标志的领域,是葛兰西所称的"折中平衡"的内运动。

那么到底什么是大众文化呢?归纳来看,我们今天所说的大众文化是一个特定范畴,它主要是指兴起于当代都市,与当代大工业密切相关,以全球化的现代媒介(特别是电子媒介)为介质大批量生产的当代文化形态,是处于消费时代或准消费时代,由消费意识形态来筹划、引导大众,采取时尚化运作方式的当代文化消费形态。它是现代工业和市场经济充分发展后的产物,是当代大众大规模地共同参与的当代社会文化公共领域,是有史以来人类广泛参与的历史上规模最大的文化事件。

今天,在文化研究的领域中,后现代主义、后女权主义和后殖民主义成为了大众文化批判理论中的重要分支。他们虽然在"大众文化到底是什么?"的问题上没有达成共识,但是他们争论所产生的许多文化话题,比如西方社会中的现代文化产品——音乐、动画、时尚,亚文化的生活方式,以及关于电影、电视的讨论,已经对社会的方方面面都产生了影响。在媒介研究领域,文化分析的方法已经成为一种必要手段。

(二)商业化

文化的商业化是大众媒介批判中的重要领域。对于商业化的批判往往与对于通俗文化的维护相对立,因为文化产品的通俗性常常是其商业上获得成功的条件之一。

文化的商品化(Commodification)概念可以说是检视文化商业化及其运作的最为得力的工具之一。商品化的理论起源于马克思的《资本论》一书,在这本书中,马克思指出物品通过"交换价值的获取"得以商品化,并非仅仅因为它具有使用价值。从同样的方式来看,文化产品(以形象、观念和符号为表达形式)在媒介市场上以商品的形式来进行生产和销售。文化产品可以使消费者获得心理满足、娱乐,以及对世界及自己所处位置的想象,结果经常掩盖了社会的真实结构以及我们从属于这种结构(虚假意识)的事实。这是一种意识形态的过程,主要通过我们对商业性大众媒介的依赖而进行的。整体来说,艺术和文化商品化的程度越高,它们丧失批判的可能性越大,而其本质上的独特价值则被成本与需求的市场法则所取代或同化了。

尽管在某种程度上,"商业化"的术语可以客观地指称特定的自由市场环境,不过它同时可以用来暗指那些批量生产并以商品形式销售的媒介内容所造成的后果,以及媒介供应者与消费者之间的关系。从这个观点来看,撇开广告事务(商业宣传)不谈,商业化的内容比较倾向于消遣、娱乐(逃避主义)、肤浅、缺乏原创性,而且流于标准化。

大众媒介的商业化的表现之一就是"小报化"(Tabloidization)现象。"小报化"一词源自某些国家里较小型的通俗报刊(或称马路报)。康奈尔(Connell,1998)曾探讨了英国的小报,虽然他并没有发现具有说服力的证据显示小报中的报道和"大型报"(Broadsheet)有根本差异,但他指出"煽情主义"的新闻报道已经取代了"理性主义"的报道,而且在小报的报道中更强调讲故事。伯德(Bird,1998)在监视美国电视新闻"小报化"现象时,从研究中得到结论:电视新闻确实有一种个人化和戏剧化的倾向,这种倾向确实使得新闻更容易接近大多数人,但这种现象也导致人们从新闻中学到的东西变得琐碎化。

事实上,同样的市场环境也能够提供各式各样高品质的文化产品,但媒介生产的商业化环境确实阻断了许多创新和创造的可能性(Blumler,1991,1992)。根本问题是,盈利已经变成惟一的考量动机了。

对媒介商业化的批评包括[①]:
- 低文化品质(琐碎化);
- 剥削"较弱势"的消费者;
- 功利主义和斤斤计较的关系;
- 为消费主义进行宣传;
- 文化商品化及其与受众的关系商品化;
- 煽情主义和个人主义。

---

① [美]丹尼斯·麦奎尔.大众传播理论(第六版).陈芸芸等译.台湾:韦伯文化国际出版公司,2003,140

另外,某些对于商业化后果的批判是它对民主所造成的结果(Blumler & Gurevitch, 1995)。就像新闻娱乐化的普遍倾向,早在新闻大多仍属于资讯性质时就有许多的讨论,人们认为这些会造成对政治参与的忽视与疏离。自然也有人提出相反的论点(Brants, 1998),认为通俗文化有其正面的效果,而且也并无证据证明"媒介是造成这种文化倾向的原因"。当然,新兴的文本类型和形式可能不符合旧媒介的资讯价值标准,不过和较传统的媒介形式一样,它们可能可以满足重要的需求,而这些较传统的媒介形式事实上并未消失。但对于许多通俗媒介而言,并未具有告知或启蒙的效果。

(三)涵化理论

电视媒介的兴起与其强大的吸引力是许多关于社会经验效应理论化的来源。其中一项不断被提及的主题就是"透过当代主流媒体语言和图像,我们的经验被名副其实地中介"的程度如何①。在大众传播领域将这方面的研究称其为涵化理论(Cultivation Theory,有人译为教养理论)。

这一领域的研究最早是由宾夕法尼亚大学安南堡传播学院的格伯纳及其同事发展起来的。他们对电视效果进行的研究可以说是有史以来最长期、最大规模的研究。格伯纳及其同事的出发点是,电视已经变成美国社会的文化中心,"电视机已经成为家庭的中心成员,成为在多数时间最重要的故事讲述者"。②

据调查结果显示,一般观众平均每天看电视达四个小时,重度观众比这个平均数还要多得多。格伯纳及其同事认为,对重度观众来说,电视实际上主宰和包容了其他信息、观念和意识的来源。所有接触这些相同信息所产生的效果,便是格伯纳等人所称的涵化作用,或者教导共同的世界观、角色观和价值观的作用。

如果涵化理论是正确的,那么电视便可能对社会产生重要然而却不受注意的效果。例如,大量看电视会让人感到世界是一个不安全的地方,电视可能正在引导大量看电视者感到一个"罪恶的世界"。而充满恐惧的人也许会欢迎采用镇压的手段,以减少焦虑。格伯纳及其同事认为,这可能是电视所造成的最主要且影响最广的涵化效果之一。

涵化理论研究显示的证据也指出,大量看电视者和少量看电视者的不同,在很多其他变量(年龄、教育程度、新闻阅读和性别)交叉的情况下也会显现出来(Gerbner, Gross, 1976a)。也就是说,研究者也意识到,在看电视多少与对世界的不同看法之间存在的相关性可能实际源于其他的变量,并曾试图控制这些变量,然而并未得到令人满意的结果。另有一些批评(Paul Hirsch,1980)则指出,如果同时控制很多不同的变量,则可以归于电视

---

① [美]丹尼斯·麦奎尔.大众传播理论(第六版).陈芸芸等译.台湾:韦伯文化国际出版公司,2003,144
② Gerbner,Gross,Morgan & Signorielli,1980,14

的效果将非常小。

为了对赫希及其他人的批评作出反应,格伯纳及其同事重新审查了涵化理论(Gerbner et al.,1980)。他们又提出了两个新概念——主流化和共鸣。这是考虑到不同的社会团体大量看电视的结果可能有不同。格伯纳说,主流化(mainstreaming)表明,不同社会团体的大量看电视者的意见趋同。例如,高收入与低收入的重度收视者均认为,罪行恐惧对个人而言是一个非常严重的问题。然而,轻度收视者并没有一致的看法。低收入者中的轻度收视者对罪行恐惧的看法与高收入者和低收入者中的重度收视者一致,而在高收入者中轻度收视者并不认为罪行恐惧是一个问题。共鸣(resonance)发生于人口中的某些特定人群,涵化效果在那里表现得非常突出。例如,较之轻度收视者,男性与女性中的重度收视者一致认为,犯罪是一个非常严重的社会问题。但最赞同这个看法的是重度收视者中的女性,因为她们是特别易受罪犯攻击的对象,因此与电视中呈现的高犯罪世界的描绘产生了共鸣。

主流化与共鸣这两个概念是对涵化理论很大的修正,涵化理论不再宣称电视对所有重度收视者都具有统一和跨界(across-the-board)的效果了。它现在的主张是,电视与其他变量是相互作用的,看电视只对某些次级群体的人有很强的效果,而不是对其他所有人都有影响。格伯纳也承认,在很重要的一点上赫希是对的——当同时控制了其他变量时,归于电视的剩余效果就微乎其微了。然而,考虑到大多数人(至少,在美国是这样)长期充分接触电视的累积效果,这种影响仍不容忽视。

鲁宾和泰勒等人(Rubin & Taylor,1988)又对涵化理论主张的因为大量有规律地收看电视而产生的普遍跨界效果提出了进一步的质疑。在对观众的调查中,他们发现观看电视对社会真实理解的效果,但其效果是因节目而异的。例如,看日间连续剧的观众倾向于对利他主义与相信他人方面的问题打分较低,看晚间剧场的观众(通常是关于强力角色控制他人的内容)倾向于对政治效率的问题打分较低,看动作片和冒险片的观众更关心他们本身的安全。他们发现,较之接触电视,年龄、性别、社会经济地位,还有看电视的意图(有计划地看电视),以及电视内容的真实感是更能预测对他人信任度的指标。这些结果为电视观众的主观性提供了一些证据,也就是说,观众是主动地评估电视内容的。

涵化理论最近的一个改进是将可能的效果分为两种类型的变量:第一级信念和第二级信念(Gerbner et al.,1986;Hawkins & Pingree,1990)。第一级信念(first-order beliefs)是指对外在世界事实的信念,例如,对一年中暴力受害者比例的看法。第二级信念(second-order beliefs)指的是从以上事实推论得出的关于期望与倾向的信念,例如,世界是安全的还是危险的等问题。这两种信念可能是相互联系的,第二级信念可能来自对第一级信念的推论。但是,一些研究显示,第一级信念和第二级信念并不总是有明显相关的(Hawkins & Pingree,1990)。

有证据显示,观看电视影响到第一级信念,但第二级信念则受观看电视和其他因素的综合影响,例如邻里的影响(Gerbner et al.,1986)。又有人指出(Saito,1995),第一级信念和第二级信念都可能在个人和社会层次产生,从而创造出一种四重的涵化可能效果模式。

对涵化理论有许多批评意见,批评者的主要论点是,期待整体的电视观看会产生涵化效果的结论是不合理的(Saito,1995)。据此,一些研究者也指出,涵化理论可能不支持总体上的电视内容,但可能适用于特定种类的电视节目(Potter,1993)。麦克劳德和他的同事(1995)称这种假设为扩展的涵化假说。

麦克劳德和他的同事进行了一项对犯罪行为的媒介影响研究,检验了有关媒介效果的三个假设:原来的涵化理论假说、修正的涵化理论假说和新闻折射假说。新闻折射假说(news refraction hypothesis)提出,与地方新闻内容的接触可能强烈影响对罪行等问题的理解,因为这种消息(特别在电视中)具有高度可感觉的现实性,其内容又"接近家园"。研究发现了支持新闻折射假说的证据,但是,对原来的涵化理论和经过修正的涵化理论的两种假说都没有得到支持的证据。研究者的结论是,整体来说,在充满罪行的地方电视新闻中最强烈地意味着罪行危机,并促进了人们的虚构体验。

检验电视节目的一致性和新闻来源的一致性,也成为对涵化作用的效果进一步研究的一个大有前途的话题。格伯纳研究小组(1994)曾指出,电视内容的一致性来自电视节目制作的集中化和追求大量观众的经济动机。夏皮罗(Shapiro,1995)称其为涵化理论的文化制度模式(cultural-institutional model),并认为涵化理论很少对这一方面进行研究。

涵化理论本来的设计是针对电视的,但也用来探索其他媒介的影响过程。近来,研究者也开始考虑新媒介技术对文化过程的效果。一些学者指出,如有线电视和家用录像机最可能打破观众对同样电视节目内容的大量接触,而这正是涵化理论的基础(Potter,1993;Perse,Ferguson & McLeod,1994)。多布罗(Dobrow,1990)发现,重度收视者使用家用录像机去看他们已经喜爱的同类节目,而轻度收视者使用家用录像机去看他们可以接触的多样化内容。她的结论是,家用录像机可以提高而不是降低涵化过程的效果。而格伯纳研究小组(1994)认为,家用录像机用于改变观看节目的时间,实际的结果可能是降低了观众观看节目的多样性。

涵化理论的一个有趣的发展是将其应用于研究色情文化的方式及可能产生的效果上。女权主义的学者认为,色情文化是涵化效果的一个代表,对关于女性及性角色的文化信念具有广泛的效果。普雷斯顿(Preston,1990)采用涵化理论的思路检验了长期接触色情文化的效果。研究结果显示,较之少量接触者,高度接触色情文化的男人更倾向于对性别角色、性别特征和性感具有高度成见。而妇女实际上显示了相反的效果。

（四）暴力与性

或许在大众传播的研究领域中，没有哪个议题比对媒介描述中的暴力与性的内容研究更有社会意义了。从媒介内容描述的暴力和色情的情况中所凸现出来的媒介效果议题，已经成为相当多学者的研究对象。

在媒介效果的研究历史上，有关暴力议题的研究数量巨大，据统计超过3000项（Huston et al.，1992）。研究者主要担忧的是，媒介经常呈现的犯罪和攻击性内容可能带来负面影响，尤其是电视媒介。

从20世纪50年代电视媒介在美国迅速成长开始，学者和政府部门就一直将其产生的效果作为研究的重要议题，进行过多次长期的大规模的实证研究。如1958年到1960年对美国和加拿大十个社区儿童使用电视情形的调查；1969年8月至1970年4月间美国公共卫生局长委任的一项耗资百万美元的关于电视节目对青少年影响的研究项目；十年之后，国家心理卫生研究所（NIMH）又进行了更大规模的跟踪、演进调查；而美国国家暴力起因和防止委员会在1969年至1970年的一年半间进行的媒介暴力的研究后，出版的研究报告《暴力与媒介》更是成为大众传播研究的经典之作。在所有的电视效果研究中，电视暴力的影响都是一个非常重要的内容，尤其是对儿童的影响。有研究结果显示，在美国，年龄在12岁的孩子，平均每人已经在电视上看过10.1万次暴力的场面，包括1.34万次死亡情节（Steinfeld，1973）。随着媒介科技的进步，银幕暴力已逐渐延伸到世界上的其他地区。联合国教科文组织针对23个国家5000名儿童进行了全球电视暴力调查（Groebel，1998），结果显示，媒介暴力的情况已极为普遍，而且儿童也普遍崇拜具有攻击性的媒介英雄，尤其是男童更是如此。

有关电视暴力对人们行为可能带来的效果，主要的假说还是相当一致的，但也有人提出不同的假说。其中一个是关于净化作用的假说（catharsis hypothesis），它提出，戏剧主人公侵犯行为替代性地表达了人们内心的暴力倾向，因而通过观看电视暴力，可以降低采取实际侵犯行为的冲动。不过，在调查电视暴力效果的数以百计的研究中，只有极少数是支持净化作用假说的，主要的假说还是支持暴力情节刺激暴行的假说。

沃特勒等人（Wartella et al.，1998）总结出有关电视暴力学习与模仿过程的三种主要假说模式。第一种是由班杜拉（Albert Bandura）的"社会学习理论"（social learning theory）发展出的模仿假说（modeling hypothesis），根据这个理论，人们从电视上学得了侵犯行为，然后再到外面去照样模仿。第二种是"预示（primary）效果"的存在（Berkowitz），当人们观看暴力时，会激发或引发其他相关的思想与评价，这会导致人们在人际环境中更倾向于运用暴力。第三种，休斯曼的"脚本理论"（Huesmann，1986），"脚本"指引人们如何对事件进行反应，也因此得以控制人们所表现的社会行为，电视正是以这种"侵略性脚本"

进行编码而导致暴力的。根据这个理论,除了模仿和改变的效果假说之外,还有免除抑制假说(disinhibition hypothesis),它认为长期暴露于暴力的描述下会导致一种普遍的"感觉迟钝",以致抵抗暴力的能力降低,而增加了对暴力行为的容忍度,也就是说,电视暴力可能教导了一种普遍的规范,即暴力是一种与他人交往时可以被接受的方式。沃特勒等人还指出,除了个人与电视描述的暴力内容之间的关系,还有许多变量很重要,比如收视情境,即单独观看还是和父母一起观看。

在众多媒介暴力研究中,结论最为清楚的是沃尔特斯和利沃林-托马斯的实验(Walters & Llewellyn-Thmoas,1963)。该实验指出,较之看过部分非暴力影片(青少年在学习技艺)的受试者,看过部分暴力影片(用刀格斗的场面)的受试者更可能增加对他人的冲动行为(参见图12-7),而且受试者的侵犯形式已经与影片中描述的形式有所不同。1972年美国公共卫生局长指定的关于电视暴力效果的研究报告中作出的结论,也获得了同样的结果——观看电视暴力节目会增加侵犯行为,虽然该委员会是以相当斟酌的语气阐述这些结论的。1982年的研究中又做了进一步补充,提供了这样的结论:"所有这些暴力的效果是什么?经过十多年的研究之后,大部分研究团体的共识是,电视上的暴力的确导致了看这些节目的少年儿童的侵犯行为。这些结论是根据实验室实验法和实地研究法得出的。当然,并不是所有的儿童都会变得有侵犯倾向;但是,在电视暴力与侵犯行为之间存在积极相关。就规模而言,电视暴力与侵犯行为之间的相关,就像过去进行测量的任何其他行为问题的变量一样强。因此,研究的问题已经从是否存在某种效果变为寻找对该效果的解释。"(1983,p.28)

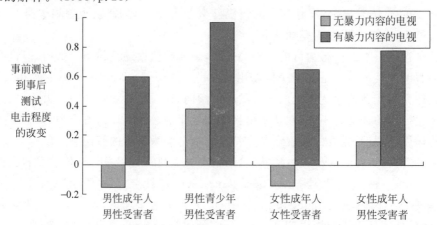

图 12-7 观看暴力或无暴力电视后施加电击程度的改变[①]

---

① R. H. Walters, E. Llewellyn-Thomas. Enhancement of Punitiveness by Visual and Audiovisual Displays. Canadian Journal of Psychology,1963,17:244~255

由于产业和政策的缘故,对于观看暴力内容会增加攻击行为的可能性的观点,在大部分时候都是有争议的。电视可能既改变又强化态度、价值观和行为。对某些人,媒介只是强化态度;对另一些人而言,电视可能有助于态度的形成,即使有别于媒介中描述的态度。有研究发现,来自高度攻击性环境(犯罪与战争)的儿童,以及处于"问题情绪状态"下的儿童,比其他儿童更容易收看攻击暴力内容并为此着迷(Groebel,1998)。

在媒介暴力的议题得到系统研究的同时,也有人注意到对人类性行为方面的关注程度远大于人类的其他行为(Kinsey,Pomeroy & Martin,1948)。人们注意到在性欲、刺激和行为之间存在着神经内分泌和心理上的联系,另外还能产生攻击性行为(Zillmann,1984)。性刺激可能增强攻击性,同样地,攻击性刺激可能增强性体验。攻击性行为和性刺激之间的这种关系更说明了媒介色情内容效果研究的重要意义。

毋庸置疑的是,有关性暴露内容的传播并不是新鲜事物,它古已有之,现在的色情内容只不过是通过新的媒介手段对具有几世纪悠久传统的素材进行的改编。但是,现代媒介为性暴露内容的获取提供了便利,造成了混乱的局面。"对于无节制地描绘色情内容的关注重新复苏,主要的原因就是简易的新科技手段。"(Zillmann & Bryant,1989)色情内容的消费已趋于公开化,成为任何人可支付的或轻易获得的娱乐方式——儿童和成人可一视同仁。这促使人们重新关注有关媒介色情内容的影响(Greenberg,1994)。

那么观看性暴露内容到底会产生什么样的效果呢?首先,其产生的效果是利于社会既定的道德规范而不是反社会道德的。对于大多数人来说,观看或者收听有关性暴露的内容会引起性兴奋,但是并不像很多人设想的那样,根据色情内容暴露程度的不同可以准确衡量出刺激程度的差异,事实上,刺激的程度主要跟个人情况的差异有关(Bancroft & Mathews,1971)。当然,性暴露内容也会带来负面的效果,对于性的认知、态度和价值观都会有很大改变。长时间接受性暴露媒介内容的人,会对性行为的态度变得更加缺乏约束,在道德观、家庭观上都可能产生变化,尤其可能对妇女持有偏见,还可能产生性冷淡或强奸的倾向(Zillmann,Bryant & Huston,1994)。性暴露内容的使用还可能会带来模仿、受压抑和性犯罪。正是由于性暴露内容可能产生模仿效果,因此事实上是无法得到验证的,因为科学家无法为了观察研究而冒险向未成年人展示性暴露内容的材料。另外,为了解除性压抑而使用性暴露内容的做法也受到了广泛的批评,因为在性暴露内容中描述的行为通常是与日常生活中的性行为规范相违背的,而当接受性暴露内容的人得不到满足时,就可能产生强奸或是其他粗暴的性行为。由于伦理和法律程序上的约束限制了性犯罪领域的实证研究,[①]因此可以说,媒介色情内容的研究大多还仅停留于效果假设的阶

---

① Michael B. Salwen, Don W. Stacks. An integrated Approach to Communication Theory and Research. Mahwah, New Jersey: Lawrence Erlbaum Associates, 1996, 201~202

段,关于色情内容所造成的伤害效果,似乎也缺乏令人信服的证据。

不管怎样,暴力与性的内容还是会一直出现在电影、戏剧以及电视之中,我们也不必过于忧心,早在莎士比亚的作品、北欧的传奇小说以及《十日谈》中,便有暴力与性的情节。我们所担忧的是暴力与性是否会成为主流。如果在媒体中的工作者和艺术家在创作中为了收视率战争或票房争夺战等因素,放弃了其内在的目标,那么这种情形的确可能发生。单就艺术创作者的特殊使命来说,他们应该向我们展示一些比暴力与性更为有趣、更为引人入胜且具娱乐效果的内容,并可以将暴力与性置于更大的背景意义之下。但目前来看,在这方面凸现出来的问题令公众失望。

(五) 性别研究

对媒介的文化研究与女性主义结合,取得了重要进展。尽管长期以来传播研究(甚至包括激进批判倾向的传播研究)中都存在"性别盲点"的问题,但随着女性主义的发展,已经有人提出了"文化女性主义媒介研究计划"(culture feminist media studies project)(Van Zoonen,1991,1994)。这个计划与早期的媒介性别议题相对比,像是"媒介所呈现的女性"、"刻板化"与"性别角色的社会化"(这些议题在过去与现在都是许多媒介内容的特色)等问题谈论得更为深广。

当前所关注的议题,超越了女性主义者和其他人所主要关注的媒介色情内容的问题,不只因为这些内容会冒犯女性,并在符号上产生降格的作用,而且还因为这些内容可能会激发强暴等行为。现在与性别相关的媒介研究数量已经非常庞大,研究的面向除了部分遵循着社会阶级与种族等理论前沿的路线,大部分都具有属于自身的面向,包括重视遵循弗洛伊德式精神分析理论的观点。这些面向所关注的焦点,一方面主要放在当接收者接受男性与女性相关的影像(电影、电视、照片)时,其本身性别角色的"定位"问题;另一方面则关注媒介在散布和女性在社会中的位置相关的父权意识形态时所扮演的角色。现在,这些路线与更广泛的女性主义研究领域都有所联结。(Long,1991;Kaplan,1992)

多数与性别相关的早期媒介研究都遵循着"传送效果模式"的路线,其研究基础在于"一个接收者对于讯息刺激的直接反应"。而现在一种新的研究范式正在兴起,该范式的特征基本上是属于文化理论的,它提供了理解媒介与性别之间关系的更好方式。这种新途径的核心观念是:"性别作为一种符号,是一套相互重叠的、有时候与性别差异相关的抗辩性文化描述与惯例"(Van Zoonen,1994,p.40)。它重要的基础是,媒介文本的受众要主动构建意义并认同。

有关性别的议题几乎触及了媒介与文化关系的每一个层面,而较接近核心的问题可能在于性别的定义。对于性别的意义,"从来不是固定的,而是依据特定文化与历史环境而演变……并且一直进行着推论上的争执与协商"(Van Zoonen,1991,p.45)。这个问题一部分和"性别差异与其独特性如何被赋予意义"(Goffmann,1976)有关,另一部分是关于男性和女性价值观差异的争执。女性主义者的观点开启了不同的大众传播分析路线,而这些路线在过去大多受到忽视(Rakow,1986;Dervin,1987)。其中一种分析方式所关注的是:许多媒介文本在编码的方式上通常会受到受众期望的影响,且媒介文本的编码也存在深刻而持久的性别化。费斯克(Fiske,1987)曾对许多通俗电视节目进行详细的解构,结果找到了"性别化的电视节目所代表的意义"的广泛证据。在费斯克及其他人的研究中一个显著的例子是"肥皂剧类型"的文本的性别意义(Brown,1990),它是一种受到争议的"女性美学"。根据费斯克的说法,肥皂剧"持续地质疑父权主义,将女性主义正当化,因此为那些依靠女性价值而生存的女性提供自尊。总之,肥皂剧提供给女性一种文化的手段……持续地努力建立并延伸女性价值,以对抗主流的父权价值"(Fiske,1987,p.197)。

性别化的内容也可以从媒介制作的角度来进行研究,因为多数媒介选择由男性来制作。这里的焦点指向"新闻",长期以来新闻的制作大多由男性所把持,而新闻的主流模式也呈现和男性相关的世界观。典型的新闻内容(政治、经济、体育议题)都较倾向于男性受众的导向。最近这种情形在逐渐改变,新闻媒介,包括电视与平面媒介,确实在积极地想要引起女性受众的兴趣,并且进行着激烈的竞争,以争取难以捉摸的大众。但对于当代新闻媒介"堕落"的批评之一就是所谓的琐碎化、个人化及煽情化,而这些特质又被认为和"女性化"是同义的。

对于媒介文本中性别构建的关注,只是与性别相关的传播理论中的一个层面而已。关于受众和媒介内容接受的研究显示,媒介的使用方式以及媒介使用活动的相关意义,存有相当大的性别差异。有许多证据可以说明性别社会角色模式的差异,包括男性与女性典型的日常经验和所关心的事,以及获得性别形象的时间和运用的方式。它也与家庭中的权力角色,以及家庭中夫妻之间或女性的普遍性本质等问题相关(Morley,1986)。不同类型的媒介内容以及媒介内容的生产与使用,也与以性别为基础的"共同认同"的表达(Ferguson,1983;Radway,1984),以及愉悦与意义的获取(Ang,1985)相关。另外,男性和女性也可能具有心理学上的根本深层差异(Williamson,1978)。不过,我们在探寻这些问题的时候要特别注意的一个前提是,发展都是持续演变的,而且"传递女性信号的符码具有历史性与文化性的特色,绝不会出现完全清晰明了或完全一致的状况"(Van Zoonen,1994,p.149)。

以性别为基础的研究途径也引发了一项思考:媒介的选择与诠释是否能够为女性提供某些手段、要素来改变或抵抗这个性别结构仍然还不平等的社会?为何女性似乎会被具有明显父权讯息的媒介内容(例如言情小说)所吸引,利用对立的解读和抵抗的潜意识来解释,有助于重新评价这种吸引的意义(Radway,1984)。还有人解释说,无论差异的原因和形式如何,不同的性别媒介文化会引起不同的反应,而且性别差异会导致从媒介中获取意义的不同模式。在媒介使用的选择上也有所差异,而这种差异又具有更广泛的社会文化含义(Morley,1986)。

可以说女性主义运动不仅是一个政治计划,也是文化计划,而在关于政治影响力或者非通俗文化的文化媒介研究中,女性主义媒介研究也无可避免地引起争论。其中部分原因是因为大量研究的关注焦点集中在通俗文本类型上,比如肥皂剧和脱口秀等以女性观众为导向的节目。很明显,早期研究者所关注的问题,尤其是通俗的媒介内容(如爱情故事、儿童故事、女性杂志),都带有显著的父权与保守主义的刻板意识形态,或是迎合于男性的"性趣"。而现在媒介内容已经发生改变,出现更多由女性所制作,或为了女性而制作的内容,而且并未压抑女性的性欲(McRobbie,1996)。

而在运动的政治目标上,女性主义理论与研究仍然维持一种紧张关系。并非所有的研究都能对媒介中变迁的关联性,以及新通俗文化理论产生说服力。范祖南(Van Zoonen)就强调有必要区分女性主义在新闻和娱乐中的定位。她认为,"对于新闻媒介中的女性主义政治与政治人物,期待一种适当的、道德的,以及多少具有准确地再现,这完全是正当的"(Van Zoonen,1994,p.152),而通俗文化是属于"集体梦想、幻想与集体恐惧"的领域。赫梅丝(Hermes)则较为积极地来看待通俗文化的潜在角色,她提出"文化公民权"的概念,认为"通俗文化的研究(由后现代主义及女性主义理论所主导)对于我们的日常生活同样重要",主张"重新对公民权进行思考,并接受那些居住在大众民主社会中,运用不同逻辑来塑造生活的人们"(Hermes,1997,p.86)。

(六) 文化变迁

文化变迁是指社会文化特质和文化模式发生转变特别是结构性转变的过程。大众媒介对于长期的文化变迁的影响,一直都是无法测量的,因为实际的运作过程具有高度互动性,而且经常是开放性的。不过,我们却可以从媒介涉入社会、文化事件与变迁的方式中学到很多东西。前面所描述的结论,已经为大众媒介对于长期文化变迁的显著性效果设定了若干可能性,而同样的背景在此不必赘述。尽管关于"大众媒介的文化影响"的许多观点已经获得发展,但至今并没有许多可靠的效果证据被提出来,我们倒不必提出质疑,因为媒介已经是"现代"社会文化整合的一部分。

尽管历史上许多传播科技的创新毫无疑问地具有革命性的含义,不过,却无法将之追溯成特定社会形势变迁的原因(Slack,1984),太多其他强大的势力牵涉在社会变迁中。要找出过去五十年中"现代化"的成功与失败之处,以及相关媒介体系的特征并不容易。然而,"传播科技对传播过程本身会产生影响,文化与传播彼此交织",则是可以让人信服的说法。

麦克卢汉对文化变迁的看法(McLuhan,1964)是在英尼斯理论上的改进,是我们透过不同传播媒介来体验世界的过程,而非仅仅检视传播与社会权力结构的关系。麦克卢汉宣称,所有的媒介(他指的是任何包含文化意义而且可以如此"解读"的事物)都是"人的延伸",因此,也是感官的延伸。就像其他的人一样,麦克卢汉关注从完全的口语传播到以书写语言为依据的传播演变。直到近代之前,许多文化经验仍然主要通过口头而传承,麦克卢汉也把焦点放在我们如何体验世界,而不是我们体验了什么(他并不关心内容)。每一种新媒介都超出早期媒介所能触及的经验范围之外,而且也对未来的变迁有所贡献。麦克卢汉正确地观察到不同媒介的统一运作,尽管他所预测的所有人都能够自由地获取,并分享喜讯与经验的"地球村"并未那样确实地达成。

有一种普遍性的命题是,随着我们更多的感官介入意义撷取的过程(随着媒介逐渐地变"冷"或绝缘化,而非单一感官化或者变"热"),涉入与参与的经验也变得更多。根据这种看法,通过印刷文本来体验世界的方式是孤立且非涉入性的(鼓励理性与个人化的态度)。看电视则是涉入性的,尽管其提供的资讯较少,而且理性和算计性的成分也较低。关于这种看法,并没有相关的证据(或反证)被提出,而麦克卢汉本人也只将这些描述视为感觉或"探索"而已。如同麦克卢汉所希望的,在这个电子媒介似乎于许多方面取代了印刷媒介的时代中,这些观点能激发许多思考。

其他传播科技理论大都把焦点放在了既有媒介讯息形式或内容所可能产生的影响,以及因此而衍生的能够让人们获取的意义之上。关于变迁的媒介科技可以影响文化过程的普遍性观点,呈现在图12-8中。此图所说明的最重要的主旨是:技术对于文化实践不可能造成直接的冲击,而只是通过相关机构(这里指大众媒介)的中介而产生作用。

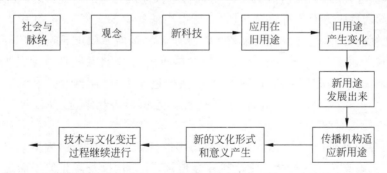

图12-8　传播、技术与文化变迁的互动次序:技术发源于社会,并且根据应用的形式,对社会产生作用①

媒介影响力经由制度化的过程进行散布,例如国际政治、国际发展、紧急援助、环境控制、商业与市场运作等过程,这使得探索的工作不断与之产生关联性(虽然不总是如此),相关结论也必须不断地更新与强调。调查西方媒介对于发展中国家的文化攻击,看起来

---

① [美]丹尼斯·麦奎尔.大众传播理论(第六版).陈芸芸等译.台湾:韦伯文化国际出版公司,2003,143

似乎较容易也较具有意义,但是,这又会引发似乎无法克服的"概念化和研究设计"的问题。调查的问题大部分是一再发生的情况:"在全球媒介'接受文化'和'传递讯息'的持续互动中,进行了意义的建构。"我们可以试着说明诸如"全球化"、"文化同步化"和"同质化"的过程,但在从资料中得出意义之前,有关"什么是真相"以及"因果关系为何"的问题,必须先进行适宜的概念化和理论化(Tomlinson,1991)。

(七) 社会控制与意识构成

这里我们似乎可以将前面讨论过的一些媒介效果放在这个标题下来观察,例如社会化的观念,它牵涉到社会控制的要素;有关"现实的构建",它倾向于以"支持既存秩序"的方式来运作。不过要决定"社会控制"何时是有意的,何时又是无心的,却不是一件简单的事。一般来说,这要视所采用的社会理论而定。

关于媒介对社会控制与意识构成理论的定位是连续性的。一个普遍得到认同的观点是,媒介会通过个人或机构的选择、外在的压力以及庞大受众的希望与需求等因素的混合影响,而在无意之中支持一个社群或国家中的主流价值。一种立场带有较为强烈的批判性的观点,基本上将媒介视为保守的,这是由市场力量、运作要求以及既存工作事务共同构成的结果。另一种观点认为,媒介是压抑意见、转移焦点或限制政治社会脱离常规的手段,会积极地投入代表统治阶级(通常也包括媒介拥有者)或是中产阶级的行列,将媒介视为资本主义合法化的工具(Miliband,1969;Westergaard,1977)。

尽管这些理论在其精确性、对于控制机制运行方式的详细阐述,以及媒介"有意的目的"和权利的属性等方面各有差异,但它们所引用的证据却大同小异,其中大部分都和内容的系统性倾向有关,而甚少与效果相关。赫曼和乔姆斯基(Herman & Chomsky,1988)则以一种"宣传模式"(propaganda model)发展出有关长期系统性效果的"混血批判理论"。这个理论指出,资本主义国家的新闻必然经过若干"过滤器"的"过滤",尤其是媒介会与其他经济形式、广告、新闻宣传、主流的社会意识形态相结合,并依赖于官方的信息来源。

从以内容为基础的长期社会控制效果的客观证据中已经发现,大多数受众所接受的媒介内容广泛地支持主流的社会规范和社会惯例(社会化以及涵化的层面之一),而国家或国家既有制度的根本性变迁则很难在大众媒介中得到反映。大众媒介的这种"倾向强化现状"的论点包括,褒扬奉行现有习俗规范者或爱国行为、赋予具有精英和现存政治观点高度的注意力和优先的接近使用权,并且经常以负面或不平等的手法来处理非体制内的或偏差的行为。大众媒介还会反复地支持国家或社区的共识,而且会表现出在既定的社会"法则"之内是"可以解决问题"的倾向。涵化研究之一就是发现了"依赖电视"和"采纳共识或中间路线的政治观点"之间具有相关性的证据(Gerbner et al.,1984)。

为了突出现有社会的价值观,媒介会采取选择性的强调或忽略,可能漏掉某些内容材料。早些时候,就有学者曾探索过媒介的这种选择性忽略的问题,提出"反向内容分析"的方法比较新闻媒体的内容和开展社会学的社区研究(Breed,1958)。该研究指出,美国的报纸一贯忽略和宗教、家庭、社区、企业及爱心相抵触的新闻,而"权力"和"阶级"则受到媒介呈现内容的庇护。在若干国家间进行比较性的媒介内容分析发现,媒介会将注意力集中在特定议题及特定地区上,这也为系统性的选择性忽略提供了佐证。

媒介保守意识形态形成理论的另一要素是,媒介将特定类型的现象定义为偏离社会常规或者危害社会的。排除明显的犯罪行为不谈,这些现象包括诸如青少年帮派、吸毒者、暴力球迷以及某些偏离常规的性行为等。已经有人指出,媒介常常会明显地夸大这类团体及其活动的真实危险和严重性(Cohen & Young,1973),并且创造出"道德恐慌",效果在于提供社会的"代罪羔羊"和"出气筒",以促成团结,支持法律和秩序机构,并将注意力从真实的罪恶上转移开来。也有人提出,媒介倾向于通过将数种威胁社会的不同行为连接在一起,以扩大反对范围。在恐怖主义、暴动或政治暴力的报道模式中,媒介以符号为桥梁,连结了违法乱纪者与体制外政治行为表现者(如示威者及罢工者)。

虽然我们现在已经意识到媒介在社会控制和意识构成中产生了影响,但我们几乎不可能对这种理论与研究体系所引发的实际效果进行任何有用的评估。首先,内容的证据是不完全的,这些内容只和某特定时空的某特定媒介有关。其次,即使在选择、遗漏和朝向整合观点运作的力量方面具有某些一致性的显著要素,但也无法实际地证明"任何西方国家的媒介都提供一种一贯性的意识形态"。第三,许多过程,尤其是人们用来抵制或忽视宣传的选择性使用和选择性认知,也在发挥作用。

鉴于以上要素,我们不能够将媒介视为社会变迁的重要力量,或是否定大部分通俗内容的工具。就媒介捕捉注意力、占据时间、散布有关真实及潜在的其他选择的影像方面的作用而言,媒介也是无法促进社会弱势者对立性的认同或支持激进性变迁的。媒介主要是由企业(通常是大企业)以及国家(可能是非直接的)所拥有和控制的,因此亦受到拥有大部分政治经济权力者的控制。媒介的集中化和国际化的情况一直在加剧,我们完全可以相信,即使是运用间接的方式,包括通过其掌握的媒介来保持世界市场体系的稳定性,媒介的拥有者还是会以追求长期的利益为目标。有人就提出相应的佐证(Dreier,1982)指出,美国两大主要的精英报纸,也是和资本主义体系结合最为紧密者,倾向于采纳"公司自由主义"的观点,也就是一种"责任资本主义"。而这种控制社会的力量,比任何新闻编辑部层次中的选择性偏差的倾向都要强大得多。

当然,众所周知,在任何情况下,大部分媒介在大多数时间并不会以"促进根本性的社会体系变迁"为己任,但是媒介在既定的环境中运作,而这种环境通常具有渐进地进行社会改革的共同目标。有人就指出:"新闻的改革性,胜于新闻的保守性或开放性。"(Gans,

1979,p.68)媒介受到自我定义的责任和意识形态所驱使而成为特定讯息(例如丑闻、微机和社会病态)的载体,而这些讯息都能刺激变革。在仍有变革可能性的系统限制之内,媒介也许确实会刺激许多干扰现有秩序的活动、风潮和忧虑,这就牵涉到社会变革的程度以及其中社会权利的分配,这些问题将超越媒介中心论的范畴,需要更广泛领域的探讨。

第三节　传播效果的普遍取向

纵观媒介效果研究,常有令人疑惑之处。由于理论样式、研究问题、证据收集及结果推论的差异,出现了不同阵营的争执。表面上,大家好像都在从事同一事业,但实际上,各个阵营争斗不断,甚至阵营内部也时常"拌嘴"。为了便于大家理解媒介效果研究的"主流范式",即确定能够得到大多数人认可的媒介效果的研究角度,我们对当代媒介效果的研究取向进行一番梳理。[①]

一、当前的媒介效果观发展

从传播学研究开创起至今,大众媒介效果研究在不断地发展,尤其是在大众媒介发展成熟之后更是有了长足的进步。对于1970年以后的20年间的大众媒介效果研究的发展,麦克劳将其总结为五个方面:效果的拓展,媒介内容与使用的细化,媒介生产与内容,受众的能动性概念,过程、模式及分析层次。他认为,这五个方面综合起来就可以反映了,把媒介效果看作是连接媒介生产与受众接受行为效果的一个多层次的过程。

(一)效果的拓展

近来,媒介效果研究最为显著的特征是,探索效果的范围有了巨大的拓展,超越了20世纪40年代作为基本标准的劝服和态度的改变。这一拓展,直接来源于心理生理学、认知社会心理学及文化人类学等各种理论对传播研究的渗透。

麦克劳和瑞夫斯(McLeod & Reeves,1980)认为,有七个方面可以对媒介效果进行界定。前四个构成媒介效果,第五个代表内容方面的效果,第六个反映了媒介对效果产生的影响,最后一个方面则关注各种效果之间的概念和方法的差异。

(1) 微观与宏观

(2) 变化与稳定

[①] 参见 James Curran, Michael Gurevitch. Mass Media and Society. London:Arnold,1991

(3) 积累与非积累

(4) 长期与短期

(5) 态度、认知与行为

(6) 一般性扩散与特定内容

(7) 直接的与条件的

总的来说,这七方面主要采用的是两分法(第五个是三分法),用以构成192项不同效果类型。从这七方面我们可以看到,媒介效果研究的范围有了很大的进展,但还需以一个更能为大家理解的方式加以整合。

我们先来审视前五个方面,后两个方面则将在后面的部分进行讨论。

1. 微观与宏观

在过去半个世纪的媒介效果研究中,受众个体一直是最主要的分析单元。选择这一"微观"的单元,反映了关于态度的社会心理学理论和经验主义方法在战后的显赫地位。但通常,理论和政策议题需要纳入到更宏观的分析单元之中,其结果是,宏观社会实际上只建立在从个体受众成员那里收集的微观数据的简单合计基础上。这种简单的总计程序所形成的跨层次分析是有问题的(Pan & McLeod,1991)。社会后果不能只从个体的平均变化中加以推断。对个体发生作用的,不一定对社会也发生作用,反之亦然。例如,"知识沟"假设断言,虽然媒介能成功地将信息传递给所有的人,但不同地位群体得到的信息在程度上是有差异的(Tichenor et al.,1970;Robinson,1972)。媒介因此可能在社会经济地位较高的人与地位较低的人之间产生"知识沟",这取决于每个阶层对信息的相对获取状况。

近年来,学者对媒介效果的兴趣已产生了变化,他们对各种类型的社会系统的影响力更为敏感——如家庭、社区、社会运动、组织、社会及国际社会。尽管最常用的分析单元仍然是微观个体,但如今的效果研究已经对上述各个层面都加以构想,并开展了研究。相反,媒介内容生产的概念倒是大多在宏观层面上进行阐述。在这里,我们并不认为任何一种分析单元本质上有什么"正确性",而且,其他层次上的研究工作也需要进一步拓宽。我们的观点是,对媒介的理解,不仅需要微观和宏观层次上的理论和研究,而且需要把生产和受众联系起来,也需要跨层次的概念连结。

2. 变化与稳定

媒介效果或促成受众的变化,或对受众的变化起阻碍作用。大多数的效果研究致力于对变化的研究,其主要原因是,变化作为媒介的作用力比缺少变化更容易观察。常有人批评说,媒介的维护现状作用通常只是一种推测,而缺乏实证证据,但并非没有关于媒介有助于稳定的研究。在20世纪60年代,有相当数量的实验性研究是针对劝服性讯息的免疫力(McQuail 1964);更早的是哥伦比亚大学有关选举研究的一个最主要的结论,媒介的首要效果是"强化"投票者已有的态度(Lazarsfeld et al.,1948;Berelson et al.,1954)。不幸的是,他们对这种"强化"的测量很成问题,他们仅仅凭着受访者在临近选举时的意向与选举活动开始时的意向一致,便认为投票者被强化了。"水门事件"中的一些证据表明,媒介在政治系统中有一种曲折的变化过程,当时的媒介强调"(政治)体制运作正常",但同时把责任都推给了尼克松。

3. 积累的与非积累的

另一种效果差异,是多种讯息长时间的积累性变化与接触单一媒介讯息所产生的变化。虽然,这两种效果类型很相似,但它们指的是产生影响的两种不尽相同的过程。在格伯纳等人(Gerbner et al.,1986)的积累性研究中,电视对重度观看者所产生的对社会现实判断的影响,被界定为电视娱乐节目黄金时间总体讯息的产物,而不只是某个电视节目或讯息。积累效果因此是长时间反复接触的一种累积。讯息部分地产生效果,是由于它们作为电视文化的一个自然组成部分,而不是因为它们本身具有非同寻常的性质。

而非积累性讯息以其讯息所具有的显著特征(这种特征可以通过视觉的、主题的或词语的形式出现),是抓住受众的注意力而产生效果(Anderson et al.,1977;Iyengar,1987)。这种媒介效果研究往往在实验室环境中进行,因为在这种环境中,可以对具体讯息的内容特征进行改变。非积累性效果并不与积累性效果相排斥,但它们在检测时一般不使用同样的研究设计。

4. 长期与短期

大多数的实验性媒介效果研究,针对的是接触一种讯息之后紧接的、即时的、相对短期的效果。此类研究设计,大多不包括其他效果形式,即这种接触的长期后果。通常,我们认为对媒介的短期反应会在一段时间后消失(如兴奋效果)。但这并不意味着,即时反应就不重要,例如,被电视中某个性虐待的片断所激起的即时性攻击行为,可能与媒介接触某种延迟的类似行为具有同样严重的后果。

长期效果的表现形式各异。首先,由接触产生的反应可能只简单地持续一段时间。另外,效果的表现形式可能取决于其他条件:对类似媒介讯息的额外的接触(如前面提到的积累性效果)、适宜的环境条件促成了效果的产生,或由于社会对某种效果的肯定从而强化了反应。在这些情况下,效果只能通过媒介接触以后过一段时间才能发现证据,只依靠为测量短期反应而进行的研究设计,往往无法发现证据。例如,1976年在总统电视辩论后,一时似乎看不出选民的意向,直到后来通过媒介"专家"与人际讨论后,选民才确定了他们的看法,也就是说,对投票结果和竞选知识起最大作用的是选举活动中间接的人际讨论。

5. 态度、认知与行为

虽然,传统上态度、认知与行为效果的差异,只适用于个体这一分析单元,但这三个因素涵盖了多数媒介效果研究,并提供了一套检验效果的系统方案。

(1) 态度效果

在早期相当长一段时间内,媒介效果研究的历史可以说就是态度改变研究史。在经历了短暂的沉寂之后(主要表现在社会心理学不再迷信于态度研究),又出现了不少强调劝服作用的新研究。有两种模式使这一领域得以复兴:劝服的认知效力相似模式(Petty et al., 1986),以及把态度、被感知的社会规范与行为联系在一起的理性行动模式(Fishbein et al., 1975)。但是,这些模式迄今为止在选举和传播活动的效果研究中只得到很有限的运用。虽然,大多数这类研究往往是短期的、非积累性的和微观的,但有的研究者已经把目光放在了宏观效果上,如广告对某些产品的积累需求效果。

(2) 认知学习效果

越来越多的人把注意力投向媒介的"学习"效果,即强调媒介作为一种信息资源的角色。近来,涌现出大量关于学习和把事实的记忆作为因变量的学术论文,涉及广告讯息、新闻和政治信息,以及回忆电视上出现的人物等领域。还有其他一些研究使我们认识到,不仅学习量(amount of learning)非常重要,而且何时学到信息(Chaffee, 1980)以及哪些东西没有被记住(Gunter, 1987)也很重要。虽然,这类研究往往相对是短期的、非积累性的和微观的,但也有一些著名的研究例外,如对社区的比较(Tichenor et al., 1980)、长期性地建立多种数据(Noelle-Neumann, 1986)以及长达一年的相同样本跟踪调查(Graber, 1988)。

(3) 认知建构效果

已得到检视的更为微妙的媒介效果,不是学习相互没有什么联系的事实,而是把新闻媒介作为事件和公共政策的理解者(Gamson et al., 1989; Iyengar, 1987; Crigler et al., 1988; McLeod, 1987)。媒介通过话语的选择、某种报道结构的重复,以各种方式组织并建构了现实。并且,这些建构可能远不只是提高了某些问题或议题本身的显著性(如麦考姆斯等人的议程设置研究),而且来自对议题的阐述以及解决问题的途径和方案的提出。例如,在美国,对滥用毒品这一议题所采纳的框架是"毒品战",用战争作比喻寓示着运用严厉的法律强制性手段,甚至不惜动用武力加以干预(McLeod et al., 1990);另一种框架则关注健康效果或者一问题对经济带来的冲击。前者可能更有助于毒品问题的解决,后一种框架则绕开军事术语,从而在一个法律的场域中进行,于是,立法、个人的责任感、税收和奖励机制等用语纷纷出笼。这种研究思路为媒介效果研究打开了一个新领域,而且与公共政策的形成过程建立了联系。

(4) 认知社会现实效果

大众媒介在为我们创造符合环境方面起的作用,指的是它的社会现实效果。一些证据起码部分地证实了以下的假设：媒介能够提供关于社会现实本质的线索（Gerbner et al.，1986；Wober & Gunter，1988）；对我们所关心的问题提供议程设置（Downs，1972；McCombs et al.，1986；Iyengar，1987）；以及提供舆论气候（Neumann，1984；Davison，1984）。

(5) 行为效果

大众媒介向来被看作是行为塑造、兴奋、放松及各种行为意图（如投票）的一个主要来源。对行为效果的关注，使反社会和认同社会的行为都得到了考察。

对媒介行为效果的研究可以追溯到佩恩基金会的研究，其中有些领域后来一直受到关注，如青少年的社会化、公共信息和商业广告宣传、政治宣传与公民参与、发展传播学与创新的接受等。大多数有关行为效果的研究都采用微观取向，只关注特定讯息及短期效果。但也有例外，长期的及宏观层次的行为效果也得到了检验。比如，历时22年的有关电视暴力对攻击性行为的效果研究（Huesman et al.，1984），以及在三个国家长期开展的电视开场白（the introduction of television）的对比研究（Centerwall，1989）。

近来，大众媒介对社会关系的影响力得到了检验，包括媒介形象对组织机构的影响作用（Diamond et al.，1988；Patterson，1980；Cook，1989；Ginsberg，1989；Blumler et al.，1990）。媒介效果由此得到了拓展，超越了对一般受众的影响。

（二）媒介内容与使用的细化

所有媒介效果研究都或明或暗地蕴含着媒介内容及其对受众的影响。这方面效果研究的拓展表现为如何看待媒介（内容）输入的细化。与媒介输入（media input）有关的一个明显区别是，一般性扩散（diffuse-general）与特定内容（content-specific）之间的不同影响（即上述的第六个方面）。一般性扩散的效果，大多源于媒介使用行为，其中的一个例子是，用于收看电视的时间替代了人们可能从事的其他活动，如读书或参与社区生活。

另一类一般性扩散的效果关注媒介的形式而不是内容。麦克卢汉（1964）是这种观点的积极倡导者，他坚持认为媒介就是讯息，而不是它的内容。但是，一些研究特定内容的人持"我们看什么就成为什么样的人"（we become what we see）的观点；而那些研究一般性扩散的人，很少把特定的内容与其所显示的结果联系在一起。例如，攻击性行为可以源自难以预知其后果的普通电视娱乐节目，也可以源自暴力内容（Watt & Krull，1977），而且，暴力和色情电影内容都会增强类似的生理兴奋（Zillmann，1971，1982）。

对特定内容的细化研究，仍然是媒介效果的一个主导性概念。但看待内容的方法已大为改变，这表现在对贝雷尔森的显性内容的量化分析（1952）的局限性进行了拓展，研究人员已经想到把内容看作是一个整体的讯息系统（Gerbner，1973）、作为文本结构（Van Dijk，1988）、作为具有形形色色具体意义的关于现实的符号现象（Hartley，1982），以及作为一个组织成型的概念框架体系，它塑造了受众对现实的理解和解释（McLeod et al.，

1987)。对媒介内容的大范围的界定工作,其实远远超出了一般性扩散与特定内容的两分法,我们需要一种涵盖面更广的、与内容有关的媒介效果研究,以及在细致的内容特征分析与效果检验之间找到更佳的契合点,这样的效果研究将是对内容概念的拓展,并且应该考虑,从零散的刺激拓展到更大范围的讯息或讯息系统单元。

（三）媒介生产与内容

更大范畴的媒介内容,也引发了另一种研究需要,即把过去有关媒介生产与内容的含糊的理论发展成为清晰的理论陈述。所有媒介学者都关心能对媒介内容中的变量做出解释的生产动力(production forces)。对效果研究人员来说,需要进一步研究的是：媒介内容中的哪些变量在受众对这些内容的理解和反应中发挥了作用。

传者和媒介组织的社会学研究以及认知启发的心理学研究,都有助于我们对媒介运作过程及内容的理解。在此,我们选择了三种完全不同的研究方法,但它们都与新闻内容和效果有关。

第一个是赫曼与乔姆斯基(Herman & Chomsky,1988)的宏观结构政治经济学研究方法。他们提出了一种宣传模式,这个模式反映了在美国及其他资本主义国家,新闻内容在机构的层面上通过五重"过滤网"加以控制：媒介在金钱交易方面与其他经济实体整合在一起；广告成为媒介运作的财政基础；对官方信息来源的依赖；狂轰滥炸式的宣传；反共产主义、拥护资本主义的主流意识形态。为检验这一观点,他们举证了同样的报道如何受到不同的对待以适应以上的几重过滤(如一场屠杀是发生在友好的资本主义国家,还是发生在不友好的社会主义国家)。但是,他们对所列举的不同报道内容对受众的影响却没有进行调查。效果研究应对这些假设加以检验,对效果进行对比,如比较对美国战亡人数隐去不报的新闻与有确切战亡人数的新闻可能造成的效果。

第二个是贝内特(Bennett,1988)的宏观社会研究方法。他提出了新闻中存在着四种信息问题,这四种问题的综合作用影响了受众对新闻的真正理解,阻碍了他们的政治参与。这四大问题为：个人化、戏剧化、碎片化和标准化。个人化指新闻媒介往往把注意力放在卷入政治斗争的人而不是针对议题背后的权力结构和过程；戏剧化指的是新闻从业人员往往选择那些最容易做简单描述的,有行为主体的,高度概括的事件进行报道；第三个趋势是碎片化,通过以上两者的综合作用,把报道和事实间离出来,使事件变成了一个没有过去和将来的"独立发生体"；最后一点,新闻从业人员往往使用官方的信息来源,而官方信息来源提供的是对危机和问题作出四平八稳的标准化的解释,而没有解释问题的深层意义。

贝内特所指出的新闻内容方面的每一个问题,都明示或暗含着受众可能做出各种反应的假设。例如,这些信息问题综合起来就可能是受众采取被动的态度,把责任推给个人而不是应对问题负责的体制,对复杂的、历史的和相互关联性的东西缺乏理解等。

第三个是来自认知心理学对人的信息加工过程的研究。这一研究发现,任何个体在能力上都是有限的。例如,研究显示,即使是在统计推论方面受过专业教育的人,也与普通人一样会作出"不合逻辑"的推理。新闻从业人员和其他人一样,由于带有他们自身认知的偏见而作出错误的推论,在他们所写作的新闻中也可发现推论的欠缺。这里使用的"偏见"一词,比传统新闻学的党派偏见或报道倾向的界定要宽泛些。

我们简要地把信息加工问题粗略地分为三组:对刺激或议题的归类、与事件有关的信息的选择、作为推论和行为之基础的信息整合。

归类(categorization)是人类思考的一个基本程序,主要体现为新闻从业人员对用语、概念、隐喻和标题的选择。新闻工作者在建构报道时常常是足智多谋的,至少在某些情形下是如此。这关系到对一个尚无定论的军事议题是界定为"又一个越南",还是"又一个希特勒"的战斗。显然,特定的新闻工作方式、官僚式的安排、所接受的培训、社会立场和价值观,都将对新闻工作者所偏好的归类产生影响(Tuchman,1978;Gitlin,1980)。

新闻工作者对信息的选择,是产生认知偏见的一个主要途径。选择(selection)可能深受"不合上司意图"这一顾虑的影响,或者是由于新闻工作者认同一些关于如何处理特定情况的教条(Taylor & Fiske,1978;Stocking & Gross,1988)。新闻工作者的工作方式也鼓励选择一些生动而不沉闷的信息、异常的戏剧化的事例,而不是更有代表性的基本资料。

最后一种偏见是关于整合中出现的误差,心理学家称之为错觉性关联(illusory correlation)和基本归因错误(fundamental attribution error)。错觉性关联指的是因信息不充分而造成的不恰当的因果联系。例如,在一个地区发现一种罕见疾病的几个病例,就下结论说这是由环境危害所引起的。基本归因错误指的是,对个体持有系统性偏见而不是认为体制性结构应对某种情形负责。这一观点认为,媒介更多地把问题归咎为"较小的偏差所带来的大规模破坏",而不是因为监督机制上的弊病,即缺乏恰当而周密的控制,从而纵容了这些问题的产生。以上及其他一些认知上的缺陷,在新闻工作者和受众身上都存在着。但是,我们不应对这两者的偏见一视同仁,因为新闻工作者的偏见反映在新闻报道中,有可能强化、修正或增加留意这些报道的受众的偏见。

(四)受众的能动性概念

几十年来,从事媒介效果研究的理论工作者一直致力于如何对受众的能动性作出恰当的描述。但这一努力却很失败,结果给人的印象是,受众是一些被动的、容易受蒙骗的人或是媒介内容的牺牲品。在媒介研究领域,有人甚至对是否在媒介理论中强调受众的能动性表示怀疑。吉特林(Gitlin,1978)就认为,"积极的受众"这一概念偏离了对媒介效果的真正理解,而格伯纳等(Gerbner,1986)主张,人们看电视时并不是在看电视的内容。其他一些人也认为,看电视时介入的程度很轻微(Krugman,1983;Barwise,1988)。同样,库比等人(Kubey & Csikszentmihalyi,1990)提出,观看电视基本上是一种被动的、放松的、不动脑子的行为。与这些观点不同,多数媒介学者则认识到,受众在一定程度上在意义建构方面比较主动。虽然,在能动性这一问题上没有统一的认识,但我们可以从受众能动性的几种研究方法上来考察一下它们与媒介效果的关系。

1. 满足（contentment）

受众因各种各样的动机使用媒介以满足自己的需要,通常被称为"使用与满足"研究,它最早起源于20世纪40年代的哥伦比亚学派,在经历了五六十年代的凋零之后,在近20年得以复兴(Blumler & Katz,1974;Rosengren et al.,1985)。传统上,使用与满足理论是另一种媒介效果研究,而非对媒介效果研究的补充——即从讯息主导效果("媒介对人们做了什么")转向受众主导的视角("人们利用媒介做了什么")。对这一视角的批判指出,它暗示着受众的愿望总能从各种类型的内容中得到满足,因而具有保守的功能主义倾向——使任何类型的媒介内容都正当化,从而消弭了媒介内容的一切有害效果(Elliott,1974)。

但也有人把使用与满足理论看做是媒介效果研究的一个重要补充。布鲁姆勒和麦奎尔(Blumler & McQuail,1969)发现,在1964年英国大选中,收看与大选有关的电视加上强烈的收看动机,增加了观众对政治信息的获取。麦克劳和贝克(McLeod & Beck,1974)从受众对政治信息的寻求中总结出四种满足的类型,在控制了媒介接触与其他变量的情况下,这四种满足的类型仍显示出一定的效果。满足性寻求可能提高对(信息)的学习水平,但它们也表现出妨碍议程设置的效果,那些寻求宣传信息动机最强烈的读报者,与动机较弱的人不同,他们对议题显著性的排列与他们所阅读报纸对某个议题的强调不尽一致(McLeod & Beck,1974)。

2. 选择性（selectivity）

选择性这一概念,至少可以追溯到早期哥伦比亚大学的宣传研究。这一概念指的是:人们选择性地找出与他们已有态度和信念相一致的信息,并避免与其观点不一致的信息。海曼和希斯利(Hyman & Sheatsley,1947)总结说,在接受过程的各个关节:接触、注意、感知、理解和记忆中都有选择性行为。选择因此与媒介讯息相互作用,增强了相一致的信息材料的效果,减少或消除了不一致的内容的影响。

半个世纪的研究证实,前半句基本上是正确的,因为人们确实更愿意选择支持自己观点的信息,而不是中立的或不相干的信息(Frey,1986;McQuail,1986;Katz,1987)。但后半句关于选择的假设,即人们避免不一致的信息,在近几年的研究中显得并不可靠。仅仅从逻辑上看,要完全避免与之相冲突的信息,对一个人来说是一件很费劲的事,还不如应付所有来自媒介的与自己观点不尽一致的信息。而且,有证据表明,在某些情况下,人们反而更多地关注与自己有差异的信息(Berlyne,1960;Kleinhesselink & Edwards,1975;Frey et al.,1978)。

至少,在媒介接触与注意中,选择的作用取决于受众对什么信息与自己相一致、什么信息与自己不一致的预测能力。对于印刷媒介,事先的选择是完全可能的,但对电子媒介来说,因为往往搜索不易,而且事先没有什么准备,使选择成了一种很难描述的行为。不幸的是,选择常常是作为一种因变量而不是作为对讯息的效果起中介作用的变量来使用的。对一致性信息的选择,在媒介接受的阶段比较容易操作,但它在讯息加工过程中如何作用及如何产生效果的问题,至今尚不清楚。

3. 注意(attention)

受众能动性中最显而易见的形式,可能就是注意了,也就是大脑注意力的集中。常识告诉我们,高度的注意能使人从媒介中学到更多的东西(Chaffee et al.,1986)。在电视的使用中,注意尤为重要,不过,印刷媒体的使用实际上更要求注意力,电视观看者在用脑方面更自由些,而且可同时从事其他活动。在以不同方式测量人的注意力时,情况就变得很复杂。生理性的测量发现,注意力是以毫秒这么短的时间进行的,且大多不为人的意识和控制所左右(Reeves et al.,1986)。通过自我陈述这种在更有意识的情况下进行的检测,则代表了对概括性和有意图的集中注意力的陈述,适用于较长时间跨度的特定的媒介内容类型。这类测量在注意程度上很少交叉重叠,往往针对特定的内容,如公共事务新闻内容、娱乐内容或广告,而与媒介是电视或报纸无关(McLeod & Chosky,1986)。

注意力的作用,有时与媒介接触程度无关。查菲等人(1980)发现,对电视新闻的关注有助于宣传知识的获取,与新闻的观看频率关系不大;不过,对那些接触报纸硬新闻的人来说,效果还是非常明显的。在某些情况下,新闻接触和注意力可能相互作用而产生一种综合效果,而不是两种作用力的简单相加(McLeod & McDonald,1985)。注意娱乐和广告的自我陈述,没有得到彻底的检验,有限的一些研究证明,自我陈述对广告的注意大都没有产生什么结果,但有关注意力的实验及生理性的测量却显示了广告的效果(Reeves,1986)。

4. 媒介形象(media images)

媒介学者的理论阐述了媒介内容的种种缺陷(参见有关媒介生产部分),受众对媒介也可能有类似的观念或常识。人们如果确实有这种观念或印象,那就有理由认为,这也构成了受众能动性的一部分,因为它潜在地影响了人们如何使用媒介以及他们从内容中得到了哪些东西。媒介经营者和公关人员也有他们自己关于媒介的一套理论,至少他们在研究和促销方面花费了大把的金钱。他们认为有一种形象,即可信性,对媒介效果至关重要。受众成员中最喜欢对新闻信息质量评头论足的人——那些认为新闻应具有相当准确性、完整性、思考性和责任性的人——从新闻中学到的东西显得比其他受众少(McLeod et al.,1986;Chosky & McLeod,1990)。

但是,对新闻质量的感受并不意味着它是媒介形象的惟一方面,或者是最重要的一个方面。受众对媒介如何运作的感觉,有时是清晰的,有时是多变的。麦克劳等人(1986)发现,受众的媒介形象有四个方面:新闻塑型(patterning of news),即认为新闻相加在一起构成了关于这个世界的一幅全面的图画;内容的消极方面,即认为新闻是枯燥的、煽情的、以坏消息为主的、带有报道者偏见的;依赖和控制,即往往认为媒介机构在协调和控制方面是霸权的,人们对媒介过于依赖;特殊利益,即认为媒介代表了特殊利益,同时也为自己谋取特殊利益。在控制了大量结构性的和媒介使用的变量的情况下,新闻塑型显示其有助于从新闻中学到更多的东西。除了对事实性信息的学习之外,所有关于媒介形象的几个方面都通过各种形式对其他效果产生影响,如媒介使用、信息加工策略的选择、社区介入(community involvement)、认知的复杂性以及对主要新闻报道的建构(framing)(McLeod et al.,1986;Chosky & McLeod,1990)。

5. 信息加工策略

在人们处理"信息流"以防止被过多信息淹没的使用策略方面,也能发现受众的能动性(Graber,1988)。我们通过以下两个假设对这种策略加以辨别:个体通过自我陈述能对信息加工过程加以控制和描述;这些策略在一段时间内相对稳定。李维和温德尔(Levy & Windahl,1984)把这种策略看作由前期行动(对时间安排和实践预算的选择)、中期行动(媒介接触过程中的理解)及后期行动(在接下来的人际交流中的兑现)构成。所有这三种行动形式都能增进从新闻节目中得到的满足感。

另一种策略行为的研究确定了受众新闻信息加工过程的三个方面(Chosky & McLeod et al.,1987)。首先是选择性浏览,因时间有限,为应付大量的新闻而略过一部分条目或换台;其次是主动加工,根据个人需要对信息作再三的理解,这反映了受众"信息加工过程中所遇到的麻烦"(Graber,1988);最后是思维整合(reflective integration),指的是对新闻中常有的零散性和某些信息中显著的部分加以整合,重新回顾一遍,使之成为与别人交谈的话题。

上述的每一个方面都与各种类型的政治效果有关(Chosky et al.,1987;Chosky & McLeod,1990)。政治信息的学习、政治兴趣以及政治参与,其程度都受选择性浏览的限制,但也因思维整合而得以提高。虽然,能动的信息加工过程似乎对学习没起太大的作用,但它确实对兴趣和参与有正面的影响。

三种信息加工过程与人们解释、理解媒介讯息时使用的不同概念框架有关(McLeod et al.,1987)。信息加工过程,不仅每一个体不同,在媒介接触的每一阶段不一样,而且与认知反应的差异有关。根据这一思维框架,信息加工过程指的是个体在意义建构和理解方面的不同过程,它不是指整齐划一的、被编排就绪的输入—输出过程。

(五)过程、模式及分析层次

首先应当明确,当下的研究人员都认为,媒介并不存在放之四海而皆准的效果,研究只是试图确定在什么条件下媒介接触会对某些受众产生效果。麦克劳和瑞夫斯(McLeod & Reeves,1980)概括的七个方面,包括直接的与条件的效果,反映了效果研究的发展特征。克拉伯(Klapper,1960)曾认为,各种条件表明媒介效果是有限的、微弱的,但当今的研究人员认为,这些条件正好反映了效果是如何产生的以及在什么环节产生的。他们并没有对总的媒介效果的大小下结论,而且,要以一种适用于所有受众的普遍作用力来代替有差异性的效果,无疑是一种误导。

有一组影响媒介效果的条件发生在媒介接触前。如果对第三种变量加以控制,就可以确定一些能发现媒介效果或无法体现效果的受众子群体(这种群体也可以达到一个国家或一种文化群体的规模)。我们认为,这一条件性的第三种变量显示了一种制约性条件(contingent condition)。例如,对报纸的依赖和寻求政治信息的动机不高,对报纸的议程设置功能来说都是制约性条件(McLeod et al.,1974)。另一类媒介接触前的条件,是第三种变量作为辅助性条件(contributory condition)所产生的效果。例如,一个观众在媒介接触之前处于愤怒的状态,就更可能产生攻击行为(Berkowitz,1962)。正如前面所指出的,"知识沟"假设把社会地位当作一种条件变量,媒介可能以不均衡的速度在不同社会地位群体之间传播信息(Tichenor et al.,1970)。

条件性变量也有可能在媒介接触之中及媒介接触之后产生干预作用,它或是代表了一种由接触引发的内在的认知过程,或是一种社会作用。如前提及,研究发现,对总统辩论电视节目的接触引发了人际间的政治讨论,于是比一开始媒介接触时产生了更大的政治参与效果(McLeod et al.,1974)。另一些研究发现,对哪位候选人在电视辩论中胜出一开始还没有什么感觉,但几天后,当收看电视的人读了报纸的评论,并把自己的结论与他人做了交流之后,就形成了自己的意向(Lang & Lang,1979;Morrison et al.,1977)。

媒介使用与条件性变量之间的相互作用有多种形式。在某些情况下,媒介接触效果起反方向的作用,一些重要的关系在不检验第三种变量的情况下横向相互作用,但结果是,无论如何都无法发现媒介的效果(McLeod & Reeves,1980)。因此,确定条件性效果并把它们结合到媒介理论之中至关重要,这就需要运用更加复杂的模式对条件性效果进行系统的考察。近年来,越来越多的人认同 O-S-O-R 这个模式,这里的两个 O 是有差异的。第一个 O 代表整个结构的、文化的和认知的因素所构成的接收环境对媒介受众的影响。我们已经知道,S 不仅仅限于讯息的不连贯的微观刺激,它可能是另一种排列在一起直至宏观讯息系统的单元概念。"刺激"一词也许会引起误解,因其内涵过于狭隘,宜用其他概念取而代之。第二个 O 指的是在收看环境中讯息接受与受众反应之间所发生的一切。它也可以在不同的层次——从短时间的生理反应到接受环境的社会背景,再到接收后可能发生的复杂的人际互动。最后,R 所指的是反应,但也有了拓展,它的时间跨度更大,也包括社会后果及个人变化。

O-S-O-R 模式意在强调信息接收、理解中认知过程的重要性,并对反应做出具体的说明。认知加工功能不仅仅是中介因素,而且是整个信息加工过程的必要组成部分。大众媒介在其为我们提供参照框架、对重要的公共事务作出界定和定位以及为我们的认知活动提供资料方面,是一种重要的影响来源。认知过程也部分地影响新闻工作者及其信息来源的讯息生产过程。任何认知过程都强调宏观社会结构对媒介生产和受众接收过程的重要性,即使是创造性的讯息生产和受众的多样化阅读,也应考虑各种组织性的和社会结构的影响对个体认知表现所产生的作用。

二、批判者眼中的媒介效果

在研究者眼中的媒介效果是多样性的不同,在批评家的眼中则更多看到的是这一研究取向的同质性。这些批判评价中的许多观点,正反映了媒介效果研究中存在的局限。为简明起见,将其概括为三种观点,当然,这样的概括过于简单化和偏颇,有的已经可能过时,且过于狭隘,但还是有一定的借鉴意义。

1. 批判学派的批判

这一批判源于批判学派的各种支流,它们大多认为,媒介效果研究建立在刺激—反应这一学习理论基础上,只局限于两个变量(媒介刺激和效果),没有中介。而且,效果研究被认为在其研究取向上过于个体主义,在方法上又有简约主义的缺陷,盲目指责个人在知识和参与方面的欠缺(Golding,1974)。效果研究的意识形态倾向显示了其号称自己客观和道德中立的虚伪性。

它们认为,媒介研究过分局限于一种效果类型的研究:那就是劝服,其他效果类型被大大忽略了。此外,效果受制于传者的意图,也就是行政人员的操作意图。因此,媒介效果研究缺乏与根植于社会权力关系的讯息生产之间的理论关系。媒介效果研究被认为是把讯息作为中立的、毋庸置疑的东西,其有限的变量是因果关系的惟一来源,其研究所选择的讯息也过于简单化。

最根本的问题是,媒介效果研究被认为在性质和意图上全都是行政管理的(Gitlin,1978)。也就是说,媒介效果研究人员在很大程度上依赖大众媒介和政府机关的经费,结果,研究的正当性与市场和政府政策联系在一起。于是,对理论的发展和人类条件的改善不再承担起应有的责任。

具有讽刺意味的是,在批判学派看来,媒介效果研究名不副实,它低估了大众媒介的效果。由于其局限性,媒介效果研究没有探索积累的、延迟的、长期的和用以维持现状却看不出明显意图的效果(Golding et al.,1978)。实际上,考虑这些效果变量能加强对媒介影响力度的评估。

2. 文化研究的批判

来自文化研究方面的批评,则加上了更多的主观色彩。其中,最基本的一点是,指责媒介效果研究在论及变量及其效果时使用了不恰当的术语和因果模式。它们认为,媒介效果研究受一种过时的实证主义哲学的局限,反映的是"行为主流霸权"(Hall,1982)。它们认为,所谓对物质的可观察的特性的关注、没有变化的关系以及经验主义的科学举证,都是效果研究和整个社会科学的致命缺陷。

它们认为,效果传播只关注孤立个体的有限变量,是对受众进行人为分割,舍弃受众人性的一面,并把受众从其文化中分离出来。效果研究对人类行为总则的描述,忽略了人们在对媒介反应方式中的重要的文化变量(Hall,1982)。根据文化批判,媒介效果研究有意对受众建构讯息意义的行为轻描淡写。更糟糕的是,把受众成员当作容易受愚弄的人。它们认为,效果研究过分强调讯息,蓄意夸大媒介效果。效果研究忽略了文化机理中意义生产的建构过程(Hall,1980;Carey,1989),通过把媒介讯息简化为具体的心理刺激和把注意力放在现行的容易被操纵的特征上,效果研究将内容和受众都简单化了。效果研究中所使用的量化方法,忽略了讯息和意义在受众接收时存在着重要的质的差异。

3. 行为科学的批判

对媒介效果研究最为激烈的批判来自原本被认为较为宽容的行为主义科学家。他们认为,效果研究的经验性结论并不能支持其号称的强大的媒介效果。根据这一学派中一位批评者的看法(McQuire,1986),这种对媒介威力的期许来自水火不容的两大阵营:批判理论家和应用实践者(如广告与公关)的"阴谋",后者是为了使他们的存在正当化和为了薪水才号称媒介威力巨大。根据他的观点,对媒介效果的夸大还来自于学术界研究人员之间对发现效果所作出的承诺——学术期刊很少发表没有什么研究发现的论文,而年轻学者又被要求发表论文。

这种来自友好阵营的第二大攻击是媒介的动机性质。在有些情况下,媒介可能只是作为一种简单的载体,承载着一些信源如广告客户或新闻制造者的讯息,但这也是一种媒介效果。另一个问题是,因果方向含糊的非实验性的效果研究——实际上可能仅仅是从媒介中查找"原因"。一般来说,那些只从媒介中追究原因的效果研究人员所得出的结论,往往缺乏科学的准确性,因其偏离了对特定讯息所产生的特定效果的具体说明而缺乏理论性。

在行为学者的眼中,那些"以媒介为中心"的效果研究人员由于把信息生产过程的宏观概念和效果的微观概念混为一谈而导致理论上的断裂。根据这一观点,由此造成的对媒介的模糊认识没有对"刺激"做出具体的说明,因而背离了建立关于人类行为的行为主义科学的基本目标。

对方法论上的批评,综合起来看,主要是指责效果研究中研究设计的薄弱、缺乏全国性的样本以及没有采用最佳的统计程序。这样,在一些行为主义科学家的眼中,效果研究的合理性就更值得怀疑,并使效果研究在学术圈内更加处于边缘化的地位。

三、当前媒介效果研究取向的主要特征

从以上当前的媒介效果的发展历程来看,媒介效果的取向主要有三个特征:

第一个最为显著的共性是,把对受众的关注放在首位。"受众"一词可以从不同的层次加以理解。它既可以作为处于社会环境中的个体,也可以作为社会或文化的构成(institutions)。受众可以被看作是集合体的大众或是公众,但也可以是某些特殊角色,如作为经济或政治经营的决策者。

第二个特征是对影响的具体说明,无论是根据各个抽象层次分析单元中受众的变化,还是防止其发生变化。这种影响往往有多种形式:心理反应的变化,个体受众在态度、认知、行为方面的变化,或各种形式的集体性变化(如社区中同质性的增强、社会中政治的不稳定性)。并非各种社会系统层面的所有变化,都能直接对受众个体这一层面带来相应的改变(如同质性)。媒介效果研究人员力图在不同层面建构自己的理论——从宏观社会到个体,甚至心理反应层面。当然,也有研究试图在这些层次之间寻求连结。

第三个特征是,关注对特定的现象、形式或内容产生影响或效果的信源的属性,以及媒介讯息系统、单个媒介、内容类型或个人讯息的属性。媒介关注的可能是大众媒介(如广播电视、报纸),但也有更专业化的媒介,如直接邮寄和新技术。对于媒介及其讯息对受众产生影响这一主要的流通过程,有一种清晰的理论上的约定俗成,它以"效果"一词作为代表。但这并不意味着一种单向的影响流,即把受众看作是被动的接受者。"效果"一词,尤其在近来的理论中,丝毫不否定,事实上还强调了受众在主导媒介影响的形式与范围中具有预先的导向性作用。

另外,还有两个方面与效果的研究取向有关。变量这一术语(例如自变量、因变量、干预性变量)内含多种因果关系,常用来描述最有可能产生效果的过程和条件;另一个是假设的阐述,按通常的理解,这是对效果的经验性检验。"经验主义的"(empirical)包括两个意思:关键变量是可以被观察到的(并不一定是量化的,尽管量化和统计分析被当作证据

的强有力形式),以及命题具有被检验的能力,也就是说,其结果可以证明是错误的。

虽然从当代媒介效果研究看,批判学派和文化研究的批评都表现出历史的局限性和狭隘性,但它们对媒介效果研究的有些职责也不无道理。主要概括为三点:

首先是媒介效果理论中的个体主义偏见。在这种传统中,大量的研究把个体作为首要的观察单元,比起个体来,社会系统效果这一概念较少得到明确的发展,虽有例外,但在概括社会意义时效果研究主要考虑的也还是个体效果。个体主义偏见目前仍然是一大威胁,除非我们在理论上能对更多跨层次(如从宏观到微观,或从微观到宏观)的作用力加以研究。

效果研究的另一个薄弱环节,如批评家们所指出的,是在讯息生产方面缺乏系统的联系。近年来,越来越多的研究已经注意到了"横向的"媒介效果理论,但近期,把生产、讯息系统和受众效果研究分裂开来的势头仍将继续存在。把受众接受和媒介生产联系起来,知易行难;这些领域的现有概念,皆非"恰到好处"——用于分析媒介生产与受众的概念各成一体,没有考虑到它们之间的联系。不过,把这些相互分裂的部分构架在一起的例子,在考察信息控制与传播中的权力关系的研究中还是存在的。

第三点受到批评家们指责的是,效果研究中如何充分地体现媒介内容中的变量。大多数效果研究所使用的内容变量,其实只是通过假设或推论而来。批评者认为,这就不恰当地把媒介内容简化为心理刺激,全然不顾在效果研究中所使用的许多文化背景。但与此同时,我们也应指出,越来越多的人开始关注媒介内容的更广泛的联系。在这一领域,媒介效果研究可以从文化研究与话语分析中得到有益的启示。

行为科学批评媒介效果研究对效果的强大与威力做出了过高评估。虽然媒介效果研究者得出的研究结论是媒介效果并不强大,一般也不会大胆直言媒介具有强大的威力,倒是其他一些人(如普通写作者、政府官员和一般公众)在夸大媒介的威力。对媒介效果威力强大的认同,有可能被那些不择手段的官员所利用,对媒介及其他机构进行肆意的抨击(如对美国的媒介与艺术的抨击)。只有通过媒介效果的制约性条件和辅助性条件,而不是毫无疑义地对效果泛泛而论,才是对理论和公共政策最有益的工作。

行为主义学者还批评效果研究没有厘清媒介的一些因果关系,这对媒介研究人员仍然是一个有益的提醒。如果能把事件(或议程)的信源属性和新闻从业者的行为作用区分开来,可能更加合理。这就需要对生产过程,包括讯息是如何以不同方式建构起来的概念,在理论上作更紧密的联系。在以"媒介为中心"的研究者之间,这种"横向"研究方法承受着一定的压力,因为这一流派的其他研究者认为,理论的发展主要依赖于从社会心理学及其他社会科学领域汲取概念。

四、效果研究的未来趋势

在跨入21世纪的今天,尽管大众媒介依旧存在,但新型电子媒介的发展确实挑战了传播理论以及现存的媒介产业。"新媒介"目前在公共、个人生活领域,以及许多专门的和企业环境的传播任务上,逐渐被大量运用。这些新媒介可能扮演辅助的角色,同时也可能是深度信息的来源,或是有潜在效果的广告媒介;既是弱势群体发声的平台,又是提供如大众媒介般服务与满足的另类管道。就大部分这些趋势来看,既存的理论与研究的框架可以轻而易举地用在新媒介身上。

广义的来看,新媒介和既有的传统大众媒介一样,可以从"社会整合"以及其他社会结构的角度来检视。数字化所带来的"整合"概念激发出关于不同性质媒介之间任务和功能的重新分工,虽然这些趋势现在似乎造成更大的"差异性"而非"一致性"。其他的架构一般也可以从"全球化"和"科技决定论"的现象中发现。来自政治经济学派的理论皆可以用在批判"新"媒介和"旧"媒介身上,尤其是媒介的全球化特质、跨国性资本和企业利润的发展模式。就较低的理论层次而言,"新"媒介看起来比较像是在"延续"而非"另启"受众的"小众化"和"分众化"。新媒介的互动机制确实很明显,但媒体的"互动性"早已存在于接受者自由选择、诠释和建构本身所偏好的意义权力之中。至少有部分由新媒介所引发,但又原本是社会理论与规范理论所熟悉和探讨的议题,已经成为政策讨论的现象。尤其是关于"新传播工具发展失控"所造成的自由、控制和恐惧的问题,最受注意。

适用于新媒介的旧理论框架:
- 社会整合与社会结构;
- 政治经济途径;
- 整合性的论题;
- 全球化;
- 科技决定论;
- 去大众化。

但另一方面,忽略新媒介潜能发展和应用的不确定性是不明智的。新媒介极易产生与旧媒介相当的,但有独特的社会及文化影响。目前使用的理论机制中仍有许多不足和缺陷,如果仓促地将新发展纳入旧架构中,可能会遗漏掉那些看起来并不新颖,但却可能在不知不觉中使传播与社会转型的元素。从结构的角度来看,新形态的社会网络正在浮现且日益重要,这正是由新媒介的某些特质所激发出来的。

到目前为止,已经提出一些理论来尝试修补或延伸既存的构架。首先,要发展出关于"信息社会"或"网络社会"的概念。与当前推测成分较高的概念相比,这些概念将是较能实际运用来做分析的。我们应该知道相关的网络是什么,以及它们是如何组织运作的。其次,必须检视有关某些新媒介特质所提供的自由:是否还是与旧媒介一样受相同的管制,甚至成为更有效的社会控制手段。第三,应该探寻在技术层面之外,新媒介的互动性究竟能进行到什么程度。除了有效地提供像购物和处理银行业务之类的服务外,新媒介是否有其他显著的传播意义。第四,在缺乏面对面接触和其他社会支持的情况下,新媒介是否真的比旧媒介更能发展有意义的社会关系。

除了这些问题,我们也应该知道更多有关新媒介的实际使用经验,特别像"互动性"、"随心所欲地在广泛的内容中进行搜索"、"参与志同道合的社群"等新媒介的特质所带来的不同的使用与满足经验。在理论思维上,也有一些新的面向存在。此外,大众媒介中广为人知,却少受重视的"社会责任"议题,在新媒介中几乎从未被提及。假使新媒介的供应者没有社会责任或不可信任,持久的信任关系和忠诚度就不存在了,从而会降低它的影响力与社会权力。

早期的大众传播研究中,"批判"和"功能"的观点讨论是一样多的,但时至今日,这种情况比较少了。尽管我们在媒介"真实性"、"范围"和"不可逆性"上已有一定的认知,而不再是只有简单的二元对立观点,但是,在后现代主义时期的今天,我们仍缺乏一套能够提供成熟"批判观点与分析工具"的理论。

关于新媒介的新理论议题包括:
- 资讯社会;
- 社会与传播网络;
- 自由或控制;
- 互动性;
- 使用经验;
- 责任与信任;
- 新的批判理论。

小结

本章对传播效果研究的各个方面进行了解析,从个人、群体、社会及文化四个方面梳理了有关效果的各种理论和实证研究。

最后,我们试着通过媒介效果的概念把传播学的各个领域和各个流派连结起来。

从中我们发现,传播效果的确是传播学最受关注的问题之一。对于它,我们无法妄下定论。这个问题的研究必将随着传播学学科的发展而不断深化。

参 考 文 献

1. Alfred Schutz: On Phenomenology and Social Relations, Chicago: University of Chicago Press, 1970.
2. Brigitte Lebens Nacos: Terrorism and the Media, New York: Columbia University Press, 1996.
3. Carl Hovland: The Order of Presentation in Persuasion, Yale University Press,1957.
4. Chris Newbold, Oliver Boyd-Barrett and Hilde Van den Bulck(Editors):The Media Book, Hodder & Stoughton Educational, 2002.
5. Chris Newbold, Oliver Boyd-Barrett, Hilde Van den Bulck (Editors): The Media Book, london, A Hodder Arnold Publication, 2002.
6. D. McQuail and S. Windahl: Communication Models for the Study of Mass Communication, London: Longman,1981.
7. Denis McQuail: Mass communication theory (4th edition). Sage, 2000.
8. Denis McQuail: Mass communication theory: An introduction, Sage, 1983.
9. J. Wilke: Multimedia Strukturwandel durch neue Kommunikationstechnologien, in Mediensituation in Deutschland, Botschaft der Bundesrepublik Deutschland, 1996.
10. James C. McCroskey, Virginia D. Richmond, Robert A. Stewart: One on One, The Foundation of Interpersonal Communication, Prentice Hall Inc, 1986.
11. John Nerone; William E. Berry; etc: Last Rights: Revisiting Four Theories of the Press. University of Illinois Press, 1995.
12. John Steward: Bridges, Not Walls: A Book about Interpersonal Communication, McGraw-Hill Inc., 1995
13. Joseph Luft: Group Processes: An Introduction to Group Dynamics, Palo Alto, Calif.: National Press, 1963.
14. Joshua Meyrowitz: No Sense of Place: The Impact of Electronic Media on Social Behavior,Oxford University Press,1985.
15. Klaus Krippendorff,"The Past of Communication's Hoped-For Future",Journal of Communication 43 (1993).
16. Merten, K., Schmidt, S. J., Weischenberg, S: Die Wirklichdeit der Medien: Eine Einfuhrung in die Kommunikationswisssenschaft, Westdeutscher Verlag, 1994.
17. Michael B. Salwen, Don W. Stacks: An Integrated Approach to Communication Theory and Research, Mahwah, New Jersey, 1996.
18. Peter L. Berger, Thomas Luckmann: The Social Construction of Reality: A Treatise in the Sociology of Knowledge, New York, Doubleday,1996.
19. R. B. Zajponc: The Concepts of Balance,Congruity and Dissonance, Public Opinion Quarterly 24, the University of Chicago Press, 1960.
20. R. H. Walters, E. Llewellyn-Thomas: Enhancement of Punitiveness by Visual and Audiovisual Displays,Canadian Journal of Psychology 17(1963),pp. 244-255.

21. Siegfried Weischenberg: Journalistik: Medienkommunikation: Theorie and Praxis(Band 2), Westdeutscher Verlag, 1995.
22. Siegfried Weischenberg: Journalistik: Medienkommunikation: Theorie und Praxis, Westdeutscher Verlag, 1992.
23. Stephen Fox: The Mirror Makers: A History of American Advertising and Its Creators William Morrow and Company, Icn, NY, 1984.
24. Stephen W. Littlejohn, Karen A. Foss: Theories of Human Communication (4th ed.), Belmont, CA: Wadsworth Publishing Company, 1992.
25. [丹]克芬斯·布鲁恩·延森、[荷]尼古拉斯·扬科夫斯基:《大众传播研究方法——质化取向》,唐维敏译,台北,五南图书出版公司,1996.
26. [德]赫尔曼·哈肯:《协同学:大自然构成的奥秘》,凌复华译,上海,上海译文出版社,1995.
27. [德]卡西尔:《人论》,甘阳译,上海,上海译文出版社,1985.
28. [德]克劳斯:《从哲学看控制论》,梁志学译,北京,中国社会科学出版社,1981.
29. [德]马克思:《资本论(第一卷)》,郭大力、王亚南译,北京,人民出版社,1963.
30. [法]阿芒·马特拉、米歇尔·马特拉:《传播学简史》,孙五三译,北京,中国人民大学出版社,2008.
31. [法]阿芒·马特拉:《世界传播与文化霸权:思想与战略的历史》,陈卫星译,北京,中央编译出版社,2001.
32. [加]艾里克·麦克卢汉、弗兰克·秦格龙编:《麦克卢汉精粹》,何道宽译,南京,南京大学出版社,2000.
33. [加]哈罗德·伊尼斯:《传播的偏向》,何道宽译,北京,中国人民大学出版社,2003.
34. [加]哈罗德·伊尼斯:《帝国与传播》,何道宽译,北京,中国人民大学出版社,2003.
35. [加]麦克卢汉:《理解媒介——论人的延伸》,何道宽译,北京,商务印书馆,2000.
36. [加]文森特·莫斯可:《传播政治经济学》,胡正荣等译,北京,华夏出版社,2000.
37. [美]Garth S. Jowett & Victoria O'Donne:《宣传与说服》,陈彦希、林嘉玫、张庭誉译,台北,台湾韦伯文化国际出版有限公司,2003.
38. [美]S. A. Lowery, M. L. De Fleur:《传播研究里程碑》(第二版),王嵩音译,台北,远流出版事业公司,1993.
39. [美]Tony Gunton:《企鹅信息辞典(The Penguin Dictionary of Information Technology)》,北京,外文出版社,1996.
40. [美]E·M·罗杰斯:《传播学史:一种传记式的方法》,殷晓蓉译,上海,上海译文出版社,2002.
41. [美]爱德华·霍尔:《无声的语言》,侯勇译,罗进德校,北京,中国对外翻译出版公司,1995.
42. [美]本·巴格迪坎:《传播媒介的垄断》,林珊等译,北京,新华出版社,1983.
43. [美]德弗勒、鲍尔-洛基奇:《大众传播学诸论》,杜力平译,北京,新华出版社,1990.
44. [美]德弗勒、丹尼斯:《大众传播通论》,颜建军等译,北京,华夏出版社,1989.
45. [美]赫伯特·阿特休尔:《权力的媒介》,黄煜、裘志康译,北京,华夏出版社,1989.
46. [美]库利:《人类本性与社会秩序》,包凡一、王源译,北京,华夏出版社,1989.
47. [美]勒纳:《传播体系与社会体系》,张国良主编:《20世纪传播学经典文本》,上海,复旦大学出版社,2003.
48. [美]李普曼:《舆论学》,林珊译,北京,华夏出版社,1989.

49. [美]罗伯逊:《社会学》(上),黄育馥译,北京,商务印书馆,1990。
50. [美]罗洛夫:《人际传播社会交换论》,王江龙译,上海,上海译文出版社,1997。
51. [美]马丁·杰伊:《辩证的想象:法兰克福学派史》,单世联译,广州,广东人民出版社,1996。
52. [美]马斯洛:《马斯洛人本哲学》,成明编译,北京,九州出版社,2003。
53. [美]麦克鲁汉:《传播工具新论》,叶明德译,台北,巨流图书公司,1978。
54. [美]麦克马纳斯:《市场新闻业:公民自行小心?》,张磊译,北京,新华出版社,2004。
55. [美]乔治·赫伯特·米德:《心灵、自我与社会》,霍桂桓译,北京,华夏出版社,1999。
56. [美]塞弗林、坦卡德:《传播学的起源、研究与应用》,陈韵昭译,福州,福建人民出版社,1985。
57. [美]施拉姆、波特:《传播学概论》,陈亮等译,北京,新华出版社,1984。
58. [美]施拉姆:《大众传播媒介与国家发展》,金燕宁等译,北京,华夏出版社,1990。
59. [美]斯蒂文·小约翰:《传播理论》,陈德民、叶晓辉译,北京,中国社会科学出版社,1999。
60. [美]斯拉姆:《报刊的四种理论》,中国人民大学新闻系译,北京,新华出版社,1980。
61. [美]泰勒等:《人际传播新论》,朱进东等译,南京,南京大学出版社,1992。
62. [美]威廉·麦克高希:《世界文明史》,董建中、王大庆译,北京,新华出版社,2003。
63. [美]沃纳·赛弗林、小詹姆斯·坦卡特:《传播理论:起源、方法与应用》(第四版),郭镇之等译,北京,华夏出版社,2002。
64. [美]希伦·洛厄里、梅尔文·德弗勒:《大众传播效果研究的里程碑》,刘海龙等译,北京,中国人民大学出版社,2004。
65. [美]新闻自由委员会:《一个自由而负责的新闻界》,展江等译,北京,中国人民大学出版社,2004。
66. [美]叶海亚·伽摩利珀编著:《全球传播》,尹宏毅主译,北京,清华大学出版社,2003。
67. [美]约翰·费斯克等编撰:《关键概念:传播与文化研究辞典(第二版)》,李彬译注,北京,新华出版社,2004。
68. [美]约翰·费斯克:《理解大众文化》,王晓珏、宋伟杰译,北京,中央编译出版社,2001。
69. [瑞士]索绪尔等编:《普通语言学教程》,高名凯译,北京,商务印书馆,1980。
70. [苏]克鲁捷茨基:《心理学》,赵璧如译,北京,人民教育出版社,1985。
71. [英]Lisa Taylor & Andrew Willis:《Media Studies:Texts,Institutions and Audiences》,简妙如等译,台北,韦伯文化事业出版社,1999。
72. [英]奥利弗·博伊德·巴雷特、克里斯·纽博尔德编:《媒介研究的进路:经典文献读本》,汪凯、刘晓红译,北京,新华出版社,2004。
73. [英]大卫·莫利:《电视、观众与文化研究》,冯建三译,台北,远流出版社,1995。
74. [英]丹尼斯·麦奎尔、[瑞典]斯文·温德尔:《大众传播模式论》,祝建华、武伟译,上海,上海译文出版社,1986。
75. [英]丹尼斯·麦奎尔:《受众分析》,刘燕南、李颖、杨振荣译,北京,中国人民大学出版社,2006。
76. [英]丹尼斯·麦奎尔:《大众传播理论》(第六版),陈芸芸等译,台北,台湾韦伯文化国际出版公司,2003。
77. [英]霍克斯:《结构主义和符号学》,瞿铁鹏译,上海,上海译文出版社,1987。
78. [英]苏珊·L.卡拉瑟斯:《西方传媒与战争》,张毓强等译,北京,新华出版社,2002。
79. [英]泰勒、威利斯:《媒介研究:文本、机构与受众》,吴靖、黄佩译,北京:北京大学出版社,2005。
80. [英]詹姆斯·库兰、米歇尔·葛瑞维:《大众媒介与社会》,唐维敏等译,台北,五南图书出版公司,1999。
81. 卜卫:《传播学实证研究的方法论问题》,载《新闻与传播研究》,第一卷第 2 期(1994 年第 2 期)。
82. 陈力丹:《传播学是什么》,北京,北京大学出版社,2007。
83. 陈力丹:《世界新闻传播史》,上海,上海交通大学出版社,2007。
84. 陈世敏主编:《中国大陆新闻传播研究》,台北,国立政治大学传播学院研究中心(发行),1995。
85. 崔丽娟:《心理学是什么》,北京,北京大学出版社,2002。
86. 戴元光、金冠军主编:《传播学通论》,上海,上海交通大学出版社,2007。
87. 戴元光:《传播学原理与应用》,兰州,兰州大学出版社,1988。
88. 段京肃:《传播学基础理论》,北京,新华出版社,2003。
89. 段鹏:《传播学基础:历史、框架与外延》,北京,中国传媒大学出版社,2006。
90. 方汉奇:《中国近代思想的演变》,载《新闻与传播研究》,第一卷第 1 期(1994.1)。
91. 郭庆光:《传播学教程》,北京,中国人民大学出版社,1999。
92. 郭镇之:《对"四种理论"的反思与批判》,《国际新闻界》1997 年第 1 期。
93. 胡正荣主编:《外国媒介集团研究》,北京,北京广播学院出版社,2003。
94. 胡正荣:《媒介的现实与超越》,北京,北京广播学院出版社,2004。
95. 胡正荣:《新闻理论教程》,北京,中国广播电视出版社,1995。
96. 黄旦:《传者图像:新闻专业主义的建构与消解》,上海,复旦大学出版社,2005。
97. 居延安:《信息·沟通·传播》,上海,上海人民出版社,1986。
98. 黎鸣:《信息哲学论》,西安,陕西科学技术出版社,1992。
99. 李彬:《传播学引论》,北京,新华出版社,1993。
100. 李彬:《符号透视:传播内容的本体诠释》,上海,复旦大学出版社,2003。
101. 李彬:《全球新闻传播史:公元 1500－2000 年》,北京,清华大学出版社,2005。
102. 李金铨:《大众传播理论——社会·媒介·人》,台北,三民书局,1983。
103. 刘燕南:《电视收视率解析》,北京,北京广播学院出版社,2001。
104. 鲁曙明、洪浚浩主编:《传播学》,北京,中国人民大学出版社,2007。
105. 陆扬、王毅:《大众文化与传媒》,上海,三联书店,2000。
106. 陆晔、潘忠党:《成名的想象:社会转型过程中新闻从业者的专业主义话语建构》,台北,《新闻学研究》(2002)总第 71 期。
107. 吕斌:《人际信息交流原理与技能》,南京,南京大学出版社,1994。
108. 罗钢、刘象愚主编:《文化研究读本》,北京,中国社会科学出版社,2000。
109. 倪波主编:《信息传播原理》,北京,书目文献出版社,1996。
110. 裘正义编:《世界宣传简史》,福州,福建人民出版社,1993。
111. 沙莲香主编:《传播学——以人为主体的图象世界之迷》,北京,中国人民大学出版社,1990。
112. 邵培仁:《传播学导论》,杭州,浙江大学出版社,1997。
113. 宋林飞:《现代社会学》,上海,上海人民出版社,1987。
114. 苏钥机:《传播学之我见》,见《传播学在中国——传播学者访谈》,北京,北京广播学院出版社,1999。
115. 陶涵主编:《新闻学传播学新名词辞典》,北京,经济日报出版社,1997。
116. 王雨田主编:《控制论、信息论、系统科学与哲学》,北京,中国人民大学出版社,1988。

117. 吴文虎编著：《传播学概论百题回答》，北京，中国新闻出版社，1988。
118. 肖小穗：《传媒批评：揭开公开中立的面纱》，哈尔滨，黑龙江人民出版社，2002。
119. 徐贲：《走向后现代与后殖民》，北京，中国社会科学出版社，1996。
120. 喻国明：《试论受众注意力资源的获得与维系》，北京，《当代传播》，2000年第3期。
121. 展江：《美国政府对新闻界的调控》，北京，《新闻与传播研究》，1996年第3期。
122. 张国良主编：《20世纪传播学经典文本》，上海，复旦大学出版社，2003。
123. 张国良主编：《传播学原理》，上海，复旦大学出版社，1995。
124. 张隆栋主编：《大众传播学总论》，北京，中国人民大学出版社，1993。
125. 张咏华：《媒介分析：传播技术神话的解读》，上海，复旦大学出版社，2002。
126. 赵心树：《从语源、语义论"宣传"、"传播"、"新闻"的异同》，北京，《新闻与传播研究》，第二卷第1期（1995.1）。
127. 郑瑞城：《组织传播》，台北，三民书局，1997。
128. 中国社会科学院新闻研究所、世界新闻研究室编：《传播学（简介）》，北京，人民日报出版社，1983。
129. 周晓明编著：《人类交流与传播》，上海，上海文艺出版社，1990。

教 学 支 持 说 明

清华大学出版社秉承学术理念,出版了一批高品质的新闻传播类图书,并得到社会认可,特此感谢!为了老师更好地使用本教材,我们将向采纳本书作为教材的老师免费提供网上教学支持课件。任何一位注册的老师都可直接下载所有在线的教学辅助资料。

为确保此资源仅为老师教学所使用,烦请填写如下情况调查表:

------------------------------------✂------------------------------------

证　　明

兹证明_____大学_____系/院_____学年(学期)开设的课程,采用清华大学出版社出版的_____(作者/书名)作为主要教材。任课教师为_____,学生_____个班共_____人。

电话:_____

传真:_____

E-mail:_____

联系地址:_____

邮编:_____

系/院主任:_____(签字)

(系/院办公室章)

_____年_____月_____日

清华大学出版社
北京市海淀区清华园学研大厦 A 座 714 室
邮编:100084
Tel:8610-62770175-4506,4315
Fax:8610-62775511
E-mail:xuyy@tup.tsinghua.edu.cn
　　　haihong.ji@hotmail.com